Gymnasium Bayern

Deutschbuch

Sprach- und Lesebuch

6

Herausgegeben von
Bernd Schurf und Wieland Zirbs

Erarbeitet von
Karl-Heinz Brauner (Rosenheim),
Andrea Carl (Passau),
Gertraud Fuchsberger-Zirbs (Pfaffenhofen),
Michael Gollnau (München),
Isabel Grübel (München),
Martin Hann (München),
Andrea Mahlendorff (Geretsried),
Wilhelm Matthiessen (München),
Rainer Poßmann (München),
Gerhard Ruhland (Freyung),
Johanna Schlagbauer (Ingolstadt),
Ina Schmidt (Rosenheim),
Christine Steinmüller (Passau)
und Wieland Zirbs (Passau)

Unter Beratung von
Kurt Finkenzeller (Ingolstadt)
und Rainer Meisch (Würzburg)

Cornelsen

INHALTSVERZEICHNIS

1

2

3

4

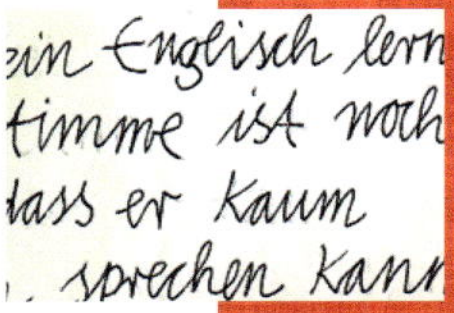

5

6

7

8

Wir nehmen Sätze genauer unter die Lupe ... 123

9

Rechtschreibung und Zeichensetzung ... 143

10

Wir lesen Fabeln ... 175

10

11

12

15

16

17

Wie ihr mit dem „Deutschbuch“ arbeiten könnt

Lernbereiche

Damit ihr euch leicht zurechtfindet, ist das Buch übersichtlich in Lernbereiche eingeteilt:

- SPRECHEN UND SCHREIBEN
- NACHDENKEN ÜBER SPRACHE
- UMGEHEN MIT TEXTEN UND MEDIEN
- ARBEITSTECHNIKEN UND METHODEN

Kapitelaufbau im Dreischritt

Beispiel:
3 Von Erlebnissen und Erfahrungen berichten

Jedes Kapitel besteht aus drei Teilen:

Hauptlernbereich

Im ersten Teil wird das Thema des Kapitels erarbeitet.

3.1 Unfälle – Berichte untersuchen und schreiben

Verknüpfung mit einem weiteren Lernbereich

Im zweiten Teil werden die Kenntnisse und Fertigkeiten, die ihr euch erworben habt, mit einem anderen Lernbereich verbunden. In diesem zweiten Teil findet ihr eine Fülle von Anregungen, aus denen eine Auswahl getroffen werden kann.

3.2 Kinderrechte – Berichte von Kindern und über Kinder

Üben und Vertiefen des Gelernten

Der dritte Teil eines jeden Kapitels enthält Übungen zur Wiederholung und Vertiefung des Gelernten. Dieser Teil ist so angelegt, dass ihr auch allein damit arbeiten könnt.

3.3 Schreibwerkstatt – genau berichten

Grundwissen

! Wichtige Inhalte und Begriffe sind in den Kapiteln deutlich hervorgehoben.

TIPP
Die Tipps geben euch Hilfestellungen, wie ihr an bestimmte Aufgaben herangehen könnt.

Am Ende des Buchs ist das Grundwissen aller Kapitel noch einmal zusammengefasst, damit ihr nachschlagen könnt, wenn ihr etwas schon vor längerer Zeit gelernt habt und euch nicht mehr genau erinnert (▷ S. 298–322).

Piktogramme

Die folgenden Piktogramme treten im Buch immer wieder auf und geben euch Hinweise, wie ihr mit den Materialien und Aufgaben arbeiten könnt.

- Partnerarbeit
- Gruppenarbeit
- Rollenspiel
- Arbeiten mit dem Computer
- fächerverbindende Aufgabe

1 Freundschaften

1.1 Freundschaft im Alltag

1 *Mit dem Stichwort „Freundschaft“ verknüpft jede/-r bestimmte Erinnerungen und Vorstellungen. Besprecht, welche typischen Freundschaftssituationen die Fotos widerspiegeln.*

2 *Erzählt, welche Situationen oder Erlebnisse euch in den Sinn kommen, wenn ihr an das Thema „Freundschaft“ denkt.*

3 *a) Sammelt Stichworte zum Thema „Freundschaft“: Schreibt den Begriff in die Mitte eines großen Blatts und notiert davon ausgehend alle weiteren Einfälle.*

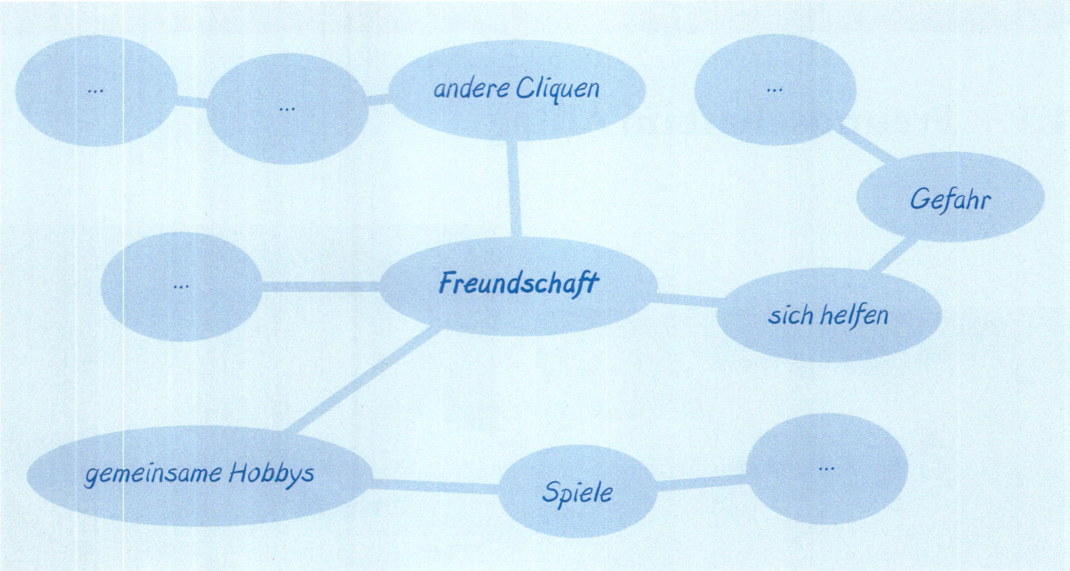

b) Schreibt mit einer eurer Stichwort-Ketten eine Geschichte über Freundschaft.
c) Verfasst ein Elfchen über Freundschaft.

!

Ein **Elfchen** ist ein Elf-Wörter-Gedicht, das aus fünf Zeilen besteht.
Die elf Wörter sind folgendermaßen angeordnet:

1. Zeile = ein Wort	*Wir*
2. Zeile = zwei Wörter	*immer zusammen*
3. Zeile = drei Wörter	*du hilfst mir*
4. Zeile = vier Wörter	*bist für mich da*
5. Zeile = ein Wort	*Freundschaft*

Gleich und Gleich gesellt sich gern.

Gegensätze ziehen sich an.

4 *a) Erklärt die beiden Sprichwörter durch Beispiele.*
b) Würdet ihr lieber jemanden zum Freund oder zur Freundin haben, der oder die euch ähnlich oder ganz anders ist als ihr?
c) Sammelt weitere Sprichwörter und Redensarten zum Thema „Freundschaft“ und erklärt sie.

Der einzige Weg, einen Freund zu haben, ist der, selbst einer zu sein.
Ralph Waldo Emerson

Und plötzlich war sein Platz leer

Dienstag, 5. Mai 2004

Ich schaue in meinen Kalender. – Da steht es noch dick und fett eingetragen: 7 Uhr, Torstens Umzug nach Berlin. Früh aufstehen! Das ist nun schon fünf Tage her. Ich vermisse ihn. Wer wird jetzt mein Doppelpartner beim Tischtennis? Wer hilft mir jetzt, wenn ich Schwierigkeiten mit meinem Computer habe? Heute, Dienstag, war immer unser Imbisstag wegen der Sportstunden am Nachmittag. Die Pommes allein zu essen machte keinen Spaß. Mann, habe ich mich gefreut, dass er heute Nachmittag angerufen hat – nur leider viel zu kurz. Ihm gefällt es gut in Berlin und in der neuen Klasse. Sein Platz neben mir ist immer noch leer. Frau Linde hat gesagt, dass wir erst nächste Woche eine neue Sitzordnung machen. Hoffentlich kann ich mich dann zu Joachim und Bärbel setzen. Mit ihnen unternehme ich jetzt mehr als früher. Aber so über alles sprechen wie mit Torsten – das geht mit Joachim nicht; nur immer Bundesliga ist doch langweilig. Und Bärbel ist ein Mädchen. Beim Abendbrot habe ich Mama gefragt, ob ich Torsten heute noch eine Mail schicken darf, weil das Wichtigste mir erst einfiel, als wir die Telefonhörer schon aufgelegt hatten. Sie sagte aber, ich solle ihm am Wochenende lieber in Ruhe einen Brief schreiben, darüber würde er sich mehr freuen.
So, jetzt noch mit Bello 10 Minuten vor die Tür und dann ins Bett: morgen früh Englischarbeit!

1 *Überlegt, mit welcher Absicht der Text geschrieben wurde. Arbeitet seine Besonderheiten in Sprache und Form heraus, z. B. Titel, Satzlänge, Satzarten, Wortwahl.*

2 *Erklärt, aus welchen Gründen ihr eure beste Freundin oder euren besten Freund vermissen würdet.*

3 *Ein Umzug bedeutet für eine echte Freundschaft immer eine Bewährungsprobe. Habt ihr auch schon Bewährungsproben für eure Freundschaften erlebt? Erzählt davon.*

1.2 Freundschaft hat viele Gesichter

Gina Ruck-Pauquèt

Der Freund

Er war älter als sie. Aber das machte Therese nichts.

„Das Kind ist weit über sein Alter hinaus", pflegte ihre Mutter zu sagen.

Vielleicht war das der Grund dafür, dass Therese keine Freundin in ihrer Klasse hatte. Bull war mindestens vierzehn. Er ging nicht mehr in die Schule. Möglicherweise ging er auch darum nicht, weil er einfach keine Lust hatte. Bull war das zuzutrauen.

Bull!

„Warum heißt du Bull? Wieso hat deine Mutter dich Bull genannt?"

Bull hatte gelacht.

„Den Namen hab ich mir selber gegeben."

„Und wie heißt du echt?"

„Rumpelstilzchen", hatte Bull gesagt.

Normalerweise hätte ja Therese einen Jungen wie Bull überhaupt nicht kennen gelernt. In ihrer Gegend waren die Jungen anders. Entweder sie gingen in die Schule oder sie arbeiteten irgendetwas.

Bull machte nichts. Jedenfalls nichts von dem, was man meinen sollte. Nichts von all den vielen Dingen, die Erwachsene für vernünftig halten.

Als Therese Bull zum ersten Mal sah, lag er im Gras. Sie hatte ihrem Vater das Essen in die Gärtnerei gebracht. Die Gärtnerei war am Stadtrand. Therese fuhr mit dem Fahrrad hin. Sie machte das gern.

Immer blieb sie eine Weile dort. Im Frühjahr konnte man die Pflänzchen in den Glasbeeten förmlich wachsen sehen. Von Tag zu Tag waren sie ein bisschen größer geworden.

Therese nahm dann eine Hand voll Erde und fühlte die Wärme der Sonne darin.

Jetzt war Herbst. Da blühten Felder voller Astern in leuchtenden Farben. Und die Dahlien

standen auch noch bis zum ersten Nachtfrost.

Therese hockte sich zu ihrem Vater ins Treibhaus und sah zu, wie er aß und dabei auf einem Zettel Preise ausrechnete. Viel sprachen sie nie miteinander. Höchstens, dass der Vater fragte, ob in der Schule alles gut gegangen war.

„Ja", sagte Therese dann.

Sie wartete, bis er aufgegessen hatte, packte den Teller und das Besteck in Zeitungspapier und stopfte alles in die Strohtasche.

„Tschüss!", sagte sie.

Aber manchmal hörte ihr Vater das schon nicht mehr.

An dem Tag, an dem Therese Bull traf, drangen zuerst die Fetzen einer Melodie zu ihr hin. Dann sah sie ihn draußen vor der Gärtnerei, wo das Gras ausgebleicht und hoch stand, weil es nie jemand mähte.

Er lag auf dem Rücken, die Hände unter dem Kopf, und schaute sie an.
„Na?“, sagte Bull.
„Hast du Mundharmonika gespielt?“, fragte Therese.
Er zog das Instrument aus der Hosentasche und spielte noch einmal.
„Willst du?“, fragte er dann und hielt es ihr hin.
„Das kann ich nicht“, sagte Therese.
„Probier's.“
Therese schüttelte den Kopf. Bull stand auf. Er war lang und dünn und hatte breite Schultern.
„Wohnst du hier irgendwo?“, fragte Therese.
Er zeigte hinter sich. Da waren die Häuser, die sie die Silos nannten.
„Wohnmaschinen“, hatte die Mutter gesagt. „Die sind nicht mal alt. Aber das Gesindel, das da lebt, lässt alles verkommen.“
Therese ging zu ihrem Rad.
„Lässt du mich mal fahren?“, fragte Bull.
Sie brachte es nicht fertig, Nein zu sagen. Dann hatte sie die ganze Zeit Angst, dass er nicht zurückkommen würde. Er kam aber.

Von da an trafen sie sich fast jeden Tag. Sie saßen da, aßen Sonnenblumenkerne und wetteten, wer die Schalen am weitesten spucken konnte.
Bull spielte Mundharmonika oder er ahmte Tiere nach. Sprang rum wie ein Affe, hüpfte wie ein Känguru und machte den Stier mit gesenkten Hörnern. Therese hatte nie so gelacht.
„Woher hast du die Sonnenblumenkerne?“, fragte sie einmal.
Da guckte er bloß und drückte ein Auge zu. Therese versuchte, nicht daran zu denken, dass sie aus der Gärtnerei stammen mussten. Vielleicht war es ja auch nicht wahr.
Ein andermal fragte sie, was er denn werden wolle. Bull machte einen Handstand.
„Wieso?“, meinte er.
„Na ja, du brauchst doch einen Beruf.“
„Ich werd Seifenblasenfabrikant“, sagte Bull.
Am nächsten Tag brachte Therese Seifenblasen mit. Sie hatten so viel Spaß, dass sie fast vergessen hätte nach Hause zu fahren.
Mit Bull war alles anders, leichter, fröhlicher. Ganz einfach war alles mit Bull. Daheim hatte Therese nichts von ihm erzählt. Die hätten das doch nicht verstanden.
Als Therese ihn eines Tages von ihrem Fensterplatz im Klassenzimmer auf dem Schulhof sah, erschrak sie. Er schien da nicht hinzupassen.
Sie erinnerte sich, ihm gesagt zu haben, in welche Schule sie ging. Aber was wollte er hier? Wollte er sie abholen? Am Schluss der Stunde war er nicht mehr da.
„Mein Wollschal ist weg!“, sagte da Brigitte. „Der hat hier im Flur gehangen. Bei den anderen Sachen. Mein gelber Wollschal. Den hat einer geklaut.“
„Spinn doch nicht“, sagte Doris.
Dann rannten sie alle durcheinander und suchten. Die Lehrerin suchte auch. Therese wusste, dass sie den Schal nicht finden würden. Und sie fanden ihn nicht.
Mittags konnte Therese nichts essen. Ihr war schlecht vor Enttäuschung und Zorn. Zum ersten Mal war sie schon vor Bull bei der Gärtnerei.
„Hallo“, sagte er. „Ich hab Brombeeren.“

„Das war gemein von dir!“ Therese musste es gleich aussprechen. „Du hast einen Wollschal weggenommen. Bei uns in der Schule!“

Sie sah ihn an und hoffte, es möge sich herausstellen, dass er unschuldig war. Aber Bull grinste bloß. Und die Art, wie er grinste, sprach für sich.

„Gib ihn zurück“, sagte Therese. „Bitte, gib ihn mir. Ich häng ihn hin, dann ist er einfach wieder da.“

„Du bist ja verrückt“, sagte Bull. „Ich klaue doch nicht!“

Therese brachte ihrem Vater das Essen. Und wenn sie wirklich Unrecht hatte? Wenn er es nicht gewesen war?

Lieber Gott, dachte Therese, mach, dass er es nicht gewesen ist.

Als sie hinauskam, konnte sie Bull nicht finden. Sie rief ein paar Mal nach ihm, dann stieg sie auf ihr Fahrrad.

Ein Stückchen Ast fiel von einem Baum auf sie herab. Oben saß Bull.

„Gelb ist meine Lieblingsfarbe!“, schrie er.

Er ist mein Freund, dachte Therese, als sie am Abend nicht einschlafen konnte. Er wird es nicht wieder tun.

Sie wollte, dass alles so wurde, wie es gewesen war. Bull war wie immer, am nächsten Tag und am übernächsten. Aber Therese musste sich anstrengen, um fröhlich zu wirken.

Es wurde jetzt Winter. In einer der Nächte waren die Dahlien erfroren.

„Hast du nichts Wärmeres anzuziehen?“, fragte Therese.

„Werd mir schon was besorgen“, sagte Bull.

„Bull!“ Therese packte ihn am Arm.

„Bleib ein anständiger Mensch“ – Bull grinste –, „willst du doch sagen, oder?“

Therese ließ ihn stehen. Sprang aufs Fahrrad und fuhr weg.

Am nächsten Tag fehlte der Janker. Jochens dicker, grauer Janker, der im Flur der Schule an einem Haken gehangen hatte.

Die aufgeregten Kinder und Lehrer summten um Therese herum wie ein Bienenschwarm.

Nein, dachte sie immer wieder. Nein!

„Ist dir nicht gut?“, fragte jemand.

Therese gab keine Antwort.

„Soll ich dich heimbringen?“

Therese schüttelte den Kopf.

Dann war sie daheim, und etwas später saß sie auf dem Fahrrad und fuhr zur Gärtnerei.

1 *Erzählt die Geschichte zu Ende. Erwägt dabei verschiedene Möglichkeiten.*

2 *a) Erklärt, warum Gina Ruck-Pauquèt beim Erzählen ihrer Geschichte neben dem Präteritum auch das Plusquamperfekt verwendet (z. B. in den Zeilen 14, 17, 88f.).*
b) Überlegt, warum der erste Satz der Geschichte ungewöhnlich wirkt.

3 *a) Sucht die Textstelle, an der die Geschichte eine plötzliche Wendung nimmt.*
b) Beschreibt den Konflikt, in den Therese gerät.
c) Diskutiert, ob Therese sich richtig verhält.

4 *a) Der Schluss der Geschichte fehlt hier. Besorgt euch das Ende der Geschichte (z. B. in einer Bücherei) und spielt die letzte Begegnung zwischen Therese und Bull nach.*
b) Überlegt, wie die beiden das Problem alleine lösen könnten.

Wolfdietrich Schnurre

Jenö war mein Freund

Wolfdietrich Schnurre wurde 1920 in Frankfurt am Main geboren und starb 1989 in Kiel.
Er war Soldat im Zweiten Weltkrieg und lebte danach als freier Schriftsteller in Berlin. Für seine Erzählungen erhielt er zahlreiche Literaturpreise. Die folgende Geschichte spielt in Deutschland zur Zeit des Nationalsozialismus (1933–1945). Damals wurden Minderheiten wie Juden, Sinti und Roma sowie Menschen, die für die Freiheit kämpften, verfolgt und ermordet. Sinti und Roma wurden damals „Zigeuner" genannt.

Als ich Jenö kennen lernte, war ich neun; ich las Edgar Wallace und Conan Doyle[1], war eben sitzen geblieben und züchtete Meerschweinchen. Jenö traf ich zum ersten Mal auf dem Stadion am Faulen See beim Grasrupfen; er lag unter einem Holunder und sah in den Himmel. Weiter hinten spielten sie Fußball und schrien manchmal „Tooooooor!" oder so was. Jenö kaute an einem Grashalm; er hatte ein zerrissenes Leinenhemd an und trug eine Manchesterhose, die nach Kokelfeuer und Pferdestall roch.
Ich tat erst, als sähe ich ihn nicht, und rupfte um ihn herum; aber dann drehte er doch ein bisschen den Kopf zu mir hin und blinzelte schläfrig und fragte, ich hätte wohl Pferde.
„Nee", sagte ich, „Meerschweinchen."
Er schob sich den Grashalm in den anderen Mundwinkel und spuckte aus. „Schmecken nicht schlecht."
„Ich ess sie nicht", sagte ich; „dazu sind sie zu nett."
„Igel", sagte Jenö und gähnte, „die schmecken auch nicht schlecht."
Ich setzte mich zu ihm. „Igel –?"
„Tooooooor!", schrien sie hinten.
Jenö sah wieder blinzelnd in den Himmel. Ob ich Tabak hätte.
„Hör mal", sagte ich; „ich bin doch erst neun."
„Na und –", sagte Jenö; „ich bin acht."

1 **Sir Arthur Conan Doyle** (1859–1930) und **Edgar Wallace** (1875–1932): englische Verfasser von Detektivromanen

Wir schwiegen und fingen an, uns leiden zu mögen.
Dann musste ich gehen. Doch bevor wir uns trennten, machten wir aus, uns möglichst bald wieder zu treffen.
Vater hatte Bedenken, als ich ihm von Jenö erzählte.
„Versteh mich recht", sagte er, „ich hab nichts gegen Zigeuner; bloß –"
„Bloß –?", fragte ich.
„Die Leute –", sagte Vater und seufzte. Er nagte eine Weile an seinen Schnurrbartenden herum. „Unsinn", sagte er plötzlich; „schließlich bist du jetzt alt genug, um dir deine Bekannten selbst auszusuchen. Kannst ihn ja mal zum Kaffee mit herbringen."
Das tat ich dann auch. Wir tranken Kaffee und aßen Kuchen zusammen und Vater hielt sich auch wirklich hervorragend. Obwohl Jenö wie ein Wiedehopf roch und sich auch sonst ziemlich seltsam benahm – Vater ging drüber weg. Ja, er machte ihm sogar ein Katapult aus echtem Vierkantgummi und sah sich obendrein noch alle unsere neu erworbenen Konversationslexikonbände[2] mit uns an.
Als Jenö weg war, fehlte das Barometer[3] über dem Schreibtisch.
Ich war bestürzt; Vater gar nicht so sehr.
„Sie haben andere Sitten als wir", sagte er; „es hat ihm eben gefallen. Außerdem hat es sowieso nicht mehr viel getaugt."
„Und was ist", fragte ich, „wenn er es jetzt nicht mehr rausrückt?"

2 **Konversationslexikon:** Nachschlagewerk über alle Wissensgebiete
3 **Barometer:** Wetterglas

„Gott", sagte Vater, „früher ist man auch ohne Barometer ausgekommen."

Trotzdem, das mit dem Barometer, fand ich, ging ein bisschen zu weit. Ich nahm mir jedenfalls vor, es Jenö wieder abzunehmen.

Aber als wir uns das nächste Mal trafen, hatte Jenö mir ein so herrliches Gegengeschenk mitgebracht, dass es unmöglich war, auf das Barometer zurückzukommen. Es handelte sich um eine Tabakspfeife, in deren Kopf ein Gesicht geschnitzt war, das einen Backenbart aus Pferdehaar trug.

Ich war sehr beschämt und ich überlegte lange, wie ich mich revanchieren könnte. Endlich hatte ich es: Ich würde Jenö zwei Meerschweinchen geben. Es bestand dann zwar die Gefahr, dass er sie aufessen würde, aber das durfte einen jetzt nicht kümmern; Geschenk war Geschenk. Und er dachte auch gar nicht daran, sie zu essen; er lehrte sie Kunststücke. Innerhalb weniger Wochen liefen sie aufrecht auf zwei Beinen; und wenn Jenö ihnen Rauch in die Ohren blies, legten sie sich hin und überkugelten sich. Auch Schubkarrenschieben und Seiltanzen lehrte er sie. Es war erstaunlich, was er aus ihnen herausholte; Vater war auch ganz beeindruckt.

Ich hatte damals außer Wallace und Conan Doyle auch gerade die zehn Bände von Doktor Doolittle[4] durch, und das brachte mich auf den Gedanken, mit Jenö zusammen so was wie einen Meerschweinchenzirkus aufzumachen.

Aber diesmal hielt Jenö nicht durch. Schon bei der Vorprüfung der geeigneten Tiere verlor er die Lust. Er wollte lieber auf Igeljagd gehen, das wäre interessanter.

Tatsächlich, das war es. Obwohl – mir war immer ziemlich mulmig dabei. Ich hatte nichts gegen Igel, im Gegenteil, ich fand sie sympathisch. Aber es wäre sinnlos gewesen, Jenö da beeinflussen zu wollen; und das lag mir auch gar nicht.

Er hatte sich für die Igeljagd einen handfesten Knüppel besorgt, der unten mit einem rau gefeilten Eisenende versehen war; mit dem stach er in Laubhaufen rein oder stocherte auf Schutthalden unter alten Eimern herum. Er hat so oft bis zu vier Stück an einem Nachmittag harpuniert; keine Ahnung, wie er sie aufspürte; er muss sie gerochen haben, die Burschen.

Jenös Leute hausten in ihren Wohnwagen. Die standen zwischen den Kiefern am Faulen See, gleich hinter dem Stadion. Ich war oft da, viel häufiger als in der Schule, wo man jetzt doch nichts Vernünftiges mehr lernte.

Besonders Jenös Großmutter mochte ich gut leiden. Sie war unglaublich verwahrlost, das stimmt. Aber sie strahlte so viel Würde aus, dass man ganz andächtig wurde in ihrer Nähe. Sie sprach kaum; meist rauchte sie nur schmatzend ihre Stummelpfeife und bewegte zum Takt eines der Lieder, die von den Lagerfeuern erklangen, die Zehen.

Wenn wir abends mit Jenös Beute dann kamen, hockte sie schon am Feuer und rührte den Lehmbrei an. In den wurden die Igel jetzt etwa zwei Finger dick eingewickelt. Darauf legte Jenö sie behutsam in die heiße Asche, häufelte einen Glutberg über ihnen, und wir kauerten uns hin, schwiegen, spuckten ins Feuer und lauschten darauf, wie das Wasser in den Lehmkugeln langsam zu singen anfing. Ringsum hörte man die Maulesel und Pferde an ihren Krippen nagen, und manchmal klirrte leise ein Tamburin auf oder, mit einer hohen, trockenen Männerstimme zusammen, begann plötzlich hektisch ein Banjo zu schluchzen.

Nach einer halben Stunde waren die Igel gar. Jenö fischte sie mit einer Astgabel aus der Glut.

4 **Doktor Doolittle:** Titelgestalt einer Kinderbuchreihe des amerikanischen Schriftstellers Hugh Lofting

Sie sahen jetzt wie kleine, etwas zu scharf gebackene Landbrote aus; der Lehm war steinhart geworden und hatte Risse bekommen, und wenn man ihn abschlug, blieb der Stachelpelz an ihm haften und das rostrote Fleisch wurde sichtbar. Man aß grüne Paprikaschoten dazu oder streute rohe Zwiebelkringel darauf; ich kannte nichts, das aufregender schmeckte.

Aber auch bei uns zu Hause war Jenö jetzt oft. Wir sahen uns in Ruhe die sechs Bände unseres neuen Konversationslexikons an; ich riss die Daten der Nationalen Erhebung aus meinem Diarium[5] und schrieb rechts immer ein deutsches Wort hin, und links malte Jenö dasselbe Wort auf Rotwelsch[6] daneben. Ich habe damals eine Menge gelernt, von Jenö meine ich, von der Schule rede ich jetzt nicht.

Später stellte sich auch heraus, es verging kein Tag, an dem die Hausbewohner sich nicht beim Blockwart über Jenös Besuche beschwerten; sogar zur Kreisleitung ist mal einer gelaufen. Weiß der Himmel, wie Vater das jedes Mal abbog; mir hat er nie was davon gesagt.

Am meisten hat sich Jenö aber doch für meine elektrische Eisenbahn interessiert; jedes Mal, wenn wir mit ihr gespielt hatten, fehlte ein Waggon mehr. Als er dann aber auch an die Schienenteile, die Schranken und die Signallampen ging, fragte ich doch mal Vater um Rat. „Lass nur“, sagte er; „kriegst eine neue, wenn Geld da ist.“

Am nächsten Tag schenkte ich Jenö die alte. Aber merkwürdig, jetzt wollte er sie plötzlich nicht mehr; er war da komisch in dieser Beziehung.

Und dann haben sie sie eines Tages doch abgeholt; die ganze Bande; auch Jenö war dabei. Als ich früh hinkam, hatten SA und SS[7] das Lager schon umstellt, und alles war abgesperrt, und sie scheuchten mich weg.

Jenös Leute standen dicht zusammengedrängt auf einem Lastwagen. Es war nicht herauszubekommen, was man ihnen erzählt hatte, denn sie lachten und schwatzten, und als Jenö mich sah, steckte er zwei Finger in den Mund und pfiff und winkte rüber zu mir.

Bloß seine Großmutter und die übrigen Alten schwiegen; sie hatten die Lippen aufeinandergepresst und sahen starr vor sich hin. Die anderen wussten es nicht. Ich habe es damals auch nicht gewusst; ich war nur traurig, dass Jenö jetzt weg war. Denn Jenö war mein Freund.

5 **Diarium:** Kalender für tägliche Notizen
6 **Rotwelsch:** uralte Geheimsprache der Menschen, die ohne festen Wohnsitz durch Deutschland zogen
7 **SA und SS:** nationalsozialistische Kampforganisationen

1 *a) Beschreibt, wie Jenö und seine Familie leben.*
b) An einer Stelle (▷ Z. 155–157) schreibt der Ich-Erzähler, er habe damals eine Menge von Jenö gelernt. Stellt zusammen, was alles dazu gehört.

2 *Beurteilt das Verhalten des Vaters.*

„Sinti und Roma“ ist in der Bundesrepublik die offizielle Bezeichnung des Volkes, das viele unter dem Namen „Zigeuner“ kennen. Sinti und Roma sind zwischen dem 8. und 12. Jh. aus dem indischen Punjab über Pakistan, Iran, die Türkei und die Balkanländer nach Westeuropa gekommen. Die Diskriminierung von Sinti und Roma hat eine lange Geschichte und hält in den meisten europäischen Ländern bis heute an. Während des Nationalsozialismus erreichte die Verfolgung einen Höhepunkt: 250 000 Sinti und Roma wurden in Konzentrationslagern ermordet.

3 *a) Lest den Artikel und besprecht, was ihr davon in der Geschichte wiederfinden könnt.*
b) Informiert euch in einem Geschichtslexikon oder im Internet, z. B. unter der Adresse www.sintiundroma.de, über die Geschichte, Sprache und Kultur dieser Volksgruppe.

Achim Bröger

Ihr dürft mir nichts tun

Achim Bröger wurde 1944 in Erlangen geboren. Zunächst arbeitete er in einem Schulbuchverlag. Seit 1980 widmet er sich dem Schreiben von Kinder- und Jugendbüchern.
Auch ein Kinderlexikon, Hörspiele, Theaterstücke und Schallplatten tragen seinen Namen. Für seine Arbeit erhielt Achim Bröger verschiedene Auszeichnungen.

Wir hatten einen bei uns in der Klasse. So fangen Schulgeschichten an. Aber Bernds Geschichte kann nicht so anfangen. Da wäre schon das erste Wort falsch. „Wir" hatten Bernd nicht. Zwischen uns und ihm gab's kein Wir. Wir waren die Klasse. Bernd war erst mal nur ein Satz von Hopf, dem Klassenlehrer: „Wir bekommen einen Neuen. Der lag lange im Krankenhaus und wird vieles nicht mitmachen können. Kümmert euch um ihn. Gebt euch Mühe."
Bernd Braeckow kam. Am Anfang fiel vor allem seine Narbe auf. Diese lange rote Furche am Hinterkopf. Als hätten sie ihn da umgegraben. Bernds Narbe, die sich wegen seiner kurz geschnittenen Haare nicht übersehen ließ. Und das Tablettenschlucken fiel natürlich auch auf. Jede Stunde eine. Die Packung steckte in seiner Schultasche, wie bei uns das Pausenbrot.
„Was haben die nur mit seinem Kopf gemacht?", hatte ich mir oft überlegt und mir alles Mögliche vorgestellt. Aber fragen wollte ich ihn nicht danach, die anderen auch nicht. Und er erzählte nie irgendwas davon.
Er redete überhaupt nicht viel. Nach der Schule kam er stumm zur Fußballwiese mit und trug uns den Ball. Dann stand er neben dem Tor und sah mit seinen großen, vorstehenden Augen zu. Oder er stand daneben, wenn wir mit den Mädchen aus unserer Klasse Völkerball spielten. Bernd mit seiner Narbe am Hinterkopf und dem Tablettenröhrchen in der Tasche sah immer nur zu und sagte nichts. So war das jedenfalls am Anfang.
Einmal waren wir bei ihm eingeladen. Kuchen gab's und Kakao. Und das alles in einem kleinen Wohnzimmer. Wir saßen zu fünft auf einem weichen Sofa und versanken darin. Bernd zwischen uns. Seine Mutter saß im einzigen Sessel. Ein Vater hätte in diese Wohnung nicht mehr gepasst.
Seine Mutter meinte: „Ihr seid also Bernds Freunde." Wir nickten, obwohl das sicher nicht stimmte. Wie bei einem Krankenhausbesuch war das, stockend und leise. Keiner wusste, worüber man reden sollte, gespielt wurde auch nichts. Die Mutter saß daneben, beobachtete uns und sagte: „Greift doch zu. Fühlt euch wie zu Hause." Wir blieben dann nicht lange.
Eigentlich wollte ich den Bernd zu meinem Geburtstag einladen, weil er mir leidtat. Aber mehr als acht Leute passten nicht in mein Zimmer. Bernd war zu viel. Er wurde auch sonst von niemandem eingeladen.
Eine Zeit lang ging Bernd noch stumm neben uns her und sah uns zu. Trug den Ball, stand neben dem Tor und wurde immer mehr übersehen. Aber plötzlich ließ er sich nicht mehr übersehen. Wenn ein Ball auf ihn zurollte, drosch er ihn weit in die Büsche. Dann rannte er weg und schrie aus sicherer Entfernung: „Ihr dürft mir nichts tun."

Das hatte auch unser Klassenlehrer gesagt: „Passt auf, dass keiner ihm was tut. Das könnte böse ausgehen."
Wir sahen hinter Bernd her. Einer meinte: „Komischer Kerl, hat bisher nie was gesagt und jetzt schreit er plötzlich los."
Als das öfter vorkam, hieß es: „Der ist unberechenbar. Das hat wohl was mit der Narbe am Kopf zu tun. Vielleicht sollte er mal andere Tabletten nehmen."
Dann begann Bernd zu schlagen. Er haute auf dem Schulhof dem Pit die Faust in den Magen, weil er ihn aus Versehen berührt hatte. Der starke Pit schnappte nach Luft. Bernd stand vor ihm, rot im Gesicht und sagte: „Du darfst mir nichts tun."
„Der glaubt wohl, er kann sich alles erlauben. Nur weil er irgendwas am Kopf hat. So ein fieser Kerl." Mit dem Mitleid war's jetzt vorbei. Wir ließen ihn stehen. Unseren Ball trugen wir selbst.
Bernd schlug immer häufiger und schrie sein: „Ihr dürft mir nichts tun!"
Irgendwann erfuhr unser Klassenlehrer davon. Er sagte: „Schluckt's runter, auch wenn ihr wütend seid. Und fasst ihn bitte nicht an."
Wir fassten ihn nicht an. Und wir redeten kein Wort mit ihm, obwohl Bernd plötzlich überhaupt nicht mehr still war. Er schrie und tobte, wenn ihm eine Kleinigkeit nicht passte. Bernd haute um sich, egal, wohin er traf, meldete jeden, der abschrieb oder in der Pause nicht auf den Hof hinunterging.
Bernd Braeckow wirkte wie ausgewechselt. Wir standen da und schüttelten die Köpfe. Immer öfter sagte einer: „Der ist ja nicht normal. Jetzt dreht er völlig durch."
Als Bernd krank wurde, wollte ihm keiner die Schularbeiten bringen. Hopf musste erst einen bestimmen. Und er bat wieder: „Gebt euch Mühe mit ihm, auch wenn er anders ist." Noch drei Tage kam Bernd in die Schule. Dann blieb er für immer weg. Hopf sagte dazu: „Wir haben's nicht geschafft." Bernd hatte nur seine Narbe, seine Tabletten und keinen von uns. Deswegen kann ich nicht sagen: Wir hatten einen bei uns in der Klasse. Es gab kein Wir. Für kurze Zeit gab es den gleichen Klassenraum und die gleichen Lehrer. Sonst nichts.

1 *Untersucht das Verhalten des Klassenlehrers, von Bernds Mutter, des Ich-Erzählers und seiner Mitschüler/-innen. Überlegt, wie sie Bernd in die Gemeinschaft hätten einbeziehen können.*

2 *Sucht die Textstellen heraus, an denen die Geschichte einen anderen Verlauf nehmen könnte. Überlegt, wie die Geschichte an diesen Stellen weitergehen könnte, und erzählt sie jeweils neu zu Ende.*

Zum Thema „Freundschaft" (S. 12–19)

3 *Findet die unterschiedlichen Gründe, warum Bull, Jenö und Bernd „Außenseiter" sind.*

4 *a) Beschreibt, was in den Geschichten von Gina Ruck-Pauquèt und Wolfdietrich Schnurre Freundschaft bedeutet.*
b) Sprecht darüber, was euch in einer Freundschaft wichtig ist.

5 *Überlegt, was man als Einzelner und als Gruppe tun kann, damit ungewöhnliche Menschen wie Bull, Jenö und Bernd nicht ausgegrenzt werden.*

1.3 Brieffreundschaften schließen

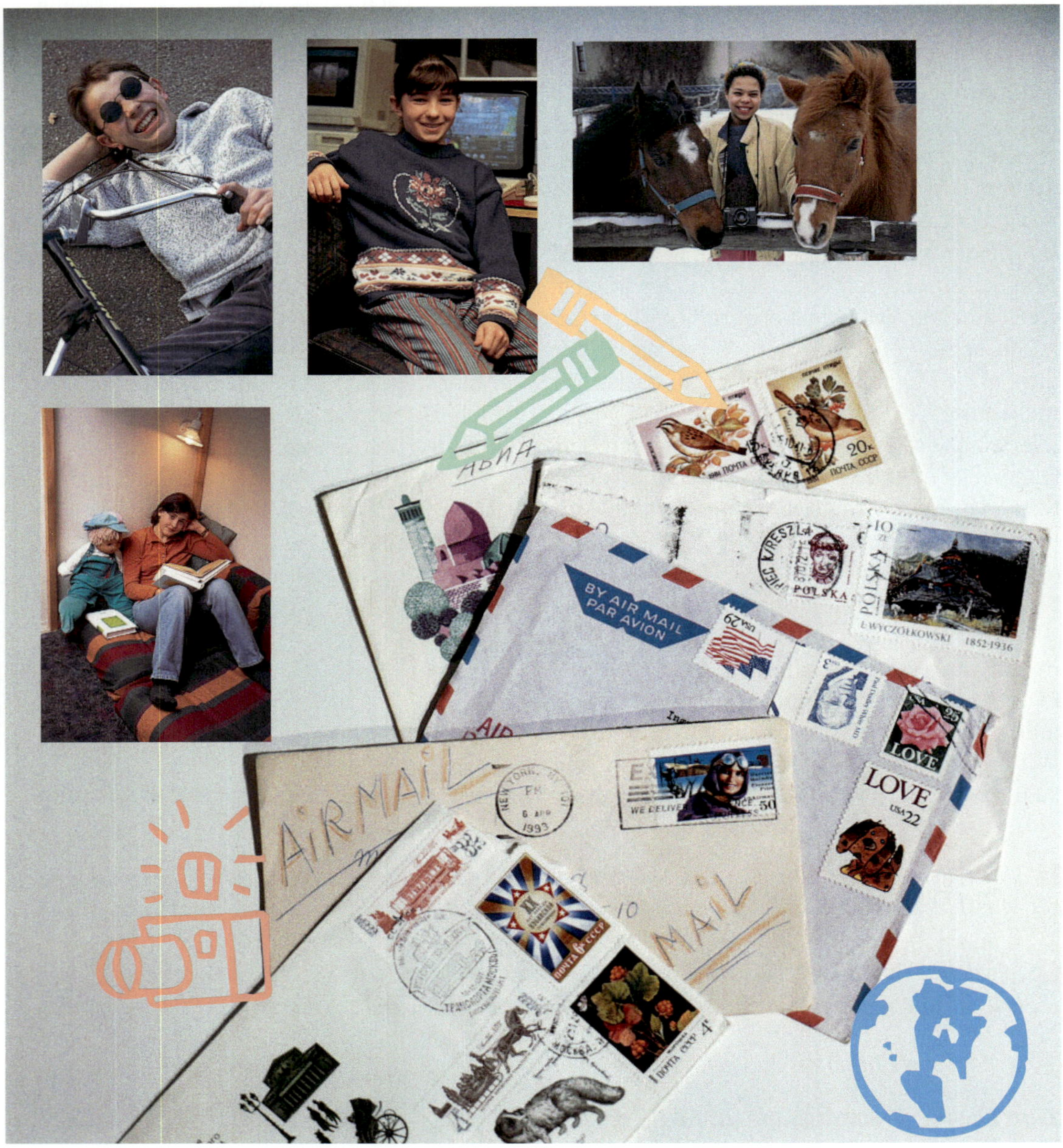

1 *a) Wer von euch hat eine Brieffreundin oder einen Brieffreund? Berichtet ausführlich darüber.*
b) Stellt Vorzüge und Probleme von Brieffreundschaften zusammen.

2 *Gestaltet in eurer Klasse ein Plakat zu euren Brieffreundschaften. Sammelt Fotos oder malt selbst Bilder von euren Brieffreundinnen und -freunden oder den Städten und den Ländern, in denen sie leben. Schreibt kleine Texte, Stichworte oder Überschriften zu euren Fotos und Bildern auf und überlegt, wie ihr euer Material auf dem Plakat anordnen wollt.*

3 *Auch im Internet kann man sich schreiben und sogar Freundschaften schließen. Berichtet in der Klasse von euren Erfahrungen im Netz. Wie sucht ihr interessante Internetseiten? Schreibt ihr mehr E-Mails als Briefe? Worüber chattet ihr gerne?*

4 *Wenn ihr eine E-Mail-Freundschaft sucht, könnt ihr auch im Internet eine Anzeige aufgeben. Diskutiert darüber, ob ihr die folgenden Regeln, die ein Kinder-Mail-Club aufgestellt hat, für sinnvoll haltet. Begründet eure Meinung.*

§ 1: Keine nichts sagenden Mails
Wenn du dir keine Mühe gibst, tun andere das auch nicht. Du musst also schon etwas mehr schreiben als: „Hallo, schreibt mir mal."

§ 2: Keine Quatschmails und keine Beleidigungen
Wenn du nur Blödsinn schreibst oder andere Kinder beleidigst, kommt deine Mail nicht ins Netz. Schreibe so, wie du selbst Nachrichten von anderen haben möchtest.

§ 3: Keine Lügen und keine Angebereien
Es reicht einfach, Kind zu sein. Angebereien verärgern nur die anderen Kinder. Cool sein ist okay, blöd sein aber albern.

!

Bei Unterhaltungen im Internet (Chatten) oder beim Versenden von elektronischen Nachrichten (E-Mails) muss man wie beim persönlichen, telefonischen oder schriftlichen Umgang mit anderen bestimmte rechtliche Regeln und Formen der Höflichkeit einhalten.

Mit dem Begriff „Netiquette“ bezeichnet man die Umgangsregeln im Internet. Das Wort setzt sich zusammen aus dem englischen Begriff „network“ (Netz) und dem französischen „étiquette“ (Benimm-Regeln).

5 *a) Beschreibt das folgende Schaubild mit eigenen Worten und bezieht es auf die Regeln zum E-Mail-Schreiben.*

b) Tragt zusammen, was ihr vom Briefeschreiben und Gesprächeführen wisst, und formuliert selbst Regeln für das Chatten und Verfassen von E-Mails.

6 *a) Sucht mit Hilfe einer Suchmaschine, z. B. www.blinde-kuh.de oder www.milkmoon.de, Seiten, über die ihr E-Mail-Freundinnen oder -Freunde finden könnt.*
b) Schreibt selbst eine Anzeige für eine E-Mail-Freundschaft oder beantwortet eine Suchanzeige.

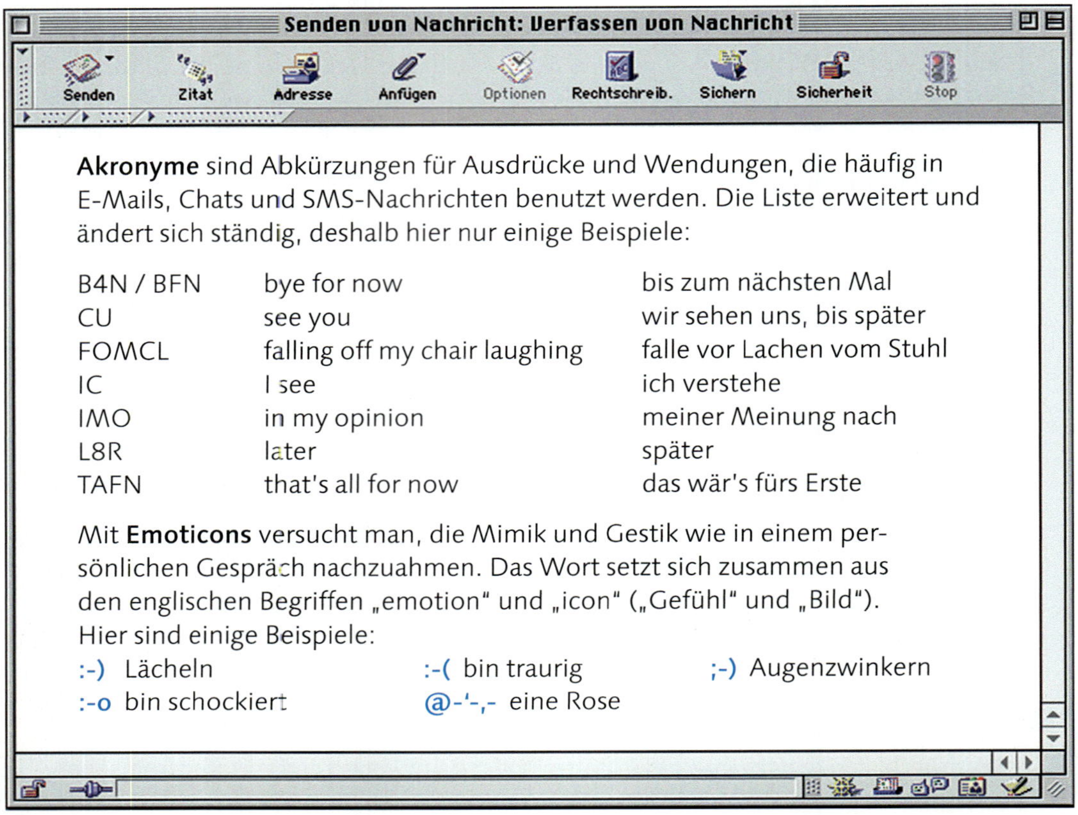

Akronyme sind Abkürzungen für Ausdrücke und Wendungen, die häufig in E-Mails, Chats und SMS-Nachrichten benutzt werden. Die Liste erweitert und ändert sich ständig, deshalb hier nur einige Beispiele:

B4N / BFN	bye for now	bis zum nächsten Mal
CU	see you	wir sehen uns, bis später
FOMCL	falling off my chair laughing	falle vor Lachen vom Stuhl
IC	I see	ich verstehe
IMO	in my opinion	meiner Meinung nach
L8R	later	später
TAFN	that's all for now	das wär's fürs Erste

Mit **Emoticons** versucht man, die Mimik und Gestik wie in einem persönlichen Gespräch nachzuahmen. Das Wort setzt sich zusammen aus den englischen Begriffen „emotion" und „icon" („Gefühl" und „Bild").
Hier sind einige Beispiele:

:-) Lächeln :-(bin traurig ;-) Augenzwinkern
:-o bin schockiert @-'-,- eine Rose

7 *Überlegt, in welchen Fällen man diese Kurzformen nicht verwenden kann.*

8 *a) Sammelt weitere Akronyme und Emoticons.*
b) Schreibt mit Hilfe möglichst vieler dieser Kurzformen eine E-Mail oder eine SMS an eine Freundin oder einen Freund.
c) Besprecht, wie die Texte wirken.

9 *Im Internet könnt ihr euch auch über verschiedene Themen informieren.*
a) Einigt euch in der Klasse auf ein Thema, das ihr im Netz genauer verfolgen wollt, z. B. „Kinderrechte", „Natur und Umwelt" oder „Jugendliteratur".
b) Sucht im Internet nach Informationen zu eurem Thema. Eine Suchmaschine, z. B. „Google" (www.google.de), kann euch dabei helfen. Gebt ein oder mehrere Suchwörter im Feld „Suchen" ein.
c) Lest die angegebenen Seitenadressen und Inhaltsbeschreibungen genau. Wählt dann vier Links aus und macht Stichworte zum Inhalt der Seiten. Notiert auch, ob die Seiten brauchbare Informationen zu eurem Thema enthalten.
d) Tauscht euch über eure Erfahrungen bei der Internetrecherche aus.
- *Wie lange habt ihr gebraucht, um an geeignete Informationen zu kommen?*
- *Auf welchen Internetseiten habt ihr interessante und hilfreiche Informationen gefunden?*

2 Wir diskutieren ein Problem

2.1 Diskutieren in der Klasse

Wer verhält sich wie?

1 *a) Beschreibt, wie sich die verschiedenen Figuren in dieser Diskussion verhalten.*
b) Findet einen passenden Namen für jede Figur, der ihr Verhalten in der Diskussion beschreibt.
c) Ordnet die unterschiedlichen Verhaltensweisen der Figuren danach, ob sie für eine Diskussion eher förderlich oder eher hinderlich sind.

förderlich	hinderlich
– zwischen Gegensätzen vermitteln	– immer unterbrechen
– …	– …

2 *Eine Diskussion kann nur gelingen, wenn die Teilnehmerinnen und Teilnehmer bestimmte Regeln einhalten. Ergänzt die nebenstehende Liste.*

– aufmerksam zuhören
– ausreden lassen
– …

3 *Überlegt, was ein Diskussionsleiter oder eine Diskussionsleiterin tun könnte, damit diese Regeln eingehalten werden.*

Die neue Klassensprecherin

Das neue Schuljahr hat gerade begonnen und die Klasse muss eine neue Klassensprecherin oder einen neuen Klassensprecher wählen. Peter, Katharina, Lena, Andreas, Anna, Daniel und andere Mitschüler und -schülerinnen beraten die Wahl in der Pause auf dem Schulhof.

ANNA: Ich finde es sehr schade, dass Dominik nicht mehr Klassensprecher sein will. Er hat sich doch für uns im letzten Jahr immer so toll eingesetzt.

PETER: Stimmt. Und erreicht hat er bei den Lehrern für uns ja auch einiges.

DANIEL: Genau, z. B. die Lesenacht im Deutschunterricht. Da musste er bei der Frau Schreiner ganz schön hartnäckig sein, bis die die Idee gut fand.

LENA: Und dann war es so eine tolle Sache. Dominik hat da eine Menge organisiert. Ich denke da nur an den Büchertisch und natürlich an die Brotzeit …

(Zustimmendes Gemurmel)

KATHARINA: Aber Dominik will nun mal nicht mehr. Ich kann das auch verstehen. Wir haben es ihm ja auch oft genug nicht leicht gemacht. Manche können ihn einfach nicht so richtig leiden, weil er bei den Lehrern so gut angeschrieben ist …

ANNA: Dabei hat er sich gerade für diese Miesmacher besonders ins Zeug gelegt. Und dann sind sie auch noch undankbar. Also, ich hätte da an Dominiks Stelle auch keinen Bock mehr.

ANDREAS: Wie wäre es denn mit Tobias? Der hat super Noten. Sicher mögen den auch alle Lehrer.

ANNA: Na ja! Auf die Noten kommt es bei einem Klassensprecher oder einer Klassensprecherin meiner Meinung nach nicht so sehr an. Da zählen auch noch andere Dinge.

LENA: Richtig. Tobias spielt sich gegenüber uns ein bisschen zu sehr auf, findet ihr nicht? Der ist mir zu eitel und denkt vor allem an die eigenen Vorteile und nicht so sehr an uns.

KATHARINA: Ein richtiger Pfau! Manchmal geht mir Tobias schon mächtig auf den Keks.

PETER: Ich sehe das ähnlich. Aber auf jeden Fall wäre er ein besserer Klassensprecher als Rainer. Der würde sich ja nur zur Witzfigur machen …

ANNA: Da übertreibst du aber ein bisschen. Bei manchen Mädchen kommt Rainer ja ganz gut an, das müsst ihr zugeben. Er sieht schließlich nicht schlecht aus …

LENA: Aber er glaubt immer, er müsste der coolste Typ von allen sein. Dabei macht er sich doch nur zur Lachnummer.

KATHARINA: Was haltet ihr denn von Susanne? Die spielt sich nicht so in den Vordergrund. Und sie hat letztes Jahr auch schon prima Vorschläge gemacht. Erinnert ihr euch an die Diskussion um das Ziel beim Wandertag?

PETER: Ja, da hat sie echt einen Kompromiss gefunden. Sie hat sich auch nicht einschüchtern lassen, weder von Frau Schreiner noch von so manchen Schreihälsen in unserer Klasse.

KATHARINA: Außerdem habe ich Vertrauen zu ihr. Man kann sicher sein, dass sie nicht gleich alles hinausposaunt, was man ihr anvertraut.

Andreas: Das glaube ich auch. Mir ist es schon einmal passiert, dass mich in der Klasse jemand bloßgestellt hat. Susanne würde das nicht tun. Garantiert.

Lena: Mir ist Susanne einfach sympathisch. Ich glaube, sie kommt auch mit den Jungs ganz gut aus. Und es ist gut, dass sie sich von diesen nicht alles gefallen lässt. Sie hat es auch nicht nötig, sich bei den Lehrern einzuschmeicheln. Sie weiß schon, was sie will …

Anna: Susanne hat mir einmal verraten, dass sie ganz gerne in der Schülermitverantwortung mitarbeiten würde. Ich halte das für eine prima Idee. Dann hätten wir als Klasse an der Schule noch ein bisschen mehr zu sagen.

Peter: Wenn ich mir das so überlege, dann spricht eine Menge für Susanne.

1 *Untersucht das Verhalten der Gesprächsteilnehmerinnen und -teilnehmer. Befolgen sie die Regeln, die ihr für eine Diskussion aufgestellt habt (▷ S. 23)? Begründet eure Ansicht.*

2 *Die Diskussion zeigt, dass es unterschiedliche Gründe gibt, eine Schülerin oder einen Schüler zur Klassensprecherin oder zum Klassensprecher zu wählen.*
Sucht Meinungen und Argumente aus dem Text heraus und schreibt sie in einer Tabelle auf.

Meinungen	Argumente (Begründungen)
- Dominik soll wieder Klassensprecher werden.	- Er hat sich für seine Mitschülerinnen und -schüler eingesetzt und …
- …	- …

TIPP

In Diskussionen kann man zwischen Meinungen und Argumenten unterscheiden.

- **Meinungen,** z. B.: *„Der würde sich ja nur zur Witzfigur machen."*
- **Begründungen,** z. B.: *„Dominik hat da eine Menge organisiert."*
  Eine **Begründung** für eine Meinung nennt man **Argument.**

3 a) *Beurteilt den Verlauf und das Ergebnis der Diskussion. Gehen die Gesprächsteilnehmerinnen und -teilnehmer auf die Argumente der anderen ein? Welche Argumente überzeugen euch? Ist das Diskussionsergebnis für alle Gesprächsteilnehmer zufriedenstellend?*

b) *Was ist eure Meinung? Schreibt auf, warum ihr jemanden zur Klassensprecherin oder zum Klassensprecher wählen würdet. Begründet eure Meinung mit Argumenten.*

Selber diskutieren

1 *Sammelt Probleme und Fragen, die in der Klasse aufgetreten sind und die ihr miteinander besprechen wollt.*

Wie sollen wir unsere Klassenzimmer ausgestalten?

Wer muss sauber machen?

Wer soll Klassensprecherin oder Klassensprecher werden?

2 *Wählt ein Thema aus und tragt mit Hilfe eines Ideensterns verschiedene Meinungen und Argumente zu diesem Thema zusammen.*

Ideenstern

Setzt euch zu viert um einen Tisch herum. In die Mitte legt ihr ein Blatt Papier, auf das ihr stichwortartig euer Problem schreibt (möglichst nur ein Wort). Jeder schreibt seine Meinung in einen „Strahl" des Sterns. Versucht, eure Meinung zu begründen. Wenn alle fertig sind, wird das Blatt so gedreht, dass jeder den Beitrag im nächsten „Strahl" lesen kann. Dieser kann fortgeführt oder ergänzt werden. Ihr könnt aber auch widersprechen oder einfach eine neue Idee oder Meinung in den „Strahl" schreiben. Das Blatt wird so oft gedreht, bis es vollgeschrieben ist oder keiner mehr einen neuen Beitrag hat.
Die erste Gruppe trägt der Klasse nun vor, was sie aufgeschrieben hat. Dann lesen die anderen Gruppen vor, was sie zusammengetragen haben, beschränken sich dabei aber auf neue Gedanken.

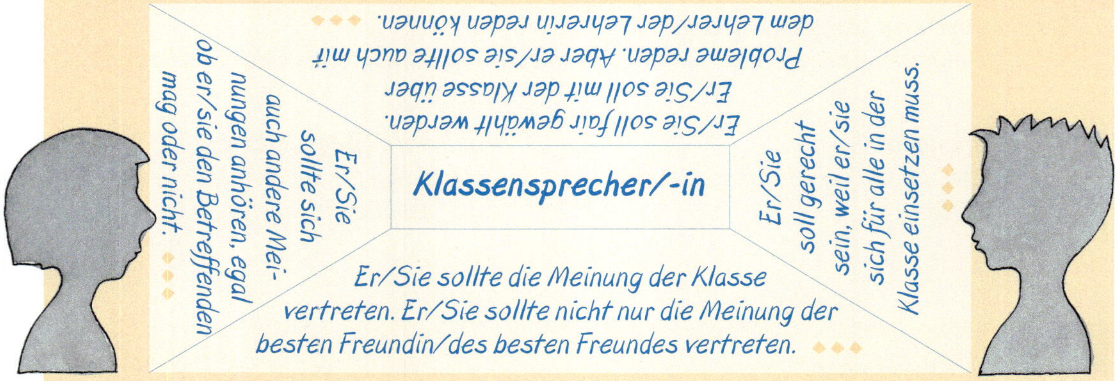

3 *Diskutiert über eure Meinungen. Achtet dabei darauf, dass ihr an die Vorrednerin oder den Vorredner anknüpft. Dabei ist das Echospiel nützlich.*

Echospiel

Jeder Diskussionsteilnehmende wiederholt noch einmal sinngemäß, was die Vorrednerin oder der Vorredner gesagt hat; erst dann bringt er seinen eigenen Beitrag vor. Dieses Spiel könnt ihr (für einige Minuten) immer dann nutzen, wenn ihr in der Klasse zu sehr aneinander vorbeiredet.

2.2 Menschen mit Behinderung – Texte zur Diskussion

Ernst Klee

Der Zappler findet eine Freundin

Im Vorort einer großen, von Autos wimmelnden und nach Abgasen stinkenden Stadt wohnt der „Zappler". Die Nachbarskinder nennen ihn so, weil er mit Armen und Beinen herumrudert und umherzappelt, als wolle er das Fliegen ausprobieren.

Der Zappler macht das nicht freiwillig. Die Ärzte nennen so einen Jungen mit einem medizinischen Ausdruck: Spastiker. Wenn man ein Spastiker ist, da machen die Arme und Beine gerade, was sie wollen. Die Muskeln verkrampfen sich wie bei einem Wadenkrampf, wenn man zu viel Fußball gespielt hat. Weh tut das, wenn sich alles zusammenzieht. Einfach scheußlich weh. Dann lässt es wieder nach.

Aber nicht nur Arme und Beine machen beim Zappler, was sie wollen, sondern auch die Stimmbänder. Da kommen die Worte aus dem Hals, als hätte sie jemand durch den Fleischwolf gedreht oder durch den Mixer gejagt. Wenn der Zappler „Schuh" sagen will, hört man beim ersten Mal nur „Uuu". Und deshalb sagen die Nachbarsjungen: „Der Zappler spinnt." Oder: „Der hat eine Macke."

Der Zappler wohnt mit seiner Mutter allein. Sein Vater ist seit zwei Jahren tot, Verkehrsunfall. Eines späten Nachmittags im Winter will der Zappler das Laufen lernen. So richtig laufen will er lernen, wie das die anderen Jungen auch können. Er lässt sich vom Sofa auf den Fußboden rutschen und hangelt nach der Stuhllehne vom Wohnzimmerstuhl. An der Stuhllehne zieht er sich hoch. Und steht.

Dann bittet der Zappler die Mutter und den Besuch, der gerade da ist, sich in eine Reihe zu setzen. Er klammert sich an den Stuhllehnen fest und läuft den ersten Schritt. Weil das zu anstrengend ist, setzen die Verkrampfungen (die Ärzte sagen: Spasmen) ein. Das Knie tut rasend weh. Plötzlich rutscht der Fuß weg, das Bein klappt nach und der Zappler saust zu Boden, haarscharf an der Kante eines Schränkchens vorbei. Der Zappler blutet. Die Mutter verbietet am nächsten Tag alle weiteren Laufversuche.

Eine Woche später gibt es neue Aufregung: Der Zappler sitzt am Tisch und die Mutter bringt das Essen herein. „Sei ganz ruhig", sagt sie, als sie hinter dem Zappler durchwill, „ich habe hier den Suppenteller in der Hand." Doch wenn der Zappler sich zur Ruhe zwingen will, zappeln Arme und Beine noch viel mehr. So auch jetzt. Sein rechter Arm flattert durch die Luft, schlägt unter den Teller. Der Teller dotzt laut scheppernd zu Boden, die heiße Suppe verbrüht den Arm der Mutter. Die Stimmung ist ausgesprochen stinkig.

Den Winter verbringt der Zappler im Wohnzimmer. Da hat er eine Spielecke, wo er auf dem Boden herumkrabbeln kann. Meist sitzt er am Fenster und starrt hinaus.

Eines Tages im Februar sitzt der Zappler endlich zum ersten Mal im Freien. Vor dem Haus ist ein schmaler Grasstreifen und ein paar Hecken gammeln vor sich hin. Der Zappler räkelt sich in seinem Rollstuhl. Die Sonne kringelt ihm ein paar rote Flecken auf die Backen, die ersten Schneeglöckchen gucken aus dem wintermürben Boden. Der Zappler träumt vor sich hin. Da klatscht ein sattnasser Schneeball gegen die Mauer, die Schneespritzer platschen ihm in den Schoß. Der Zappler zuckt zusammen, reißt die Augen auf.

An der Hecke stehen zwei Mädchen. Der Zappler ist misstrauisch. Er sucht ihr Gesicht ab.

Er lauert nur darauf, dass die beiden anfangen ihn nachzuäffen. Dass sie sich vor ihm aufbauen, mit den Armen in der Luft herumwedeln und blöde Grimassen schneiden. Dass sie mit kieksender Stimme seine eigene Stimme nachmachen – diesen vor Aufregung völlig durchgemixten Wortsalat. Dass sie ihre alte Rede blöken: „Na, Zappler, wenn Zappeln Mode wäre, wärste Weltmeister im Dauerzappeln."

Aber die beiden Mädchen lächeln ihn an. Der Zappler ist immer noch misstrauisch, doch er lacht zurück, wenn auch leicht gequetscht. „Wie steht's, wie geht's?", fragt ihn die eine. Der Zappler erschrickt. Jetzt muss er eine Antwort geben! Das freundliche Mädchen würde sein Wortgegurgel hören und entweder davonlaufen oder ihn verspotten. Er kannte das ja schon. Der Zappler setzt zum Reden an. Er setzt an und schluckt und gurgelt. Aber vor Aufregung ist die Kehle wie zugeschnürt. Dann kriegt er immerhin etwas heraus: „Guut", sagt er, „gut." – „Wir müssen in die Volksbücherei", ruft die Kleinere, „aber wir sehen uns ja jetzt sicher öfter." Und weg sind sie.

In dieser Nacht hat der Zappler einen schönen Traum: Er kann laufen wie andere Jungens. Er träumt, wie er als Mittelstürmer in der Schülermannschaft drei Tore schießt. Er träumt, dass er wieder im Vorgarten sitzt und ohne Stottern mit den beiden Mädchen redet.

Das Wetter bleibt die nächsten Tage schön. „Ich will wieder raus", sagt er seiner Mutter. „Aber nicht mehr in den Vorgarten. Ich will auf dem Bürgersteig sitzen." Dabei macht er vor Aufregung und Angst bald in die Hose.

Der Zappler ist der absolute Knüller in der Straße. Gleich ist er eingekeilt zwischen Scharen von Kindern. Sie halten noch etwas Abstand, wie Zoobesucher vor einem Lama, weil es bekanntlich spuckt. Aber der Ring ist dicht geschlossen.

Der Zappler fühlt sich gefangen, umstellt. Wäre er nur hinter der Hecke halb verborgen geblieben, denkt er. Die Kinder sagen nichts. Aber sie glotzen neugierig. Sie wispern und kichern, gackern und schnattern. Aber zum Zappler sagen sie nichts. Und der kriegt vor Aufregung auch kein Wort aus dem Hals raus.

Da kommt das Mädchen von neulich um die Ecke. Der Zappler fühlt sich gleich besser. „Was steht ihr da wie Hornochsen und gafft so blöde?", fährt sie den glotzenden Haufen an.

„Das geht dich einen feuchten Käse an", schreit einer der Jungen zurück.

„Wenn man euch so anglotzen würde, dass bald die Augen zum Holzkopf rausspringen, hättet ihr doch auch was dagegen, oder?"

Die Horde trollt sich. Der Zappler bedankt sich bei Ingrid, wie das Mädchen heißt. Doch die schüttelt nur lässig die Schultern: „War doch klar." Ingrid holt sich aus einem Nachbarhaus einen Stuhl. Sie unterhalten sich, als würden sie sich schon Jahre kennen. Der Zappler hat Vertrauen gewonnen. Und wenn er Vertrauen hat, dann klingt seine Sprache nicht mehr wie durch den Mixer gejagt, sondern man versteht ihn.

„In welche Schule gehst du denn?"

Da läuft der Zappler rot an: „Ich bin noch nie in die Schule gegangen."

„Das gibt's doch nicht. Erzähl das meinem Meerschweinchen, aber nicht mir. So groß und noch nie zur Schule gewesen. So 'n Quatsch."

Der Zappler hat es jetzt richtig schwer, Ingrid zu überzeugen: „Ich bin körperbehindert, ein Spastiker. In die Volksschule haben sie mich nicht aufgenommen. Ich wäre zu behindert und würde nur den Unterricht stören. In eine Schule für Behinderte konnte ich nicht. In unserem Ort gab es keine. Deswegen sind wir hierhergezogen. Vielleicht kriege ich bald einen Platz in der Schule hier." Eine so lange Rede hat der Zappler schon lange nicht mehr aus seiner Kehle herauswürgen können. Er hat nach den langen Wochen am neuen Ort eine Freundin gewonnen, in deren Gegenwart er keine durchgemixten Worte produziert, sondern schon verständlich sprechen kann.

1 *Die Kinder, die den „Zappler" treffen, verhalten sich ganz unterschiedlich. Beschreibt die unterschiedlichen Verhaltensweisen der Kinder und versucht, Gründe für ihr Verhalten zu finden.*

2 *Erzählt mit eigenen Worten, wie es zur Freundschaft zwischen Ingrid und dem „Zappler" kommt.*

3 *Ingrid kann nicht verstehen, dass der „Zappler" noch nie eine Schule besucht hat.*
a) Welche Gründe führt der „Zappler" an, um dies Ingrid zu erklären?
b) Diskutiert, ob Menschen mit Behinderung in eine besondere oder in die allgemeine Schule gehen sollten.

Morris Gleitzman

Quasselstrippe

Rowena kann nicht sprechen, verständigt sich aber mit Zeichensprache. An ihrer neuen Schule glaubt sie, in Amanda eine Freundin gefunden zu haben. Doch als Amanda sie bei einer Versammlung als ihren „Schützling" vorstellen soll, kommt es zu einer Bewährungsprobe für die Freundschaft.

Amanda wanderte mit mir durch den überfüllten Saal und stellte mich verschiedenen Leuten vor:
„Das ist Rowena Batts", sagte sie. „Sie ist stimmbehindert, aber sie kommt sehr gut damit klar." Und alle nickten sehr verständnisvoll.
Genau vor der fünften Vorstellung steckte ich mir ein Cocktailwürstchen in die Nase, damit es so aussah, als würde ich doch nicht so gut damit klarkommen, aber trotzdem nickten die Leute immer noch verständnisvoll.
Als Amanda das Würstchen sah, zog sie es raus und schaute ängstlich hinüber zu ihrem Vater, doch als sie sah, dass er davon nichts mitbekommen hatte, beruhigte sie sich wieder.
„Ro", kicherte sie, „hör bloß auf damit."
„Mach ich, wenn du auch damit aufhörst", sagte ich.
Sie runzelte die Stirn und grübelte darüber nach, und dann – sie ist nämlich im Grunde ein feinfühliger, intelligenter und lieber Mensch – begriff sie, was ich damit sagen wollte.
Bei der nächsten Vorstellung sagte sie nur: „Das ist Ro", und ich sagte „Hallo" in Zeichensprache und überließ es den Leuten, sich selbst

einen Reim darauf zu machen, ob ich nun stumm war oder ein Flugzeugrangierer auf der Flucht.

Dann wurde mir klar, dass wir schon vor zehn Minuten angekommen waren und ich noch nicht nachgeschaut hatte, was Papa wohl wieder angestellt hatte.

Ich schaute mich ängstlich im Saal um, ob es irgendwo einen Aufruhr gab, aber Papa war drüben bei dem Tisch mit den Erfrischungen und quatschte mit einer älteren Dame. Ich schloss aus seinen Armbewegungen und ihrem peinlich berührten Gesichtsausdruck, dass er ihr wahrscheinlich beschrieb, wie die Raupen der Apfelmotten in den Äpfeln ihr großes Geschäft erledigen, aber vielleicht fand sie auch nur sein Hemd in leuchtendem Orange etwas grell.

Amanda kniff mich in den Arm und zeigte auf die Bühne.

Mr Cosgrove war am Mikrofon.

„Meine Damen und Herren", sagte er. „Zu der ersten Versammlung des Fördervereins im Gemeindedienst heiße ich Sie herzlich willkommen."

Ich musste inwendig grinsen, weil seine sonst so barsche Stimme vor lauter Nervosität ganz schrill klang.

„Er ist stimmbehindert", sagte ich zu Amanda, „aber er kommt sehr gut damit klar."

Amanda lächelte nicht.

Vielleicht hatte sie nicht alle Zeichen verstanden.

Dann hörte ich Mr Cosgrove weiter zu, und plötzlich war mir auch nicht mehr nach Lächeln.

„Jetzt", sagte er, „werde ich jedes unserer aktiven Mitglieder bitten, ihren Gemeindeprojektschützling auf die Bühne zu bringen und uns ein bisschen von ihm zu berichten, sodass wir als Gemeinde ihnen dabei helfen können, ein erfüllteres und befriedigenderes Leben zu führen. Als Erste möchte ich Amanda Cosgrove aufrufen."

Ich schaute Amanda entsetzt an.

Sie sah mich an, als bäte sie um Entschuldigung, dann ergriff sie meine Hand und führte mich auf die Bühne.

Alle klatschten Beifall, außer jemandem, der pfiff. Aber Papa war es schon immer egal, ob er aus der Reihe tanzte.

Ich stand auf der Bühne, und ein Meer von Gesichtern schaute zu mir hoch.

So verständnisvoll.

Nur Papa nicht, der strahlte vor Stolz.

Und die anderen Schützlinge auch nicht – der einarmige Typ, ein junger Typ im Rollstuhl, eine ältliche Dame mit einem Buckel und ein Kind mit Schienen am Bein –, die sahen alle genauso entsetzt aus, wie ich mich fühlte.

Dann passierte etwas Merkwürdiges.

Als Mr. Cosgrove das Mikrofon an Amanda weiterreichte und von der Bühne verschwand, verschwand auch meine Angst.

Meine Gedärme entknoteten sich, und als ich runter auf die verständnisvollen Gesichter sah, wusste ich plötzlich, was ich machen musste.

Ich musste das einfach tun, auch wenn Amanda hinterher vielleicht nie mehr mit mir redete.

Amanda hustete und redete mit einer ganz leisen Stimme ins Mikrofon.

„Meine Damen und Herren, dies ist Ro, und ich möchte Ihnen gern ein bisschen von ihr erzählen."

Ich berührte ihren Arm und sie sah mich überrascht an.

„Ich will das machen", sagte ich.

Ich musste es wiederholen, aber dann hatte sie begriffen.

„Also, hm, Ro möchte Ihnen selbst was über sich erzählen", sagte sie und sah besorgt aus.

Ich machte meine Handbewegung so deutlich und langsam, wie ich konnte.

„Wir sind keine Schützlinge", sagte ich. „Wir sind Menschen."

Ich schaute Amanda an und merkte, dass sie verstanden hatte.

Sie umklammerte aufgeregt das Mikrofon.

Ich schaute sie an, mir klopfte das Herz bis zum Hals, und ich wusste, wenn sie eine echte Freundin war, dann würde sie es sagen.

„Ro sagt", sagte Amanda, und ihre Stimme wurde lauter, „dass sie und die anderen keine Schützlinge sind, sondern Menschen."

Im Saal war es totenstill.
„Ich bin wie Sie alle", sagte ich. „Ein ganz gewöhnlicher Mensch mit Schwierigkeiten."
„Ro ist wie wir alle", sagte Amanda. „Ein ganz gewöhnlicher Mensch im Straßengraben."
Sie sah mich verwirrt an.
„Schwierigkeiten", wiederholte ich.
„Schwierigkeiten", sagte sie.
„Meine Schwierigkeit ist, dass ich keine Töne machen kann", sagte ich. „Sie können vielleicht nicht genug Geld verdienen oder keinen Blätterteig machen oder gleichmäßige Kreise zeichnen."
Amanda sagte alles, auch das mit den Kreisen.
Im Saal war es immer noch totenstill.
„Sie können für mich ruhig Mitleid fühlen", machte ich weiter, „und ich kann für Sie Mitleid fühlen, wenn Sie das möchten. Zum Beispiel habe ich mit jedem von Ihnen Mitleid, der nicht einen echten Freund oder eine Freundin hat."
Ich sah zu Amanda hin.
Als sie wiederholte, was ich gesagt hatte, sah sie mich mit strahlenden Augen an.
Wir grinsten uns gegenseitig an, ungefähr mehrere Minuten lang.
Dann fingen alle an zu klatschen.
Na ja, fast alle.

1 *Überlegt, welche Schwierigkeiten Rowena in der beschriebenen Situation und im alltäglichen Leben hat und wie sie damit umgeht.*

2 *Diskutiert Rowenas Aussage: „Ich bin wie Sie alle", […]. „Ein ganz gewöhnlicher Mensch mit Schwierigkeiten" (Z. 121–122). Begründet eure Meinung.*

„Welche Anne meinst du?" – „Die mit dem behinderten Bruder." Wie kann Lea nur so etwas sagen? Anne will kein Mitleid, weder für sich noch für Jakob. Aus lauter Liebe zu ihrem Bruder zieht Anne einen schützenden Wall um sich und ihre Familie. Sie isoliert sich immer mehr von ihrer Umwelt – und damit auch von ihrer Freundin Lea. Doch Lea ist hartnäckig und lässt sich nicht so leicht abschütteln …

1 *Diskutiert, warum ihr dieses Buch gerne lesen würdet oder nicht.*

2 *a) Sucht in eurer Schul- oder Stadtbücherei interessante Bücher zum Thema „Behinderung".*
b) Stellt die Bücher in der Klasse vor und begründet, warum ihr diese Bücher ausgewählt habt.

„Ich sehe so, wie du nicht siehst" – Aus einem Ratgeber für Sehende

Wo ist mein Mantel?

Bei Zusammenkünften, in Zügen oder in Gaststätten wird dem Blinden oft aus dem Mantel geholfen, sein Hut und sein Gepäck werden ihm mit den Worten abgenommen: „Kommen Sie, ich helfe Ihnen!" Und schon sind Mantel, Hut und Gepäck verschwunden! Das Wiederfinden ist eine schwierige Sache: Der Besitzer weiß oft nicht, welche Farbe der betreffende Gegenstand hat. Es ist deshalb besser, wenn man blinde Personen ihre Sachen selbst ablegen lässt. Wenn Sie dem Blinden dabei helfen, sagen Sie: „Ihr Mantel hängt am ersten Haken neben der Tür", oder in der Bahn: „Ihr Gepäck ist im Netz über Ihnen."

Wo ist „da", wo ist „dort"?
Sagen Sie niemals „Dort ist ein Sessel" oder „Auf dem Tisch dort hinten", indem Sie in die betreffende Richtung weisen. Solche Angaben haben ihren Wert nur für Sehende, jedoch nicht für blinde Mitmenschen.
Sagen Sie lieber: „Vor Ihnen steht ein Sessel" oder „Ein kleiner Tisch befindet sich einen Meter hinter Ihnen". Bei Tisch, zum Beispiel, können Sie sagen: „Ihr Glas steht links vor Ihnen." Wenn Sie ihm ein Glas in die Hand geben, sagen Sie ihm aber auch, wo er es hinstellen kann, z. B. „Links, neben Ihrem Sessel steht ein kleines Tischchen".

Wie führt man am besten?
Bieten Sie immer Ihren Arm an. Nehmen Sie niemals einen Blinden beim Arm, um ihn vorschiebend fortzubewegen. Es ist nicht günstig, einen Blinden auf diese Weise zu führen, da ihm so das Gefühl der Sicherheit genommen wird. Gehen Sie Arm in Arm, erübrigt es sich zu sagen „Nun gehen wir nach links oder nach rechts". Der Sehbehinderte spürt die Bewegung und folgt automatisch.

1 *Stellt euch vor, ihr seid gelegentlich bei einer blinden Nachbarin oder einem blinden Nachbarn, einer blinden Freundin oder einem blinden Freund zu Besuch. Ergänzt, welche Hinweise zu den folgenden Themen in den Ratgeber aufgenommen werden müssten:*
- ☐ *Grüßen, begrüßen und sich unterhalten*
- ☐ *Gehen und Treppensteigen*
- ☐ *Vorlesen*
- ☐ *Ordnung*

2 *Überlegt, warum ein solcher Ratgeber erstellt wurde, und diskutiert, ob es auch einen für Menschen mit Behinderung mit Tipps zum Umgang mit Menschen ohne Behinderung geben sollte.*

3 *Sammelt Redewendungen und Sprichwörter, die mit „sehen" und „blind" zu tun haben. Besprecht, in welchen Situationen ihr sie verwendet.*

Zum Thema „Menschen mit Behinderung"

1 *Berichtet von euren eigenen Erfahrungen im Umgang mit Menschen mit Behinderung.*

2 *Überprüft, ob eure Schule, eure Stadt, euer Haus, eure Wohnung usw. behindertengerecht ausgestattet sind. Berücksichtigt dabei unterschiedliche Formen von Behinderungen.*

3 *Nehmt an, im Laufe des Schuljahrs soll eine Mitschülerin oder ein Mitschüler mit Behinderung in eure Klasse aufgenommen werden. Stellt zusammen, wie sich der Unterricht und euer Verhalten darauf ausrichten müssten und welche Vorbereitungen je nach Art der Behinderung zu treffen wären.*

2.3 Diskussionsübungen

Überreden – überzeugen

Hanna Hanisch

Die Sache mit dem Parka

Er stört mich beim Radfahren, das Futter ist mir zu warm, die Kapuze ist mir lästig. Wenn er wenigstens grün wäre!

Und jeden Morgen dasselbe Thema!

„Zieh deinen Parka an! Er liegt auf dem Küchenstuhl, vorgewärmt. Knöpf ihn richtig zu! Zieh die Kapuze über! Verstanden?"

Meistens schaffe ich es, so durchzukommen. Ich habe da meine Tricks: Ich gehe noch mal in mein Zimmer, lasse den Parka auf dem Bett liegen, lenke meine Mutter ab und verschwinde. Gestern stellt sich meine Mutter so lange neben mich, bis ich den Parka endlich über die Schultern hänge. Vor der Haustür klemme ich ihn in den Gepäckträger. Plötzlich packt mich jemand am Hals: mein Vater!

Er schüttelt mich am Kragen.

„So betrügst du uns?", schreit er mich an, und einen Moment hab ich das Gefühl, als müsste ich um mich schlagen.

„Lass mich los!", schreie ich zurück. „Ich komme zu spät!"

„Mir egal!", brüllt mein Vater. „Wir reden jetzt oben ein Wort zusammen."

Er zieht mich in den Hausflur und treibt mich die Treppe hoch. Meine Mutter steht oben an der Flurtür und heult.

In der Küche muss ich mich setzen. Mein Vater steht vor mir; wie ein Riese steht er da.

Meine Güte! Was für ein Theater wegen diesem blöden Parka!

„Du warst krank, mein Freund!", sagt mein Vater und seine Stimme ist immer noch viel zu laut.

Ja doch, weiß ich! Ist schon eine Weile her. Jetzt bin ich eben wieder gesund.

„Du hattest eine Lungenentzündung, vierzig Fieber. Wir haben eine Menge Angst ausgestanden. Jeden Tag ist der Doktor gekommen. Doch wohl nicht zum Spaß, oder?"

„Dein Leben hat am seidenen Faden gehangen", schluchzt meine Mutter.

„Wir wollen deutlich mit ihm reden", sagt mein Vater. „Er versteht das sonst vielleicht nicht. Du warst am Abnippeln! Habe ich mich klar genug ausgedrückt?"

Mein Vater redet jetzt auch so mit Zitterstimme. Mir wird komisch. Ich sehe die Küchenuhr wie etwas Fremdes. „Zehn vor acht?", denke ich. „Wieso bin ich da noch zu Hause?" Überhaupt kommt mir das alles vor wie ein Film, in dem ich gar nicht mitspielen will.

Abnippeln hat mein Vater gesagt? Was soll das heißen?

Ich müsste jetzt eigentlich gar nicht mehr leben? Tot sein?

Das gibt es doch gar nicht!

Man kann doch nicht einfach sterben.

Oder doch?

Ich mache mich steif und schließe die Augen. Ich stelle mir vor, tot zu sein.

„Warum habt ihr mir das nicht gesagt?", stoße ich mühsam aus meinem steifen Körper.

Mein Vater hat sich an den Küchentisch gesetzt. Endlich ist er mir vom Leibe gerückt!

Meine Mutter steht auf und gießt ihm noch einmal Kaffee in seine Tasse. Er schlürft in langen Zügen.

Mein Vater redet vor sich hin, als wäre ich gar nicht da. „Wenn einer gefährlich krank ist, sagt man ihm das nicht auf den Kopf zu. Was hilft ihm das? – Man setzt sich für ihn ein mit allen

Kräften. Man legt sich ins Zeug, bis man selber nicht mehr auf den Beinen stehen kann. Man bringt ihn durch, wie ein Wunder ist das. Und dann rennt so ein verbockter Dummkopf in die Schule ohne Mantel! Und verspielt vielleicht alles wieder. Kriegt einen Rückfall. Ich begreife das nicht."

Mein Vater lässt den Kopf hängen. Er tut mir leid. Er hat Angst, ich erkälte mich. Kann ich ja verstehen! Also gut, dann ziehe ich den Parka eben an. Es macht mir nichts aus. Hauptsache, ich habe keinen Ärger mehr.

„Du musst mir eine Entschuldigung schreiben", sage ich plötzlich. „Für die erste Stunde. Sonst kriege ich einen Eintrag."

Mein Vater zieht seinen Kugelschreiber und schreibt mir etwas auf seinen Notizblock.

Ich stecke den Zettel in die Hosentasche. Dann hänge ich mir den Parka um und laufe aus der Küche, die Treppe hinunter, aus der Haustür auf die Straße. Mein Körper ist nicht mehr steif. Er ist leicht wie Luft. Unten schwinge ich mich aufs Fahrrad, trete bergab in die Pedale. Der Wind zischt mir um die Ohren.

Die Straße riecht nach verbrannten Briketts, nach Auspuffgas, nach nassem Laub.

In der Kurve schreie ich Jippijäh! Die Bremse fasst gut. Ich fühle mich großartig heute Morgen.

1 *Die Geschichte handelt von einem Streitgespräch.*
a) Stellt die Position des Jungen und die der Eltern gegenüber.
b) Besprecht, in welchen Abschnitten ihr beim Lesen auf wessen Seite gestanden habt.

2 *Beurteilt das Gesprächsverhalten der Eltern und des Jungen. Welche Tipps würdet ihr den Eltern und dem Jungen für ihr Gespräch geben?*

3 *Die Eltern und der Junge haben Gründe für ihre unterschiedlichen Meinungen.*
a) Sucht die Gründe des Jungen und die der Eltern aus dem Text heraus.
b) Diskutiert, ob der Junge „überzeugt" worden ist oder ob er „überredet" wurde. Begründet eure Meinung.

Killerphrasen

4 *a) Warum nennt man solche Sätze und Wendungen wohl „Killerphrasen"?*
b) Setzt die Liste der „Killerphrasen" fort.
c) Sucht im Text nach solchen „Killerphrasen".

Häufig gibt es zwischen Kindern und Eltern Meinungsverschiedenheiten, wenn es um das Thema „Fernsehen“ geht.

- Sollen Kinder einen eigenen Fernseher/Videorecorder haben?
- Welche Sendungen sollten Kinder schauen, welche nicht?
- ...
- ...

5 *Findet weitere mögliche Streitpunkte, die im Zusammenhang mit dem Thema „Fernsehen“ auftreten können, und diskutiert darüber.*

Geübte Diskussionsteilnehmerinnen und Diskussionsteilnehmer verwenden beim Diskutieren „Scharnierwörter“ (Konjunktionen und Adverbien), die ihre Meinungen und Argumente miteinander verbinden. Einige dieser Wörter findet ihr in der folgenden Liste:

Scharnierwörter-Liste

☐ da
☐ weil
☐ obwohl
☐ während
☐ sodass
☐ falls
☐ wenn
☐ je nachdem, ob
☐ indem
☐ ohne dass
☐ je ... desto

☐ deshalb
☐ folglich
☐ denn
☐ aber
☐ jedoch
☐ sondern
☐ also
☐ entweder ... oder

☐ daher
☐ so
☐ schließlich
☐ dennoch
☐ demnach
☐ immerhin
☐ darum
☐ trotzdem

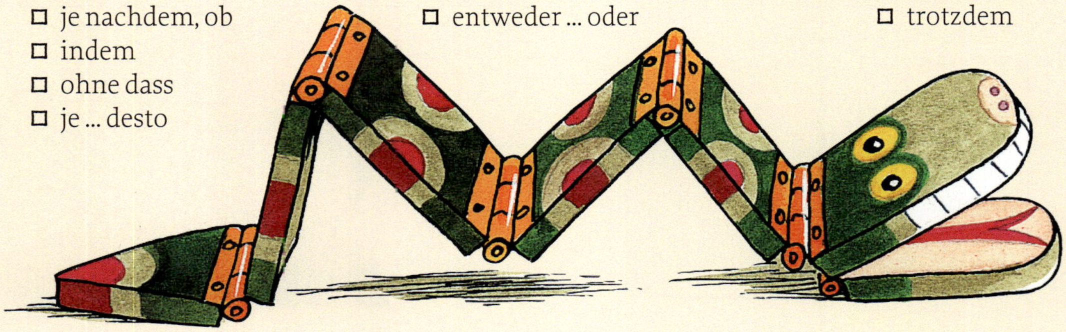

6 *Schreibt zu einer Frage zum Thema „Fernsehen“ ein Streitgespräch, bei dem ihr die wichtigsten Argumente aus eurer Diskussion aufgreift. Verwendet dabei möglichst viele „Scharnierwörter“.*

3 Von Erlebnissen und Erfahrungen berichten

3.1 Unfälle – Berichte untersuchen und schreiben

Der City-Raser

1 *Was passiert hier? Erzählt das Ereignis nach.*

2 *a) Tragt die wichtigsten Informationen über den Unfall (▷ S. 37) zusammen. Benutzt dazu die so genannten* ***W-Fragen*** *und die folgenden Informationen.*

Wer?	Ein 12-jähriger Tretrollerfahrer ...
Was?	...
Wann?	Am vergangenen Montag ...
Wo?	...
Wie?	Ein 42-jähriger Fußgänger ...
Warum?	Weil der Rollerfahrer ...
Welche Folgen?	Der Rollerfahrer und der ... blieben ...
	Der Sachschaden ... etwa 800 Euro.

b) Schreibt mit Hilfe eurer Stichworte einen Bericht über den Unfallhergang.
c) Erläutert, wodurch sich euer Unfallbericht von eurer Nacherzählung (▷ Aufgabe 1) unterscheidet.

Mäusebussard verursacht Unfall

Straubing. Ein recht ungewöhnlicher Unfall ereignete sich am vergangenen Montag auf der Staatsstraße von Geiselhöring nach Straubing. Ein LKW-Fahrer fuhr mit seinem Kleinlastwagen in Richtung Straubing, als auf der rechten Straßenseite unvermutet ein Mäusebussard in Richtung Straße aufflog. Da der Raubvogel die Straße in geringer Höhe querte, prallte der Vogel auf die Windschutzscheibe des LKW. Der Fahrer verlor daraufhin die Kontrolle über sein Fahrzeug. Der LKW rutschte in den Straßengraben und kippte um. Die Ladung, die überwiegend aus Computermonitoren bestand, wurde schwer beschädigt. Der Fahrer blieb unverletzt. Die Höhe des Sachschadens beträgt etwa 9000 Euro. Der Raubvogel büßte ein paar Federn ein, überlebte aber den Aufprall offensichtlich ohne größere Verletzungen. *(DMA)*

PKW prallt gegen Baum

Mühldorf. Schwere Verletzungen erlitten eine 34-jährige PKW-Fahrerin und ihr 33 Jahre alter Begleiter bei einem Unfall am vergangenen Samstag auf der B 12 in der Nähe von Mühldorf. Nach Angaben der Polizei wollte die Frau ein anderes Fahrzeug überholen, verlor dabei aber die Kontrolle über ihr Auto und prallte gegen einen Baum. Das Fahrzeug überschlug sich und blieb auf dem Dach liegen. Zwei Notärzte versorgten die Verletzten. Im Krankenhaus ordnete die Polizei bei der 34-Jährigen eine Blutentnahme an, weil ihr Atem nach Alkohol roch. Den Führerschein der Frau stellten die Beamten sicher. Der Sachschaden betrug 7000 Euro. *(NT)*

3 *a) Überprüft, welche wichtigen Fragen in diesen Zeitungsberichten beantwortet werden.*
b) Welche Aufgaben haben solche Zeitungsberichte eurer Meinung nach?

4 *a) Schneidet aus Zeitungen ähnliche Unfallberichte aus und lest sie euch vor.*
b) Beschreibt, wie diese Berichte das Geschehene wiedergeben.
c) Stellt die Merkmale solcher Berichte kurz zusammen:

Diese Berichte sind ..., ... und ...
Sie geben Antwort auf ...
Weitgehend sind sie in einer Zeitform verfasst, und zwar im ...

Feuer

Paul: Hallo, hallo ... ja. Ich hab Angst, kommen Sie schnell, das stinkt so.

Feuerwehrzentrale: Was ist los?

Paul: Das Bügeleisen ... Das Bügeleisen, ich hab das Bügeleisen eingesteckt. Ich hab vergessen, dass ich das Bügeleisen eingesteckt hatte.

Feuerwehrzentrale: Wer ist denn da?

Paul: Winterberger.

Feuerwehrzentrale: Gut, und warum rufst du an? Jetzt mal der Reihe nach!

Paul: Ich wollte das doch nur mal ausprobieren.

Feuerwehrzentrale: Was?

Paul: Meine Mutter hat es verboten. Aber ich wollte ... Hilfe!

Feuerwehrzentrale: Was ist denn nun los?

Paul: Hilfe, jetzt kommt viel Qualm!

Feuerwehrzentrale: Ist ein Feuer ausgebrochen?

Paul: Feuer? Also Flammen nicht ... Hilfe, kommen Sie schnell!

Feuerwehrzentrale: Ist sonst keiner im Haus?

Paul: Nein.

Feuerwehrzentrale: Wo wohnst du denn?

Paul: In Vilsbiburg.

Feuerwehrzentrale: Straße?

Paul: Ludwig-Thoma-Straße 11. Hilfe, der Qualm ...

Feuerwehrzentrale: Wir kommen sofort. Geh aus der Wohnung.

1 *Überlegt, in welcher Situation sich der Junge befindet.*

2 *Beurteilt den Verlauf des Telefongesprächs.*

3 *a) Sucht die Informationen aus dem Text heraus, die wichtig sind.*
b) Bringt sie in die richtige Reihenfolge.
c) Schreibt mit einer Partnerin oder einem Partner das Telefongespräch so um, dass es als Unfallmeldung verständlich ist.
d) Führt eure Unfallmeldungen als Rollenspiele der Klasse vor.

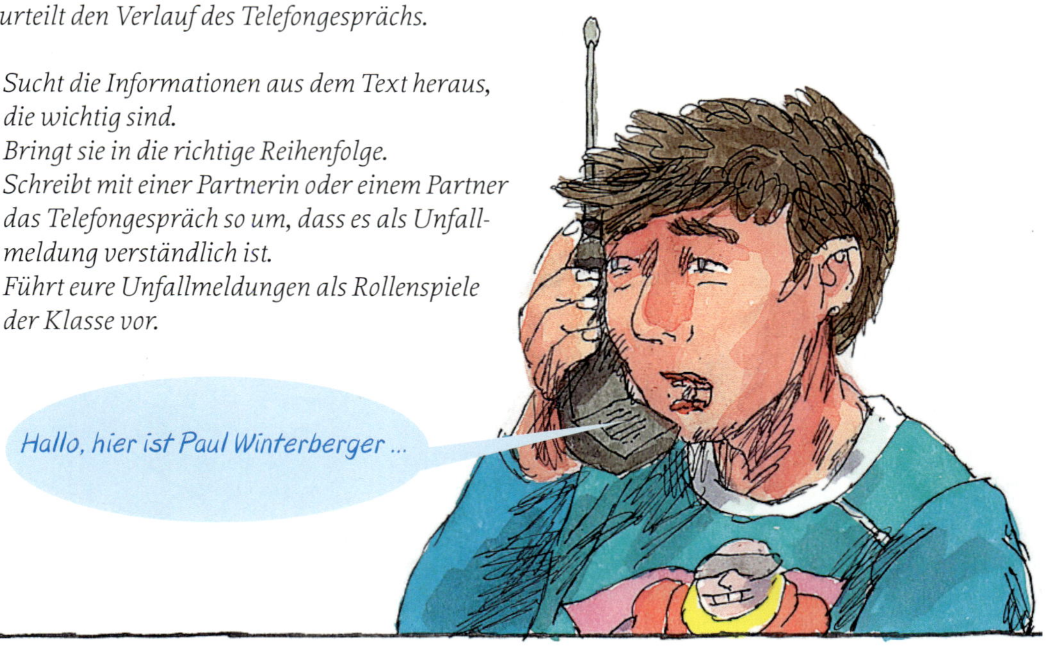

Ursula Masche

Herr Wichtig auf dem Polizeirevier

Wachtmeister: So, Herr Wichtig, nun bleiben Sie mal ganz ruhig und gelassen und überlegen sich noch mal genau den Vorfall, während ich Ihre Personalien notiere! Sie heißen?

Herr Wichtig: Wichtig. Willi Wichtig, abgekürzt W. W. Das ist in unserer Familie 'ne Tradition, mein Vater hieß auch schon wie der Kaiser.

Wachtmeister: Ach so, Sie heißen also mit dem Vornamen Wilhelm und nicht Willi! Na, sagen Sie das doch gleich. Geboren wann?

Herr Wichtig: Zu Weihnachten 1937.

Wachtmeister: Sie meinen demnach den 24.12.1937.

Herr Wichtig: Wieso? Natürlich am 26.12.! Dieser Tag wird doch auch noch zu Weihnachten gezählt.

Wachtmeister: Geben Sie mir mal lieber Ihren Ausweis. Ich schreibe mir dann alles daraus ab. Sie wohnen in Berlin-Steglitz, Körnerstr. 14. So, nun erzählen Sie mal genau Ihr Erlebnis.

Herr Wichtig: Also das war unerhört, eine Unverschämtheit! Dieser Trottel fährt einfach weiter und kümmert sich um rein gar nichts.

Wachtmeister: Langsam, langsam, Herr Wichtig, nun mal der Reihe nach!

Herr Wichtig: Ja, wo fang ich denn da am besten an? Also, als ich heute Morgen aufstand, so gegen 8 Uhr – halt, nee, ich glaube, das war schon 9 Uhr, führte ich erst mal meinen Dackel Waldi aus. Und dann wollte ich Brötchen holen.

Wachtmeister: Aber Herr Wichtig! Das interessiert doch gar nicht!

Herr Wichtig: Nein? Aber wieso denn nicht?

Wachtmeister: Ich möchte von Ihnen etwas über den Ablauf des Vorfalls wissen.

Herr Wichtig: Schön! Also, ich stieg in den Bus, um in die Stadt zu fahren. Da sah ich doch den Emil, das ist ein alter Bekannter von mir, wissen Sie, und der sagt: „Setz dich doch zu mir, alter Junge", und was soll ich Ihnen sagen, Herr Wachtmeister, hat der doch schon wieder …

Wachtmeister: Herr Wichtig! Kommen Sie endlich zur Sache!

Herr Wichtig: Also, als ich die Straße überqueren wollte, sah ich plötzlich …

Wachtmeister: Um welche Uhrzeit war das?

Herr Wichtig: Weiß ich nicht genau. Moment mal, das fällt mir wieder ein. Es war sieben Uhr, denn ich hörte gerade die Turmuhr.

Wachtmeister: Herr Wichtig! Sieben Uhr abends oder morgens!?

Herr Wichtig: Abends natürlich, wann denn sonst?

Wachtmeister: Und wo war das?

Herr Wichtig: Ja, warten Sie mal. Ich stand an der Ecke, wo meine Tante wohnt, und bog die Querstraße rechts ein …

Wachtmeister: Das interessiert doch nicht, wo Ihre Tante wohnt.

Herr Wichtig: Nun lassen Sie mich doch mal. Halt, ich weiß, wo es war: in der Breiten Straße, da an der Ecke, wo Eduscho ist.

Wachtmeister: Herr Wichtig, ich muss Sie ernsthaft nochmals ermahnen. Das ist mir

alles zu ungenau! Wohnt da Ihre Tante oder war da der Unfall?

Herr Wichtig: Nein, da war der Unfall! Breite Straße, Ecke Bornstraße.

Wachtmeister: Ach! Na endlich! Und was haben Sie beobachtet?

Herr Wichtig: Na, ich sah, als ich an der Fußgängerampel an der Ecke wartete, wie plötzlich ein weißer Mercedes an mir vorbei und ran an einen Baum fuhr.

Wachtmeister: Aber Herr Wichtig! Ein Auto fährt doch nicht urplötzlich aus heiterem Himmel an einen Baum! Wie ist denn das passiert? Und warum? War die Straße vielleicht glatt?

Herr Wichtig: Ach wo, wo denken Sie hin, es war ein herrlich trockenes Wetter, wie schon den ganzen Tag über. Deswegen wollte ich doch ...

Wachtmeister: Zur Sache bitte!

Herr Wichtig: Also, da kam dann auf einmal die Ente ...

Wachtmeister: Was für eine Ente denn?

Herr Wichtig: Na, ein 2 CV.

Wachtmeister: Sagen Sie das doch gleich! Erzählen Sie bitte weiter, aber nur das Wichtigste.

Herr Wichtig: Also die Ente kam von rechts.

Wachtmeister: Sie wollen damit sagen, dass der Mercedes die Vorfahrt missachtet hat!

Herr Wichtig: Nein, wie kommen Sie denn darauf? Der hatte doch Grün.

Wachtmeister: Ach so, das Ganze spielte sich also an einer ampelgeregelten Kreuzung ab.

Herr Wichtig: Na sicher, was dachten Sie denn? Die Straßenkreuzung sieht doch ähnlich aus wie die bei mir zu Hause.

Wachtmeister: Herr Wichtig, ich muss Sie schon wieder zur Sache bitten. Ich fasse noch einmal zusammen: Der Mercedes hatte also Grün und musste dem 2 CV, der Rot missachtete, ausweichen, wobei er die Herrschaft über den Wagen verlor und an einen Baum fuhr.

Herr Wichtig: Ja, und die Ente, ich meine der 2 CV, hatte Rot. So ist es genau gewesen.

Wachtmeister: Aber das kann doch nicht alles sein. Sie sprachen doch am Anfang davon, dass jemand weitergefahren wäre ...

Herr Wichtig: Ich? Wie kommen Sie denn darauf? Ach, jetzt erinnere ich mich. Ich bin so vergesslich wie meine Tante.

Wachtmeister: Herr Wichtig!

Herr Wichtig: Ach ja, der Fahrer des 2 CV ist weitergefahren, ohne anzuhalten.

Wachtmeister: Haben Sie sich die Nummer notiert?

Herr Wichtig: Moment mal, vorhin habe ich sie noch gewusst. Ja, jetzt fällt es mir wieder ein: WW – wie mein Vorname, Sie wissen doch, wie der Kaiser!

Wachtmeister: Bitte fassen Sie sich kurz!

Herr Wichtig: Und die Zahlen waren wie das Geburtsjahr meiner Frau.

Wachtmeister: Das gehört doch nicht hierher. Die Nummer bitte!

Herr Wichtig: Also gut, schon gut. Es war 1916. Ach, entschuldigen Sie, das ist ja das Geburtsjahr meiner Mutter. Ich meine selbstverständlich 1941 ...

Wachtmeister: Vielen Dank, Herr Wichtig.

1 *Der Polizeibeamte möchte die Zeugenaussage von Herrn Wichtig in einem kurzen Bericht zusammenfassen.*
 a) *Notiert die Aussagen von Herrn Wichtig, die für den Unfallbericht notwendig sind, und bringt sie in die richtige Reihenfolge.*
 b) *Überprüft mit Hilfe der so genannten W-Fragen (▷ S. 38), ob ihr alle wichtigen Fragen beantwortet habt.*

2 *Lest einige Aussagen von Herrn Wichtig vor, die für einen Unfallbericht nicht brauchbar sind. Begründet, warum sie überflüssig sind.*

Der Polizeibeamte hat einen kurzen Bericht verfasst.

Nach Aussagen des Augenzeugen Willhelm Wichtig, geboren am ✿ und wohnhaft in ✿, ereignete sich gegen ✿ in Berlin an der Kreuzung ✿ ein Verkehrsunfall.
Ausgelöst wurde der Unfall durch einen PKW des Typs ✿ mit dem Kennzeichen ✿, der bei Rot die ampelgesteuerte Kreuzung überqueren wollte. Dadurch zwang er einen von links kommenden Mercedesfahrer, der Grün hatte, zu einem Ausweichmanöver. Dabei verlor der Fahrer des weißen ✿ die Kontrolle über sein Fahrzeug, kam von der Fahrbahn ab und prallte mit seinem PKW an einen Baum. Der Fahrer des 2 CV beging Unfallflucht.

3 a) *Schreibt den Bericht in euer Heft und ergänzt mit Hilfe des Textes (▷ S. 40–41) die fehlenden Informationen.*
b) *Überprüft anhand der folgenden Informationen, ob der Text den Anforderungen eines Berichts entspricht.*

!

Der Bericht

- Ein Bericht stellt den **Ablauf des Geschehens vollständig** und **genau** dar.
- Er beschränkt sich auf die **wesentlichen Informationen.**
- Im Bericht müssen die so genannten **W-Fragen** beantwortet werden:

Was ist geschehen? **Wer** war beteiligt? **Wo** geschah es? **Wann** geschah es?	Die **Einleitung** informiert möglichst in einem Satz, worum es geht.
Wie und **warum** geschah es genau?	Der **Hauptteil** zeigt den Verlauf des Geschehens in Einzelheiten.
Welche Folgen hatte das Geschehen?	Der **Schluss** gibt Auskunft über die Auswirkungen des Geschehens.

- Die Sprache im Bericht ist **sachlich** und **nüchtern.** Die eigene Meinung, Gefühle und erzählende Ausschmückungen gehören nicht in den Bericht.
- Ein Bericht steht im **Präteritum** (1. Vergangenheit).

Ein Unfall mit dem Fahrrad

1 *a) Schreibt die Zeugenaussagen auf, die für einen Unfallbericht wichtig sind, und bringt sie in die richtige Reihenfolge.*
b) Entnehmt der Abbildung weitere Informationen und ergänzt die fehlenden Informationen selbst.
c) Schreibt den Unfallbericht vollständig auf.

2 *Oft muss bei einem Unfallbericht auch ein Formular für die Versicherung ausgefüllt werden. Besorgt euch Formulare von einer Versicherung.*
a) Besprecht, wie die Formulare ausgefüllt werden müssen.
b) Fasst eure Unfallberichte auf drei bis vier Zeilen zusammen.
c) Füllt eure Formulare vollständig aus. Ergänzt die fehlenden Angaben selbst.
d) Tauscht euer Formular mit einer Partnerin oder einem Partner aus und markiert die Stellen, an denen eine W-Frage beantwortet ist.

3.2 Kinderrechte – Berichte von Kindern und über Kinder

Kinder in Bombay (Indien)

1. Wir würden gerne – wie andere Kinder – in die Schule gehen und lernen. Viele von uns können dies nicht, weil wir arbeiten oder auf unsere jüngeren Geschwister aufpassen müssen. Einige von uns werden nicht in die Schule aufgenommen, weil wir keine Geburtsurkunde und keine feste Adresse haben.

2. Wir spielen sehr gerne. Aber wann und wo? Wir haben so viele Kinder gesehen, die Unfälle hatten und ihr Bein oder den Arm gebrochen haben oder die gestorben sind. Unsere Mütter und Väter erlauben uns wegen des Verkehrs nicht, außerhalb des Hauses zu spielen, und oftmals ist kein anderer Platz vorhanden.

3. Diejenigen von uns, die arbeiten, müssen sehr früh am Morgen aufstehen. Wir sammeln Papier- und Plastikabfälle, reinigen Rinnsteine, bedienen in kleinen Tea-Shops, waschen Teller ab, nehmen Fische aus, waschen Autos, arbeiten in (kleinen) Autowerkstätten ... Unser „Chef" schlägt uns manchmal, schreit uns an und behandelt uns schlecht. Wenn es viel Arbeit gibt, bekommen wir nicht einmal die Zeit zum Essen. Erst spät in der Nacht, wenn die Arbeit getan ist und wir sehr müde sind, dürfen wir gehen. Einige von uns müssen auch nachts arbeiten und Abfälle im Hafen sammeln. Wenn es eine Razzia gibt, bringt uns die Polizei ins Jugendgefängnis und sagt, wir seien Diebe. Wir müssen arbeiten, damit uns unsere Eltern ernähren können – aber wir haben Angst vor unserem „Chef" und den Polizisten.

4. Einige unserer Häuser wurden mehrmals zerstört. Sie sagen, wir können hier nicht leben, wir machen Bombay dreckig. Aber wir wurden hier geboren. Wohin sollen wir sonst gehen? Wenn sie kommen, um unser Heim zu zerstören, werfen sie unser Essen auf die Erde, stehlen unsere Habseligkeiten, sagen schlimme Worte und schlagen unsere Mütter und Väter.
Wir frieren während der Regenzeit und im Winter, wenn wir unter freiem Himmel leben müssen. Können Menschen wirklich so grausam sein?
Jetzt verkaufen sie Schießpulver in unserer Gegend. Jeder hat Angst. Unsere Mütter sagen uns, wir sollen davon wegbleiben. Es ist sehr gefährlich. Vor einigen Monaten wurden viele von uns krank, wir hatten hohes Fieber und mussten brechen. Es wurde uns gesagt, wir sollten nur abgekochtes Wasser trinken. Einige Kinder sind sogar gestorben. So etwas kommt jedes Jahr vor. Wir haben kein gutes Wasser zum Trinken und keine sauberen Toiletten. Warum werden wir dann beschimpft, wenn wir schmutzig sind?

5. Wir Mädchen müssen Wasser holen, Essen kaufen, kochen, sauber machen und schon sehr früh auf unsere jüngeren Geschwister aufpassen.
„Ich bin oft eifersüchtig auf meinen Bruder, weil er mehr zu essen bekommt und weniger im Haushalt arbeiten muss."
„Ich glaube, Leute sind nicht glücklich, wenn sie eine Tochter haben."
Wir wissen, dass unsere Eltern und wir trotz aller dieser Schwierigkeiten um eine bessere Zukunft und ein besseres Leben kämpfen, weil wir viele Träume haben und diese Träume wahr machen müssen.

Mirzapur (INDIEN). In Mirzapur im Bundesstaat Uttar Pradesh hat ein Teppichfabrikant Kinder regelrecht zur Arbeit geprügelt und sie in Tümpeln fast ertränkt, wenn sie nicht folgsam waren. Er ließ sie mit dem Kopf nach unten an Bäumen aufhängen und mit glühenden Eisen als sein „Eigentum" kennzeichnen.

Unter der Überschrift „Folterlager von Mirzapur" beschrieben die „Times of India" und „The Statesman"[1] die leidvolle Odyssee von 27 Jungen zwischen sieben und zehn Jahren, die Anfang Januar aus ihrem Dorf im Nachbarstaat Bihar entführt und nach Mirzapur gebracht worden waren. Als die Kinder eines Abends von den Feldern ihrer Eltern ins Dorf zurückkehrten und der Barbier ihrer Heimatgemeinde den Vorschlag machte, im Nachbardorf einen Film anzusehen, informierten die Kinder ihre Eltern nicht und gingen mit. Bei Einbruch der Dunkelheit lagen sie betäubt und gefesselt in einem Bahnabteil und waren am nächsten Morgen in Mirzapur, einem berühmten Teppichknüpferzentrum in Indien.

Der Barbier und seine Komplizen suchten die Ängstlichen teils mit guten Worten, teils mit Schlägen zum Schweigen zu bringen, wie die Kinder jetzt berichteten.

Schließlich wurden ihnen ein Lohn von zehn Rupien (umgerechnet 1,30 Euro) am Tag, freie Unterkunft und drei Mahlzeiten am Tag versprochen, wenn sie sich für den Teppichfabrikanten Panna Lal verdingten.

Doch was es gab, waren Schläge mit nassen Weidenruten. Wenn eines der Kinder fliehen wollte, wurde es zur Strafe mit dem Kopf nach unten aufgehängt, bekam nichts zu essen oder wurde in einen dunklen Raum gesperrt, wo sich Ratten tummelten.

Auf diese Weise machte der Teppichfabrikant die Kinder gefügig. Ende März aber konnten zwei der Tortur entfliehen und die Behörden alarmieren. Anfang April wurden die anderen mit Brand- und Schlagwunden, unterernährt und übermüdet nach Intervention[2] einer Menschenrechtsorganisation befreit und zu ihren Eltern nach Hause gebracht.

1 **„Times of India"; „The Statesman":** indische Tageszeitungen in englischer Sprache
2 **Intervention:** Eingriff

Lima (PERU). 27 Kinder, die unter sklavischen Bedingungen in Kaffeeplantagen der peruanischen Bergregion arbeiteten, sind in der letzten Woche von Polizei und Staatsanwaltschaft befreit worden.

Wie der Staatsanwalt berichtete, wurden viele dieser Kinder Opfer von Anwerbeaktionen für die Arbeit in den Kaffeeplantagen.

Der 15-jährige Victor Raul Huancase, eines der befreiten „Sklavenkinder", berichtete, man habe ihm einen Lohn von 40 Inti (umgerechnet etwa 2 Euro) pro Tag sowie Unterkunft, Verpflegung und Hin- und Rücktransport zu der Plantage zugesagt. Dann aber habe man von dem angebotenen Lohn 20 Prozent für den Anwerber, zehn Inti für die Verpflegung und fünf für die Unterkunft abgezogen. Auch die Kosten für Seife oder Toilettenpapier habe man vom Lohn abgezogen, sodass schließlich nichts übrig blieb und die Kinder sich sogar bei ihren „Arbeitgebern" verschuldeten.

Die Aufseher nahmen den Kindern ihre persönlichen Papiere und Habseligkeiten ab. Das hinderte sie am Weglaufen, weil sie ohne Papiere von Militärkontrollen möglicherweise als Guerilleros[1] verdächtigt worden wären. Der Arbeitstag dauerte bis zu 14 Stunden, wobei die Jungen als Plantagenarbeiter, die Mädchen als Küchenhilfe arbeiten mussten. [...]

1 **Guerilleros** (span.): bewaffnete Untergrundkämpfer

1 *In den Texten auf S. 44–45 erfahrt ihr Näheres über die Lebensbedingungen von Kindern in Entwicklungsländern. Stellt die wichtigsten Informationen aus den Texten zusammen. Folgende Fragen können euch dabei helfen.*
- □ *Warum besuchen viele dieser Kinder keine Schule?*
- □ *Was erfahrt ihr über die Wohn- und Arbeitsverhältnisse dieser Kinder?*
- □ *Welchen Gefahren sind diese Kinder ausgesetzt?*

2 *Vergleicht den Erlebnisbericht der Kinder aus Bombay (▷ S. 44) mit den Zeitungsberichten über Kinderarbeit in Mirzapur und Lima (▷ S. 45).*
a) Welcher Text berührt euch am meisten? Begründet eure Meinung durch den Verweis auf Textstellen.
b) Zu welchem Zweck und für welche Adressaten (Leserinnen und Leser) sind diese Texte wohl verfasst worden?

3 *Auch in anderen Ländern leben Kinder unter ähnlichen Lebensbedingungen. Berichtet über das, was ihr in Zeitungen und Büchern gelesen oder im Fernsehen gesehen habt.*

4 *Sammelt Informationen zum Thema „Kinderarbeit". Organisationen wie den „Kinderschutzbund", „Unicef" oder die „Unesco" findet ihr auch im Internet.*

Auf dem Weltkindergipfel 1990 beschlossen 71 Regierungsvertreterinnen und -vertreter aus aller Welt, die Rechte der Kinder zu schützen und ihre Gesundheit, ihre Entwicklung und ihre Bildung zu unterstützen. Im Jahr 2002 fand eine internationale Nachfolgekonferenz statt, an der Vertreterinnen und Vertreter von Regierungen und Hilfsorganisationen sowie Kinder und Jugendliche teilnahmen.

5 *a) Informiert euch darüber, welche Aufgaben und Ziele der Weltkindergipfel hat. Im Internet findet ihr z. B. unter www.weltkindergipfel.de hilfreiche Informationen.*
b) Stellt zusammen, was als Rechte von Kindern festgeschrieben werden müsste.

Texte umformen

Sven Lindquist

Jugendgericht in Cuszo (Peru)

Carolina Quisepe Suna, 11 Jahre alt, wird hereingeführt; indianische Gesichtszüge, die Hände mit Warzen bedeckt. Verhaftet wegen Flucht. Das Vergehen wurde von Gregorio Incarroca, Pate des Kindes (d. h. eigentlich ihr Arbeitgeber, der „padrino" oder „Pate" genannt wird), gemeldet. Weigert sich, zu ihrem Paten zurückzukehren, der sie schlägt. Ihre Eltern wohnen in Quiquillana.

So weit der Polizeibericht. Während des kurzen Verhörs erfährt man, dass der Vater Landarbeiter ist. Das Mädchen glaubt, dass er 60 Soles (3 Euro) im Monat verdient. Sie ist die Älteste von drei Geschwistern und ging zwei Jahre zur Schule. Ich bekomme vom Richter die Genehmigung, ihr einige Fragen zu stellen.

Warum bist du verhaftet worden?

Ich bin davongelaufen.

Gab es da jemanden, der dich zur Flucht überredete?

Nein, es war mein eigener Entschluss.

Wolltest du nach Hause zu deinen Eltern fliehen?

Nein.

Warum nicht?

Ich darf nicht nach Hause kommen.

Wohin bist du dann gegangen?

Zu Maldonados Haus.

Wer ist das?

Ein Verwandter vom Paten. Seine Frau versprach, sie würde mich bezahlen, wenn ich für sie arbeite.

Bist du denn bezahlt worden?

Nein.

Wie lange warst du beim Paten?

Sechs Monate.

Hast du etwas bezahlt bekommen?

Nein, nichts.

Wann hast du morgens angefangen zu arbeiten?

Um sechs Uhr.

Und wann warst du abends fertig?

Wenn ich fertig war.

Wie spät war es da?

Sieben oder acht.

Und sonntags?

Das Gleiche.

Wo hast du geschlafen?

Sie verstand die Frage nicht und der Richter erklärte, es wäre selbstverständlich, dass alle im selben Raum schliefen.

Hast du auch das gleiche Essen bekommen wie die anderen?

Nein, ich bekam Suppe.

Es steht im Polizeibericht, dass er dich geschlagen hat. Wie oft geschah das?

Immer.

Jede Woche, meinst du?

Fast jeden Tag.

Nach diesen Fragen ist sie natürlich dem Weinen nahe. Als dann die Eltern hereingeführt werden, schluchzt sie laut auf. Es ist ja über ein halbes Jahr her, seit sie sie zuletzt gesehen hat. Sie ruft laut, dass sie nach Hause möchte; die Eltern versuchen ihren Blicken auszuweichen. Der Vater, im zerrissenen Poncho, ängstlich und gequält, erklärt dem Richter, dass er keine Möglichkeit sieht, für das Mädchen zu sorgen. Sie hätte es besser beim „Paten", trotz allem. Dort bekäme sie jedenfalls etwas zu essen; es wäre das Beste, sie dort wieder hinzuschicken. Das Mädchen weint und bittet. Die Mutter sieht still auf ihre nackten Füße. Der Richter „verurteilt" Carolina Quisepe Suna zu ihren Eltern zurückzukehren. Die Eltern schweigen, auch das Mädchen ist plötzlich still.
Sie gehen zusammen fort.

1 *Am Ende der Verhandlung schweigen alle. Sprecht über diese Situation.*

2 *Stellt die wichtigsten Informationen aus dem Text zusammen.*

3 *In welchem Tempus (Zeitform) ist der Text geschrieben? Begründet, warum der Berichterstatter dieses Tempus wählt. Überlegt dabei, zu welchem Zweck dieser Text verfasst wurde.*

4 *a) Anfang und Schluss des Textes sind berichtend, der Mittelteil ist es nicht (▷ Z. 17–58). Schreibt den Text in einen kurzen Bericht für eine Klassenzeitung um. Verwendet dabei Tempora der Vergangenheit. Überlegt, zu welchem Zweck ihr euren Bericht schreiben wollt.*
b) Überprüft, ob eure Berichte den auf S. 42 genannten Anforderungen entsprechen.

Marianne Lienau

Der Kinderbürgermeister von Aulla (Italien)

Seine erste Amtshandlung wird die offizielle Ehrung für alle Kinder sein, die zu Opfern geworden sind, und Achille Fiorentini, selber 14 Jahre alt, wird das nicht als Routine empfinden. Doch was heißt Routine – es ist ja erst wenige Tage her, dass der Junge in dem kleinen Ort Aulla regulär gewählt worden ist zum ersten Kinderbürgermeister Italiens, Europas und der Welt.

Sagen Sie nicht, meine Damen und Herren, da hätten sich bloß mal wieder Pädagogen was Fortschrittliches ausgedacht und die Kinder, wie üblich, mit Spielgeld aus Pappe beglückt. Nein. Erstens war es der erwachsene Bürgermeister des Ortes, im Zivilberuf Arzt, der die Idee hatte und den Mumm, sie auszuführen – und zweitens verfügt der 14-jährige Bürgermeister Achille über einen eigenen 30-köpfigen Gemeinderat seines Alters, über ein Büro im Rathaus, über richtige Kompetenzen in den Sparten Umwelt, Sport, Altenhilfe und Jugend – und vor allem verfügt er über einen Etat von rund 50 000 Euro. Und da werden manche vielleicht sagen: Das geht zu weit. Ich sage das nicht. Ich bin gesegnet mit einem Patensohn, der mit 10 Jahren schon besser mit Geld umgehen konnte als ich. Jeder, der Kinder näher kennt, wird bestätigen können, wie überraschend verständig, einfallsreich und gewitzt sie in ihren eigenen Angelegenheiten sind. Das moderne Kind weiß nun selbst, was es anziehen will, wohin es im Urlaub nicht will und welche Musik ihm am zuträglichsten ist. Von den Intelligenzwelten der Computerbeherrschung nicht zu reden ... Also geben wir ruhig zu: Kinder sind heute enorm clever und kompetent – schon deshalb, weil ihnen in unserer schönen neuen Welt der Systeme, Vernetzungen und Maschi-

nen keine andere Wahl bleibt. Doch genau diese Wahl werden sie in Aulla nun haben.
Vor jeder Entscheidung des Gemeinderats wird künftig der Jugendbürgermeister angehört. „Schluss mit dem Generationsegoismus“, hat der erwachsene Kulturdezernent gesagt, und das heißt doch wohl: Schluss mit der Selbstherrlichkeit der Erwachsenen. Der 14-jährige Achille hatte sich in der Stichwahl gegen die 12-jährige Lara knapp durchgesetzt mit einem Programm, das die Verbesserung der Schulstrukturen und der Sportstätten vorsieht, die Vergrößerung des Jugendzentrums, neue Parkanlagen für die Alten und lauter Umweltschutz: getrenntes Abfallsammeln, Sanierung des Flusses, Säuberung der Stadt. Ein makelloses Programm, das so sehr auch die Zustimmung von Lara fand, dass sie selbst ihren Konkurrenten wählte. Das, scheint mir, ist die wahre Revolution. Politik wird von Kindern vielleicht nicht um der Macht willen gemacht, sondern damit sie tatsächlich allen Gutes bringt. Der Kinderbürgermeister hat seine großartige Konkurrentin prompt zu seiner Stellvertreterin gemacht.
Der erwachsene Bürgermeister hatte eigentlich nur was tun wollen gegen das viel bejammerte politische Desinteresse der jungen Generation. Erreicht hat er, dass von den 757 Kindern

seines Orts zwischen 6 und 14 Jahren 92 % zur Wahl ihres Bürgermeisters gingen. Hört, hört, ihr Politiker, Jugenddezernenten, Kinderverächter: Es gibt ein politisches Leben vor der Volljährigkeit! Und eh ihr es vollends erstickt in den Autoabgasen unseres stehenden Verkehrs, wo weder Jung noch Alt atmen, geschweige denn spielen, Rad fahren, spazieren gehen kann, lasst die Kinder doch an die Macht. Fehler macht ein erwachsener Bürgermeister auch, das steht längst fest. Nur der Bürgermeister von Aulla vielleicht nicht mehr. Der hört jetzt auf die klugen Leute mit Zahnspange, Stimmbruch und unverbogenem Verstand. Hat der Kaiser Kleider an oder nicht? Fragen Sie das nächstbeste Kind.

1 *Informiert euch, ob es in eurem Wohnort eine Kinder- oder Jugendvertretung gibt. Besprecht, welche Aufgaben und Ziele sie hat oder haben sollte.*

2 *Der Bericht von Marianne Lienau ist eine Rundfunkreportage. Welche Teile der Reportage gehen über das bloße Berichten hinaus?*
a) Sucht dazu die Stellen im Text, in denen die Autorin die Hörerinnen und Hörer mit einbezieht.
b) Untersucht, welche Tempora (Zeitformen) die Autorin verwendet.

! Eine **Reportage** berichtet in besonders lebendiger und anschaulicher Weise über aktuelle Ereignisse. Dabei kann auch das persönliche Erleben der Reporterin oder des Reporters deutlich werden.

3 *Verfasst einen sachlichen Bericht über den Kinderbürgermeister von Aulla. Haltet euch dabei an die auf S. 42 genannten Regeln.*

3.3 Schreibwerkstatt – genau berichten

Falsch in den Zeit-Zug eingestiegen

VORSICHT FEHLER!

Am Montag, dem 12. Februar, ist in Bamberg im Modehaus „Dressfit" ein Diebstahl begangen worden. Durch das schnelle Eingreifen einer Verkäuferin und des Hausdetektivs wird das Diebespärchen auf frischer Tat ertappt. Der Gesamtwert der gestohlenen Kleidungsstücke betrug 650 Euro.

Das Diebespärchen betritt nach Aussagen der Verkäuferin um 14.30 das Modehaus. Nachdem sich die Frau interessiert einige Kleidungsstücke der neuen Frühjahrsmode angesehen hat, nimmt sie sich einige Kostüme der obersten Preisklasse in die Umkleidekabine mit. Anschließend kam sie, mit einem der Kostüme bekleidet, wieder aus der Kabine und hatte sich von ihrem Begleiter beraten lassen. Schließlich verlässt sie erneut die Umkleidekabine und trug wieder ihre eigene Kleidung. Nach Aussagen der Verkäuferin sieht die Frau jetzt fülliger aus als vorher und die Verkäuferin schöpfte Verdacht. Daraufhin hat sie unauffällig den Hausdetektiv alarmiert. Dieser kam sofort. Das Diebespärchen erkennt die Gefahr und wollte fliehen. Noch bevor die beiden den Ausgang erreicht haben, betätigte der Detektiv die automatische Türschließanlage. Die Diebe leisten keinen Widerstand und der Detektiv hatte deshalb keine Mühe, sie festzunehmen.

Die Diebe gestehen den Diebstahl. Die Frau hatte unter ihrem eigenen Kleid zwei teure Kostüme versteckt.

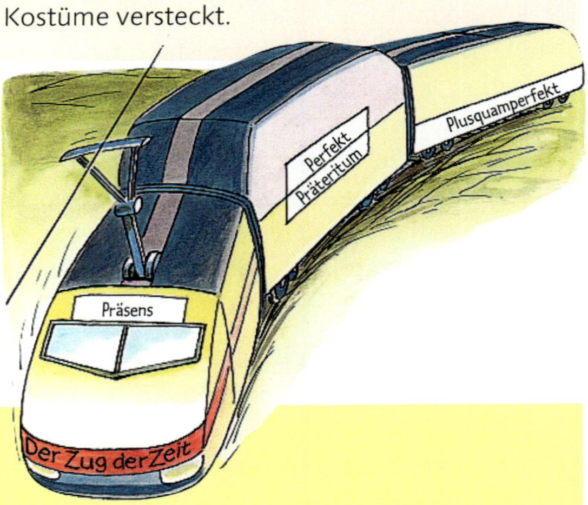

1 *Der Zeitungsartikel enthält Verben, die in verschiedenen Tempora (Zeitformen) stehen. Bestimmt die Tempora der folgenden Verbformen:*
betritt (▷ Z. 8)
hat angesehen (▷ Z. 11/12)
kam (▷ Z. 14)
hatte versteckt (▷ Z. 31/32)

! Ein Bericht fasst ein Ereignis zusammen, das bereits stattgefunden hat, und wird deshalb im **Präteritum** geschrieben, z. B.: „Er *betrat* ..."
Wenn man in einem Bericht ausdrücken will, dass ein Ereignis noch weiter in der Vergangenheit liegt (Vorzeitigkeit), gebraucht man das **Plusquamperfekt.** Das Plusquamperfekt wird gebildet aus der Personalform von *haben* oder *sein* im Präteritum und dem Partizip II des Vollverbs, z. B.: „Er *hatte ... betreten ...*"

2 *Der Zeitungsartikel berichtet von einem Kaufhausdiebstahl, der bereits stattgefunden hat.*
a) *Welche Verben des Zeitungsberichts sind in den falschen Wagen des Zeit-Zuges geraten? Macht euch den zeitlichen Ablauf des Ereignisses klar und setzt die Verben in die richtige Zeitform.*
b) *Überarbeitet den Zeitungsbericht. Achtet dabei auf die Verwendung der richtigen Tempora.*

Falsch angekoppelt!

Konjunktionen (Bindewörter) verknüpfen Sätze miteinander und stellen dadurch gedankliche Verbindungen her.

1 *In der Abbildung wurden die beiden Teilsätze des Satzgefüges eindeutig durch eine falsche Konjunktion verbunden.*
a) Erklärt, warum die Konjunktion „weil" in diesem Beispielsatz unsinnig ist.
b) Ersetzt die Konjunktion „weil" durch eine treffendere. Probiert dazu verschiedene Möglichkeiten aus und sprecht darüber, welcher gedankliche Zusammenhang jeweils hergestellt wird. Die Konjunktionen in den Waggons können euch dabei helfen:

2 *In den folgenden Zeitungsberichten müssen die Sätze noch gedanklich verknüpft werden. Verbindet die Sätze durch treffende Konjunktionen, sodass sinnvolle Satzgefüge entstehen, und schreibt sie in euer Heft.*
Vorsicht! Manchmal müsst ihr die Sätze auch umstellen.

Unfall auf dem Zebrastreifen

Die Schülerinnen überquerten gerade die Straße.
Die Fußgängerampel schaltete auf Rot um.

Unfall auf dem Schulhof

Fünf Schüler der 6a schlitterten noch auf der Eisfläche im Pausenhof.
Die Pausenglocke hatten sie nicht gehört.

Unfall verhindert

Der reaktionsschnelle Autofahrer konnte einen Auffahrunfall vermeiden. Er bremste rechtzeitig.

Unfall beim Abbiegen

Die in der Steinbachstraße stadteinwärts fahrende 69-jährige Frau wollte nach links abbiegen.
Das ist verboten.

Schwerer Sturz beim Skirennen

Beim Abschluss-Skirennen der Hauptschule am Geyersberg stürzte die Schülerin Barbara Maier schwer.
Sie zog sich einen komplizierten Knöchelbruch zu.

Unfall in der Schule

OStR Schmidt brachte den Verletzten in das Klinikum Regensburg.
Dort wurde beim Röntgen ein Bruch des rechten Wadenbeins festgestellt.

Unfall im Hallenbad

Max Huber stieß Josef Bauer ins Wasser. Der Sportlehrer erklärte anderen Schülern gerade die Technik des Startsprungs.

Unfall beim Training

Michael Schumacher prallte in der Kurve in einen Reifenstapel.
Schlimme Erinnerungen an seinen schweren Unfall von Silverstone wurden wach.

Parkplatz gesperrt

Am Montag beginnen im Bereich der St. Salvatorkirche Ausschneidearbeiten an den Bäumen.
Der Parkplatz neben der Kirche muss in dieser Zeit gesperrt werden.

Drogendealer festgenommen

Am Donnerstag nahmen Kriminalbeamte einen 17-jährigen Drogendealer fest.
Dieser konnte vorher seine vier Gramm Heroin nicht mehr verkaufen.

Neue Farbe für den Jugendtreff

Der Jugendtreff „Asterix" in der Gemeinde Ruhstorf an der Rott erhält einen neuen, farbenfrohen Anstrich.
Die Jugendlichen sollen sich in dem Gebäude wohl fühlen.

3 *Schreibt selbst einen Zeitungsbericht über ein interessantes Ereignis. Ihr könnt euch auch eine Situation ausdenken, über die ihr berichten wollt. Verwendet dabei möglichst treffende Konjunktionen.*

4 Wir verfassen Beschreibungen

4.1 Geburtstage – Vorgänge, Gegenstände und Wege beschreiben

1 *Eva hat zu ihrer letzten Geburtstagsfeier eine Seite im Fotoalbum gestaltet. Beschreibt, was auf den Bildern zu sehen ist, und findet Bildunterschriften.*

2 *Erzählt, wie ihr euren letzten Geburtstag gefeiert habt, oder von einer besonders gelungenen Geburtstagsfeier.*

3 *Damit ein Fest gelingt, muss man es möglichst genau planen. Erstellt gemeinsam einen Plan, wie Evas diesjährige Geburtstagsfeier ablaufen soll, und eine Check-Liste für die Vorbereitungen.*

Vorbereitung meiner Geburtstagsfeier

- Einladung
- …

Ablauf der Feier

- Kuchenessen
- Zaubertricks
- …

4 *Auf ihrer Einladungskarte hat Eva eine Zeichnung angefertigt, die den Weg zu ihrem Wohnhaus zeigt. Beschreibt, wie die Gäste zu Evas Feier kommen.*

5 *Beschreibt den Weg von eurer Schule zu eurer Wohnung. Ihr könnt zu eurer Wegbeschreibung auch eine Skizze anfertigen.*

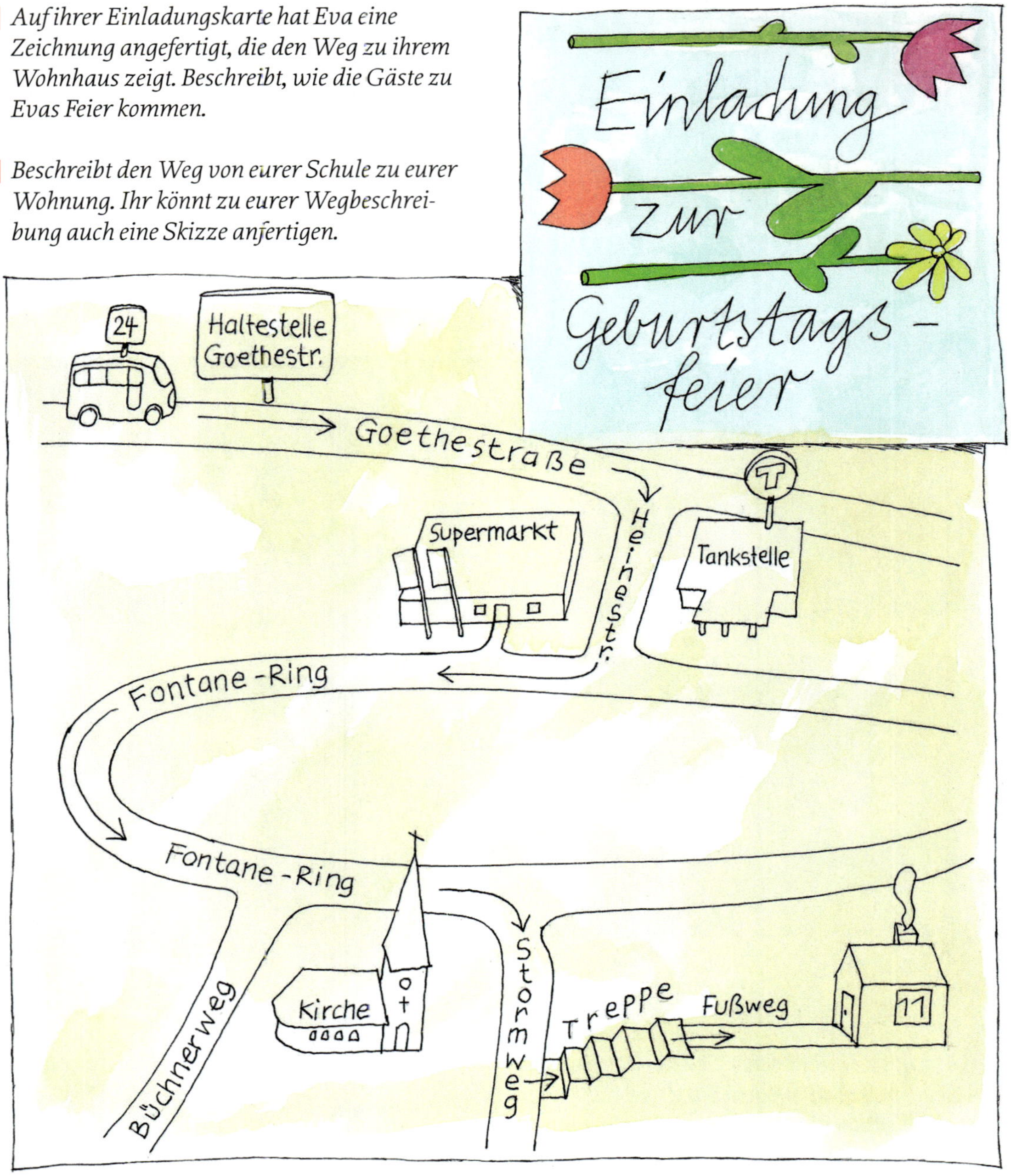

Wegbeschreibung
Eine Wegbeschreibung muss so **genau** und so **anschaulich** sein, dass auch diejenigen ans Ziel finden, die sich in der Gegend nicht auskennen. Einzelne **Teilstrecken** müssen in der **richtigen Reihenfolge** wiedergegeben werden. Dabei ist es hilfreich, wichtige Straßennamen und auffällige Gebäude zu nennen.

Nun überlegt Eva, womit sie ihre Gäste bewirten könnte. Im Kochbuch ihrer Mutter findet sie einen vergilbten, fleckigen Zettel, auf dem einige Stichworte notiert sind.

Geburtstagstörtchen

Zutaten für ca. 20 Stück:
125 g Butter oder Margarine
80 g Zucker
3 Eier
150 g Mehl
1 TL Backpulver
je nach Geschmack: 1 TL gemahlener Zimt und 1/2 TL gemahlene Nelken oder Schokoladenstückchen
zur Dekoration: Puderzucker, Zitronensaft oder Schokoladenkuvertüre
bunte Streusel, Smarties, Gummibärchen
kleine Geburtstagskerzen

Geräte:
Waage
Rührschüssel
Handrührgerät
Mehlsieb
Papierbackförmchen
Backblech oder Rost

Zubereitung:
- Fett mit Zucker schaumig rühren
- Eier zugeben und rühren, bis sich der Zucker aufgelöst hat
- Mehl mit Backpulver mischen, sieben und unter den Teig rühren
- Gewürze/Schokoladenstückchen unterrühren
- Papierförmchen auf einem Backblech verteilen und je 1 EL Teig hineinsetzen
- backen ca. 20 Minuten bei 180 °C auf mittlerer Einschubleiste
- abkühlen lassen und dann verzieren (im Förmchen oder herausgelöst)

Dekorationsmöglichkeiten:
- mit Schokoladenkuvertüre oder Zuckerguss bestreichen und mit bunten Streuseln/Smarties/Gummibärchen oder Ähnlichem verzieren
- kleine Geburtstagskerzen hineinstecken

6 *Das Rezept klingt gut, aber man müsste es mal ordentlich aufschreiben! Beschreibt in zusammenhängender Form, wie man die Geburtstagstörtchen zubereitet. Haltet euch dabei an die Regeln auf S. 56.*

Vorgangsbeschreibung
In einer Vorgangsbeschreibung gibt man den Ablauf eines Vorgangs so genau wieder, dass ihn andere nachvollziehen und selbst ausführen können. Dabei kommt es besonders darauf an, dass die einzelnen **Verlaufsschritte vollständig** und in der **richtigen Reihenfolge** beschrieben werden.
Die Zeitform ist das **Präsens.**
Die Sprache ist sachlich, aber doch abwechslungsreich und flüssig. Meist wählt man den unpersönlichen „man-" oder „wir-Stil". Oft muss man angemessene Fachausdrücke verwenden.
Zu den Vorgangsbeschreibungen gehören unter anderem Kochrezepte, Gebrauchsanweisungen, Bastel- und Spielanleitungen.

Gliederung:

Einleitung:	benötigtes Material
Hauptteil:	□ Vorbereitungen □ Durchführung (genaue Beschreibung der Vorgangsschritte in der richtigen Reihenfolge, wichtige Details, z. B. Maße, Mengenangaben; Erklärung bei Zaubertricks; Ziel bei Spielen)
Schluss:	Ergebnis des Vorgangs (Serviervorschläge bei Rezepten, Aufräumarbeiten bei Bastelanleitungen)

7 *Beschreibt, wie man eure Lieblingsspeise, ein Abendessen oder ein Mixgetränk für ein Fest herstellt. Beachtet dabei die Regeln der Vorgangsbeschreibung.*

Eva will ihren Geburtstagstisch möglichst festlich decken. Sie erinnert sich, dass ihre Tante Renate aus Servietten wunderschöne Gebilde falten kann, und ruft sie an. Während des Telefongesprächs macht sich Eva auf einem Zettel völlig ungeordnet folgende Notizen:

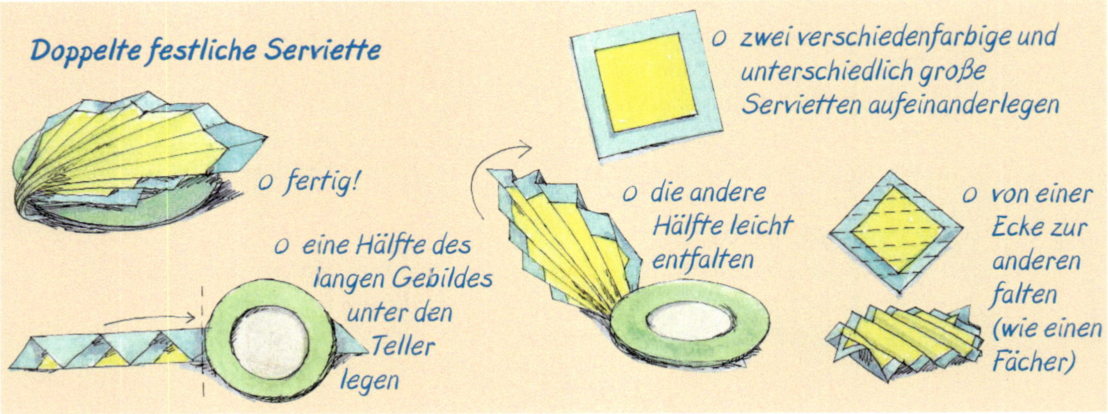

8 *a) Bringt Skizzen und Stichpunkte in eine sinnvolle Reihenfolge.*
b) Verfasst dann eine Vorgangsbeschreibung für das Falten einer festlichen Serviette. Richtet euch dabei nach den oben genannten Regeln.

Damit die Geburtstagsfeier lustig und interessant wird, plant Eva neben Spielen und Zaubertricks auch Bastelarbeiten.

Zauberhüte

- Drittelkreise (30 cm Radius) aus Tonpapier in verschiedenen Farben
- viele Goldpapiersterne
- Goldpapierstreifen 9 x 14 cm
- goldfarbenes Geschenkband
- Heftmaschine
- Klebefilm
- Alleskleber
- Scheren
- Sternschablonen
- Bleistifte

Die Zauberhüte zu basteln ist sehr einfach, besonders dann, wenn die Drittelkreise, viele Sterne und die Goldpapierstreifen für die Spitzen vorbereitet sind. Wenn den Kindern kurz erklärt wird, wie zu basteln ist, werden es die meisten ganz selbstständig schaffen.
Je nachdem, wie viele Kinder zu Gast sind, kann es vorteilhaft sein, dass eine Hälfte mit dem Basteln beginnt, während sich die anderen schon mit ihren Tricks beschäftigen, danach umgekehrt.

1. Wir legen die Längsseiten eines Drittelkreises etwas überlappend übereinander und heften sie unten am Rand zusammen.
2. Die „Naht" überkleben wir mit einigen Sternen. Der Hut hat schon Gestalt bekommen und wird noch mit weiteren Sternen verziert.
3. Für die Hutspitze schneiden wir den Goldpapierstreifen gleichmäßig ein.
4. Den eingeschnittenen Teil rollen wir auf einen Bleistift, der dann wieder herausgezogen wird.
5. Der untere Teil des Streifens wird über den Zeigefinger gewickelt und zusammengeklebt. So kleben wir dann die Spitze auf den Hut.
6. An die Hutseiten, ungefähr 1 cm über dem Rand, heften wir zwei etwa 30 cm lange Geschenkbänder. Alle Heftklammern überkleben wir von innen mit Klebefilm und außen mit Sternen.

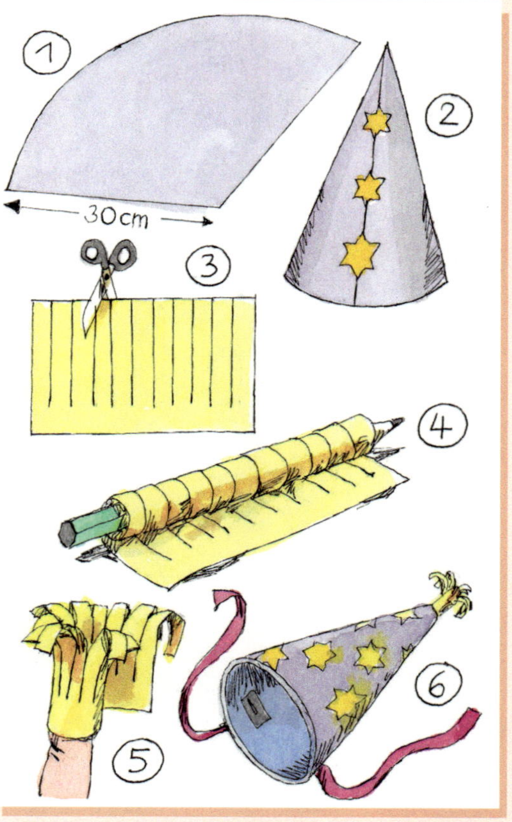

9 a) *Schreibt alle Fachausdrücke aus der Bastelanleitung heraus.*
b) *Erläutert folgende Fachbegriffe:* Drittelkreise, Schablone, heften.

10 *Beschreibt nach den Regeln der Vorgangsbeschreibung (**▷ S. 56**) weitere Bastelarbeiten. Bei einfachen Basteleien können eure Klassenkameraden gleich mitmachen.*

11 *Schreibt die Anleitung zu einem Spiel, das euch auf einer Geburtstagsfeier Spaß machen würde.*

12 *Zaubertricks findet ihr auf S. 99, 102 und 103. Wählt einen davon aus und führt ihn vor. Euer Nachbar oder eure Nachbarin verfasst dazu eine Vorgangsbeschreibung. Wechselt mit dem Vorführen und Beschreiben ab. Kontrolliert anschließend eure Vorgangsbeschreibungen anhand der Regeln auf S. 56.*

13 *a) Informationen, die zur Gestaltung eines Festes nützlich sein können, findet ihr auch in Jugendsachbüchern. Stellt in eurer Klasse einen Büchertisch mit Jugendsachbüchern zusammen.*
b) Jede/-r stellt ein Buch in der Klasse vor:
- ☐ *Beschreibt zusammenfassend, was das Buch enthält.*
- ☐ *Wählt eine kurze Passage als Leseprobe aus.*
- ☐ *Erklärt, warum euch das Buch gefällt.*

Das schönste Geburtstagsgeschenk, das Eva bekommen hat, ist ein Fahrrad. Am nächsten Tag muss Eva das Rad verschiedenen Personen beschreiben:

14 *Bei Beschreibungen kommt es unter anderem darauf an, für wen die Beschreibung bestimmt ist (= Adressat). Beschreibt Evas Fahrrad für Carola, Evas Oma und für die Aktion „Sicheres Fahrrad". Benutzt dazu auch den folgenden Begriffsspeicher und haltet euch an die unten genannten Regeln der Gegenstandsbeschreibung.*

- ☐ ferrarirot
- ☐ Halogenlicht
- ☐ Aluminium-Rahmen
- ☐ 26-Zoll-Räder
- ☐ Gel-Sattel mit Federstütze
- ☐ 24-Gang-Drehgriff-Schaltung
- ☐ Aluminiumfelgen
- ☐ Pedale mit Reflektoren
- ☐ Gepäckträger mit Federklappe
- ☐ Speichenreflektoren
- ☐ Schutzbleche aus Kunststoff
- ☐ Sattelschnellspanner
- ☐ Dynamo (3 Watt)
- ☐ Rücklicht
- ☐ Alu-Sattelrohr
- ☐ Rückstrahler am Gepäckträger
- ☐ Gewicht: 16 kg
- ☐ Sport-Lenker

!

Gegenstandsbeschreibung

Das Ziel der Gegenstandsbeschreibung ist es, dass die Leserin oder der Leser sich den beschriebenen Gegenstand genau vorstellen kann.
Sie informiert **genau** und **sachlich** über den Gegenstand. Dazu verwendet man häufig **Fachausdrücke**, anschauliche **Adjektive** und **Vergleiche**. Die Zeitform ist das **Präsens**.

Eine Gegenstandsbeschreibung kann folgendermaßen aufgebaut werden:
- ☐ Genaue Benennung des Gegenstands und wichtige Informationen über die Gesamtgestalt (z. B. Größe, Form, Farbe, Material, Herstellerfirma)
- ☐ Detaillierte Beschreibung der Einzelheiten nach einer bestimmten Reihenfolge (z. B. von unten nach oben, von innen nach außen usw.)

4.2 Feste zu allen Zeiten

Wolfgang Kuhn

Mit Jeans in die Steinzeit

Die 13-jährige Isabelle verbringt ihre Ferien bei Verwandten in Südfrankreich. Bei einem Ausflug findet sie zusammen mit ihren Vettern und ihrer Cousine den Eingang zu einer eiszeitlichen Höhle. Voller Abenteuerlust und Neugierde entdecken die Jugendlichen 20 000 Jahre alte Zeugnisse der Cromagnon-Menschen: Skelette, Werkzeuge, Waffen und wunderschöne Höhlenbilder mit Darstellungen von Bisons, Mammuts und Steinböcken. Doch dann geschieht etwas Entsetzliches! Durch einen Erdrutsch wird Isabelle von den anderen abgeschnitten und irrt nun verzweifelt in den dunklen Gängen umher. Gehören die Stimmen, die sie auf einmal hört, Menschen, und wo kommen sie her …?

Eigentlich hätte Isabelle ja eher erfreut als erschreckt reagieren müssen, denn es waren tatsächlich Menschen, die sie da unter sich in einer weiten Felsenkammer erblickt hatte. Sicher, sie sahen etwas sonderbar aus mit ihren groben Fellschürzen, den bis weit über die Schultern hinabwallenden Haaren und nicht minder langen struppigen Bärten. Aber so, wie sie sich in ihrer Fantasie echte „Wilde" vorgestellt hatte, wirkten sie keinesfalls. Nach Gestalt und Gesicht eher wie sportlich durchtrainierte, muskulöse Männer unseres eigenen Jahrhunderts. Denn dass diese sechs oder acht Menschen hier Cromagnon-Steinzeitjäger waren, das wusste Isabelle auf den ersten Blick. Es wäre ja nach der Begegnung mit echten, lebenden Höhlenbären gewiss überraschender gewesen, hier unten Menschen des zwanzigsten Jahrhunderts anzutreffen. Hatte sie nicht sogar ganz heimlich gehofft, so tief unter der Erdoberfläche neben Eiszeittieren, die dort oben schon seit Jahrtausenden ausgestorben waren, auch echte Eiszeitmenschen zu finden? Musste sie nicht nach einer solchen Entdeckung, die vor ihr noch nie ein Forscher gemacht hatte, bekannt und berühmt werden? Mit atemloser Spannung, die an die Stelle ihrer anfänglich lähmenden Angst getreten war, als sie erkannte, wie menschlich diese vermeintlichen Wilden aussahen, schaute sie ihrem Tun und Treiben zu. Die Helligkeit, in die der gesamte Raum getaucht war, stammte von stark rußenden, blakenden und flackernden Lampen. Wie Tassen sahen sie aus, einige wie kleine Pfannen oder Kasserollen, in denen Tierfett mit Hilfe eines stinkenden Dochts aus Haaren, Moos oder Flechten verbrannt wurde. Sie standen auf vorspringenden Felsnasen überall verteilt und ein besonders würdig aussehender, bereits grauhaariger Mann, der mit weit gespreizten Beinen auf seinen Fersen hockte, hielt eine dieser Lampen in seiner linken Hand hoch über den Kopf. Er beleuchtete damit eine glatte Wandfläche, die er mit der anderen Hand prüfend betastete. Isabelle vergaß nun vor lauter Neugierde alle Scheu und schob sich noch ein wenig weiter an den Rand der Öffnung heran. Ja, der Alte schien tatsächlich feststellen zu wollen, ob die Wand feucht oder trocken war. Anscheinend war seine Probe zu seiner vollen Zufriedenheit ausgefallen, denn er ließ nun die Hand sinken, hob etwas vom Boden auf und begann damit an der Wand herumzukratzen.

Angestrengt versuchte Isabelle zu erkennen, was da vor sich ging. Aber es dauerte dann doch, wenigstens kam es ihr in ihrer Ungeduld so vor, einige Minuten, bis mehr und mehr zur Gewissheit wurde: Der Mann zeichnete die Umrisse eines Tieres an die ausgewählte, glatte und trockene Felswand. Immer klarer ergänzten sich die schwarzen Striche, die er zog, zu dem Bild eines Bisons, der in vollem Lauf dahergestürmt kam. Mit weit ausholenden Bewegungen markierte der Maler die unverkennbare hohe Schulterpartie des Wildrindes, seine aufgeblähten Nüstern und die bedrohlich gebogenen Hörner. Die Vorderbeine mit den fast zierlich anmutenden dunklen Hufen schienen den Boden gar nicht zu berühren. Was Isabelle am meisten verwunderte, war, dass der Künstler mit einer geradezu mechanischen Sicherheit zeichnete und seine Linien sozusagen auf die Felswand hinwarf, ohne auch nur ein einziges Mal an irgendeiner Stelle nachträglich etwas verbessern zu müssen. Jeder Strich, Bogen oder Punkt saß sofort am richtigen Platz.

Ein zweiter, jüngerer Mann hockte schon die ganze Zeit neben dem Maler und zerrieb irgendetwas Hartes mit Hilfe eines glatten Steins auf einer leicht ausgehöhlten Steinplatte. Isabelle konnte das knirschende Geräusch, das diese Zerkleinerung begleitete, recht deutlich hören. Es schienen kleinere Steinbröckchen zu sein, aus denen der Mann ein Pulver bereitete.

Jetzt brachte ein anderer zwei steinerne Töpfe, ähnlich wie die Lampen geformt, herbei. Sie schienen etwas zu enthalten, das nun mit dem angeriebenen Steinpulver vermischt wurde. Ja, richtig: Isabelle erinnerte sich. Die Cromagnon-Maler kannten eigentlich nur zwei Farben, Schwarz und Rot, wobei dieses Rot recht unterschiedliche Tönungen erreichen konnte – bis hin zum Gelbbraun. Die schwarze Malfarbe stellten sie entweder aus Holzkohle oder, wie die Knirschgeräusche zu beweisen schienen, in diesem Fall aus Manganoxid her, einem Mineral. Die rote wurde aus Ocker bereitet, einer eisenhaltigen Tonerde. Zu feinem Pulver zerrieben, wurden diese Stoffe mit verschiedenen Flüssigkeiten, manchmal sogar mit dem Blut erlegter Tiere, angerührt – oder, wie sie es allem Anschein nach jetzt gerade erlebte, mit dem Fett der Jagdtiere.

Einer der jüngeren Begleiter des Malers verteilte die angerührten Farben nun auf Muschelschalen, die offenbar als Farbtöpfchen dienen sollten. Aber womit malte der Künstler nun eigentlich? Was benutzte er, um seine Farben auf die dafür vorbereitete Wandfläche aufzutragen? Isabelle brauchte nicht lange auf eine Antwort zu warten. Der Alte hatte seine Arbeitsgeräte anscheinend sorgfältig vorbereitet und zurechtgelegt. Jedenfalls hielt er plötzlich einen Pinsel in der Hand, einen Stock, dessen Ende er in eine der Muschelfarbschalen hineintauchte. Da müssen wirklich Tierhaare unten dran befestigt sein, dachte Isabelle, genau wie bei meinen Malpinseln heute noch. An einem Stöckchen ohne Haare könnte ja niemals so viel Farbe hängen bleiben, dass man mehr als höchstens einen einzigen kurzen Strich damit ziehen könnte.

Der alte Maler jedoch schien munter draufloszupinseln. Mitunter nahm er sogar seine Finger zu Hilfe, wenn es galt, einen besonders breiten Strich zu ziehen. Isabelle erinnerte sich wieder an die seltsamen farbigen Streifen, die sie schon ganz zu Anfang ihres unterirdischen Abenteuers an Wänden und Felsdecken gefunden hatte: Das war tatsächlich die einfachste Art und Weise, solche farbverschmierten Finger wieder sauber zu kriegen.

Die Nüstern, Augen und Hörner malte der Künstler mit tiefschwarzer Farbe. Ebenso auch die Hufe, die Umrisse der Beine, das struppige Fell des hochgewölbten Rückens und den langhaarigen Schwanz. Schwarz benutzte er auch, um damit durch Schattierungen – etwa unten an der Rundung des Bauches – den Bison auch wirklichkeitsgetreu als Körper darzustellen. Je länger er an seinem Bild arbeitete, umso plastischer begann es, aus der flachen Wandfläche hervorzutreten. Deutlich schienen sich die kräftigen Schenkel und die Wangenpartien des wild blickenden Bisons zu wölben. Beim Ausmalen der größeren Flächen des Tierkörpers nahm der Maler anscheinend ein Büschel weiches Moos oder ein Stück Fell zu Hilfe, mit dem er die Farbe gleichmäßig verteilen oder auch mehrere Lagen übereinandertupfen konnte, wo es darum ging, ganz allmählich Übergänge zwischen verschiedenen Farbtönen zu erreichen.

Bis jetzt hatten sich die Zuschauer andächtig still verhalten. Als nun aber der Grauhaarige, sein Gemälde nicht aus den Augen lassend, ein Stückchen rückwärtskroch, bis es die schräg ansteigende Höhlendecke erlaubte, wieder aufrecht zu stehen, brachen sie in lärmenden Beifall aus. Mit den flachen Händen wild auf ihre nackten Oberschenkel klatschend, stießen sie heisere Rufe aus, während der Maler, nun hoch aufgerichtet, seinem Bild wie beschwörend beide Arme entgegenstreckte.

Es war unheimlich. Aber das Allerunheimlichste schien Isabelle doch zu sein, dass der gemalte Bison im flackernden Lichterschein der primitiven Fettlampen plötzlich zu einem seltsamen Leben erwachte. Rannte er nicht wirklich, dass die Steine unter seinen stampfenden Hufen aufspritzten? Kamen tatsächlich dampfende Atemwolken aus den geblähten Nüstern und bewegten sich nicht die Flanken vor Anstrengung hechelnd auf und ab?

Auf die Cromagnon-Jäger schien das so lebensecht gemalte Bild jedenfalls genauso zu wirken. Schreiend, als wollten sie den Bison im Laufen anfeuern, und mit ihren Armen heftig gestikulierend, sprangen sie auf. Doch dann kam irgendwie Ordnung in ihr Gebaren. Sie bildeten einen Kreis und tanzten, mit ihren Fersen den lehmigen Boden zertrampelnd und im gleichen Rhythmus markerschütternde Kriegs- oder Jagdgesänge brüllend, um den immer noch unbeweglich mit erhobenen Händen wie gebannt oder verzaubert dastehenden Meister. Plötzlich durchbrach er den Ring der Tanzenden, hob den Pinsel vom Boden auf, tauchte ihn in die Muschel mit der schwarzen Farbe und hockte sich wieder vor sein Werk.

Der Gesang verstummte. Die eben noch so ungestüm getanzt hatten, verharrten nun in regloser Stille. Isabelle wagte kaum noch zu atmen. Was geschah da Geheimnisvolles? Langsam hob der Alte den Pinsel bis zur Schulter des Bisons. Vom Schulterblatt aufwärts zog er einen langen, geraden Strich und deutete an seinem unteren Ende durch zwei schräge, kurze Striche eine Pfeilspitze an. Sie wies genau auf das Herz des mächtigen Tieres.

Von neuem erscholl der ohrenbetäubende Gesang, begannen die Männer zu tanzen. Einer schwang drohend einen kurzen Speer über seinem Kopf. Isabelle, die Jaquin noch immer fest am Halsband gepackt hielt, spürte, wie der Hund vor Angst zitterte. Er hatte sich so flach auf den kalten Boden geschmiegt, als wolle er in den harten Felsen hineinkriechen. Isabelle war nicht viel anders zu Mute. Unausdenkbar, was wohl geschähe, wenn die tobende Horde sie hier als Lauscherin bei ihrem geheiligten Tun entdecken würde. Sie zweifelte keine Sekunde lang, dass sie sich in einer Weihestätte, einer Art Tempel der Steinzeitmenschen befand, in dem soeben das feierliche Ritual eines Jagdzaubers vollzogen worden war. Das Tier, der Bison, der gejagt werden sollte, wurde zuvor beschworen. Man tötete durch den eingezeichneten Pfeil oder Speer, wie es Regis schon in der „Gemäldegalerie" erklärt hatte, symbolisch sein Bild in dem festen Glauben, das echte Jagdtier dadurch umso leichter erlegen zu können.

1 *a) Sammelt aus dem Text Informationen über die Bedeutung und Entstehung von Höhlenmalerei.*
b) Ordnet die Informationen und verfasst eine „Anweisung für junge Höhlenmaler". Haltet euch dabei an die Regeln der Vorgangsbeschreibung (▷ *S. 56**).*

2 *Spielt die Zeremonie in der Höhle nach.*

3 *Schreibt aus dem Text heraus, mit welchen Ausdrücken das gemalte Tier beschrieben wird. Achtet besonders auf Adjektive, Nomen und beschreibende Verben.*

Peter Rosegger

Der erste Christbaum in der Waldheimat

Peter Rosegger (1843–1918) stammt aus einem armen Gebirgsbauernhof in der Steiermark/Österreich. Da er nicht zur Schule gehen konnte, lernte er bei einem alten Schulmeister lesen und schreiben. Schon bald schickte er seine ersten Geschichten an eine Zeitung. Dort erkannte man seine Begabung und vermittelte ihm Stipendien zum Studieren und Reisen. Später gründete er sogar eine eigene Zeitschrift und unternahm Vortragsreisen. Peter Rosegger schrieb hauptsächlich über die Landschaft, die Menschen und Gebräuche seiner Heimat.

Es waren die ersten Weihnachtsferien meiner Studentenzeit. Wochenlang hatte ich schon die Tage, endlich die Stunden gezählt bis zum Morgen der Heimfahrt von Graz ins Alpel. Und als der Tag kam, da stürmte und stöberte es, dass mein Eisenbahnzug stecken blieb. Da stieg ich aus und ging zu Fuß, frisch und lustig, sechs Stunden lang durch das Tal, wo der Frost mir Nase und Ohren abschnitt, dass ich sie gar nicht mehr spürte. Durch den Bergwald hinauf, wo mir so warm wurde, dass die Ohren auf einmal wieder da waren und heißer als je im Sommer.
So kam ich, als es schon dämmerte, glücklich hinauf, wo das alte Haus, schimmernd durch Gestöber und Nebel, wie ein verschwommener Fleck stand, einsam mitten in der Schneewüste. Als ich eintrat, wie war die Stube so klein und niedrig und dunkel und warm – urheimlich. In den Stadthäusern verliert man ja allen Maßstab für ein Waldbauernhaus. Aber man findet sich gleich hinein, wenn die Mutter den Ankömmling ohne alle Umstände so grüßt: „Na, weil d' nur da bist!"
Auf dem offenen Steinherd prasselte das Feuer, in der guten Stube wurde eine Kerze angezündet. „Mutter, nit!", wehrte ich ab. „Tut lieber das Spanlicht anzünden, das ist schöner."
Sie tat's aber nicht. Das Kienspanlicht ist für die Werktage. Weil nach langer Abwesenheit der Sohn heimkam, war für die Mutter Feiertag geworden. Darum die festliche Kerze. [...]

Ich hatte viel sprechen gehört davon, wie man in den Städten Weihnacht feiert. Da sollen sie ein Fichtenbäumchen, ein wirkliches Bäumlein aus dem Wald, auf den Tisch stellen, an seinen Zweigen Kerzlein befestigen, sie anzünden, darunter sogar Geschenke für die Kinder hinlegen und sagen, das Christkind hätte es gebracht. Auch abgebildet hatte ich solche Christbäume schon gesehen. Und nun hatte ich vor, meinem kleinen Bruder, dem Nickerl, einen Christbaum zu errichten. Aber alles im Geheimen, das gehört dazu. Nachdem es so weit taglich geworden war, ging ich in den frostigen Nebel hinaus. Und just dieser Nebel schützte mich vor den Blicken der ums Haus herum arbeitenden Leute, als ich vom Walde her mit einem Fichtenwipfelchen gegen die Wagenhütte lief, dort das Bäumlein in ein Scheit bohrte und unter dem Karren- und Räderwerk versteckte. [...]
Dieweilen also die Leute alle draußen zu tun hatten, bereitete ich in der großen Stube den Christbaum. Das Bäumchen, das im Scheite stak, stellte ich auf den Tisch. Dann schnitt ich vom Wachsstock zehn oder zwölf Kerzchen und klebte sie an die Ästlein. Das plagte ein we-

nig, denn etliche wollten nicht kleben und fielen herab. Ich hätte sehr gern Geduld gehabt, um alles ordentlich zu machen, aber jeden Augenblick konnte die Tür aufgehen und vorzeitig wer hereinkommen. Gerade diese zitternde Hast, mit der sie behandelt wurden, benützten die Kerzchen, um mich ein wenig zu necken. Endlich aber wurden sie fromm, wie es sich für Christbaumkerzen geziemt, und hielten fest. Es war gut. Unterhalb, am Fuße des Bäumchens, legte ich einen Wecken hin.

Da hörte ich über der Stube auf dem Dachboden auch schon Tritte – langsame und trippelnde. Sie waren schon da und segneten den Bodenraum. Bald würden sie in der Stube sein, mit der wir den Rauchgang[1] zu beschließen pflegten. Ich zündete die Kerzen an und versteckte mich hinter dem Ofen. Noch war es still. Ich betrachtete vom Versteck aus das lichte Wunder, wie in dieser Stube nie ein ähnliches gesehen worden. Die Lichtlein auf dem Baum brannten so still und feierlich, als schwiegen sie mir himmlische Geheimnisse zu. Aber da fiel es mir ein – wenn sie niederbrannten, bevor die Leute kommen! Wie konnte ich's denn hindern? Wie sollte ich sie denn zusammenrufen? Da konnte ja alles ganz dumm misslingen! Es ist gar nicht so leicht, Christkindel zu sein, als man glaubt.

Endlich hörte ich an der Schwelle des Vaters Schuhklöckeln – man wusste schon immer, wenn es so klöckelte, dass es der Vater war. Die Tür ging auf, sie traten herein mit ihren Weihgefäßen und standen still.

„Was ist denn *das*?!“, sagte der Vater mit leiser, lang gezogener Stimme. Der Kleine starrte sprachlos drein. In seinen großen runden Augen spiegelten sich wie Sterne die Christbaumlichter. – Der Vater schritt langsam zur Küchentür und flüsterte hinaus: „Mutter! – Mutter! Komm ein wenig herein.“ Und als sie da war: „Mutter, hast *du* das gemacht?“

„Maria und Josef!“, hauchte die Mutter. „Was lauter haben s' denn da auf den Tisch getan?“ Bald kamen auch die Knechte, die Mägde herbei, hell erschrocken über die seltsame Erscheinung. Da vermutete einer, ein Junge, der aus dem Tal war: Es könnte ein Christbaum sein. Sollte es denn wirklich wahr sein, dass Engel solche Bäumlein vom Himmel bringen? – Sie schauten und staunten. Und aus des Vaters Gefäß qualmte der Weihrauch und erfüllte schon die ganze Stube, sodass es war wie ein Schleier, der sich über das brennende Bäumchen legte.

Die Mutter suchte mit den Augen in der Stube herum: „Wo ist denn der Peter?“

„Ah“, sagte der Vater, „jetzt schon, jetzt rait ich mir's schon[2], wer das getan hat.“

Da erachtete ich es an der Zeit, aus dem Ofenwinkel hervorzutreten. Den kleinen Nickerl, der immer noch sprachlos und unbeweglich war, nahm ich an dem kühlen Händchen und führte ihn vor den Tisch. Fast sträubte er sich.

Aber ich sagte – selber feierlich gestimmt – zu ihm: „Tu dich nicht fürchten, Brüderl. Schau, das lieb Christkind hat dir einen Christbaum gebracht. Der ist dein.“

Und da hub der Kleine an zu wiehern vor Freude und Rührung, und die Hände hielt er gefaltet wie in der Kirche.

1 **Rauchgang:** Gang durch alle Räume von Haus und Stall mit Weihrauch

2 **jetzt rait ich mir's schon:** jetzt kann ich es mir schon ausrechnen

1 *a) Stellt zusammen, welche Tätigkeiten in Peters Elternhaus zu Weihnachten üblich sind.*
b) Sucht im Text Stellen, die beschreiben, warum er sich zu Hause so wohl fühlt.

2 *a) Erklärt, warum Peter einen Christbaum aufstellt, und beschreibt den Baum.*
b) Überlegt, wie die Leute diesen „neuen“ Brauch aufnehmen und wie er sich in Peters Heimat verbreiten könnte.
c) Der Brauch, einen Christbaum aufzustellen, ist gar nicht so alt. Findet heraus, seit wann er gepflegt wird, was er bedeutet und wie man in verschiedenen Ländern damit umgeht.

Wolfdietrich Schnurre

Veitel und seine Gäste

Wolfdietrich Schnurre (1920–1989) musste als Jugendlicher erleben, wie in Deutschland unter den Nationalsozialisten vor allem Juden und Sinti (sog. „Zigeuner") verfolgt und umgebracht wurden. Grausamkeit, Ungerechtigkeit und Angst prägten diese Zeit. Das spiegelt sich auch in seinen Geschichten wider, wie z. B. in der vom armen Veitel, mit dem niemand spielen will. Sie ist in der Geschichtensammlung „Als Vaters Bart noch rot war" erschienen. Veitel ist ein reicher jüdischer Junge, den die anderen Kinder des Viertels nicht leiden können, weil er nicht nur sonderbar aussieht, sondern auch wegen einer Lähmung gehbehindert und kränklich ist. Deshalb lassen sie Veitel nicht mitspielen und besuchen ihn auch nicht. Bis eines Tages etwas Überraschendes passiert.

Wir saßen beim Mittagessen, da klingelte es; Mama ging raus, und als sie zurückkam, da lachte sie, und sie sagte: „Na, seht ihr, alles trägt seinen Lohn: Veitels Eltern haben das Mädchen geschickt, und ihr seid eingeladen zu Veitels Geburtstag; morgen um fünf sollt ihr da sein."

Ich schielte zu Heini rüber; der sah starr auf den Teller.

„Na, hört mal", sagte Vater, „freut ihr euch denn nicht?"

„Doch, doch", sagte ich schnell.

„Ja, sehr", sagte Heini.

Nach dem Essen gingen wir gleich auf den Spielplatz, wo wir uns mit Manfred verabredet hatten.

Manfred saß auf dem Rand des Buddelkastens, er baumelte mit den Beinen und sah vor sich hin.

Was denn los wäre, fragten wir ihn.

„Ach, Mensch", sagte er.

Heini kniff die Augen zusammen. „Jetzt sag bloß, der Veitel hat dich auch eingeladen."

„Auch –?", sagte Manfred. „Tatsächlich, bei euch war die auch?"

Wir erzählten ihm alles, und dann überlegten wir, was an der Sache für ein Haken sein könnte.

Heini war der Meinung, es handelte sich um eine Falle; Veitel wollte sich bloß an uns rächen, das wäre alles.

„Das Beste", sagte Manfred, „man geht gar nicht hin."

„Bist du verrückt!", sagte Heini. „Dass die noch denken, wir haben Schiss. Nee, hin müssen wir jetzt; bloß wie."

Es war nicht einfach, das Richtige rauszufinden, aber schließlich einigten wir uns: Wir nahmen die Einladung an, doch nicht ohne Revolver.

Wir holten gleich Geld aus dem Sparkassenschwein und kauften uns jeder drei Zündplättchenrollen.

„Besser ist besser", sagte Heini; „so biste auf alles gefasst."

Am nächsten Tag mussten wir erst mal in die Badewanne, dann schickte Mama uns zum Frisör, und dann mussten wir unsere Matrosenanzüge anziehen, bekamen saubere Kragen um und durften nichts anfassen und mit nichts spielen und uns nicht hinsetzen draußen und gar nichts.

Heini knirschte mit den Zähnen, er tat die erste Zündplättchenrolle in den Revolver und sagte, na, das sollte er uns aber büßen, der Itzig[1].

Wir trafen uns mit Manfred im Park.

Manfred hatte seinen Revolver auch schon geladen, und Heini und er, sie aßen erst mal die Pralinen auf, die Mama uns für Veitel mitgegeben hatte.

Unterwegs trafen wir dann auch noch andere Kinder aus unserer Straße, die auch alle ihre Sonntagskleider anhatten und zu Veitels Geburtstagsfest gingen. Wir überlegten, ob wir ihnen sagen sollten, dass sie in eine Falle liefen; aber Heini war der Meinung, es wäre besser, wir behielten es erst mal für uns, Veitel schöpfte sonst bloß Verdacht.

1 **Itzig:** jüdischer Vorname, der in der Zeit des Nationalsozialismus als Schimpfname für Juden überhaupt gebraucht wurde

Veitels Eltern wohnten in einer geräumigen Villa mit einem großen Garten drum herum. Wir klingelten, und das Mädchen kam raus und nahm uns die Mützen ab und führte uns in ein Zimmer, in dem lauter Kerzen brannten, und ein mächtiger Tisch war gedeckt, und überall standen Kinder aus unserer Straße herum und aßen Kekse und tranken Saft, und ganz oben am Tisch saß Veitel und blickte vor sich hin auf den Teller.

Wir bekamen einen sehr großen Schreck, als wir ihn sahen. Alles Hässliche aus seinem Gesicht war weg, seine Stirn leuchtete, und er sah ganz zart und zerbrechlich aus und war richtig schön.

Wir blieben dicht an der Tür stehen, wir hofften, da sähe er uns nicht; aber da kam schon das Dienstmädchen auf uns zu, und es sagte, wir möchten doch zu ihm kommen, damit er uns Guten Tag sagen könnte.

Wir zögerten erst, aber dann gingen wir doch hin, und Veitel lachte und gab uns die Hand, und er sagte: „Ich freu mich kaputt, dass ihr da seid."

Manfred schluckte und fragte, wie es ihm ginge.

„Danke gut", sagte Veitel.

Dann kam das Dienstmädchen wieder und goss Kakao ein, und wir setzten uns alle. Ich saß links von Veitel, Heini saß rechts von ihm. Manfred saß weiter unten am Tisch, er hatte Glück gehabt, er war beim Plätzeverteilen beiseite getreten. Der Kakao schmeckte sehr gut, und der Kuchen war auch wunderbar.

Einmal kam Veitels Mutter rein; sie war schwarzhaarig wie er und sehr dick und sehr nett, und sie trug einen kleinen Bart auf der Oberlippe. Sie ging überall herum und fragte, ob wir auch satt würden und ob es auch schmeckte, und dann sagte sie, wir sollten ja nicht vergessen: Am Abend, da gäbe es noch eine Überraschung für alle. Die anderen Kinder waren alle sehr fröhlich. Nur Heini und ich waren nicht fröhlich, und Manfred wohl auch nicht, aber das sah man nicht so, der aß bloß dauernd.

Veitel dagegen war richtig aufgekratzt. Immer wieder fragte er uns, ob wir denn auch genug hätten, und wir sollten doch nur zugreifen, und auch das Dienstmädchen fragte er dauernd, ob denn genug Kuchen und Kakao da wären, es sollte bloß nicht knauserig sein und sollte allen genug geben. Dabei aß Veitel selber fast gar nichts, er rührte nur immer in seiner Tasse herum und schüttelte ein bisschen den Kopf und lächelte vor sich hin.

Ich wäre sehr gern auch fröhlich gewesen, aber ich konnte tun, was ich wollte, es wurde nichts draus. Ich weiß nicht, warum, ich musste dauernd daran denken, wie Veitel auf dem Spielplatz damals von mir weggegangen war mit diesen kleinen, komisch trippelnden Schritten, die Füße sehr weit nach außen gestellt, und unterm Arm die neue Schippe mit dem langen gelben Stiel, in dem sich die Sonne spiegelte. Veitel merkte, dass ich was hatte, und auch dass Heini was hatte, begriff er sehr schnell; er sah uns ein paar Mal an und lachte und nicht viel hätte gefehlt, und ich wäre weggerannt.

Gott sei Dank kam aber dann Veitels Vater rein; der war auch sehr nett, und er sagte, wer fertig wäre und Lust hätte, der sollte jetzt mit in den Garten rauskommen, da sollten Sackhüpfen und Eierlaufen stattfinden, und man könnte auch Kricket[2] spielen.

Wir rannten gleich los, und Heini und ich, wir rannten sogar noch schneller als alle anderen. Dann fing das Sackhüpfen an; das machte großen Spaß. Heini gewann dreimal, weil er so lange Beine hatte, und einmal gewann ich auch selber, und alle klatschten, und Veitels Vater kam angerannt, er war ganz außer Atem, weil er

2 **Kricket:** englisches Ballspiel

sich um alles zugleich kümmerte, und er steckte jedem von uns eine Papierblume an und klopfte uns auf die Schulter und sagte, wirklich, das hätten wir großartig gemacht eben. Manfred stand erst abseits, aber dann machte er auch mit, und schließlich wollte er gar nicht mehr aufhören und hüpfte und hüpfte, und dabei hatten die anderen schon längst angefangen, Blindekuh zu spielen.
Das Eierlaufen ließen wir die Mädchen machen, wir spielten Kricket. Das war sehr aufregend, weil man dabei doch so Acht geben muss, dass die Kugel auch richtig durchs Tor geht.
Wir spielten ziemlich lange, und auf einmal fing es an, dunkel zu werden, und vom Haus her rief Veitels Mutter, so, und jetzt wäre es so weit, hier wartete die Überraschung auf uns.
Wir liefen alle hin, und da lagen auf einem Tisch lauter zusammengefaltete Lampions und Bündel von Stöcken und Schachteln mit Kerzen, und Veitels Vater befestigte die Kerzen, und Veitels Mutter klappte die Lampions auf und hängte sie an die Stöcke. Ich bekam einen sehr schönen; er sah aus wie ein Mond und hatte blaue Augen und einen lachenden Mund, in dem man die Zähne sah. Es dauerte eine ganze Weile, bis wir alle einen Lampion hatten. Dann stellten wir uns auf, und Veitels Vater lief aufgeregt mit einer brennenden Kerze die Reihen entlang und zündete behutsam die Lichter an. Als alle Lampions dann hell waren, da schienen schon richtig die Sterne und vorn fingen ein paar Mädchen an, leise das Laternenlied zu singen.
„Kommt aber zurück!", rief Veitels Mutter. „Es gibt noch Abendbrot hinterher!"
Dann setzte sich unser Zug in Bewegung.
Wir liefen erst einmal im Garten herum. Als die Ersten dann wieder am Haus vorbeikamen, da sah ich Veitel.
Er saß in einem Lehnstuhl auf der Veranda. Seine Augen waren sehr groß. Er hatte eine Decke um die Beine und eine Baskenmütze auf, man hatte den Eindruck, er wollte verreisen. Seine Eltern standen hinter ihm, sie hatten ihm die Hand auf die Schulter gelegt und sahen freundlich, doch ohne zu lächeln, zu uns herüber.
Ich war ziemlich weit hinten im Zug, ich hatte Angst, einer könnte meinen Lampion kaputtmachen. Als aber die Spitze des Zuges dann in den Kiesweg einbog, der auf die Straße rausführte, da rannte ich vor und hielt das Gartentor auf.
Es sah wunderbar aus, die Lampions so heranschweben zu sehen, auf die Veranda, und auf Veitel und seine Eltern fiel dabei immer ein anderes Licht: mal ein blaues, mal ein grünes, mal ein rotes, mal ein gelbes. Jetzt sangen alle Kinder das Laternenlied. Ich wartete, bis sie heran waren, dann drängte ich mich zwischen sie und sang mit.

1 *a) Besprecht, mit welchen Gefühlen die Jungen zu Veitels Geburtstagsfeier gehen.*
b) Beschreibt, wie sich die Gefühle der Jungen während der Geburtstagsfeier wandeln und erklärt, warum der Tag ein Erfolg wird.

2 *Stellt in Stichworten den Verlaufsplan auf, den sich Veitel und seine Eltern für das Fest gemacht haben.*

Zum Thema „Feste feiern" (S. 60 – 67)

3 *a) Stellt zusammen, aus welchen Gründen die Feste in den drei Geschichten gefeiert werden.*
b) Überlegt, ob es zwischen den Festen Gemeinsamkeiten gibt und worin jeweils das Besondere liegt.

4 *Erzählt, welches Fest im Jahr ihr besonders gerne feiert, wie ihr es begeht, was euch daran gefällt oder was ihr anders machen möchtet.*

4.3 Treffend formulieren und genau beschreiben

Begriffe erklären

1 *a) Sucht treffende Benennungen für die abgebildeten Teile.*
b) Vergleicht eure Lösungen.

2 *a) Sucht Begriffe, die mehrere der abgebildeten Teile bezeichnen.*
b) Diskutiert die verschiedenen Möglichkeiten.

3 *a) Überlegt, welche zusammengehörenden Begriffe ihr in den folgenden Wortketten mit einem Wort bezeichnen könnt:*

Hammer – Zange – Schraubenzieher – Bohrer – Säge

Mofa – Lastwagen – Mountainbike – Motorroller – Bus

Stuhl – Sessel – Couch – Tisch – Hocker

Wal – Katze – Frosch – Hund – Maus

b) Stellt selbst solche Wortketten zusammen.
c) Wie seid ihr dabei vorgegangen?

Wörter für zusammengehörende Begriffe nennen wir **Oberbegriffe.** Sie können uns beim Beschreiben und Erklären helfen, weil sie Merkmale und Eigenschaften zusammenfassen, z. B.: „Werkzeug“ oder „Tier“. **Unterbegriffe** verhalten sich zu ihnen wie konkrete Beispiele, z. B.: „Hammer“, „Zange“ oder „Hund“, „Katze“.
Um einen Begriff knapp und genau zu erklären, suchen wir einen passenden Oberbegriff und ergänzen ihn durch **unterscheidende Merkmale.**
Beispiele:
- „Ein Fahrrad (Unterbegriff) ist ein Fahrzeug (Oberbegriff) mit zwei Rädern, das durch Treten der Pedale fortbewegt wird (unterscheidende Merkmale).“
- „Ein Intercity (Unterbegriff) ist ein Zug (Oberbegriff), der nur in großen Städten hält (unterscheidendes Merkmal).“

4 *Erklärt auf diese Weise die Begriffe* Moped, Rennwagen, CD, Fernseher.

5 *Sucht in einem Schülerlexikon fünf unbekannte Begriffe, die mit Oberbegriffen und unterscheidenden Merkmalen erklärt werden. Schreibt diese Erklärungen heraus und unterstreicht die Teile in verschiedenen Farben.*

6 *In der deutschen Sprache werden **Zusammensetzungen** häufig aus einem Grundwort und einem Bestimmungswort gebildet, z. B.* Fahrradschloss, Schutzblech, Kilometerzähler.
a) Welcher Teil der Zusammensetzungen enthält den Oberbegriff, welcher nennt das unterscheidende Merkmal?
b) Findet weitere Beispiele.

Oberbegriffe können zu weiteren Oberbegriffen zusammengefasst werden:

7 *Erstellt eine solche Übersicht zum Begriff* Zweirad.

Beschreibungen verbessern

Wie man gefüllte Eier zubereitet

Um acht gefüllte Eier zubereiten zu können, benötigt man die entsprechende Anzahl Eier, etwa 25 Gramm Butter oder Margarine, einen Teelöffel Senf, einen Esslöffel gehackte Kräuter sowie Salz und Pfeffer.

Man kocht die Eier so lange, bis sie hart sind. Man hält sie kurz unter kaltes Wasser, damit man sie leichter schälen kann. Wir schälen die Eier und halbieren sie. Man entfernt vorsichtig das Eigelb aus den Eihälften und vermischt das Eigelb auf einem Teller oder in einer Schüssel mit dem Senf und den Kräutern. Ich würze die Eigelbmasse pikant mit Salz und Pfeffer. Man streicht die fertige Eigelbmasse in die Eihälften. Noch besser sehen die Eier aus, wenn man das gewürzte Eigelb mit einer Spritztüte in die Eihälften spritzt.

Mit Radieschenscheiben oder Kapern garniere ich die gefüllten Eier. Man kann sie z.B. auf Salatblättern servieren.

1 *Schreibt eine verbesserte Fassung der Vorgangsbeschreibung mit Hilfe der folgenden Tipps.*

TIPP

- Durch die abwechselnde Verwendung von „man“, „wir“ und „ich“ wirkt die Beschreibung uneinheitlich. Es ist besser, wenn man nur **ein Pronomen** benutzt, am besten das unpersönliche **„man“.**
- Man kann die Beschreibung abwechslungsreicher gestalten, indem man zwischen der **Aktiv**- und der **Passivform** abwechselt, z.B.:
  Aktivform: „Man kocht die Eier.“ **Passivform:** „Die Eier werden gekocht.“
- In der oben stehenden Beschreibung fehlen die **Verknüpfungen,** mit denen die Reihenfolge der einzelnen Vorgangsschritte deutlich wird und der Zusammenhang der Vorgangsschritte beschrieben wird. Als Hilfe dient euch der folgende Wortspeicher:

anschließend	*zum Schluss*	*als Nächstes*	*danach*
zuerst	*dann*	*daraufhin*	

Tischball

Als Spielfeld dient ein großer Tisch. Ringsum werden ✿ kräftige Kartonstreifen mit Klebeband befestigt, die etwa zwei bis drei Zentimeter ✿ hochragen und eine Art Wand bilden. ✿ bleibt je ein 10 cm langes Stück frei, sodass dort der Ball – man nimmt am besten einen Tischtennisball – vom Tisch rollen kann. Das sind die beiden gegnerischen Tore.

✿ werden die Spieler in zwei gleich starke Mannschaften geteilt, jede wählt einen Torwart, der sich ✿ postiert. Die übrigen Spieler stellen sich ✿ auf. Alle haben einen Strohhalm im Mund und versuchen ✿ den Ball ✿ zu pusten. Auch der Torwart kann zur Abwehr nur ✿ pusten.

Wenn ein Spieler den Ball mit dem Strohhalm berührt, erhält die gegnerische Mannschaft ✿ einen „Freisturm": Alle Spieler dürfen, von den Gegnern ungehindert, ✿ blasen, nur der gegnerische Torwart kann verteidigen.

2 *a) Schreibt den Text in euer Heft und fügt dabei folgende adverbiale Bestimmungen ein:*

hinter dem Tor
in der Mitte der beiden Schmalseiten
gleichzeitig
an dieser Stelle
links und rechts vom Tisch
über die Tischfläche
vor dem Anpfiff
möglichst kräftig
an den Tischkanten
aufs gegnerische Tor
vor Beginn des Spieles

b) Spielt das Spiel gemäß der Beschreibung nach.
c) Stellt fest, wo die Spielbeschreibung „Tischball" noch genauer sein könnte.

Topfschlagen

Einige Tage vor der Party besorgst du mehrere kleine Überraschungsgeschenke für deine Gäste, die du *nett* verpackst. Außerdem beschaffst du dir folgende Gegenstände: einen großen Kochtopf, einen Kochlöffel, einen blickdichten Schal oder ein dunkles Halstuch. *Nun* kann das Spiel beginnen.

Wähle einen Gast aus und verbinde ihm mit dem Schal *sorgfältig* die Augen. Prüfe *kritisch*, ob der Kandidat noch etwas sehen kann. *Dann* legst du *leise* ein kleines Geschenk *unter den Topf* und schiebst ihn *an eine Stelle irgendwo im Raum.* Natürlich soll der Sucher nicht den Geräuschen folgen. *Deshalb* hältst du ihn *an den Schultern* fest und drehst ihn *vorsichtig* einige Male im Kreis, sodass er die Orientierung verliert. Dann lässt du den Gast *auf den Boden* knien.

Er muss *nun kriechend* den Kochlöffel immer wieder *gegen den Boden* schlagen und dadurch *möglichst schnell* den Topf mit dem Geschenk finden. Alle Gäste können dabei helfen, indem sie die Richtung, in die sich der Suchende bewegt, *durch laute Rufe* wie „Heiß!" oder „Kalt!" bestimmen. Wenn der Kochlöffel *gegen den Topf* schlägt, darf der Sucher die Binde *von den Augen* entfernen und das kleine Geschenk hervorholen. *Jetzt* ist ein anderer Gast an der Reihe.

3 *Übertragt die folgende Tabelle in euer Heft und ordnet mit Hilfe der angegebenen Fragen die hervorgehobenen adverbialen Bestimmungen aus der Spielbeschreibung „Topfschlagen" ein.*

Adverbiale Bestimmung der Zeit	Adverbiale Bestimmung des Ortes	Adverbiale Bestimmung des Grundes	Adverbiale Bestimmung der Art und Weise
Wann?	Wo?	Warum?	Wie?
Wie lange?	Wohin?	...	Auf welche Art und Weise?
Seit wann?	Woher?		
...	...		...

4 *Beschreibt ein Spiel, das ihr für eine Geburtstagsparty empfehlen könnt, und verwendet dabei adverbiale Bestimmungen, die den Spielverlauf möglichst genau wiedergeben.*

5 Wir schreiben sachliche Briefe

5.1 Sachliche Briefe in verschiedenen Situationen

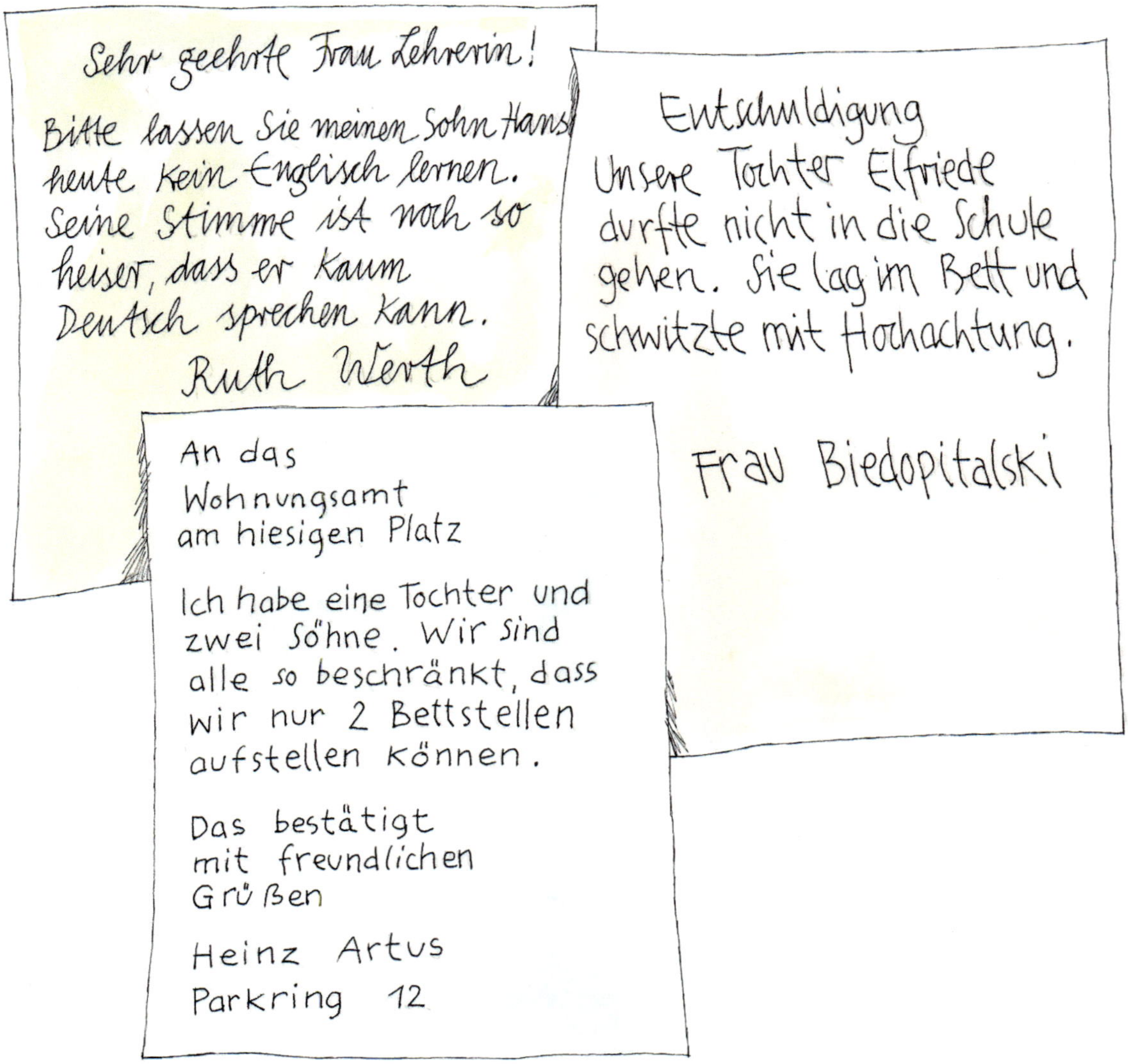

1 *Besprecht, woran es liegt, dass diese Briefe lustig wirken.*

2 *a) Stellt für jeden Brief fest, aus welchem Grund er geschrieben wurde.*
b) Untersucht, was an den Briefen geändert werden muss, damit sie ihre Absicht erreichen: Welche Informationen fehlen jeweils? Wie sollte die äußere Form gestaltet sein?

3 *In den folgenden Briefen ist eine Erkrankung der Anlass für eine Entschuldigung. Vergleicht die beiden Schreiben und besprecht, worin sie sich unterscheiden.*

Waldkirchen, 4.6.04

Liebe Johanna,

bitte verzeihe mir, dass ich erst jetzt schreibe, aber ich lag mit Masern im Bett.
Deshalb konnte ich auch nicht zu dir kommen, weil ich eine ganze Woche nicht in der Schule war.
Das war vielleicht langweilig, die ganze Zeit im Bett bleiben zu müssen!

Viele herzliche Grüße
deine Bettina

Du bist spitze!

Georg Schumm
Kabelweg 28 a
94065 Waldkirchen

Waldkirchen, 26.05.2004

Frau Studienrätin
Helga Winkler
Joh.-Gutenberg-Gymnasium
Schulstraße 2

94065 Waldkirchen

Krankheitsanzeige

Sehr geehrte Frau Winkler,

meine Tochter Bettina Schumm, Klasse 6d, kann seit Freitag, dem 23.05., wegen Masern die Schule für voraussichtlich eine Woche nicht besuchen.

Mit freundlichen Grüßen

Georg Schumm

Urlaub mit dem Schnitzmesser

Hauzenberg. Das Tourismusbüro der Stadt Hauzenberg, Marktplatz 7, 94051 Hauzenberg, bietet auch in diesem Jahr wieder Kerb- und Reliefschnitzkurse für Anfänger an. Kurstermine: Montag bis Freitag, 12. März bis 16. März, sowie 24. bis 28. September, jeweils täglich vier Stunden ab 15 beziehungsweise 16 Uhr.

TIERMARKT

1-j. Golden-Retriever reinrass., kinder- und tierlieb, m. Pap. in gt. Hd. abzug.
Fam. Tierer, Münsterplatz 2, 89073 Ulm

---

2 Meerschweinchen abzug.
✉ ZA 31457508
an den Verlag (Regensburger Neue Presse, Lessingstr. 24, 93049 Regensburg)

!!! CASTING !!!

Junge Leute zwischen 10 und 15 Jahren für historischen Film gesucht.

Xpress Film, Neue Gasse 12, 85774 Unterföhring

Ferienspaß nicht nur für Kinder

Paris für Kinder

Disneyland und Parc Astérix
Mickey Maus und die Gallier lassen grüßen. Die Weltstadt auf spielerische Art entdecken.
✪✪✪ Familienhotel, incl. Stadtrundfahrt
Paris für Kinder, Tageskarte Disneyland
19.4/9.6./16.8. 3 1/2 Tg. ÜF
Kinder bis 11 Jahre ab **155,–**
Erwachsene schon ab 255,–
o.g. Preise zzgl. Karte für Parc Astérix

FRÜHBUCHER SPAREN 3 %
Bei Buchung bis 2 Monate vor Reisebeginn

und viele weitere Angebote zu Taschengeldpreisen! Bitte Reisekatalog 2003 anfordern!

Weltweit Reisen
Netzerstr. 75 • 94036 Passau

Wir vermitteln für Schülerinnen und Schüler ab 12 Jahren in den Ferienmonaten August und September Gastfamilien in England. Anfragen an: Fam. Meier, Heinrich-Heine-Str. 48, 80686 München

4 *Auf Anzeigen antwortet man in der Form eines sachlichen Briefes.*
a) Überlegt euch, was die Antwortschreiben auf die abgebildeten Anzeigen jeweils enthalten müssen.
b) Verfasst zu einer der Anzeigen einen passenden sachlichen Brief. Beachtet dabei die folgenden Hinweise (▷ S. 76).

Sachliche Briefe schreibt man aus ganz unterschiedlichen Gründen, z. B. bei Anfragen, Anträgen, Entschuldigungen, Beschwerden. Sie richten sich an Amtspersonen (z. B. den Schuldirektor, die Bürgermeisterin) oder an Leute, die man nicht kennt (z. B. den Gastwirt in einer anderen Stadt).
Deshalb hält man sich strenger als im persönlichen Brief an bestimmte Regeln.

- Man bringt sein Anliegen genau, aber **knapp** und **sachlich** vor.
- Man verwendet die **Anredepronomen** der Höflichkeitsform („Sie“, „Ihnen“ usw.). Sie werden **großgeschrieben.**
- Wenn man nicht weiß, wer den Brief bearbeitet, verwendet man die Anrede „Sehr geehrte Damen und Herren“.
- Das Schriftbild ist ordentlich, die Seitenaufteilung **übersichtlich.** Meistens werden sachliche Briefe mit dem PC oder der Schreibmaschine geschrieben.
- Der Brief wird handschriftlich unterschrieben.
- Für die äußere Form gibt es bestimmte Vorgaben:

Name des Absenders — Ort, Datum
Straße und Hausnummer
PLZ und Ort

Name des Empfängers
Straße und Hausnummer
PLZ und Ort

Betreff (in möglichst wenigen Stichworten, worum es geht)

Sehr geehrte Frau …, / Sehr geehrter Herr …,

Text

Mit freundlichen Grüßen
Unterschrift

- Heutzutage schickt man statt eines Briefes auch E-Mails. Hier werden für die notwendigen Informationen, wie Adresse des Empfängers und den Betreff, Felder angezeigt, die man entsprechend ausfüllt.

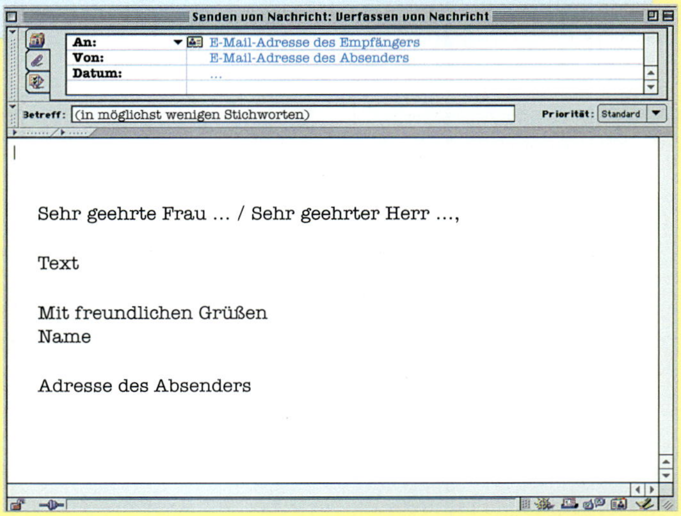

5.2 Projekt: Wir planen einen Klassenausflug

Eure Klasse möchte einen Ausflug durchführen und das Vorhaben auch selbst planen. Die folgenden Schritte, nach denen die Klasse 6 b des Appian-Gymnasiums in Ingolstadt vorgeht, sollen Anregungen sein und müssen natürlich eurem Projekt angepasst werden.
Zunächst solltet ihr euch darüber einig werden, was ihr unternehmen wollt. Für das erste, ungeordnete Sammeln von Einfällen eignet sich ein so genannter „Cluster" an der Tafel:

TIPP

Cluster
In der Mitte eines Blattes steht der wichtigste Begriff des Themas in einem Kreis. Alle Ideen, die einem dazu einfallen, schreibt man nun dazu, kreist sie ein und verbindet sie mit dem Ausgangsbegriff. Zu den gefundenen Begriffen notiert man dann weitere Gedanken.
Um eine Ordnung müsst ihr euch nicht kümmern und auch Einfälle, die zunächst abwegig erscheinen, solltet ihr als Anregungen aufnehmen.
Diese Methode eignet sich auch für die Stoffsammlung beim Aufsatz.

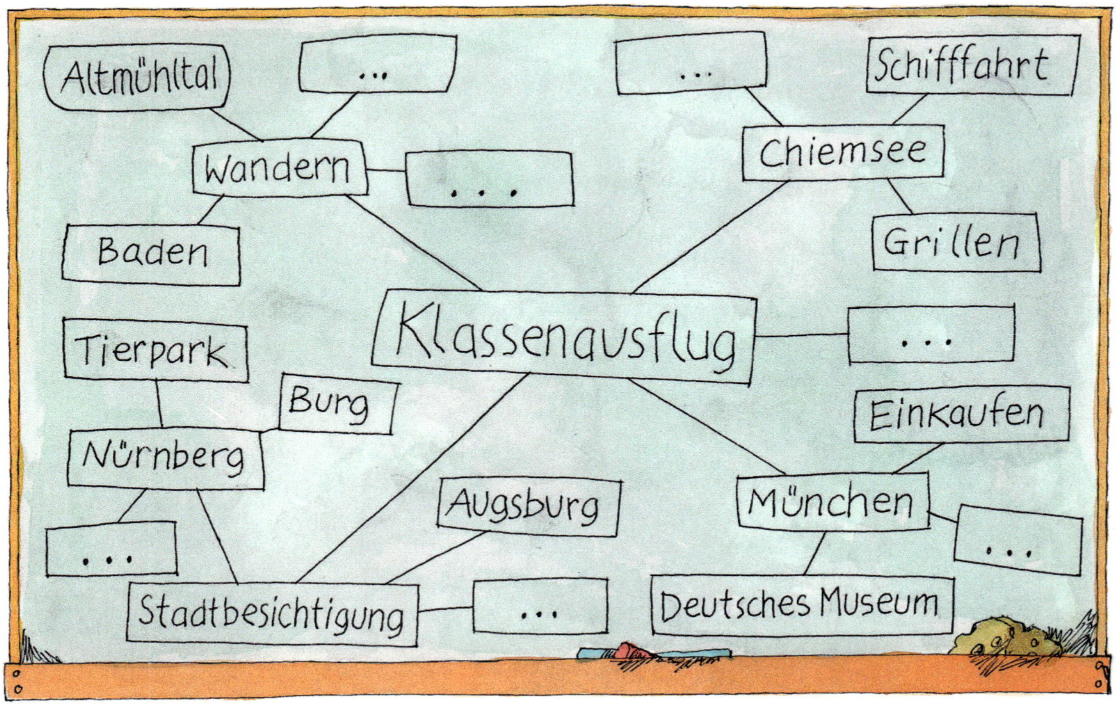

1 *Übertragt den Cluster an die Tafel und ergänzt ihn.*

2 *Diskutiert die drei Vorschläge, die in eurer Klasse am meisten Zustimmung finden. Wendet dabei verschiedene Methoden aus Kapitel 2 an, z. B. den Ideenstern (▷ S. 26).*

Die 6b entscheidet sich für Nürnberg als Ausflugsziel. Nun geht es an die Planung. Die Klasse sammelt wiederum, was gemacht werden muss, diesmal mit Hilfe einer „Mind-Map“.

TIPP

Mind-Map
Bei einer Mind-Map führen vom Zentralbegriff aus dicke Linien zu den Oberbegriffen, von da aus dünnere Linien zu den Unterbegriffen. Schon beim Entstehen dieser „Gedanken-Landkarte“ ordnet und gliedert man die Ideen. Ihr könnt sie farbig gestalten und mit Skizzen versehen. Wichtig ist, dass ihr Platz für weitere Notizen lasst, dann könnt ihr sie immer wieder kontrollieren und ergänzen.
Diese Methode eignet sich auch hervorragend zum Wiederholen von Lernstoff oder Zusammenstellen von Vokabeln zu einem Thema.

3 *Übertragt das Beispiel auf ein Plakat und ergänzt es. An einem Plakat im Klassenzimmer könnt ihr immer wieder kontrollieren, was erledigt ist und was noch gemacht werden muss.*

Zur Planung des Klassenausflugs müssen viele Informationen eingeholt werden, z. B. bei der Zugauskunft, bei Busunternehmen, Reisebüros, Fremdenverkehrsämtern oder Gasthäusern. Ihr könnt telefonieren, Briefe und E-Mails schreiben, in Buchläden nach Reiseführern stöbern und im Internet suchen. Manchmal müssen aber auch Informationen weitergegeben werden.

4 *a) Besprecht, welche Vorgehensweise sich jeweils am besten für die Aufgaben eignet, die in der Mind-Map der 6 b festgehalten sind (▷ S. 78).*

b) Schreibt einige der notwendigen Briefe oder E-Mails:

- *an ein Gasthaus, das bekannt ist für seine Bratwurstspezialitäten, aber noch nicht über Internetanschluss verfügt, mit der Bitte um Informationen zu Preisen, Sitzplätzen, Reservierungsmöglichkeiten usw.,*
- *an das Fremdenverkehrsbüro mit der Bitte um Besichtigungsrouten,*
- *an Reiseunternehmen mit der Bitte um Auskunft zu Preisen, Reisedauer usw.*

Zwischendurch müssen die Ergebnisse immer wieder überprüft und Entscheidungen getroffen werden, z. B. ob man mit der Bahn oder einem Bus fährt.
Die Klasse 6 b diskutiert besonders die Frage, ob man alles gemeinsam unternehmen oder sich in Gruppen aufteilen und verschiedene Programmpunkte anbieten soll. Schließlich werden die Vor- und Nachteile der beiden Möglichkeiten gesammelt und dann wird abgestimmt.

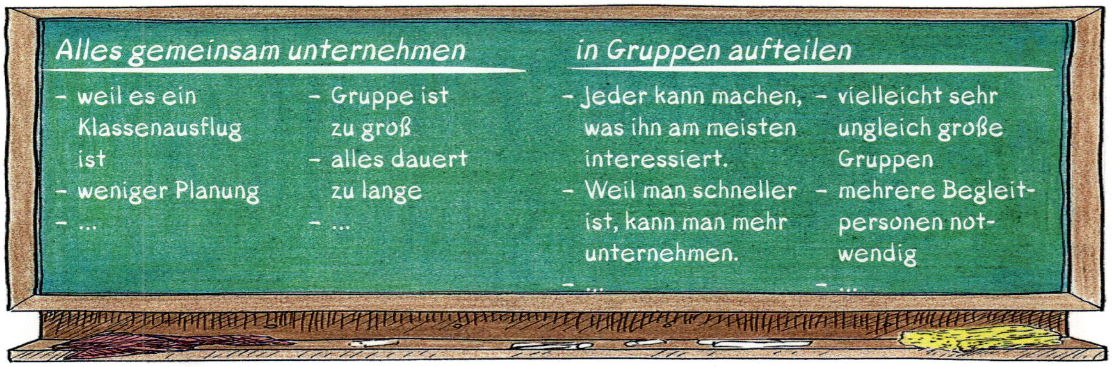

5 *a) Findet noch weitere Gesichtspunkte.*

b) Diskutiert die Frage in eurer Klasse und trefft eine Entscheidung. Haltet euch dabei an eure Gesprächsregeln (▷ S. 23).

6 *Plant nun euer eigenes Projekt. Wendet dabei die Methoden an, die ihr in diesem Kapitel kennen gelernt habt (▷ S. 77–79), und holt so viele Informationen ein wie möglich. Auch wenn ihr eure Vorhaben nur teilweise durchführen könnt, lohnt sich die Planung.*

5.3 Zur Sache: Der richtige Ton im sachlichen Brief

In der Schüler-Klassenkonferenz der 6 a des Gymnasiums Leopoldinum in Passau diskutieren die Schülerinnen und Schüler erregt über wichtige Themen:

Markus ist wütend über die Busfirma „Zornköpfler“ und hat schon einen Beschwerdebrief verfasst:

VORSICHT FEHLER!

Verehrte Busfirma „Zornköpfler“!

Ich bin fürchterlich wütend auf sie. Ihr Bus holt uns nämlich am Morgen vor der Schule häufig viel zu spät von der Bushaltestelle ab. Wir sind ja immer rechtzeitig da, aber der Bus kommt immer zu spät. Wenn wir dann verspätet in die Schule kommen, dann schimpfen uns die Lehrer. Sie glauben uns nicht, dass der Busfahrer schuld war, und sagen: „Immer diese faulen Ausreden!“ Und stellen sie sich vor, wie wir im Winter frieren, wenn der Bus zu spät kommt. Einmal hatte ich vor Kälte ganz blaue Ohren. Und sie lassen uns da in der Eiseskälte warten! So eine Unverschämtheit von ihnen! Außerdem ist der Busfahrer immer sehr unfreundlich zu uns. Ein richtiges Ekelpaket, sage ich ihnen. Letztes Mal musste ein Schüler noch einmal kurz aussteigen, weil er im Bushäuschen etwas vergessen hatte. Da ist ihm der Bus einfach davongefahren. Ist das nicht eine Frechheit? Tun sie mal was dagegen!

ihr allerwertester

Markus Oberbuchner
(Klasse 6a des Gymnasiums Leopoldinum)

1 *Verbessert Markus' Brief.*

a) Achtet auf die Anrede und die Anredepronomen.
Die Anredepronomen der Höflichkeitsform schreibt man groß, z. B. „Sie“, „Ihnen“ usw. Sie könnten sonst z. B. mit Pronomen der 3. Person Singular oder Plural verwechselt werden und Missverständnisse hervorrufen.

b) Überprüft, ob die Ausdrucksweise einem sachlichen Brief angemessen ist.

c) Findet heraus, welche Informationen noch fehlen und welche überflüssig sind.

*d) Kontrolliert die äußere Form des Briefes (**▷ S. 76**).*

e) Schreibt nun den Brief in verbesserter Form in euer Heft.

Lisa richtet ihre Bitte schriftlich an den Elternbeirat:

Passau, 30.05.2004

Lisa Osterhagen
Klassensprecherin der Klasse 6 a
Abteistr. 12
94034 Passau

An die Vorsitzende des Elternbeirates
Frau Doris Steininger
Michaeligasse 15

94034 Passau

Zuschuss für eine Mikrofonanlage für die Band „Roaring Kids"

Sehr geehrte Frau Steininger,

als Klassensprecherin der Klasse 6a möchte ich Sie im Namen unserer Klassenband „Roaring Kids" darum bitten, dass der Elternbeirat uns bei der Anschaffung einer neuen Mikrofonanlage finanziell unterstützt.

Die Band besteht seit dem letzten Jahr und sie ist in der Zwischenzeit wiederholt bei Schulfesten und auch bei Veranstaltungen außerhalb der Schule öffentlich aufgetreten. Leider wurde beim letzten Auftritt durch einen unglücklichen Zufall die Mikrofonanlage so schwer beschädigt, dass sie nicht mehr repariert werden kann.

Die Kosten für eine neue Anlage belaufen sich auf 800 Euro. Ein Teil der Kosten wird von den Eltern der Bandmitglieder bestritten. Damit diese aber etwas entlastet werden, bitten wir um Unterstützung durch den Elternbeirat. Mit einem Zuschuss in Höhe von 200 Euro wäre den „Roaring Kids" schon geholfen.

Wir hoffen, dass der Elternbeirat Verständnis für dieses Anliegen der Band aufbringt.
Vielen Dank im Voraus.

Mit freundlichen Grüßen

Lisa Osterhagen

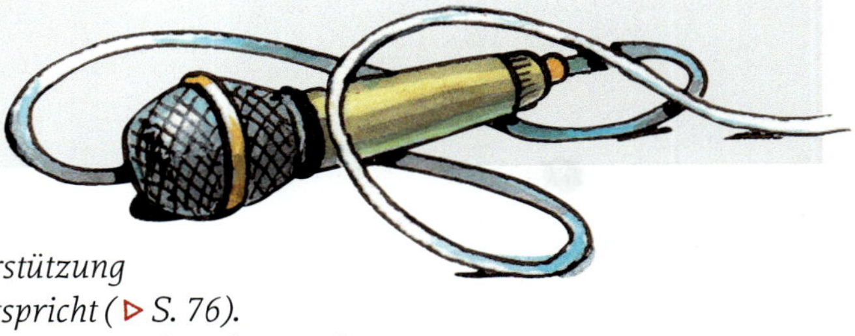

2 *a) Überprüft, ob dieser Antrag auf Unterstützung den Regeln eines sachlichen Briefes entspricht (▷ S. 76).*
b) Beschreibt den formalen und den inhaltlichen Aufbau des Briefes.

3 *Versetzt euch in die Rolle von Karin und von Walter (▷ S. 80). Schreibt einen Antrag an den Schulleiter auf Gewährung einer zweitägigen Klassenfahrt und ein Entschuldigungsschreiben an Frau Maier wegen der Lärmbelästigung und der zerbrochenen Keramikente.*

6 Mut haben und Mut zeigen – Erlebnisse erzählen

6.1 Entscheidende Situationen – innere Handlung

1 *Erzählt, was auf den Bildern gerade geschieht und wie es weitergehen könnte.*

2 *Beschreibt die Gestik, Mimik und Körperhaltung der Personen auf den Bildern und schließt daraus, was sie in den jeweiligen Situationen denken und fühlen.*

3 *Sprecht über die Menschen und die Situationen auf den Bildern.*
a) Beurteilt die Art des Muts, den die verschiedenen Personen zeigen.
b) Diskutiert, welche Personen eurer Meinung nach wirklich Mut beweisen. Begründet eure Meinung.

4 *Versetzt euch in die Lage des Mädchens.*
Beschreibt seine Sinneseindrücke, Gefühle, Empfindungen und Gedanken in dieser Situation.

!

Innere Handlung

Eine Erzählung ist für den Leser besonders anschaulich und spannend, wenn nicht nur erzählt wird, was getan und gesagt wird (äußere Handlung), sondern auch erzählt wird, **was die Personen in einer Situation denken und fühlen** (innere Handlung). Unter innerer Handlung versteht man, was jemand in einer Situation hört, sieht, riecht, schmeckt, fühlt und denkt. Was in einer Person vorgeht, wird oft durch ihre Mimik, Gestik und Körperhaltung nach außen sichtbar.

Sprachlich drückt man eine innere Handlung aus durch:
- **treffende Verben,**
- **veranschaulichende Adjektive,**
- **bildhafte Ausdrucksweisen** wie Vergleiche und
- **wörtliche Rede** in **Selbstgesprächen.**

Der Wechsel des Erzähltempus (vom Präteritum ins Präsens) erzeugt Spannung und wird oft bei der Ausgestaltung des Höhepunktes verwendet. Man nennt dieses Präsens **szenisches Präsens,** weil es dem Leser das Geschehen unmittelbar vergegenwärtigt. Das szenische Präsens eignet sich auch zur Ausgestaltung der inneren Handlung im Höhepunkt.

5 *Schreibt zu der oben dargestellten Situation eine Erzählung, in der ihr die Gedanken und Gefühle des Mädchens möglichst anschaulich beschreibt.*

Im folgenden Aufsatz erzählt Eva, wie sie ihre „Mutprobe" erlebt hat.

War das peinlich!

An einem heißen Julitag lag ich neben Michi, in den ich unheimlich verknallt war, auf der Wiese im Freibad.

„Cool, was die sich traut!", meinte er, als einem Mädchen gerade ein toller Sprung vom 10-Meter-Turm gelang. Leider war dieses Mädchen ausgerechnet Claudia, meine größte Rivalin, und ich übersah keineswegs Michis träumerischen Ausdruck im Gesicht.

Wut stieg in mir hoch. Diese blöde Kuh! Was die kann, kann ich schon lange! Außerdem suchte ich sowieso seit langem eine Möglichkeit, mich Michi zu beweisen.

Abrupt stand ich auf. „Ich springe jetzt auch vom 10er!", erklärte ich dem verblüfften Michi. Dieser grinste spöttisch und meinte: „Na, das will ich sehen!"

Trotzig marschierte ich los. Von hier unten sah der Sprungturm gar nicht so hoch aus, oder? Schon hatte ich die Treppe erreicht und bald die ersten Stufen hinter mir gelassen. Ehrgeiz und Wut trieben mich vorwärts. Auf der Höhe des 5-Meter-Turms warf ich unvorsichtigerweise einen Blick nach unten. Oh Gott, war das hoch! Und dabei hatte ich die Hälfte noch vor mir. Unten sah ich Michi mit Claudia lachen und zu mir heraufdeuten. „Na warte! Euch werd ich's zeigen!", dachte ich und kletterte die letzten Stufen nach oben.

Unter mir lag das Schwimmbad, klein wie eine Spielzeuglandschaft. Das Sprungbecken wirkte so winzig wie eine Badewanne. Mein Herz klopfte rasend schnell. Nein, ich konnte nicht springen! Doch umkehren? Den Triumph wollte ich Claudia auf keinen Fall gönnen. Die Plattform vibrierte schrecklich, als der Junge vor mir Anlauf nahm und hinabhechtete. Jetzt war ich an der Reihe! Plötzlich höre ich hinter mir eine Stimme: „Na, mach schon!" Im selben Moment spüre ich, wie meine Knie zittern und sich mein Magen umdreht. Langsam stolpere ich nach vorne an den Rand des Sprungbretts. Nein, ich kann nicht! Ich drehe mich um und klettere mit weichen Knien hinunter. Mir ist so elend zu Mute und Scham brennt in mir. Wie peinlich! Und alle schauen zu!

Unten angekommen blickte ich gleich in Michis und Claudias triumphierende Gesichter. „Angsthase", riefen sie spöttisch, „Schisser!" Claudia spottete: „Mit so einem Feigling wollen wir nichts zu tun haben! Komm, Michi!" Vorbei! Meine Chance vertan!

Voller Schamgefühl schleppte ich mich zu unserem Platz, packte meine Sachen und ging.

Noch lange schmerzte es mich, wenn ich Michi und Claudia zusammen sah.

6 *Lest die Textstellen vor, in denen innere Handlung beschrieben wird.*
a) Welche unterschiedlichen Gefühle schildert Eva in diesen Textstellen?
b) Welche sprachlichen Mittel hat Eva verwendet, um ihre Sinneswahrnehmungen auszudrücken?

7 *Das Tempus einer Erzählung ist das Präteritum. Trotzdem wechselt Eva an einer Stelle vom Präteritum ins Präsens.*
a) Findet den Textabschnitt, in dem Eva das Tempus wechselt, und lest diese Textstelle im Zusammenhang. Welche Wirkung hat der Tempuswechsel?
b) Begründet, warum Eva gerade an dieser Stelle der Erzählung das Tempus wechselt.

8 *Diskutiert, ob Eva wirklich Mut bewiesen hätte, wenn sie vom 10-Meter-Turm gesprungen wäre. Besprecht dabei, was für euch Mut bedeutet.*

Eva hat sich für das Fach Deutsch eine Lernkartei angelegt. Unter dem Stichwort „Erlebniserzählung“ findet sie einzelne Karteikärtchen mit folgenden Stichpunkten.

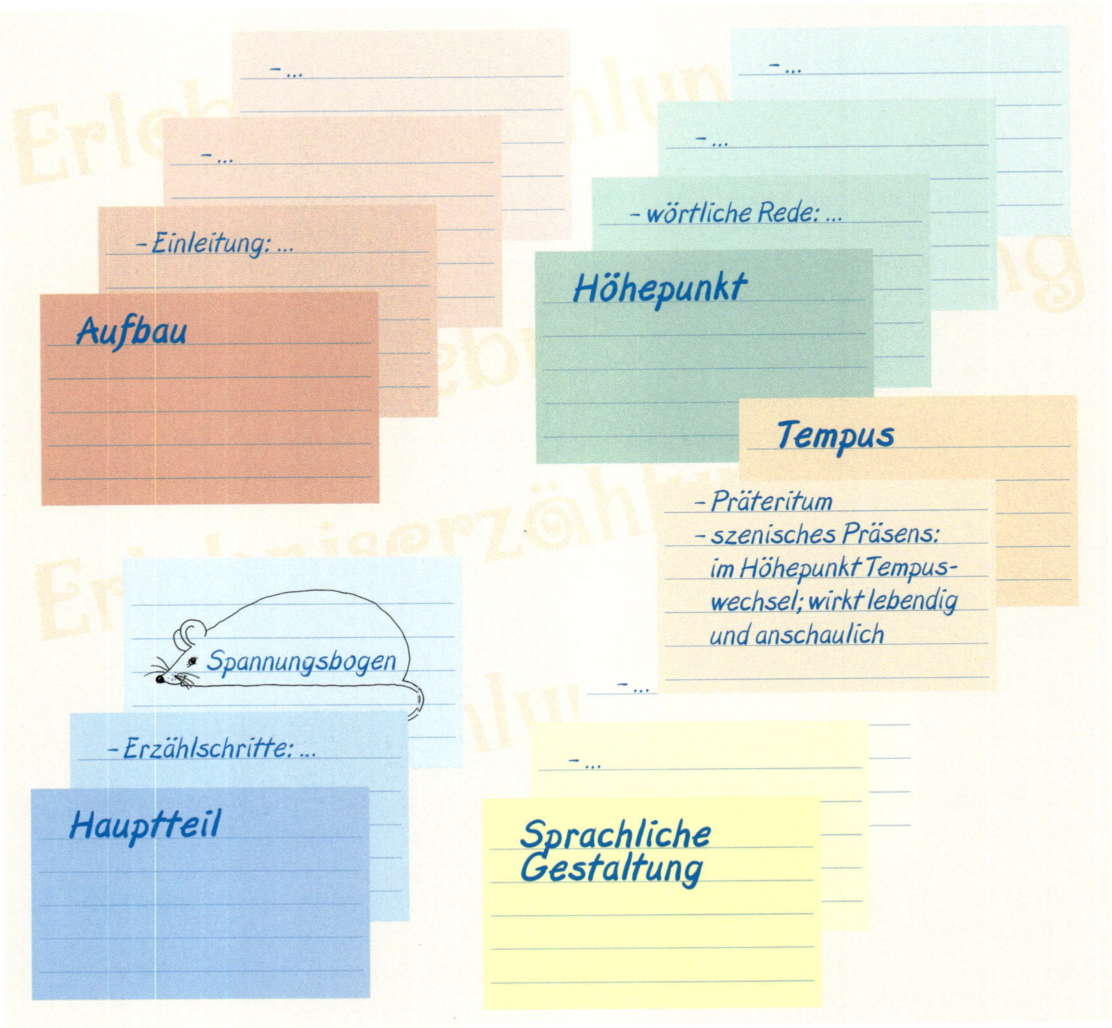

9 *Auf den farbigen Karteikarten findet ihr Begriffe, die für eine Erlebniserzählung wichtig sind. Schreibt die Begriffe mit den vorgegebenen Erläuterungen in euer Heft oder auf Karteikarten und ergänzt die fehlenden Stichpunkte. Wiederholt dabei auch die allgemeinen Regeln zum Erzählen (*▷ *S. 301**).*

10 *Erklärt, was ihr beim Aufbau und bei der sprachlichen Gestaltung einer Erlebniserzählung beachten müsst, damit sie spannend und anschaulich wird.*

Ausgestalten eines Erzählkerns

Straubing. Am vergangenen Freitag veranstaltete die Musikschule ihren traditionellen Vorspielabend. Schon die Anfänger spielten mit sichtbarer Freude und erstaunlicher Sicherheit auf ihren Instrumenten. Die Fortgeschrittenen musizierten auf einem beachtlichen Niveau.

Hinter dieser kurzen und sachlichen Zeitungsnotiz steckt für diejenigen, die bei dieser Veranstaltung dabei waren, viel mehr: Die Zuhörer erlebten sehr wahrscheinlich einen festlichen Abend mit zahlreichen musikalischen Höhepunkten und vielleicht auch einigen Pannen und die Musizierenden mussten in den aufregenden Minuten vor ihrem Auftritt allen Mut zusammennehmen.

1 *Versetzt euch in die Situation eines Mitwirkenden und erzählt über: „Die letzten Minuten vor meinem Auftritt.“*

!

Erzählkerne ausgestalten
Ein **Erzählkern** (z. B. eine Zeitungsnotiz) enthält eine **kurze Skizze des Handlungsverlaufs,** in der die Personen, der Ort und die Zeit genannt werden.
Um einen Erzählkern zu einer vollständigen Geschichte mit Einleitung, Hauptteil und Schluss auszugestalten, müsst ihr auf Folgendes achten:

- Überlegt, welche **Hinweise** der Erzählkern **für eine Geschichte** enthält und was ihr noch ergänzen müsst.
- Wählt euch eine **Erzählperspektive** (Blickwinkel), aus der ihr die Geschichte erzählen wollt. Das kann die Ich-Form oder die Er-/Sie-Form sein.
- Gestaltet eure Geschichte **lebendig und anschaulich,** indem ihr auch innere Handlung beschreibt.
- Überlegt euch eine **Überschrift,** die zu eurer Geschichte passt.

Aus der Schülerzeitung **„Rückenwind“**

Schüler bewies Mut

Mut und Zivilcourage bewies der 11-jährige Sebastian Fischer aus der Klasse 6b des Kant-Gymnasiums in Neustadt. Als er am vergangenen Dienstag auf dem Pausenhof beobachtete, dass fünf Schüler aus seiner Klasse einen sehr kleinen Jungen aus der 5a dazu zwingen wollten, ihre leeren Colaflaschen zu entsorgen, ging er beherzt dazwischen und drohte die Aufsicht führende Lehrkraft zu informieren. „Klar, dass ich mir dadurch keine Freunde in meiner Klasse geschaffen habe", erklärte er unserer Reporterin schüchtern, „die fünf gehören schließlich zur wortführenden Clique der 6b, mit denen eigentlich jeder befreundet sein möchte." Die Schülerzeitungsredaktion fordert: Sebastian hätte für diese Tat eine Mut-Medaille verdient! Hut ab!

2 *Auch längere Zeitungsmeldungen sind Erzählkerne, die ihr zu einer Geschichte ausgestalten könnt.*
a) Notiert die Hinweise, die der Erzählkern für den Handlungsverlauf vorgibt.
b) Gestaltet die Zeitungsmeldung zu einer Geschichte aus. Versetzt euch dazu in die Lage Sebastians und erzählt, wie er die beschriebene Situation erlebt hat.

Weiterführen eines Erzählanfangs

Endlich führte mich Professor Archibald Serinus in den großen, matt erleuchteten Raum, der die sagenhafte Zeitmaschine beherbergte. Ein goldglänzender Käfig stand vor mir, dessen Gittertür Professor Serinus wohlwollend lächelnd öffnete. „Klettere nur hinein“, forderte er mich freundlich auf. „Wenn die Türe geschlossen ist, musst du nur noch auf den kleinen roten Knopf drücken und deine Reise in die Vergangenheit kann beginnen. Falls du lieber die Zukunft erleben willst, musst du den grünen Knopf betätigen. Gute Reise!“ [...]

1 *Erzählt die Geschichte weiter und reist zurück in die Zeit der Ritter, Römer, Griechen, vielleicht bis in die Steinzeit. Oder startet in die Zukunft. Entscheidet euch für* ***eine*** *Situation und erfindet eine Geschichte, in der ihr all euren Mut beweisen müsst.*

Ein Fußballschuh erzählt: Mein erster Elfmeter

„Foul!“, keuchte mein Besitzer Christian R. und rappelte sich mühsam vom Boden auf. Ich hatte eine mächtige Wut, denn der gegnerische Verteidiger hatte hart zugetreten. Über mein glänzendes Oberleder zog sich eine dicke Schramme. Ärgerlich ordnete ich meine zerrauften Schuhbänder und grummelte: „Mein erstes Spiel. Und dann das ...“
Ein schriller Schiedsrichterpfiff ertönte und die Zuschauer auf den Rängen johlten. „Elfmeter!

Christian vor, noch ein Tor!“ Jetzt riefen auch die Mitspieler: „Christian, du musst den Elfer schießen.“ Da spürte ich, dass mein Besitzer unruhig wurde. Immer wieder streifte er meine Stollen durch das Gras, als ob er sie säubern wollte. „Christian, die sind doch schon sauber. Und mir wird ganz schwindlig, weil die Schuhbänder immer so unruhig vor meinen Ösen umherflattern“, dachte ich mir. Jetzt schien sich etwas zu tun. Christian schnappte sich den Ball und stapfte entschlossen auf den Elfmeterpunkt zu. „Mein erster Elfmeter! Jetzt nur nicht nervös werden!“, nahm ich mir vor. Aber schon fühlte ich ein leichtes Kribbeln in den Stollen. [...]

2 *Führt den Anfang dieser Geschichte spannend und anschaulich fort.*

Ihr könnt eure Ideen zu einem Aufsatzthema auch in Form eines Clusters sammeln.

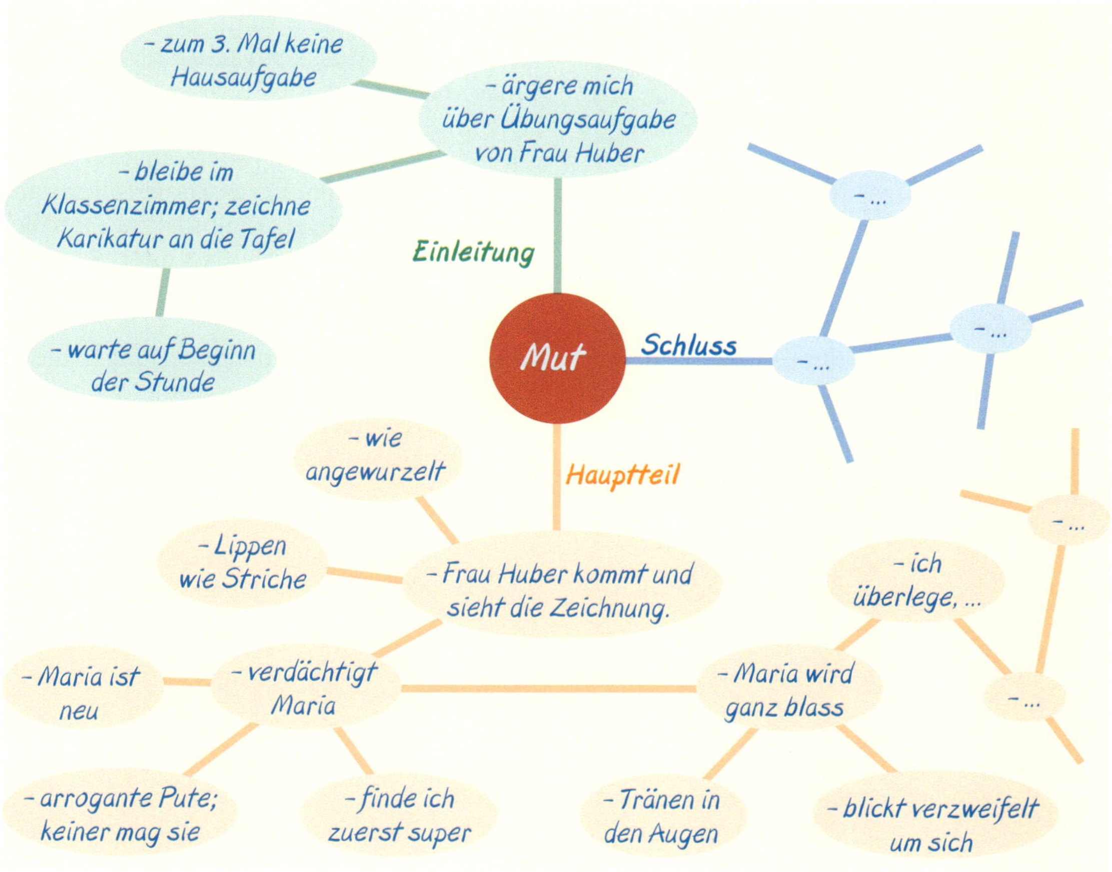

3 *a) Übertragt den Cluster in euer Heft und erschließt mit Hilfe der Stichworte aus dem Cluster den Beginn der Erzählung.*
b) Überlegt, wie ihr die Geschichte weiterführen könnt, und ergänzt den Cluster mit euren eigenen Ideen.

4 *Schreibt nun mit Hilfe der Ideensammlung eine Erzählung und findet eine passende Überschrift, die den Leser neugierig macht.*

6.2 Mutige Entscheidungen

Benno Pludra

Die Schwäne auf dem Wasser

Der kleine Junge hatte in diesem Sommer schwimmen gelernt. Er war noch sehr klein, und alle Leute bewunderten ihn. „Seht mal“, sagten die Leute, „der kleine Junge kann schwimmen.“

Zum ersten Mal schwamm er heute ganz allein. Kein Vater war dabei, niemand am Ufer sah ihm zu. Der See war groß und glatt; er lächelte im Sonnenschein. Seerosenfelder blühten gelb und weiß.

Zwischen den Seerosenfeldern, auf einer blanken Wassergasse, schwamm der kleine Junge vom Ufer weg und hin zu einem Pfahl. Dort hielt er sich fest, das Kinn knapp über dem Wasser, und verschnaufte. Die Wiese am Ufer erschien ihm fern, die Büsche und Bäume ruhten reglos wie im Schlaf. Der kleine Junge war glücklich und stolz.

„Ich habe keine Angst mehr“, sagte er zu sich selber, „ich könnte sonst wohin und sonst wieweit noch schwimmen.“

Nun sah er die Schwäne.

Es waren drei, und sie zogen gemächlich heran, zwischen den Seerosenfeldern die blanke Wassergasse herauf, leicht und ruhig wie weiße segelnde Schiffe.

Der kleine Junge blieb am Pfahl. Zwei Lehren hatte ihm der Vater gegeben: „Den Seerosen weiche aus, den Schwänen komm nicht zu nahe. Hüte dich, pass auf!“ Die Schwäne begannen zu fressen. Sie beugten die hohen Hälse nieder und schnatterten mit den harten Schnäbeln flach durchs Wasser. Die schweren Schwingen waren aufgestellt und sahen aus, als wären sie federleicht.

Der kleine Junge klebte am Pfahl. Das Holz war glatt, von Algen bewachsen, und die Schwäne ließen sich Zeit. Sie gaben den Weg nicht frei, die blanke Wassergasse blieb versperrt.

Der Junge fror. Er war klein und ein bisschen mager, darum fror er bald und wünschte, dass die Schwäne jetzt verschwinden möchten. Er überlegte auch, ob er die Seerosenfelder nicht umschwimmen sollte; doch er war nun schon lange im Wasser und fühlte sich nicht mehr so stark, seine Muskeln waren kalt. Der kleine Junge wagte nicht, die Seerosenfelder zu umschwimmen.

Die Schwäne indessen glitten langsam näher. Sie fraßen nach links und rechts und glitten auf den kleinen Jungen zu. Er hörte ihre Schnäbel schnattern, und er wusste, dass diese Schnäbel zuschlagen konnten, heftig wie die Faust eines Mannes.

Noch beachteten sie den kleinen Jungen nicht. Er verhielt sich still. Er fror immer mehr, und die Schwäne lagen drei Schritte entfernt auf dem Wasser. Sie fraßen nicht mehr und rührten sich nicht.

Ihre großen Körper schaukelten sanft.

Der kleine Junge musste schwimmen. Es gab keine Wahl, er musste schwimmen – oder er würde versinken, hier am Pfahl, von keinem bemerkt.

Warum rief er nicht nach Hilfe?

Es gab keine Hilfe. Kein Vater, niemand am Ufer sah ihn. Der kleine Junge musste schwimmen.

Er sammelte all seinen Mut und zog die Füße an den Leib und stieß sich ab vom Pfahl. Das Wasser rauschte auf, eine Welle schoss voran, den Schwänen unter den weißen Bug. Sie äugten scheel, die Schnäbel aufrecht und abgewandt, und wichen lautlos zur Seite.

Der kleine Junge aber schwamm. Sein Kopf war steil erhoben, und hinten am Wirbel spießten die kurzen blonden Haare hoch.

1 *a) Besprecht, warum der Junge so lange zögert, loszuschwimmen.*
b) Diskutiert, ob sich der Junge in dieser Situation richtig verhält.

2 *Überlegt, was der Junge wohl zu Hause über sein Erlebnis beim Schwimmen erzählt und wie es ihn verändert hat.*

3 *Der Autor der Geschichte, Benno Pludra, erzählt das Erlebnis des Jungen hauptsächlich durch äußere Handlung. Dennoch kann man gut nachvollziehen, was der Junge denkt und fühlt. Verbindet die folgenden Textstellen durch innere Handlung.*

„Nun sah er die Schwäne.
Es waren drei, und sie zogen gemächlich heran, zwischen den Seerosenfeldern die blanke Wassergasse herauf, leicht und ruhig wie weiße segelnde Schiffe.
Der kleine Junge blieb am Pfahl.“ (Z. 22–27)

[...]

„Der kleine Junge klebte am Pfahl. Das Holz war glatt, von Algen bewachsen, und die Schwäne ließen sich Zeit. Sie gaben den Weg nicht frei, die blanke Wassergasse blieb versperrt.“ (Z. 36–39)

[...]

„Die Schwäne indessen glitten langsam näher. Sie fraßen nach links und rechts und glitten auf den kleinen Jungen zu. Er hörte ihre Schnäbel schnattern, [...].“ (Z. 49–52)

[...]

„Der kleine Junge musste schwimmen.“ (Z. 61)

[...]

„Der kleine Junge aber schwamm. Sein Kopf war steil erhoben, und hinten am Wirbel spießten die kurzen blonden Haare hoch.“ (Z. 75–77)

Walter Bauer

Felix stiehlt eine Uhr

Vor dem großen Zeitungsgebäude, das unter dem Stampfen der Maschinen zu zittern schien, wartete schon Frau Mühlner mit den braunen Taschen voller Zeitungen. Er hängte die Tasche um. Ohne dass er es wusste, ging er aufrechter dahin, er gehörte schon zur großen Genossenschaft der Arbeit. Als sie an ihren Straßen angekommen waren, begannen sie die flüchtige Botschaft der Welt in die Häuser zu tragen.

Felix wusste genau, wie viele Zeitungen in jedes Haus kamen, er wusste, an welchen Türen er klingeln musste oder nur klopfen durfte, er kannte die Häuser, voll von unbekanntem Leben. Vor manchen hatte er ein leises Grauen; sie waren so still, als geschehe drinnen immer etwas. Er glitt unhörbar hinauf, schob die Zeitung durch einen Spalt in der Tür, rannte mit Herzklopfen hinunter.

Heute dauerte es lange. In diesen Tagen mussten sie das Monatsgeld einsammeln.

Felix hatte eine alte, kleine Ledertasche um; er war stolz, dass er sie tragen durfte, dass Geld darin klirrte. Es gehörte ihm nicht, aber er war zufrieden, dass er so viel trug. Von Tür zu Tür sagte er den gleichen Satz: „Guten Tag, ich bitte um das Zeitungsgeld“, und er war zäh, gab die Quittung nicht eher aus der Hand, als bis er das Geld in seine Tasche legen konnte. Manche Frauen sagten, sie hätten heute kein Geld, morgen sollte er noch einmal fragen. Andere gaben es ihm verdrießlich und murrten, die Zeitung sei viel zu teuer. Das rührte ihn nicht.

So stieg der Knabe in dem mächtigen alten Hause empor, klingelte, wartete, hörte Schritte drinnen, schnelle, langsame, gesunde, kranke Schritte, ein Auge sah ihn groß und unheimlich durch ein Loch in der Tür an, eine Kette wurde abgehängt, die Tür öffnete sich; Felix sagte seinen Satz, wartete wieder, bekam sein Geld, rannte weiter, und so stand er vor der Tür, an der ein glänzendes Schild hing. Die Buchstaben fügten sich zum Namen Gesenius. Oft hatte er ihn schon gelesen; auch jetzt ging sein Auge an dem Wort entlang. Er drückte auf den Klingelknopf, hörte den Ton schrill in der Wohnung. Dämmerlicht floss aus einem Zimmer auf den Flur. Eine ältere Frau machte die Tür auf. „Der Zeitungsjunge“, sagte Felix, „ich möchte das Monatsgeld.“ – „Komm herein, Junge“, sagte die Frau und ging ihm voraus; er blieb in dem Flur stehen. Die Frau ging in das Zimmer hinein. Felix hörte, wie die Stimme eines alten Mannes aus einem anderen Zimmer fragte: „Wer ist da?“ – „Der Zeitungsjunge“, antwortete die Frau. „Kannst du herausgeben?“, fragte sie aus dem Zimmer. – „Nein.“ Der Mann war wohl krank und lag im Bett. Und wieder schien die Frau zu suchen.

Für immer drang der Flur in das Gedächtnis des Jungen ein, die dämmerige, von einem fremden Wohnungsgeruch getränkte Stille. Das unablässige, harte Geräusch einer Uhr, all das stumme Leben der Gegenstände, des dunklen großen Schrankes, der Kleider, die an einem Ständer hingen, der Mützen und Hüte, unter denen ein grüner Jagdhut mit einem Haarbusch war, der Mäntel und eines dicken Spazierstockes mit einer Hirschhornkrücke, auf immerdar dies alles in sein Gedächtnis, und der Tag und die

Stunde, er selbst, barfüßig in diesem Flur, mit den Augen auf der absichtslosen Wanderung von Ding zu Ding, dann der Gegenstand, auf dem sein Leben ruhte wie der tödlich starre Blick des Mäusebussards auf der Maus, der sein ganzes Leben immer fester an sich zog: auf dem Tischchen eines großen Spiegels eine goldene Uhr.

Felix hörte in der Stille ihren Laut wie das Schlagen eines feinen, gesunden Herzens. Was er nun tat, entzog sich ganz seinem Leben. Er wusste einfach nicht, dass er an das Tischchen herantrat, das glänzende Wesen anstarrte. Deutlicher hörte er die harte, schnelle Stimme der Uhr. Er erschrak, plötzlich stand einer vor ihm, ganz dicht, sah ihn drohend mit starren, aufgerissenen Augen an, und eine rote Woge schoss in sein Gesicht. Aber das war er selber, er sah sich im Spiegel. Seine Kehle war ihm mit einem Male trocken.

Felix hörte die Frau kommen und trat an die Tür zurück. „Ich habe es doch passend machen können“, sagte sie und zählte ihm das Geld in die Hand. „Du schwitzt ja mächtig.“ Er machte die Tasche auf, nahm die Quittung heraus, schob das Geld hinein. „Wart noch einen Augenblick“, sagte die Frau. „Für dein langes Warten sollst du etwas haben.“ Sie ging wieder in das Zimmer zurück.

Der Knabe war von seinem Dasein fortgezogen. War er es, der an das Tischchen trat, einen Augenblick die Kühle des Golds in seiner Hand spürte, die Uhr in die Hosentasche steckte? Er merkte, dass er rot wurde, und trat in die Dämmerung zurück. Die Frau kam, gab ihm zwei große Äpfel, sagte lächelnd: „So, die lass dir auf dem Wege schmecken.“ Felix fühlte sich davongehen, hörte sich Auf Wiedersehen sagen, vielen Dank, spürte die Kälte des Treppenhauses. Dies alles war er nicht, eine andere Hand als die seine hatte die Uhr ergriffen und in seine Tasche getan. Er fasste hinein, fühlte sie drinnen wie eine harte, kühle Frucht, und als er jetzt stille stand, hörte er sie, lauter noch als vorhin in der Wohnung. Er zog die Hand heraus, öffnete sie, da war die Uhr, er hatte sie fortgenommen, nun gehörte sie ihm. Aber sie war gestohlen.

Er hielt die Uhr an sein Ohr; hart und hell jagte ihr Herzschlag durch die unermessliche Stille. Von dem Gold ging ein tiefer Glanz aus. Unermüdlich kreiste der Minutenzeiger. Felix wischte mit der linken Hand über sein Gesicht, es war ganz nass. Wenn er auch auf der Uhr die Zeit erkannte, der Tag war ihm geraubt worden. Und jetzt, dachte er, jetzt öffnet sich oben die Tür, die Stimme der Frau wird nach mir rufen. Hast du hier eine Uhr fortgenommen? Ja, wird er sagen – oder was? Er hatte sie ja gar nicht nehmen wollen.

Felix nahm sein Taschentuch hervor, wickelte die Uhr hinein, ging aus dem Haus. Er sah Frau Mühlner kommen. „Beeil dich“, rief sie, „das dauert heute ja ewig bei dir.“ – „Ich musste so lange warten“, antwortete er, er hörte seine Stimme viel gellender und rauer, als er gewollt hatte, die Stimme eines gemeinen Diebes. War das noch seine Stimme – oder musste er plötzlich stumm werden, weil er eine fremde Uhr bei sich trug? Man hörte manchmal so merkwürdige Geschichten ...

Von Haus zu Haus flog der Knabe nun in rastloser Jagd, aber noch nie, noch nie war ein Nachmittag so langsam vergangen. Wenn er eine Tür öffnete, fing sein Herz an zu rauschen. Immer – so raunte sein Herz sich Entschuldigungen zu –, immer hatte er sich eine Uhr gewünscht; sie konnten keine kaufen, und jetzt hatte er eben eine, und wenn andere Äpfel und Birnen stahlen, er hatte eine Uhr genommen. Aber er konnte sich an ihr nicht freuen.

Er stand vor einer Tür und wollte klingeln, um das Zeitungsgeld zu fordern, da las er auf dem Schild: Wagner, Polizeiwachtmeister. Das Wort flammte ihn an, brannte in sein Innerstes, der Schweiß brach ihm hervor, er konnte hier nicht bleiben. Klingelte er, so würde der Mann herauskommen, ihn nur anschauen und sagen: Komm mal her, mein Junge, und räume deine Tasche aus, du Dieb. Die Frau gibt dir zwei Äpfel, und du nimmst die Uhr. Und dann würde er ihn fortführen, durch alle Straßen, in das Gefängnis ... Felix flog die Treppen hinunter.

Und er ging und ging, die braune Tasche wurde leer, und er war müde wie nie, ganz trocken im

Hals, als würde er krank. Als die Dämmerung die Straßen langsam mit ihren dunklen, stummen Fluten zu füllen begann, war Felix fertig mit seiner Arbeit, aber fertig war er noch nicht mit dem Ding in seiner Tasche. Das brannte und rief und raunte mit vielen Stimmen, er presste seine Hand darauf, damit niemand die helle, verräterische Stimme hörte. So gerne ging sonst Felix durch die Straßen. Heute war ihm alles leer, finster, durchrauscht von Angst und Grauen. In der wachsenden Dämmerung wuchs seine Furcht. Die Uhr musste fort – auf irgendeine Weise –, fort aus seiner Tasche. Er wollte sie in den Fluss werfen, er wollte sie verschenken, nur nicht mehr haben.

Vom Turm schlug die Uhr sechsmal. Ihn rief die Glocke an, er zitterte unter ihrem Laut. Ihm rissen die Lichter der Läden das Herz auf. Ihn sahen die Leute argwöhnisch an. Er trat in eine finstere Ecke, band das Taschentuch auf, die Uhr lag in seiner Hand. Ganz genau ging sie. Aber sie war gestohlen. Was wollte er eigentlich damit? Keinem Menschen konnte er sie zeigen, und wenn die Mutter es merkte ... Er konnte nicht nach Haus. Und er rannte davon, zögerte, ermunterte sich, plötzlich stand er vor dem Haus in der Moltkestraße.

Riesenhaft erhob es sich über dem Knaben; er suchte die Fenster ab in der mächtigen schwarzen Mauer; hier und da brannte Licht. Dort oben wohnte die Frau.

Felix ging auf und ab, er spürte die Kühle der Steinplatten nicht an seinen nackten Füßen. Er sagte sich: Die Tür wird geschlossen sein. Er klinkte leise auf, sie war offen, er sah in den langen, stillen, dämmrigen Flur, von einer kleinen Lampe schwach erhellt. Nein, o nein – und es schob ihn langsam in das Halbdunkel, er rannte die Treppe hinauf bis unter die Lampe; hier konnte ihm nichts geschehen, er hatte Furcht.

Jetzt stand er vor der Wohnung, starrte die Tür an. Dorthinein musste er. Er kroch an der Tür vorüber eine Treppe höher, kauerte sich in das Dunkel und wartete. Er fror. Hier und da ging in den Wohnungen eine Tür auf, Schritte gingen hinab – Stille –, und die Stille schwoll empor, war eine ungeheure, sein winziges Leben bedrängende Flut. In der Wohnung schlug eine Uhr ... immer wieder ... acht Uhr. Um sechs sollte er Kartoffeln aufgestellt haben. Aber er konnte nicht fort. Er hatte die Hand in seiner Tasche, hörte die Uhr, oh, er hasste sie, am liebsten hätte er sie durch die Glasscheibe in die Wohnung geworfen. Er schlief ein ...

Da ging drinnen eine Tür auf, er hörte langsame, schlurfende Schritte auf dem Flur, sah einen Schatten hinter der Tür, sie wurde geöffnet! Ein alter, weißhaariger Mann sagte zu jemandem in der Wohnung: „Ich lasse offen ...“, und ging mühselig, immerfort murmelnd und seufzend, die Treppe hinab, verschwand hinter einer kleinen Tür. Felix lauschte, schlich hinab, schob sich durch die Tür, hatte die Uhr in der Hand, legte sie auf den Tisch, sein Herz – riesenhaft wuchs es in ihm; er stürzte die Treppe hinab, die Nacht umbrauste ihn, ganz nass war er, aber die Last war er los.

Er war die Last los! Nie, nie, nie wieder!

Jetzt kehrte er heim – nach einem Tag ohnegleichen. Er kehrte heim.

1 *Felix gerät an diesem Tag in ganz unterschiedliche Konfliktsituationen. Untersucht anhand des Textes, wie er sich in den verschiedenen Situationen verhält und welche Umstände sein Handeln beeinflussen.*

2 *In der Geschichte wird sehr anschaulich erzählt, wie sich Felix in den verschiedenen Situationen fühlt. Untersucht, mit welchen Ausdrücken und Formulierungen seine Gedanken und Gefühle in den verschiedenen Situationen beschrieben werden.*

3 *Teilt euch in Gruppen auf und spielt verschiedene Situationen aus der Geschichte pantomimisch nach. Achtet besonders darauf, wie ihr Felix' Gedanken und Gefühle zum Ausdruck bringen könnt.*

Erich Kästner

Die vierte Nachdenkerei handelt: Vom Mut

In seinem Roman „Pünktchen und Anton" erzählt Erich Kästner von der Freundschaft zwischen Luise, genannt Pünktchen, und Anton. Nach jedem Kapitel fügt er einen Abschnitt ein, in dem er sich über menschliche Tugenden und Verhaltensweisen Gedanken macht, z. B. über die Pflicht, den Respekt, die Neugierde und den Mut.

Ich möchte an dieser Stelle ein bisschen über den Mut reden. Anton hat eben einem Jungen, der größer ist als er, zwei Ohrfeigen gegeben. Und da könnte man ja nun meinen, Anton habe Mut bewiesen. Es war aber gar nicht Mut, es war Wut. Und das ist ein kleiner Unterschied, nicht nur im Anfangsbuchstaben.

Mut kann man nur haben, während man kaltes Blut hat. Wenn sich ein Arzt, um zu probieren, ob er Recht hat, lebensgefährliche Bakterien einspritzt und anschließend mit einem Gegenmittel impft, das er entdeckt hat, zeigt er Mut. Wenn ein Polarforscher, um Entdeckungen zu machen, mit ein paar Hundeschlitten nach dem Nordpol kutschiert, beweist er Mut. Wenn Professor Piccard mit einem Ballon in die Stratosphäre aufsteigt, obwohl noch niemand vorher dort oben war, dann ist er mutig.

Habt ihr die Sache mit Professor Piccard verfolgt? Das war interessant. Er wollte wiederholt aufsteigen, aber dann unterließ er es wieder, weil das Wetter nicht geeignet war. Die Zeitungen machten sich schon über ihn lustig. Die Leute lachten schon, wenn sie seine Fotografie sahen. Aber er wartete den geeigneten Moment ab. Er war so mutig, dass er sich lieber auslachen ließ, als eine dumme Handlung zu begehen. Er war nicht tollkühn, er war nicht verrückt, er war ganz einfach mutig. Er wollte etwas erforschen, er wollte nicht berühmt werden.

Mut beweist man nicht mit der Faust allein, man braucht den Kopf dazu.

1 *Im zweiten Satz des Textes erklärt der Erzähler, warum er an dieser Stelle über den Mut nachdenkt. Überlegt, wie es dazu kommen kann, dass man jemandem, der sogar größer ist als man selbst, zwei Ohrfeigen gibt.*

2 *a) Im Text führt Erich Kästner verschiedene Beispiele an, in denen Menschen seiner Meinung nach Mut bewiesen haben. Beschreibt, auf welche Weise diese Menschen Mut gezeigt haben, und beurteilt, ob diese Personen tatsächlich mutig waren.*
b) Überlegt euch selbst Beispiele, in denen jemand Mut beweisen könnte.

3 *a) Informiert euch in einem Lexikon oder im Internet über Professor Piccard und seine Ballonfahrt.*
b) Berichtet selbst von „einfachen" oder berühmten Menschen, die sich eurer Meinung nach mutig verhalten haben.

Zum Thema „Mut zeigen" (S. 90–95)

4 *Es gibt verschiedene Möglichkeiten, Mut zu zeigen, und oft hängt es auch von der Situation ab, wann und wie man Mut beweist.*
a) Zeichnet in wenigen Worten den Konflikt nach, in den die Hauptfiguren in den Geschichten geraten.
b) Erzählt, wie ihr ähnliche Situationen erlebt habt.

5 *Vergleicht das Verhalten der Figuren in den Geschichten mit der Erläuterung in Erich Kästners „Nachdenkerei". Zeigt, wann die Jungen wirklich Mut beweisen.*

6.3 Wir überarbeiten Texte

Katrin ist in den Sommerferien in ein Zeltlager gefahren und hat für die Klassenzeitung über ein Erlebnis geschrieben, das ihr besonders gut gefallen hat.
Bevor der Text veröffentlicht wird, will sie ihn noch überarbeiten und verbessern.

Am Lagerfeuer

Allmählich fingen …

und bald züngelten … *Schnell holte ich …*

„… Die Holzscheite fingen allmählich Feuer. Die Flammen wurden immer höher. Ich hol-

scharfen *dicke*

te mir einen Stock und spitzte das Ende mit einem Messer an. Dann steckte ich eine

Vorsichtig hielt ich …

Kartoffel auf den Stock. Ich hielt den Stock mit der Kartoffel über das Feuer. Rainer holte eine Mundharmonika aus seinem Rucksack und begann ein Lied zu spielen. Wir summten zuerst mit und sangen dann. Es war romantisch. Die Flammen waren jetzt nicht mehr so hoch wie vorher. Hans warf einige Scheite ins Feuer. Bald brannten diese. Mir wurde warm und ich zog meinen Anorak aus. Die Kartoffel an dem Stock, den ich immer noch über das Feuer hielt, war schon ganz dunkel. Ich dachte: „Ob sie schon fertig ist?" Ich legte den Stock neben mich und versuchte die Kartoffel von dem Stock zu ziehen. Dabei fasste ich mit den Fingern die Kartoffel an. Sie war sehr heiß. Ich verbrannte mir die Finger und dachte: „Da bin ich aber unvorsichtig gewesen." Ich wartete eine Weile und zog dann die Haut von der Kartoffel ab. Ich probierte die Kartoffel. Sie schmeckte gut.

1 *a) Lest den ersten Abschnitt des Textes gründlich durch und sprecht mit eurer Nachbarin/eurem Nachbarn über die verbesserten Textstellen. Beschreibt, welche sprachlichen Ausdrucksmittel Katrin verwendet hat, um ihren Text zu überarbeiten.*

b) Schreibt den ersten Abschnitt des Textes mit den Verbesserungsvorschlägen ab.

Katrin hat sich zur Überarbeitung ihrer Erzählung eine Checkliste zusammengestellt.

TIPP

Tipps zum Überarbeiten von Texten
- ☐ **Gliedere** deinen Text übersichtlich, z. B. nach Einleitung, Hauptteil und Schluss.
- ☐ Achte auf das passende **Tempus** und überprüfe die **Personalform der Verben.**
- ☐ Überlege, welche Sätze du gedanklich durch **treffende Konjunktionen** verbinden kannst.
- ☐ Überprüfe, ob deine Wortwahl **genau und anschaulich** ist.
- ☐ Vermeide unnötige Wortwiederholungen und Füllwörter.
- ☐ Verwende **abwechslungsreiche Satzanfänge.**
- ☐ Überprüfe die **Rechtschreibung** und **Zeichensetzung.**

2 *Überarbeitet mit Hilfe der Checkliste auch den zweiten Teil des „Lagerfeuer-Textes" und schreibt ihn mit euren Verbesserungen auf.*

In manchen Situationen sind unsere Sinneseindrücke besonders stark und rufen bestimmte Gefühle in uns hervor.

3 *Versetzt euch in die beiden Situationen, die auf den Fotos abgebildet sind, und beschreibt, welche Gedanken und Gefühle sie jeweils in euch hervorrufen.*

4 *a) Denkt euch selbst eine Situation aus, in die ihr euch besonders gut hineinversetzen könnt, und notiert eure Gedanken und Gefühle, die ihr mit dieser Situation verbindet.*
b) Findet treffende Verben, Adjektive und bildhafte Vergleiche, die eure Gedanken und Gefühle veranschaulichen, und schreibt sie auf.
c) Verfasst mit Hilfe eurer Notizen eine kurze Erzählung, in der ihr möglichst viel innere Handlung beschreibt.

In einem „Überarbeitungszirkel“ könnt ihr eure Texte in Partnerarbeit oder in einer kleinen Gruppe überarbeiten.

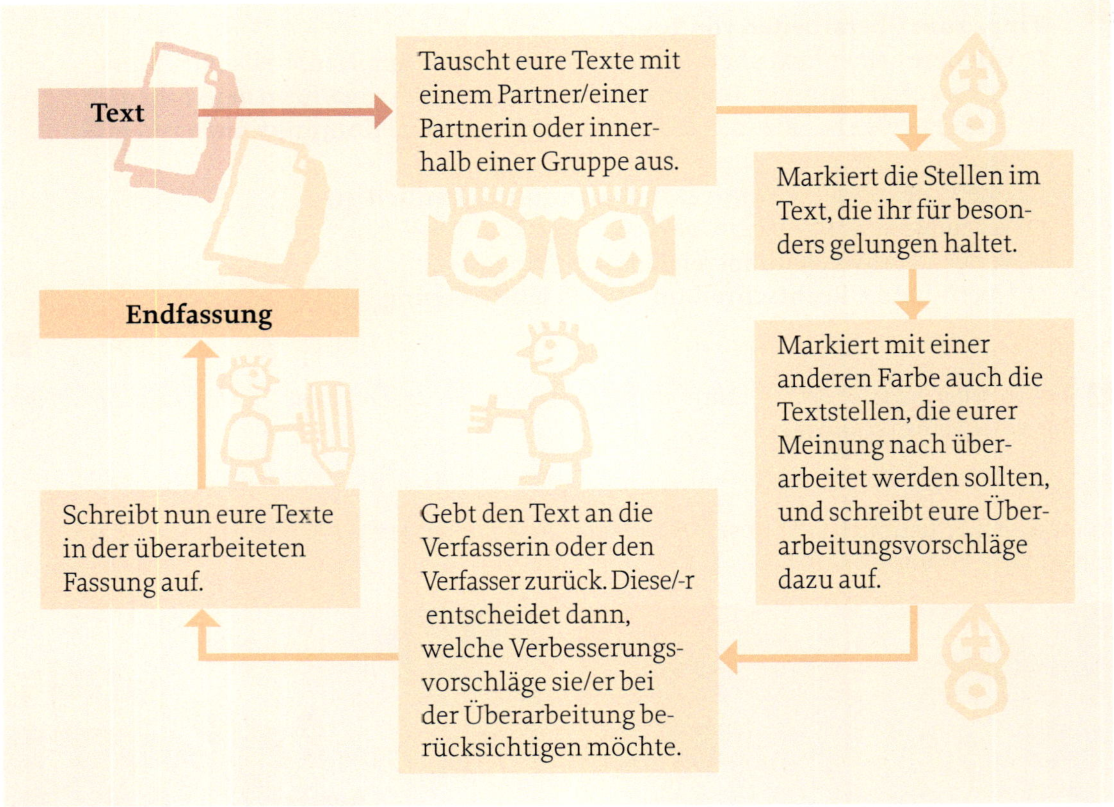

5 *Überarbeitet eure Erzählungen im „Überarbeitungszirkel“. Beachtet dabei die Tipps von S. 97.*

Eine Erzählung wirkt für die Zuhörerinnen und Zuhörer noch spannender und anschaulicher, wenn ihr sie ausdrucksvoll vortragt.

6 *a) Lest eure Erzählung mehrmals und überlegt, an welchen Stellen ihr eine Pause machen und welche Wörter ihr besonders betonen wollt. Probiert auch aus, wie ihr eure Stimme verändern könnt. Sprecht abwechselnd laut oder leise, langsam oder schnell, hoch oder tief.*

b) Bereitet die Erzählung für euren Vortrag vor, indem ihr die verschiedene Textstellen entsprechend markiert.

Pausen (kurz - lang)	I—II
Betonung	___
Lautstärke (laut - leise)	< — >
Tempo (langsam - schnell)	← — →
Stimme (hoch - tief)	↑ — ↓

7 *Tragt eure Erzählungen vor der Klasse vor und besprecht danach, was an den Vorträgen besonders gelungen war und was ihr noch verbessern könntet.*

7 Was Verben alles leisten – Wortarten und ihre Funktion

7.1 Die Handelnden nennen? – Aktiv oder Passiv

Zauberknoten – aus zwei verschiedenen Perspektiven

Die Projektwoche ist vorbei. Die 6 e hatte eine kleine Bühne in ihrer Klasse aufgebaut und führte neben Pantomimen auch Zauberkunststücke vor. Marc, der große Magier, beherrschte einige Knotentricks.

Die Blitzverknotung

Text A

Nina berichtet am nächsten Morgen in der Pause:

„Gestern war ich bei der 6 e, ihr wisst schon: die Zauberer.
Also, der Marc, was der für Tricks kann! Der hält ein Seil in der Hand. Einige Besucher in der vorderen Reihe prüfen es noch genau: völlig glatt und normal. Dann legt Marc das Seil ein paarmal um den anderen Arm und wirft es in die Luft. Und plötzlich hat es drei Knoten. Ich sag euch, blitzschnell macht der Marc das!
Maria wollte das gleich nachmachen, Fritz auch. Aber keinem ist es gelungen. Die warfen und warfen. Haben wir gelacht!
Aber das war erst der Anfang von Marcs Zauberstückchen.“

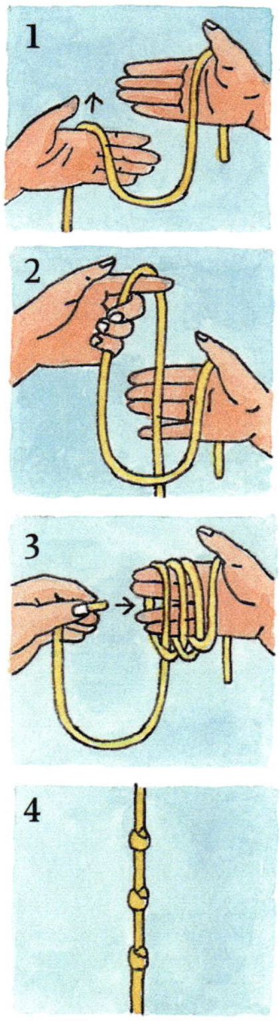

Text B

Zubehör: 1 Zauberseil, ca. 1,50 m lang
(oder ein langer, lockerer Schal)
Das eine Seilende wird mit der rechten Hand gehalten. Etwa 30–40 cm unter dem oberen Ende wird das Seil mit der linken Hand gefasst und zu einer Schlaufe verdreht (Abbildung 1 und 2). Die Schlaufe wird auf die rechte Hand gehängt. Dieser Vorgang wird etwa 3–4-mal wiederholt. Das übrig gebliebene Seilende wird nun durch alle Schlaufen durchgesteckt und zwischen den Fingern der rechten Hand eingeklemmt (Abbildung 3). Mit einer Schleuderbewegung wird das Seil in die Luft geworfen und dabei bilden sich Knoten (Abbildung 4). Die Anzahl der Knoten wird durch die Anzahl der Schlaufen bestimmt, die vorher über die rechte Hand gelegt wurden.

1 *Untersucht, worin sich Text A und Text B voneinander unterscheiden.*

2 *a) Übt den Trick und macht ihn euch gegenseitig vor.*
b) Erklärt den Trick, ohne ins Buch zu schauen.
c) Hört euch beim Erklären zu. Klingt es eher wie in Text A oder wie in Text B?

Die Perspektive der Handelnden

Satz A	**Satz B**
„Marc hält ein Seil in der rechten Hand."	„Ein Seilende wird in der rechten Hand gehalten."
In manchen Aussagen wird gesagt, **wer** etwas tut: Die handelnde Person wird genannt.	In manchen Aussagen wird nur gesagt, **was** getan wird: Die handelnde Person wird nicht genannt.

1 *Wann spricht man so wie in Satz A, wann so wie in Satz B?*

!

Das, was jemand tut, nennen wir eine **Handlung:** „ein Seil halten"
Die handelnde Person nennen wir **Handlungsträger:** „Marc"

Claudia schaltet die Scheinwerfer ein. Claudia öffnet den Vorhang. Sie stellt die Musik leiser. Einige Besucher prüfen das Seil. Marc beherrscht viele Tricks. Er legt das Seil um den anderen Arm. Marc wirft es in die Luft. Er macht das blitzschnell. Maria ahmt das gleich nach.

2 *a) Ordnet aus diesen Sätzen Handlung und Handlungsträger in die folgende Tabelle ein und unterstreicht das Verb:*

Handlung	*Handlungsträger*
die Scheinwerfer einschalten	*Claudia*
...	...

*b) Erfragt die **Satzglieder,** z. B.:*
*„**Wer oder was** schaltet die Scheinwerfer ein? – **Claudia** schaltet die Scheinwerfer ein." (= Subjekt)*
*„**Wen oder was** schaltet Claudia ein? – Claudia schaltet **die Scheinwerfer** ein." (= Akkusativobjekt)*

Das Handeln des Handlungsträgers ist meist auf ein Objekt gerichtet:

Dieses Schema zeigt den Aufbau solcher Sätze:

„Claudia	R	schaltet	R	die Scheinwerfer ein."
Wer?/Was?				*Wen?/Was?*
Subjekt	R	**Prädikat**	R	**Akkusativobjekt**

3 a) *Zeichnet das Handlungsschema für die folgenden Sätze:*
(1) Fritz wirft ein Seil. (2) Das Seil bildet drei Knoten. (3) Maria legt drei Schlaufen.
(4) Die Zuschauer beobachten Maria. (5) Die Tricks bereiten den Zuschauern Spaß.
(6) Das Licht blendet die Mitspieler.

b) *Vergleicht die Sätze: Wer oder was ist Subjekt und bewirkt etwas?*

c) *Bildet weitere Sätze zur Zaubervorstellung, in denen die Handlungsträger aber* **keine** *Personen sind:*
Scheinwerfer (beleuchten), eine Fliege (umkreisen), Klatschen (stören) …

!

Sätze, in denen die Handlungsträger als *Subjekt* des Satzes erscheinen, stehen in der Verbform **Aktiv:**
„*Claudia* **versucht** einen neuen Trick. *Sie* **zeigt** ihn den Mitschülern."

Handlungsträger müssen nicht immer Personen, es können auch Gegenstände oder andere Erscheinungen sein:
„*Der Ventilator* bewegt den Vorhang. *Der Wind* erfrischt das Publikum."

4 *Bildet Sätze, in denen Personen oder andere Handlungsträger Subjekt sind und im Aktiv stehen.*
Lasst euch von dieser Zeichnung anregen!

Die Perspektive der Vorgänge

Der befreite Ring

Zubehör: Kunststoffring, Zauberschnur, 1 größeres Tuch

Die Zauberschnur und der farbige Kunststoffring werden von den Zuschauern untersucht. Der Ring wird verknotet (Abbildung 1). Er wird nochmals vorgezeigt. Beide Enden der Schnur werden nun von einem Zuschauer gehalten. Ein Tuch wird vom Zauberer über den eingeknoteten Ring gedeckt und unter dem Tuch wird der Ring blitzschnell von der Schnur befreit. Die beiden Teile können sofort untersucht werden. Der Trick kommt durch die Art der Verknüpfung zu Stande (Abbildung 1, 2 und 3). Unter dem Tuch muss zuerst die Schlaufe der Schnur gelockert und dann über den Ring gezogen werden. Der Trick muss von jedem gut geübt werden.

1 *a) Wer sind die handelnden Personen in dieser Beschreibung?*
b) Erklärt, warum die handelnden Personen in dem Text nicht im Vordergrund stehen.

2 *Bestimmt die Subjekte der ersten drei Sätze und schreibt sie heraus. Was „tun" sie?*

!
Sätze, in denen mit dem *Subjekt* des Satzes etwas geschieht, stehen in der Verbform **Passiv:** *„Das Tuch* **wird hochgehoben.** *Es* **wird** den Mitschülern **gezeigt.**"
In Passiv-Sätzen kann auch der Handlungsträger genannt werden, und zwar so: „Das Tuch wird *von Marc* hochgehoben."

Was ist wichtiger: Handelnde oder Vorgänge?

Wir können die meisten Sachverhalte im Aktiv oder im Passiv ausdrücken.
Mit der Verwendung von Aktiv oder Passiv verfolgt man aber ein unterschiedliches Interesse:

!

	Aktiv	**Passiv**
Beispiel	„Der Zauberer *legt* das Tuch auf den Tisch."	„Das Tuch *wird* auf den Tisch *gelegt*."
Form	Personalform des Verbs: „ich *lege*, du *legst* ..."	Personalform von „werden" + Partizip II des Verbs: „er/sie/es *wird gelegt*, sie *werden gelegt* ..."
Funktion	Der Blick wird auf die **handelnde Person** gerichtet.	Der Blick wird auf den **Vorgang** gerichtet.

Fesseln fallen

Eine Zuschauerin fesselt den Zauberer und einen anderen Besucher aneinander. Dazu benutzt sie zwei Seile. Sie verknotet das eine Seil mit beiden Enden an den Handgelenken des Zauberers. Den anderen Besucher fesselt sie ebenso mit dem anderen Seil. Dabei führt sie aber das zweite Seil noch zwischen den Armen des Zauberers hindurch (Abb. 1). Dadurch fesselt sie gleichzeitig beide Personen aneinander. Der Zauberer dreht sich dann etwas von den Zuschauern weg. Er macht einige Bewegungen. So befreit er sich aus der Verbindung mit dem anderen Besucher.

Das weiß nur der Zauberer: Er nimmt die Mittelschlinge der Fessel seines Nachbarn (Abb. 2).

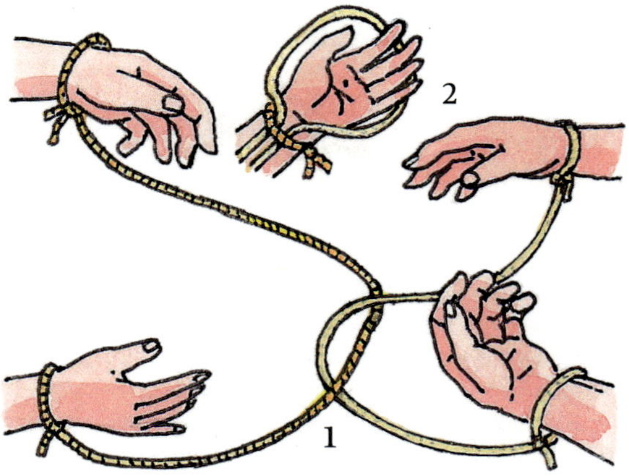

Er führt sie durch eine der Schlaufen von hinten her um sein Handgelenk und streift sie weiter über seinen Handrücken. So löst er sich aus der Fesselung.

1 *Schreibt den Zaubertrick „Fesseln fallen" so um, dass der Vorgang im Mittelpunkt steht und die handelnden Personen zurücktreten. Benutzt also das* ***Passiv:***
Der Zauberer und ein anderer Besucher werden von einer Zuschauerin aneinandergefesselt. ...

2 *Verfasst zum folgenden Trick „Armknoten" einen Text im* ***Aktiv,*** *in dem ihr die Handlungsträger hervorhebt. Der Text soll zwei Abschnitte haben. Beginnen könnt ihr z. B. so: Der Zauberer zeigt zu Beginn ein ungefähr ein Meter langes Seil vor und bittet dann jemanden aus dem Publikum ...*

Armknoten

Zauberer, Zuschauer,
ein 1 m langes Seil

- ☐ *Zuschauer auf die Bühne*
- ☐ *seine Aufgabe: rechte Hand an ein Seilende, linke Hand an das andere Ende*
- ☐ *Ziel: ein Knoten im Seil, dabei die Enden nicht loslassen*
- ☐ *Misserfolg des Zuschauers*

- ☐ *Zauberer nun selber: Arme über Kreuz verschränken, so die Enden greifen (Abb. 1), Arme auseinandernehmen*
- ☐ *Knoten fertig (Abb. 2)*
- ☐ *Klatschen der Zuschauer*

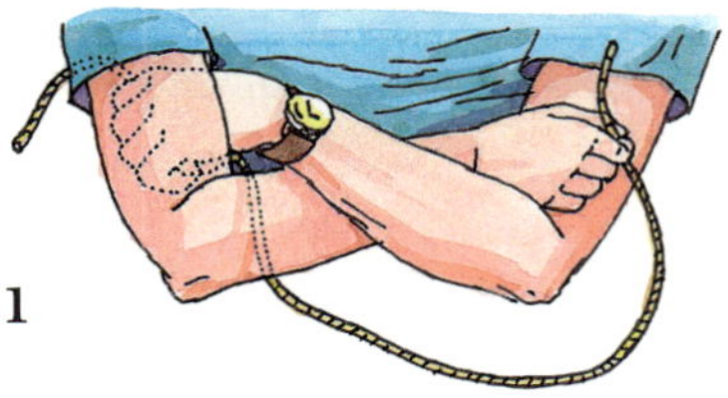
1

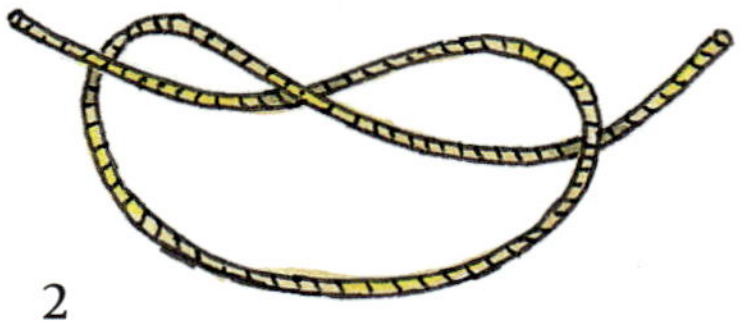
2

3 *Bringt Kordeln oder Seile mit. Immer drei tun sich zusammen. Eine/-r erklärt den Trick „Fesseln fallen" (oder „Armknoten"), die anderen probieren ihn aus. Übt, bis ihr den Trick vorführen könnt.*

Täter nennen oder verschweigen?

Unsere Mathelehrerin bevorzugt die Jungen.

Jungen werden bevorzugt.

Die 6b versteckte unseren Papierkorb!

Papierkorb wurde wieder versteckt!

Mark vermutet, dass ein Mitschüler aus unserer Klasse gestern beim Sport im Umkleideraum einen Diebstahl begangen hat. Er soll Geld aus Franks Portmonee genommen haben. Als Mark kurz einmal zur Toilette ging, warf er einen Blick in den Umkleideraum und sah gerade noch, wie jemand, es muss wohl Rolf gewesen sein, im Gang verschwand. Nach dem Sport stellte Frank fest, dass ihm 10 Euro fehlten.

Gestern wurde während des Sportunterrichts Geld gestohlen. Es war kurz vor Ende der Stunde, als eine unbekannte Person beim Verlassen der Umkleidekabine gesehen wurde. Sie konnte leider nicht genau identifiziert werden. Vermutlich handelt es sich um einen Mitschüler. Jedenfalls lässt sich das aus verschiedenen Beobachtungen schließen.

Elke zog mal wieder der Jane den Stuhl weg, als diese sich hinsetzen wollte. Jane fiel mit dem Hinterkopf auf die Tischkante hinter ihr und bekam eine dicke Beule. Herr Langer schickte Jane zur Erholung nach Hause.

Jane wurde mal wieder der Stuhl weggezogen, als sie sich gerade hinsetzen wollte. Sie fiel mit dem Hinterkopf auf die Tischkante hinter ihr und bekam eine dicke Beule. Jane wurde zur Erholung nach Hause geschickt.

1 *Diese Zettel finden sich im Kummerkasten der 6 a. Sind die Ereignisse für eine 6. Klasse typisch?*

2 *a) Beschreibt die Unterschiede zwischen den Texten in der linken und der rechten Spalte.*
b) Welche Texte informieren mehr, welche weniger?
c) Welche Gründe kann jemand haben,
- *einmal den Träger einer Handlung zu nennen (also das* ***Aktiv*** *zu verwenden wie bei den Texten links)?*
- *ein andermal nur die Handlung, nicht aber den „Täter" zu nennen (also das* ***Passiv*** *zu verwenden wie in den Texten rechts)?*

Letzte Nacht wurden zwei Kanaldeckel auf unserem Schulhof entfernt. Die Schülerin Anja S. fuhr heute Morgen mit ihrem Fahrrad in einen der beiden offenen Kanalschächte und stürzte schwer. Später wurden die beiden Kanaldeckel in einem Gebüsch gefunden. Es wird dringend davor gewarnt, solche lebensgefährlichen Streiche zu veranstalten. Die Täter haften!

Die Schulleitung

3 *a) In der Mitteilung der Schulleitung werden Sätze im Aktiv und Passiv verwendet. Nennt sie.*
b) In den Passiv-Sätzen wird kein Handlungsträger genannt. Könnt ihr erklären, warum?

!

Wer das **Passiv** verwendet und keinen Handlungsträger nennt, kann verschiedene Gründe haben:
- Der oder die nicht Genannte soll auf diese Weise geschützt werden.
- Die verantwortliche Person soll verschleiert werden.
- Der oder die Handelnde ist nicht bekannt.

Aktiv und Passiv im Lauf der Zeit

!

Aktiv- und Passivformen können in verschiedenen **Zeitformen** stehen:

	Aktiv	**Passiv**
Präsens	„Die Klassenlehrerin *untersucht* den Vorfall."	„Der Vorfall *wird* (von der Klassenlehrerin) *untersucht.*"
Perfekt	„Sie *hat* den Vorfall *untersucht.*"	„Der Vorfall *ist* (von ihr) *untersucht worden.*"
Präteritum	„Sie *untersuchte* den Vorfall."	„Der Vorfall *wurde* (von ihr) *untersucht.*"
Plusquamperfekt	„Sie *hatte* den Vorfall *untersucht.*"	„Der Vorfall *war* (von ihr) *untersucht worden.*"

1 *Arbeitet den folgenden Text zu einem Bericht um. Setzt ihn dabei ins* ***Passiv*** *und ins* ***Präteritum.*** *Die Handelnden müsst ihr nicht immer nennen:* In der 6d wurden während der kleinen Pausen ...

In der 6d machen Sonja, Nadja und Markus während der kleinen Pausen Kreideschlachten. Sie holen sich Mengen von Kreide aus verschiedenen Nebenräumen zusammen. Dann bewerfen sie ihre Mitschüler damit. Sie beschmieren die Tafel völlig mit Strichen. Sie zertreten absichtlich die Kreide auf dem Boden. So beschädigen sie auch den Teppichbelag. Die nassen Tafellappen werfen sie durch die Gegend. Dadurch beschmutzen sie noch die Fenster und Wände. Schließlich fassen sie noch mit ihren dreckigen Händen Tische und Stühle an. So hinterlassen sie überall ihre Spuren.

2 *Schreibt den folgenden Text um in eine Beschwerde im* ***Passiv*** *und im* ***Präsens:*** In den Pausen werden immer wieder ...

Frank und Marcel haben in den Pausen immer wieder die Toiletten mit Papier bis oben hin verstopft. Sie haben damit ihre Mitschüler daran gehindert, auf die Toiletten zu gehen. Sie haben bei Kämpfen mit anderen Mitschülern an zwei Toiletten die Sitzringe abgerissen. Außerdem haben viele Mitschüler auf der Toilette Wasserschlachten veranstaltet. Dazu haben sie kleine Luftballons mit Wasser gefüllt. Ältere Schüler haben auf den Toiletten geraucht. Die Kippen haben sie ins Waschbecken geworfen. Ulli und Manuel haben alles beobachtet. Sie haben aber nicht eingegriffen.

Geräte im Haushalt und Fantasieapparate – Übungen zum Passiv

Kassettenrekorder

Text A

Einsetzen der Tonband-Kassette: Öffnen Sie das Kassettenfach (1) durch Drücken der Taste (2). Die Kassette schieben Sie, mit der vollen Spule nach links (durch das Fensterchen sichtbar) und der offenen Bandseite voraus, in den Deckel (1) und schließen diesen. Das Gerät ist jetzt betriebsbereit.
Beachten Sie: Beim Einsetzen und Herausnehmen der Kassette darf keine Laufwerk-Taste gedrückt sein!
Anfang und Ende des Tonbands sind an den Spulenkernen befestigt. Am Ende des Bandes stoppen die Spulen. Bei allen Betriebsarten des Kassetten-Laufwerks wird hierdurch die automatische Endabschaltung ausgelöst.

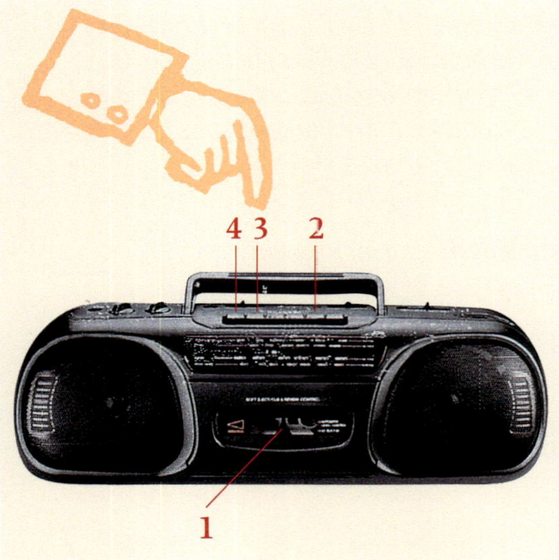

Das Autostopp-System ist auch bei schnellem Vor- und Rücklauf wirksam. Am Ende der Kassette braucht die Taste (2) nicht gedrückt zu werden.
Benutzen der zweiten Spur: Wenn das ganze Band abgelaufen ist, kann die Kassette umgedreht und erneut eingesetzt werden. Die gesamte Bandlänge kann nochmals in der zweiten Spur für Aufnahme oder Wiedergabe benutzt werden. Eine Kassette C 60 läuft also 2 x 30 Minuten oder insgesamt 60 Minuten. Die Kassette kann an jeder Stelle, ohne Vor- und Rückspulen, umgedreht werden.

Text B

Einlegen der Ton-Kassette: Nach Betätigung der Taste (2) springt das Kassettenfach auf. Die Starttaste (3) darf dabei nicht gedrückt sein. Die Kassette wird in das Fach hineingeschoben. Danach drücken Sie das Fach hinunter, bis es spürbar einrastet. Zu Beginn befindet sich die volle Spule links. Wenn man die Kassette wechseln will, betätigt man wieder die Taste (2). Man wendet die Kassette und schließt das Kassettenfach wieder. Sie benutzen jetzt die zweite Spur.
Aufnahme: Nach dem Einlegen der Kassette muss die Aufnahmetaste (4) gedrückt werden. Dabei wird gleichzeitig die Starttaste (3) mitgedrückt. Die Aufnahme wird begonnen. Zur Kontrolle der Aufnahme bitte mithören. Durch die Elektronik wird die Aufnahme automatisch geregelt. Nach Beendigung der Aufnahme entnehmen Sie die Kassette dem Kassettenfach.

1 *a) Welche der beiden Anleitungen findet ihr verständlicher? Begründet euren Eindruck.*
b) Legt eine Tabelle an, in die ihr Passivformulierungen und Umschreibungen des Passivs aus den beiden Texten eintragt.

2 *Bringt Gebrauchsanleitungen von zu Hause mit und untersucht, auf welche Weise die Nennung der Handlungsträger vermieden wird.*

TIPP

Man kann durch vielerlei Formulierungen die Passivform umschreiben, wenn man die Handlungsträger nicht angeben will.

Passiv-Umschreibungen	**mögliche Passivsätze**
□ **man-Form:** „*Man rührt* zuerst die Farbe."	„Die Farbe *wird* zuerst *gerührt*."
□ **reflexive Form:** „Die Poren im Holz *schließen sich*."	…
□ **lassen-Form:** „Die Farbe *lässt sich* streifenfrei ziehen."	…
□ **Verbform von „sein" + Adjektiv mit Endung -bar:** „Die Farbe *ist* sofort *verwendbar*."	…
□ **adverbiale Bestimmung:** „*Beim Streichen* muss man vorsichtig sein."	…
□ **Imperativ-Form:** „*Rühren Sie* zuerst die Farbe kräftig um."	…
□ **Infinitiv-Form:** „Farbe zuerst *umrühren*."	…
□ **Sie/du-Aussage-Form:** „*Sie rühren* zuerst die Farbe um."	…

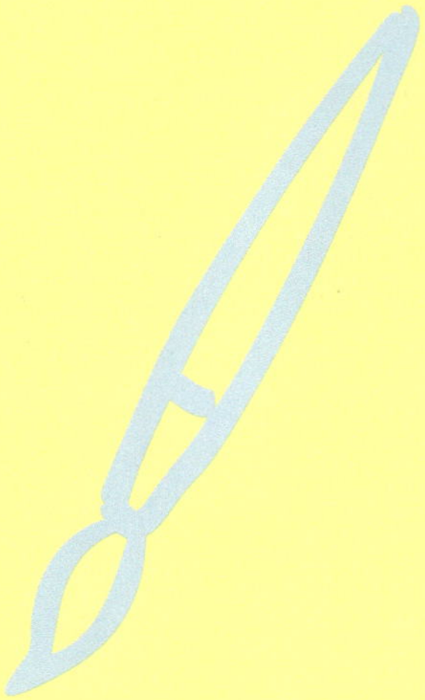

3 *Formuliert die Beispiele zu Passivsätzen um.*

4 *a) Macht euch den Mechanismus der drei Apparaturen klar und gebt den Apparaten einen Namen.*
b) Erklärt die Abläufe. Wendet dabei Formen des Passivs und der Passivumschreibungen an.
c) Entwickelt selbst Fantasieapparate mit „Kettenreaktionen" und beschreibt ihre Funktion.

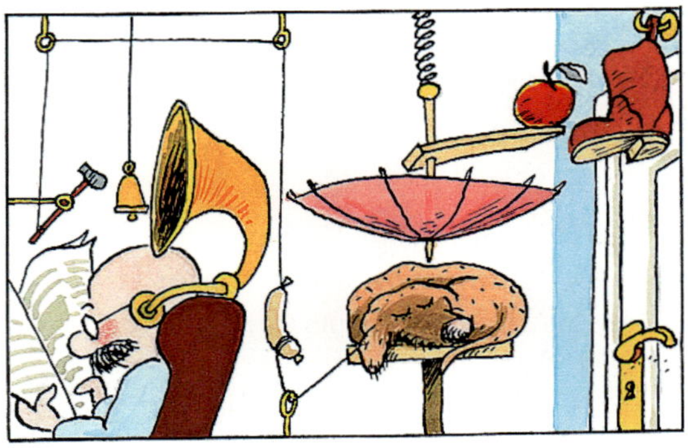

7.2 Verben und Zeiten

So spielten die römischen Kinder

Auch bei den Römern (sein) das Spielen sehr beliebt. Die Kinder (spielen) ihre eigenen Spiele und die (unterscheiden) sich nicht allzu sehr von unseren Spielen heute. Sehr beliebt (sein) Puppen, Wägelchen, Puppenstuben, Steckenpferde und das Spiel mit Haustieren. Die Kinder (mögen) Schaukeln, Ballspiele, Schwimmen und Wettspiele, ebenso Rollenspiele, bei denen sie die Welt der Großen (nachahmen): Sie (einnehmen) die Rollen von König, Feldherr oder Priesterin. Ball- und Nüssespiele (gehören) wohl zu den häufigsten Beschäftigungen der Kinder. Eltern und Lehrer (sehen) es gern, wenn die Kinder sich beim Spielen (erholen) und (vergnügen).

1 *Lest den Text und setzt dabei die Verben im Infinitiv in das richtige Tempus (Zeitform).*

2 *Vergleicht die Spiele der römischen Kinder mit euren Spielen heute. Welche Unterschiede, welche Gemeinsamkeiten entdeckt ihr?*

3 *Erzählt in einem kurzen Text, was ihr gestern gespielt habt. Benutzt das Präteritum.*

!

Das **Präteritum** bezeichnet eine Handlung in der Vergangenheit. Das Präteritum wird folgendermaßen gebildet:

	Infinitiv	Präteritum
Schwache Verben Der **Stammvokal** ändert sich nicht; es wird durch **-te** konjugiert.	*wandern* *reden* *spielen*	*wanderte* *redete* *spielte*
Starke Verben Der **Stammvokal** ändert sich beim Konjugieren.	*helfen* *binden* *reiten*	*half* *band* *ritt*
Unregelmäßige Verben Der **Stammvokal** ändert sich; Endung aber wie bei schwachen Verben: **-te.**	*bringen* *denken* *mögen*	*brachte* *dachte* *mochte*

Keine Zeit zum Spielen?

Zu allen Zeiten haben Kinder gern gespielt – aber nicht immer hatten sie Zeit dazu.
Vor 150 bis 200 Jahren gehörte auch in Deutschland schwerste Kinderarbeit zum Alltag. Die Kinder mussten mithelfen, den Lebensunterhalt ihrer Familien zu sichern.

Auch heute arbeiten bei uns etwa 40 % aller Schülerinnen und Schüler zwischen 14 und 16 Jahren, doch ihre Arbeit trägt meist nicht zum Familieneinkommen bei.
Mit dem Verdienst möchten sie sich Extrawünsche erfüllen, deshalb arbeiten sie freiwillig. Dabei üben Kinder auch immer wieder Arbeiten aus, die vom Jugendarbeitsschutzgesetz verboten sind. Es gibt immer noch Kinderarbeit, die gesundheitsgefährdend ist.

1 *Fragt eure Großeltern und Eltern, ob sie als Kinder arbeiten mussten. Berichtet davon in eurer Klasse.*

2 *Was haltet ihr davon, wenn Kinder und Jugendliche arbeiten?*

3 *a) In welcher Zeitform sind die Zeilen 7 bis 17 dieses Textes verfasst?*
b) Schreibt alle Verbformen heraus, die dies belegen.
c) Warum wird dieses Tempus hier verwendet?

Kinder haben Rechte,
und zwar ganz gerechte.
Kinder dürfen spielen
und auch was beschmieren.
Kinder dürfen lachen
und was Besonderes machen.
Kinder dürfen auch was sagen
und sich mal ganz doll beklagen.
Kinder dürfen beten
und sich auch verspäten.
Kinder dürfen selbst entscheiden
und sich auch allein bekleiden.
Kinder brauchen Liebe
und bestimmt nicht Hiebe.
Kinder haben Rechte!

Maya, 12 Jahre

4 *a) Schreibt die Kinderrechte, die ihr für besonders wichtig und für allgemein gültig haltet, aus Mayas Gedicht heraus.*
b) Unterstreicht die Verbformen. In welcher Zeitform stehen sie?

!

Das **Präsens** bezeichnet eine Handlung in der Gegenwart und Aussagen von allgemeiner Gültigkeit.

Bildung des Präsens: Verbstamm + Personalendung

Beispiel: „Ich *les-e* gerade."

5 *Welche Rechte wünscht ihr euch? Formuliert eure Meinung im Präsens.*

6 *Tauscht eure schriftlichen Antworten auf die Aufgabe 5 untereinander aus.*
a) Markiert die Aussagen, denen ihr zustimmt.
b) Sprecht über die Aussagen, die allgemeine Zustimmung gefunden haben. Haben Kinder diese Rechte überall auf der Welt?

Arbeiten aus Genusssucht?

Mit wachsender Besorgnis sehen Experten in Dänemark das Ausmaß von Kinderarbeit in ihrem Land. Jede/-r Dritte unter den 11- bis 14-Jährigen hat einen Job. Dabei ist für dänische Kinder das Arbeiten kein Zeichen von Not, sondern von „Genusssucht".

Nach der Schule beginnt für Jesper der Ernst des Lebens. Kaum beendet der Lehrer die letzte Stunde, da packt der Junge seine Sachen und geht zu einem Supermarkt.

Und so sieht sein Nachmittag aus:

- ☐ Schürze umbinden,
- ☐ am Früchtestand stehen,
- ☐ Tomaten abwiegen,
- ☐ Obst auffüllen,
- ☐ Kästen wegräumen,
- ☐ schlechte Ware aussortieren,
- ☐ Kunden beraten,
- ☐ putzen,
- ☐ nach Ladenschluss mit dem Fahrrad bestellte Ware ausliefern.

1 *Erklärt, was hier mit dem Begriff „Genusssucht" gemeint ist.*

2 „Und wie hast du heute Nachmittag die Zeit totgeschlagen?", wird Jesper am Abend von seiner Schwester gefragt. „Von wegen ‚totgeschlagen'!", sagt Jesper. „Zuerst habe ich ..."
a) Versetzt euch in Jespers Lage und berichtet vom Nachmittag im Supermarkt.
b) In welcher Zeitform geschieht das am häufigsten?

!

Wenn mündlich etwas Vergangenes erzählt oder berichtet wird, dann geschieht das häufig im **Perfekt.**

Bildung des Perfekts: Personalformen von „haben" oder „sein" im Präsens + Partizip II des Verbs

Beispiel: „Ich *habe* mir die Schürze *umgebunden.*"

3 *Schreibt Jespers mündlichen Supermarkt-Bericht im Perfekt auf:* „Zuerst habe ich meine Sachen gepackt und ..."

Jespers „Freizeit“

Bevor Jesper den Job im Supermarkt bekam, hatte er Zeitungen ausgetragen. Da war er erst 11 Jahre alt gewesen. Nach einiger Zeit hatte ihm sein Verdienst dann nicht mehr gereicht und er nahm die Arbeit im Supermarkt an. Vor seinen regelmäßigen Nachmittagsarbeiten hatte sich Jesper häufig mit seinen Freunden verabredet. Sie hatten zum Beispiel öfter Fußball gespielt.

1 *a) In diesem kurzen Abschnitt werden zwei verschiedene Zeitformen verwendet. Schreibt die Verbformen getrennt heraus.*
b) Könnt ihr die Verwendung der beiden Zeitformen erklären?

2 *Versucht den Bericht über Jespers Aktivitäten vor und während seiner verschiedenen Nachmittagsarbeiten fortzusetzen. Achtet dabei auf den Tempusgebrauch!*

!

Vergangenes Geschehen wird schriftlich meist im **Präteritum** wiedergegeben: „Mit 12 Jahren *begann* Jesper nachmittags in einem Supermarkt zu arbeiten.“ Bezieht man sich auf noch weiter Zurückliegendes, verwendet man das **Plusquamperfekt.**

Bildung des Plusquamperfekts: Personalformen von „haben“ oder „sein“ im Präteritum + Partizip II des Verbs

Beispiel: „Davor *hatte* Jesper Zeitungen *ausgetragen.*“

Freizeit in der Zukunft

Immer schneller, immer ausgefallener

Freizeitforscher glauben, dass wir in Zukunft weniger arbeiten werden. Die viele freie Zeit werden wir dann mit Tätigkeiten wie diesen ausfüllen:
Man wird aus 3000 Meter Höhe ohne Fallschirm aus einem Flugzeug springen, sich mit Händen und Füßen durch die Luft manövrieren und kurz vor dem Aufprall von einem großen Luftkissen gerettet werden. Andere werden zum Walbeobachten an die Küste von Alaska fliegen und ihre virtuellen Brillen einpacken. Durch sie werden sie ihren Freunden zu Hause die Gegend zeigen, in der sie sich gerade befinden.
Es wird eine gigantische Freizeitindustrie geben, die ständig die Lust des Bürgers an Fun und Vergnügen kitzelt.
Familien mit kleinen Kindern werden künstliche Freizeitparadiese bevorzugen. Das wird eine Skipiste mitten in der Großstadt sein oder eine Tropenlandschaft …

1 *Was haltet ihr von den Zukunftsvorstellungen der Freizeitforscher? Welche Freizeitmöglichkeiten wird es nach eurer Meinung in Zukunft geben?*

2 *a) Schreibt aus jedem Satz das Subjekt und das Prädikat heraus. Achtung: Das Prädikat ist in der Regel mehrteilig.*
b) Welche Zeitform des Verbs wird in der Meldung überwiegend verwendet?

!

Das **Futur** dient der Wiedergabe von zukünftigem Geschehen.

Bildung des Futurs: Personalform von „werden" im Präsens + Infinitiv des Verbs.

Beispiel: „Nach dem Sprung *wird* er auf einem Luftkissen *landen.*"

3 *Formuliert zu den folgenden Zukunftsvisionen Aussagen im Futur:*

- zu zweit auf einem Surfbrett aus dem Flugzeug springen
- Indoor-Golf
- in einem High-Tech-Gummiball einen Berg hinunterspringen
- einfach faulenzen

4 *Womit möchtet ihr euch in der Zukunft beschäftigen? Schreibt einen Sciencefiction-Freizeitbericht.*

TIPP

Ihr müsst nicht jedes Verb ins Futur setzen. Das klingt langweilig.
Neben dem Futur könnt ihr auch das **Präsens** verwenden.

7.3 Die wichtigsten Wortarten – noch bekannt?

Nomen

1 a) *Über welchen der Sprüche würdet ihr euch in eurem Poesiealbum am meisten freuen? Begründet eure Meinung.*

b) *Untersucht die drei Wünsche, die im mittleren Spruch ausgesprochen werden. Um welche Wortart handelt es sich dabei?*

c) *Lest auch die übrigen Sprüche und schreibt alle Nomen heraus.*

d) *Übertragt die folgende Tabelle in euer Heft und tragt alle Nomen in die erste Spalte ein. Ergänzt dann Genus, Numerus und Kasus.*

Nomen	Genus (grammatisches Geschlecht)	Numerus (Anzahl)	Kasus (Fall)
Wünsche	Maskulinum	...	...
Gesundheit	...	...	Nominativ
Glück	...	Singular	...
...			

2 a) *Formuliert selbst Sprüche fürs Poesie- oder Erinnerungsalbum.*

b) *Tauscht sie untereinander aus und unterstreicht alle Nomen.*

Gottfried August Bürger

Die Schatzgräber

Ein Winzer, der am Tode lag,
Rief seine Kinder an und sprach:
„In unserm Weinberg liegt ein Schatz,
Grabt nur danach!“ – „An welchem Platz?“,
Schrie alles laut den Vater an.
„Grabt nur!“ – O weh! da starb der Mann.
Kaum war der Alte beigeschafft,
So grub man nach aus Leibeskraft.
Mit Hacke, Karst und Spaten ward
Der Weinberg um und um gescharrt.
Da war kein Kloß, der ruhig blieb;
Man warf die Erde gar durchs Sieb
Und zog die Harken kreuz und quer
Nach jedem Steinchen hin und her.
Allein da ward kein Schatz verspürt,
Und jeder hielt sich angeführt.
Doch kaum erschien das nächste Jahr,
So nahm man mit Erstaunen wahr,
Dass jede Rebe dreifach trug.
Da wurden erst die Söhne klug;
Sie gruben nun jahrein, jahraus
Des Schatzes immer mehr heraus.

Ihr Leutchen, Schätzegräberei
Ist just nicht immer Narretei.

3 *a) Erklärt, welche Erwartungen die Söhne des Winzers bei ihrer Schatzsuche haben und was sie am Ende aus ihrem Verhalten lernen.*
b) Übertragt die Lehre des Gedichts auf andere Situationen, die ihr kennt.
c) Sucht aus dem vorliegenden Gedicht alle Nomen heraus und ordnet sie in eurem Heft in die folgende Tabelle ein:

Konkreta (bezeichnen Gegenständliches)	**Abstrakta** (bezeichnen Vorstellungen, Nichtgegenständliches, sinnlich nicht Wahrnehmbares)
der Winzer	der Tod
...	...

Pronomen

1 *In den vorliegenden Poesiealbum-Sprüchen sind einige Pronomen enthalten. Nennt sie und unterscheidet sie nach den verschiedenen Arten mit Hilfe der folgenden Informationen:*

!

- **Personalpronomen** (persönliche Fürwörter) sind Stellvertreter von Personen und Gegenständen und ersetzen sie im Satz: „ich", „du", „er/sie/es", „wir", „ihr", „sie".
- **Possessivpronomen** (besitzanzeigende Fürwörter) drücken die Zugehörigkeit zu einer Person oder Sache aus. Sie begleiten Nomen: „*mein* Freund", „*deine* Mutter", „*sein* Fahrrad", „*unsere* Lehrerin", „*euer* Album", „*ihr* Andenken".
- **Reflexivpronomen** (rückbezügliche Fürwörter) beziehen sich meist auf das Subjekt des Satzes: „Sie beeilt *sich*."
- **Demonstrativpronomen** (hinweisende Fürwörter) sind Pronomen, mit denen man auf etwas zeigen bzw. hinweisen kann: „dies/dieses", „jene", „der/die/das" ...
- **Indefinitpronomen** (unbestimmte Fürwörter) drücken ungefähre Mengenangaben aus: „etwas", „einige", „manche", „andere", „kein" ...
- **Interrogativpronomen** (Fragepronomen) leiten Frage- und Ausrufesätze ein: „wer", „was", „welche/-r" ...
- **Relativpronomen** leiten Nebensätze (Relativsätze) ein und beziehen sich auf ein Nomen oder Pronomen zurück: „Das Haus, *das* am Kanal lag, wurde verkauft."

2 *Untersucht, welche der Pronomen sich durch Nomen ersetzen lassen. Welche Wirkung wird durch das Ersetzen erzielt?*

Verben

Manchmal hätte ich am liebsten einen Roboter, der alle lästigen Aufgaben für mich erledigt. Ich stelle mir vor: Mein Roboter kann meine Mathematikaufgaben rechnen, auf meinen kleinen Bruder aufpassen, meine Schultasche tragen ...

1 *Welche Fähigkeiten sollte euer Roboter besitzen? Setzt die Liste fort.*

!

Verben bezeichnen
- eine Tätigkeit: „Mein Roboter *rechnet.*"
- einen Zustand: „Mein Roboter *funktioniert.*"
- einen Vorgang: „Mein Roboter *fällt aus.*"

Verben werden **konjugiert.** Dabei bildet man aus der Grundform, dem **Infinitiv,** die **Personalform:** „Du *rechnest* schnell. Ich *rechne* schnell. Ein Roboter *rechnet* schneller. Zwei Roboter *rechnen* am schnellsten."
Verben lassen sich in verschiedene **Tempora** (Zeitformen) setzen. Sie sagen uns, wann das im Satz Mitgeteilte passiert.
- **Präsens** ist das Tempus der Gegenwart und allgemein gültiger Aussagen: „Ich *lese* gerade." „Wer *wagt, gewinnt.*"
- **Perfekt** drückt in mündlichen Erzählungen Vergangenes aus: „Ich *habe* ihn *gesehen.*"
- **Präteritum** wird bei schriftlichen Erzählungen und Berichten für die Wiedergabe von Vergangenem genutzt: „ich *ging*", „ich *sah*"
- **Plusquamperfekt** verwendet man für den Ausdruck der Vorzeitigkeit: „Nachdem ich alles *erledigt hatte,* ging ich los."
- Mit dem **Futur** kann man auf Zukünftiges hinweisen: „Ich *werde* ans Meer *fahren.*"

2 *Wenn der Roboter für mich arbeitet, habe ich endlich Zeit, all das zu tun, was mir Spaß macht: Ich schlafe, ich lese, ich skate ... Setzt die Liste fort.*

Schuhe für das Inlineskating

Nachdem man Anfang der 80er Jahre das Inlineskating entdeckt hatte, entwickelte man verschiedenartige Schuhe: Es gibt den bequemeren Kunststoffschalen-Schuh und den besser steuerbaren Leder-Nylon-Schuh. In den nächsten Jahren werden sicher weitere Modelle auf den Markt kommen. Die Rollen reagieren sehr sensibel auf die Steuerung mit dem Fuß, deshalb ist Inlineskating leichter als Schlittschuhlaufen. Auch mit einem preisgünstigen Schuh sind gute Fahrleistungen möglich.

3 *a) Schreibt die Verben aus diesem Text heraus und stellt fest, in welchem Tempus sie stehen.*
b) Erklärt die Verwendung der verschiedenen Tempora.

Adjektive

Das Connemara-Pony

Das Connemara-Pony stammt aus der irischen Provinz Connaught (Connacht), die an der westlichen Atlantikküste liegt. Seine Vorfahren wurden wahrscheinlich von den Kelten mitgebracht. Connemaras sind von mittelschwerem Kaliber.
Sie besitzen einen harmonischen und edlen Körperbau bei einer Größe von ca. 135–148 cm Stockmaß[1]. Wie ihr Name Connemara-Pony schon sagt, liegen sie im Ponymaß, vom Typ her wirken sie jedoch wie kleine Reitpferde. Ihre äußeren Merkmale sind ein rechteckiger Körper, ausgeprägter Widerrist, lange Schulter, eine mittellange, leicht abfallende Kruppe, ein langer, kräftiger Hals sowie ein mittelgroßer Kopf mit leicht geschwungenem Nasenrücken. Connemaras haben harte, gut geformte Hufe.

1 **Stockmaß:** die höchste Erhebung des Rumpfs, die mit einem Messstock gemessen wird

1 a) *Wodurch wird diese Beschreibung besonders anschaulich? Sucht alle treffenden Formulierungen heraus.*
b) *Bestimmt die Adjektive in dieser Beschreibung.*

Die Pferderassen

Pferde werden nach Rassen unterschieden. Dabei bilden Ponys die kleinste Rasse. Sie sind bei Kindern recht beliebt. Unter ihnen gibt es die Stämmigen und die Zierlichen, die ausgesprochen Gutmütigen, aber auch die Temperamentvollen. Man muss ihnen allerdings mit der gleichen Vorsicht begegnen wie großen Pferden. Auch Ponys haben Hufe zum Treten und Zähne zum Beißen.
Die so genannten Kaltblüter werden in erster Linie als Arbeitstiere eingesetzt. Trotz ihrer eher geringen Körpergröße gehören sie zu den schwersten Pferden.
Warmblüter haben nicht etwa eine höhere Körpertemperatur, der Begriff bezeichnet vielmehr das Temperament dieser Tiere. Sie sind aus Kreuzungen zwischen Arabern und regionalen Rassen entstanden. Aus dieser Gruppe stammen auch die meisten Sportpferde.
Zu den Vollblütern zählt man edle, feingliedrige, schnelle und temperamentvolle Pferde, die meist aus englischer oder arabischer Zucht stammen. Sie sind überdurchschnittlich langlebig und sehr fruchtbar. Manche Stuten bekommen bis zu 22 Fohlen. Nur die besten Fohlen werden zur Weiterzucht ausgewählt.

2 a) *Welche der oben beschriebenen Pferderassen erscheinen euch für einen Reitanfänger am geeignetsten? Begründet eure Ansicht.*
b) *Erklärt die folgenden Großschreibungen:* die Stämmigen, die Zierlichen, die ausgesprochen Gutmütigen, die Temperamentvollen.

Diese Abbildung zeigt die Anatomie des Pferdes. Wie ihr auf S. 118 erfahren habt, ist die Anatomie bei den verschiedenen Pferderassen unterschiedlich ausgeprägt.

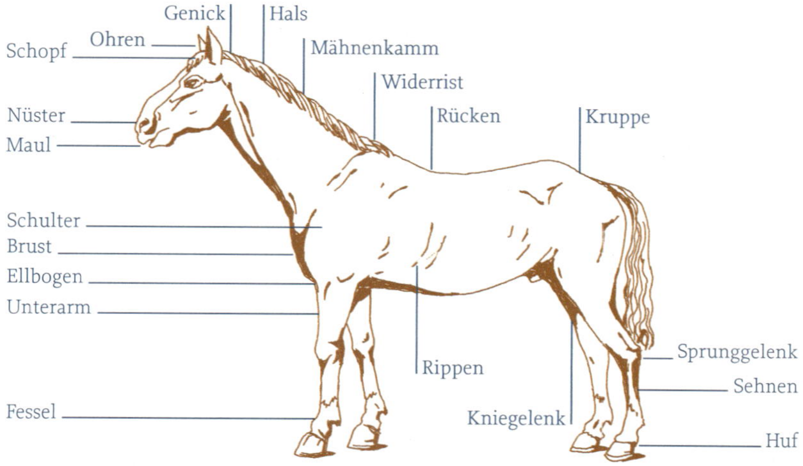

Connemara-Pony

Hannoveraner

Schwarzwälder Kaltblut

Haflinger

3 *a) Welche Pferderasse gefällt euch am besten? Weshalb?*
b) Vergleicht die vier Pferderassen miteinander. Orientiert euch dabei an der Anatomie.
c) Beschreibt die Pferderassen mit möglichst treffenden Adjektiven. Bezieht dabei auch die Anatomie und die Farbe mit ein. Hinweise zur Beschreibung findet ihr auf S. 59.

!

Adjektive (Eigenschaftswörter) benennen die Merkmale von Personen, Gegenständen und Vorgängen.
Sie lassen sich wie Nomen **flektieren** (beugen): „ein ***neues*** Bett", „eine ***neue*** Lampe".
Bis auf Ausnahmen wie „einzig" und „tot" kann man sie **steigern:** „Pferde sind *groß* (= Positiv), Elefanten sind *größer* (= Komparativ), Giraffen sind *am größten* (= Superlativ)."
Adjektive können im Satz als **Attribute** verwendet werden. Sie stimmen dann in Kasus, Numerus und Genus mit ihrem Bezugswort, meist einem Nomen, überein: „das *schnelle* Pferd".
Als **adverbiale Bestimmungen** können Adjektive zwar gesteigert werden, bleiben ansonsten aber endungslos: „Das Pferd läuft *schnell.*"
Auch als **Prädikative** sind Adjektive steigerbar, aber ansonsten unveränderlich: „Das Pferd ist *schnell.*"

Präpositionen

Wenn der Frühling kommt ... eine Bastelarbeit für Gruppen

Dieser hübsche Garten wird in einem Kartondeckel angelegt. Die Beete sind Wellpappe, die Regentonne dem Haus ist einer Pappröhre und das Frühbeet einer kleinen Schachtel gebaut. Alles wird eine zweite Pappe geklebt. Eine etwa 1 cm dicke Styroporplatte befindet sich dieser Pappe. So kann man die Bäume, Sträucher und Bohnenstangen das Styropor stecken.

Das Haus wird Karton gezeichnet, dann schneidet man es aus und klebt es zusammen. Das Dach wird Schluss aufgeklebt. Den Beeten sprießen die jungen Pflanzen, gedreht und geknüllt kleinen Fetzen Seidenpapier. Frühbeet wachsen Kopfsalat, Lauch und Karotten, Seidenpapier hergestellt und Zahnstocher gespießt.

1 *Woran liegt es, dass diese Bastelanleitung etwas seltsam klingt?*

2 *Setzt die folgenden Präpositionen an der richtigen Stelle ein:*

in | aus | neben | auf | unter | zum

!

Wörter wie „in“, „auf“, „nach“, „vor“ nennt man **Präpositionen** (Verhältniswörter). Sie bezeichnen oft **räumliche Verhältnisse:** „*vor* der Kiste“. Präpositionen können aber auch **zeitliche Beziehungen** ausdrücken („*in* drei Stunden“), einen **Grund** angeben („*wegen* der vielen Hausaufgaben“) oder die **Art und Weise** bezeichnen („*mit* Tomatensoße“).

Präpositionen bestimmen den Kasus des nachfolgenden Worts oder der Wortgruppe: „in das Haus“, „neben dem Haus“, „wegen des Hauses“.

3 *Beschreibt euer Klassenzimmer und verwendet dabei möglichst viele unterschiedliche Präpositionen.*

Konjunktionen

Kathi hat ein ganz besonderes Hobby: Schon seit Wochen knüpft sie Freundschaftsbänder – wo immer sie sich aufhält.
Diese Bänder verschenkt sie an Freundinnen *und* Freunde, *weil* sie ein Zeichen der Verbundenheit sind.
Nach alter Tradition bindet man einem Freund *oder* einer Freundin das Band mit drei Knoten ums Handgelenk und dabei dürfen sich die Beschenkten etwas wünschen. *Aber* das Band darf nicht abgenommen werden, *sondern* man muss es tragen, *bis* es zerschlissen ist *und* sich von selbst löst. *Denn* erst unter dieser Voraussetzung geht der Wunsch in Erfüllung.

1 *Beschreibt, welche Funktion die hervorgehobenen Wörter in diesem Text haben.*

2 *a) Vervollständigt den folgenden Lückentext durch passende Konjunktionen.*
b) Diktiert euch den Text als Partnerdiktat. Achtet besonders auf die Kommas.

Nicht nur als Armbänder lassen sich die geknüpften Bändchen verwenden, ◎ auch als Gürtelschlaufen, ◎ man kann Etuis, Rucksäcke ◎ Stifte mit ihnen verzieren. Freundschaftsbänder eignen sich gut als Geschenke, ◎ sie sind nicht nur etwas sehr Persönliches, ◎ auch preiswert. Zur Herstellung der Bänder eignen sich auch die Techniken des Webens ◎ des Flechtens.

!

So wie man Bänder miteinander verknüpfen kann, lassen sich auch Wörter, Satzglieder und ganze Sätze miteinander verbinden. Dazu benötigt man **Konjunktionen** (Bindewörter) wie „und", „oder", „aber", „denn", „sowie", „sondern". Konjunktionen sind nicht flektierbar (durch Beugung nicht veränderbar). Man unterscheidet:

- nebenordnende Konjunktionen, z. B. „und", „aber", „oder", „denn".
  Sie verbinden Wörter, Wortgruppen und Sätze, die grammatisch gleichrangig nebeneinanderstehen, z. B.: „Man kann Etuis *und* auch Rucksäcke damit verzieren."
- unterordnende Konjunktionen, z. B. „weil", „da", „obwohl", „wenn", „als", „nachdem", „dass". Sie leiten Nebensätze ein und binden diese Nebensätze an einen übergeordneten Hauptsatz, z. B.: „*Weil* die Bändchen etwas sehr Persönliches sind, bieten sie sich gut als Geschenke an."

Konjunktionen sind „Kommawörter": Ihnen geht fast immer ein **Komma** voraus. Vor einigen wenigen Konjunktionen wie „und", „oder", „sowie" steht in der Regel kein Komma, z. B. in Aufzählungen: „Mein Freundschaftsbändchen besteht aus roten, gelben und blauen Bändern."

3 *Verknüpft die folgenden Hauptsätze mit Konjunktionen. Achtet auf die Kommasetzung.*

Ich kenne viele nette Leute.

Zu einer Freundschaft gehört für mich Verschwiegenheit.

Wir gehen zusammen durch dick und dünn.

Mit meinen Freunden kann ich über alles lachen.

Ich habe nur eine beste Freundin.

Verständnis und Vertrauen sind auch wichtig.

Eine Freundschaft bewährt sich bei Problemen.

Wir haben die gleichen Interessen.

Ein Freundschaftsband

Du benötigst 8 Fäden Stickgarn, 90 cm lang, und eine Sicherheitsnadel. Die 8 Fäden werden an einem Ende durch einen einfachen Knoten miteinander verbunden. Durch diesen sticht man eine Sicherheitsnadel, sodass man die Bänder an einer Unterlage befestigen und spannen kann.
Der Reihe nach knüpft man jeweils einen Doppelknoten auf Faden 2, 3, 4, 5, 6, 7 und 8.
Faden 1 hängt jetzt rechts von der Arbeit und wird Nr. 8, wenn alles richtig gemacht wurde.

Der Faden links außen ist nun Faden 1. Mit diesem wird die nächste Reihe geknüpft. So geht es weiter ...
Achtung: Immer die Reihenfolge der Fäden im Auge behalten, weil man sonst den Überblick verliert. Auch muss man darauf achten, dass der linke Faden immer Faden 1 ist.
Die Knoten müssen jeweils dicht an die vorangegangene Reihe geschoben und gut festgezogen werden, damit die Bänder haltbar und gleichmäßig werden.

4 *a) Untersucht, welche Sätze in dieser Anleitung durch Konjunktionen verknüpft sind.*
b) Bildet eigene Satzgefüge mit diesen Konjunktionen.

5 *a) Versucht, nach dieser Anleitung ein Freundschaftsband zu knüpfen.*
b) Sicher kennt ihr noch andere Möglichkeiten, Freundschaftsbänder herzustellen. Schreibt eine Anleitung dazu und achtet darauf, eure Sätze durch Konjunktionen zu verknüpfen.

8 Wir nehmen Sätze genauer unter die Lupe

8.1 Satzglieder und andere Satzteile

Subjekt, Prädikat, Objekt – noch bekannt?

Mit beiden Beinen auf der Erde den Himmel berühren

(1) Viele Menschen haben einen Traum.
(2) Sie träumen vom Fliegen.
(3) Drachenbauen ist ein Volkssport.
(4) Karl und Eva basteln ihrem Vater einen Drachen.
(5) Er freut sich über das Geschenk.
(6) Der Drachen ist bunt.
(7) Die Kinder haben ihn bemalt.
(8) Mehrere Stäbe geben dem Nylontuch Stabilität.
(9) Niemand erinnert sich der Anfänge des Drachenbaus.
(10) Drachen sollten Feinde abschrecken.
(11) Manche Drachen übermittelten Nachrichten.
(12) Drachen sollen dem Menschen Glück bringen.

1 *Untersucht, aus welchen Satzgliedern diese Sätze bestehen. Führt dazu mit allen Sätzen die* ***Umstellprobe*** *durch:*

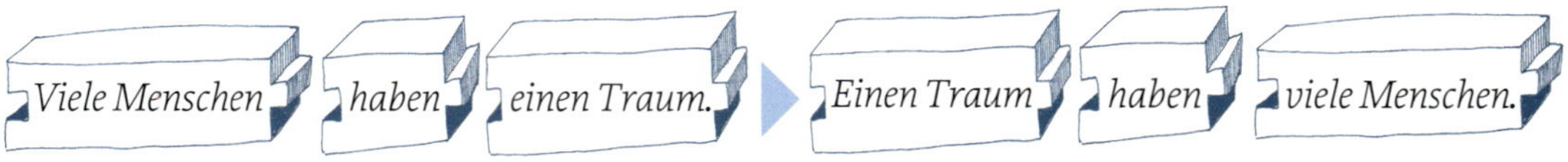

2 *Ordnet die Satzglieder in eurem Heft in die folgende Tabelle ein. Die Informationen auf S. 124 helfen euch dabei.*

Subjekt	Prädikat	Dativ-objekt	Akkusativ-objekt	Genitiv-objekt	Präpositional-objekt	Prädikativ
„Wer …?" oder „Was …?"	Satzkern	„Wem …?"	„Wen …?" oder „Was …?"	„Wessen …?"	„Wovon …?" „Worüber …?" „Worauf …?" usw.	Ergänzung nach „sein"
Viele Menschen	…					
…						

Ein Satz setzt sich aus verschiedenen **Satzgliedern** zusammen. Ob ein einzelnes Wort oder eine Wortgruppe ein Satzglied bildet, erkennt man durch die **Umstellprobe:** Satzglieder lassen sich umstellen, ohne dass sich der Sinn des Satzes ändert. Zu den Satzgliedern gehören:

- Das **Prädikat;** es stellt den Kern des Satzes dar. Prädikate werden durch Verben gebildet. Es gibt einteilige Prädikate (z. B. „Sie *baut* einen Drachen.") und mehrteilige Prädikate (z. B. „Sie *hat* einen Drachen *gebaut*."). Die Personalform des Verbs („hat") steht im Aussagesatz immer nach dem ersten Satzglied an zweiter Stelle.
- Das **Subjekt;** es ist die wichtigste Ergänzung zum Prädikat. Es steht im Nominativ. Wir ermitteln es durch die Frage „Wer ...?" oder „Was ...?": „*Wer* hat einen Drachen gebaut? – *Sie* hat ihn gebaut."
- Das **Akkusativobjekt;** wir erfragen es mit „Wen ...?" oder „Was ...?": „*Was* hat sie gebaut? – Sie hat *einen Drachen* gebaut."
- Das **Dativobjekt;** wir erfragen es mit „Wem ...?": „*Wem* hat sie den Drachen geschenkt? – Sie hat ihn *ihrem Vater* geschenkt."
- Das **Präpositionalobjekt;** wir erfragen es mit „Worüber ...?", „Worauf ...?", „Wovon ...?" usw.: „*Worüber* hat er sich gefreut? – Er hat sich *über den Drachen* gefreut."
- Das **Genitivobjekt;** es wird nur noch selten gebraucht. Wir erfragen es mit „Wessen ...?": „*Wessen* erinnert er sich gern? – Er erinnert sich gern *des Geschenks*."
- Das **Prädikativ;** es kommt nur bei wenigen Verben vor, insbesondere bei „sein". Das Prädikativ wird mit dem Subjekt gleichgesetzt: „Er ist *ein Drachenbauer*. Der Drachen ist *schön*."

3 *Untersucht die Sätze 2, 4 und 6 (▷ S. 123) näher. Aus welchen Wortarten bestehen die Satzglieder? Erstellt in eurem Heft Schaubilder wie das folgende. Schlagt auf S. 302–307 nach, wenn ihr bei der Bestimmung der Wortarten unsicher seid.*

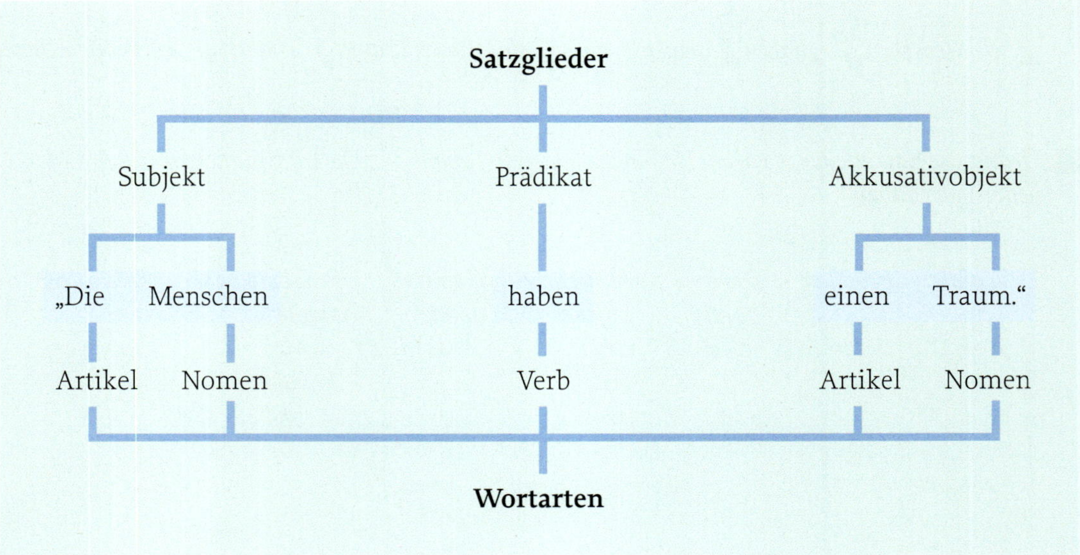

Die adverbiale Bestimmung

Oskar, der freundliche Polizist

1 *a) Erzählt, was in der Bildfolge dargestellt wird.*
b) Mit welchen Worten verwarnt Oskar wohl den Radfahrer im zweiten Bild?
c) Die Geschichte könnte nach dem dritten Bild noch weitergehen. Erfindet einen Schluss.

2 *Welche Angaben sind für einen genauen Bericht über den Vorfall wichtig?*

Reporterin Nicki Neugierig hat den Vorfall mit dem Radfahrer beobachtet und sich schnell einige Notizen gemacht, weil sie darüber einen Artikel schreiben will. In der Eile sind ihr zwei ganz verschiedene Vorfälle durcheinandergeraten:

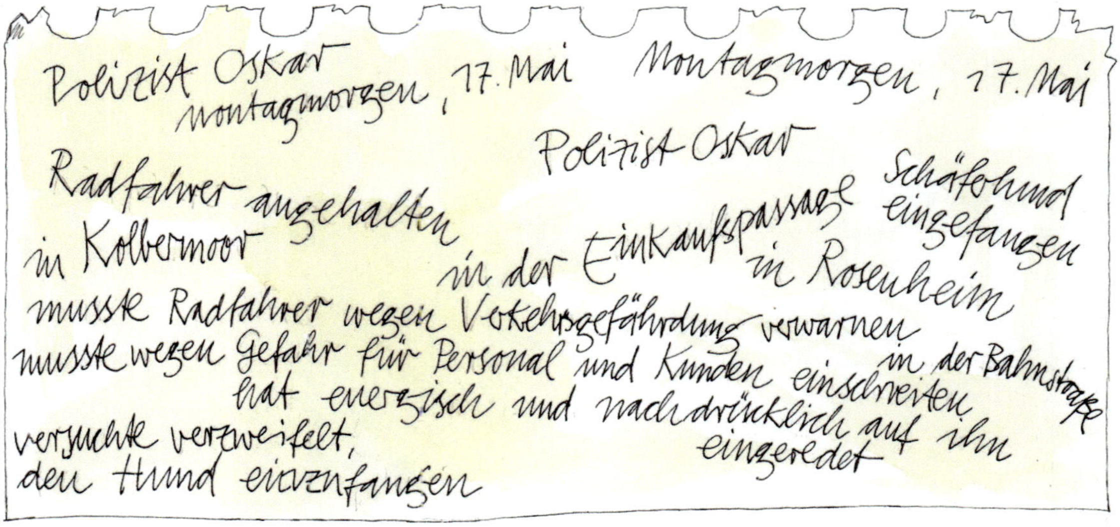

Mit Hilfe der folgenden Tabelle könnt ihr feststellen, was zusammenpasst:

1. Vorfall	2. Vorfall
Wer ...? Polizist Oskar ...	**Wer ...?** Polizist Oskar ...
Wen hat Oskar angehalten? ...	**Wen ...?** ...
Wann ...?	**Wann ...?**
Wo ...?	**Wo ...?**
Warum ...?	**Warum ...?**
Wie ...?	**Wie ...?**

3 *a) Übertragt die Tabelle in euer Heft. Schreibt dabei die Fragen in ganzen Sätzen auf und die passenden Antworten darunter.*
b) Stellt fest, welche Satzglieder ihr mit den Fragen „Wer ...?“ und „Wen ...?“ ermitteln könnt.
c) Auch auf die übrigen Fragen erhält man Satzglieder als Antwort. Was lässt sich mit diesen Angaben jeweils zum Ausdruck bringen?

!

Satzglieder, die man mit den Fragen „Wann ...?“, „Wo ...?“, „Warum ...?“, „Wie ...?“ ermittelt, heißen **adverbiale Bestimmungen.** Sie geben die näheren Umstände einer Situation an.

4 *Versetzt euch in die Situation von Nicki Neugierig und verfasst einen Bericht zu dem Vorfall mit dem Radfahrer. Haltet euch dabei an die Regeln des Berichtens (▷ S. 42).*

Über das zweite Erlebnis Oskars findet sich folgender Bericht unserer Reporterin in der Zeitung:

Polizist als Hundefänger

Rosenheim, 18. Mai. Ein Schäferhund hat am Montagmorgen in Rosenheim den Polizeiposten auf Trab gebracht. Um elf Uhr wurde der Dienststelle von einem Busfahrer telefonisch mitgeteilt, dass sich in Kolbermoor ein Hund in seinem Fahrzeug aufgehalten habe, ohne eine Fahrkarte zu lösen. Der Vierbeiner sei alleine nach Rosenheim gefahren und kurze Zeit später dort gemütlich ausgestiegen. Seit einer Viertelstunde streune er in der Fußgängerzone herum. Sofort setzte sich eine Streife in Marsch.

Nach einiger Zeit entdeckten die Beamten den Schäferhund in der Einkaufspassage.

Dort lief er bellend auf einer Rolltreppe hin und her. Wegen der Gefahr für Personal und Kunden mussten die Beamten einschreiten. Einer der Beamten versuchte verzweifelt, den Hund einzufangen. Dem aber gelang es, die Beamten auszutricksen und sie eine halbe Stunde lang zum Narren zu halten. Der Polizist Oskar erwies sich jedoch als wahrer Hundekenner. In der Lebensmittelabteilung des Kaufhauses kaufte er eine Wurst und konnte damit das Tier problemlos einfangen. Der Besitzer konnte am Abend ermittelt werden.

5 a) *Vergleicht den Bericht der Reporterin Nicki Neugierig mit ihren Notizen (*▷ *S. 126**).*

b) *Übertragt die folgende Tabelle in euer Heft und sucht mit den angegebenen Fragen möglichst viele adverbiale Bestimmungen aus dem Zeitungsartikel heraus.*

adverbiale Bestimmungen der Zeit „Wann …?“ „Wie lange …?“ „Seit wann …?“	adverbiale Bestimmungen des Ortes „Wo …?“ „Wohin …?“	adverbiale Bestimmungen des Grundes „Warum …?“	adverbiale Bestimmungen der Art und Weise „Wie …?“ „Auf welche Weise …?“
am Montagmorgen …	…	…	…

6 a) *Stellt mit Hilfe der* **Weglassprobe** *fest, wie sich die Aussagen ohne adverbiale Bestimmungen anhören würden.*

b) *Erklärt, warum die Reporterin so großen Wert auf die Verwendung adverbialer Bestimmungen gelegt hat.*

c) *An welchen Stellen im Satz kommen die adverbialen Bestimmungen besonders gut zur Geltung?*

Krokodile hielten Feuerwehr in Atem

Bad Tölz. Zwei Krokodile sorgten am Donnerstagabend im Lettenholz für Aufregung. Ein Wanderzirkus, der dort sein Winterquartier aufgeschlagen hatte, meldete der Polizei gegen 17 Uhr, dass die beiden Tiere ausgebrochen seien. Während das kleinere Reptil schnell eingefangen werden konnte, flüchtete der fünf Meter lange „Stanley" in einen nahen Teich. Gemeinsam mit der Krokodil-Dompteurin suchten Polizei und Feuerwehr mit einem Schlauchboot den kleinen See ab, bis sie das dressierte Tier in Ufernähe entdeckten. Da „Stanley" auf Zurufe nicht reagierte, stieg die Tochter des Halters kurz entschlossen ins Wasser, setzte sich rittlings auf den Rücken des Reptils und legte „Stanley" eine Schlinge um den Hals. Wegen des zentnerschweren Gewichts mussten zehn Mann anrücken, um das Tier abzutransportieren. Gegen Mitternacht konnte „Stanley" erfolgreich in einen beheizten Zirkuswagen verfrachtet werden.

7 a) *Überlegt, warum wohl über dieses Ereignis in der Zeitung berichtet wird.*
b) *Wie erreicht der Reporter, dass sein Bericht das Ereignis vollständig und genau wiedergibt?*
c) *Sucht die adverbialen Bestimmungen aus dem Artikel heraus und ordnet sie nach inhaltlichen Gesichtspunkten in einer Tabelle (▷ Aufgabe 5, S. 127).*
d) *Untersucht, aus welchen* ***Wortarten*** *die adverbialen Bestimmungen gebildet sind. Legt in eurem Heft das folgende Schema an:*

Adverbien
Wörter, die nähere Angaben zu einem Geschehen machen, bezeichnet man als Adverbien (Umstandswörter, Singular: das Adverb). Sie **erklären** genauer, **wo, wann, wie** oder **warum etwas geschieht,** und sind nicht flektierbar (nicht veränderbar), z. B.: „dort", „hier", „heute", „einigermaßen".
Adverbien werden im Satz oft als adverbiale Bestimmungen verwendet. Der Begriff „Adverb" bezeichnet also eine Wortart, der Begriff „adverbiale Bestimmung" ein Satzglied.

Das Attribut

Auf einem Schulfest

Die Klasse 6 b des Leibniz-Gymnasiums möchte auf dem Schulfest einen Basar veranstalten. Viele haben zu Hause oder bei Verwandten und Freunden etwas gefunden, was sich vielleicht für einen guten Zweck verkaufen lässt. Einige haben auch selbst etwas gebastelt. Andrea und Rainer meinen, man sollte auch für den Basar werben, damit möglichst viele Besucher darauf aufmerksam würden. Also hängen beide das nebenstehende Plakat am Schuleingang auf.

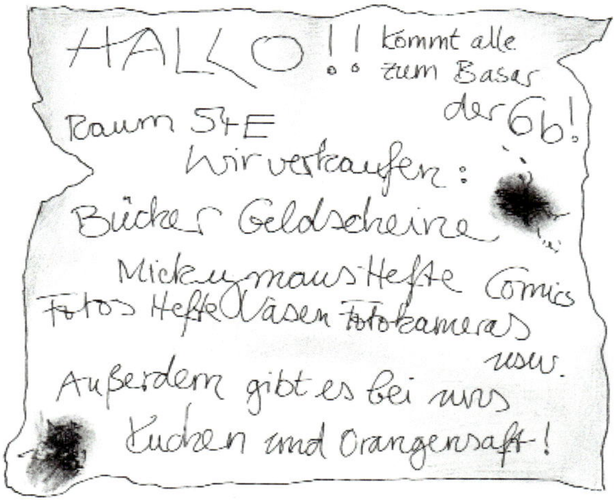

1 *Viele Schüler/-innen der 6 b sind gar nicht begeistert, als sie das Plakat sehen. Warum wohl?*

Beate und Jörg entwerfen daraufhin ein anderes Plakat, das sie anstelle des alten aufhängen wollen. Ihr Entwurf sieht so aus:

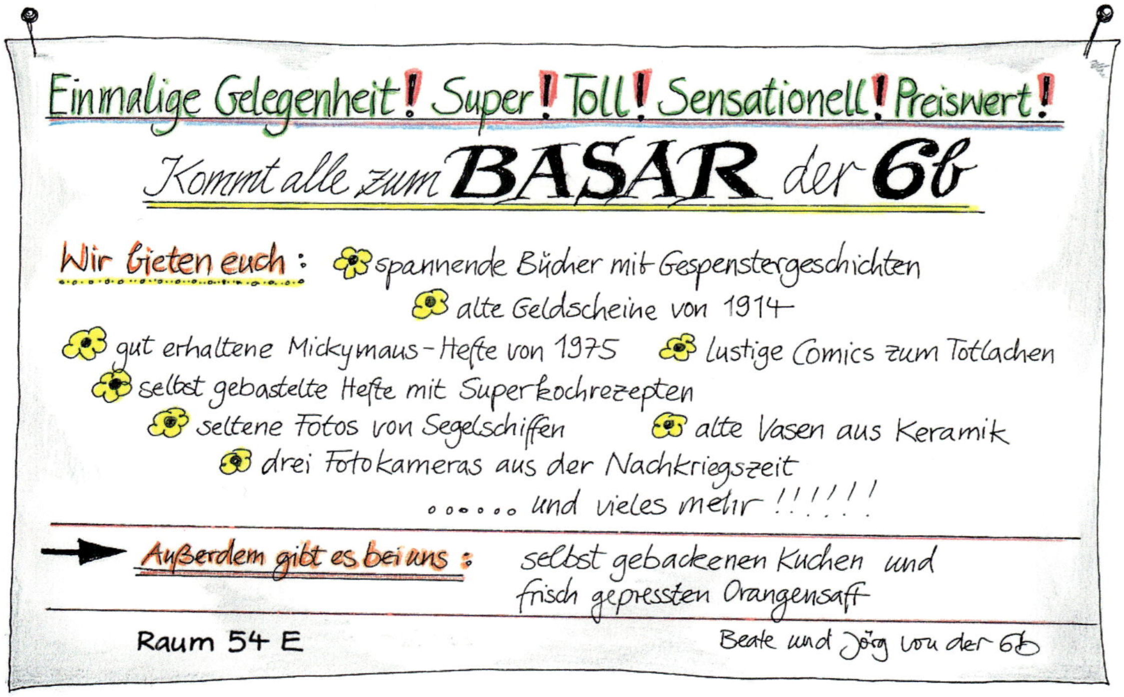

2 *a) Vergleicht und beurteilt die beiden Plakate.*
b) Untersucht, wie Beate und Jörg den ursprünglichen Plakattext sprachlich verändert haben.

3 *Hier sind noch weitere Gegenstände, die die Schülerinnen und Schüler der 6 b anbieten wollen:*
Petroleumlampe, Briefmarken, Tücher, Spielsachen, Fotos.
Preist die Gegenstände auf ähnliche Weise an, wie es Beate und Jörg tun (▷ S. 129). Wählt dazu aus dem folgenden Wortspeicher die passenden Angaben aus:

gut erhalten | aus Seide | aus Japan | klein | selbst bemalt | von 1910 | für Kleinkinder | ungestempelt | verschieden | der 6b

!

Um wirkungsvoll für etwas zu werben, muss man die angebotenen Gegenstände treffend beschreiben. Sprachlich bedeutet dies, dass **Bezugswörter** (z. B. Nomen) durch nähere Angaben genauer bestimmt werden. Solche Angaben nennt man **Attribute.** Ein Attribut kann vor oder nach dem Bezugswort stehen.

„spannende	Bücher	mit Gespenstergeschichten“
Attribut	**Bezugswort**	**Attribut**

Das Attribut ist **Teil eines Satzglieds** und bleibt bei der Umstellprobe mit seinem Bezugswort verbunden:

[Die Klasse 6 b] [verkauft] [spannende Bücher mit Gespenstergeschichten.]

[Spannende Bücher mit Gespenstergeschichten] [verkauft] [die Klasse 6 b.]

4 *Schaut euch noch einmal das Plakat von Beate und Jörg an (▷ S. 129). Bestimmt bei den Gegenständen, die die 6 b verkaufen will, die Bezugswörter und die zugehörigen Attribute. Legt dazu in eurem Heft eine Übersicht an:*

Attribut		Bezugswort		Attribut
spannende	→	Bücher	←	mit Gespenstergeschichten
...	→	...	←	...

5 *a) Bildet Sätze mit Gegenständen, die auf dem Plakat angepriesen werden.*
b) Führt mit euren Sätzen die Umstellprobe durch. Achtet darauf, dass die Attribute immer mit ihren Bezugswörtern verbunden bleiben!

Diana aus der 5 a hat sich auf dem Basar umgesehen und von Patrick, der am Stand der 6 b verkauft, einen Krimi erstanden. Schon hat sich Diana in die Handlung vertieft:

Mike Harvey, der Superdetektiv

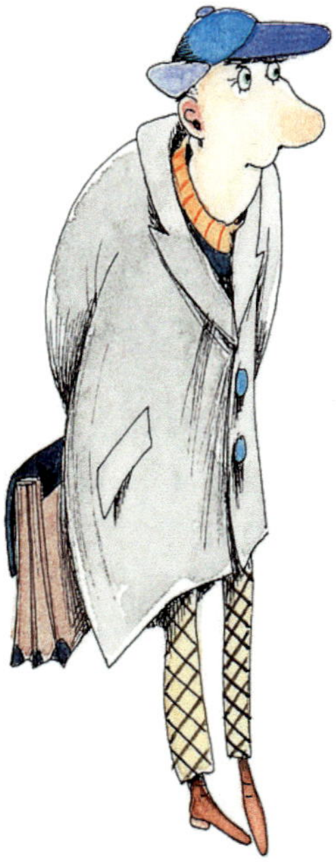

„Ja, ja! Wie oft soll ich noch sagen, dass Sie richtig verbunden sind?! – Ja, hier ist das Büro des Superdetektivs!“ Harvey, der sonst die Ruhe selbst war, schnaubte wütend ins Telefon neben seinem Bett. Schließlich war er durch das laute Klingeln frühmorgens aus dem Tiefschlaf gerissen worden. Am anderen Ende der Leitung war eine verzweifelte Jungenstimme: „Sie sind der einzige Detektiv, der mir helfen kann! Bitte! – Mein wunderbarer Hausaufgabengeist ist mir gestohlen worden!“ – „*Was* ist dir gestohlen worden? Nun mal ganz cool und der Reihe nach, Kleiner!“ Harvey, der Meisterschnüffler, war plötzlich wieder ganz fit. Sein kriminalistischer Spürsinn für außergewöhnliche Fälle war erwacht. Und dann wurde er Zeuge einer abenteuerlichen Geschichte: „Ja!“, rief die aufgeregte Stimme aus dem Telefonhörer: „Das ist ein Computer, der sämtliche Hausaufgaben machen kann. Ich brauchte überhaupt nichts mehr für die Schule zu tun! Stellen Sie sich vor, das war so ein Ding mit verschiedenen Tasten, die man zum Einspeichern der Hausaufgaben bedienen muss, und schon kommen die fertigen Hausaufgaben heraus. Ich bin am Boden zerstört! Nur Sie, der Superagent, können mir helfen!“ – „Ich komme sofort! Zeichne mir in der Zwischenzeit das fantastische Gerät einmal auf!“, rief Harvey in das …

Leider hört hier die erste Seite auf und Diana kann erst später weiterlesen.

6 *In dem Krimi-Auszug finden sich verschiedene Attribute. Sucht sie mit ihren Bezugswörtern heraus und ordnet sie in eurem Heft in die folgende Tabelle ein:*

Adjektivattribut	präpositionales Attribut	Genitivattribut	Apposition (nachgestelltes Nomen im gleichen Kasus wie das Bezugswort)
laute Klingeln	Telefon neben seinem Bett	Büro des Superdetektivs	Mike Harvey, der Superdetektiv
…	…	…	…

7 *a) Schreibt die Geschichte zu Ende. Macht sie durch Attribute spannend.*
b) Überlegt euch, wie der gestohlene „Hausaufgabengeist“ wohl aussehen könnte. Erfindet selbst ein fantasievolles Gerät, malt es auf und beschreibt es.
c) Lest eure Beschreibungen in der Klasse vor, zeigt anschließend eure Bilder und vergleicht beides miteinander.

8.2 Wir bilden Sätze

Satzgefüge und Satzreihe

Aus der Geschichte der Zeitung

Sachbuchautorin Wilma Weise ist gebeten worden, an einem Jugendbuch zum Thema „Presse, Funk und Fernsehen" mitzuarbeiten. Sie soll einen kurzen, aber für Jugendliche gut verständlichen Artikel über die ersten Zeitungen schreiben. Mit ihrem Entwurf ist sie aber nicht zufrieden. Daher macht sie sich am Rand noch einige handschriftliche Notizen, die sie für den endgültigen Artikel verwenden will.

Mit der Erfindung der Druckerpresse waren auch die Voraussetzungen für die Verbreitung von Zeitungen geschaffen. Eine der ältesten bisher bekannt gewordenen Zeitungen stammte aus Straßburg, und zwar aus dem Jahre 1609. Bis weit in das 19. Jahrhundert unterlag die Presse jedoch einer strengen politischen Zensur (Kontrolle). Es durften nur bestimmte Zeitungen erscheinen. Einige Schriftsteller und Journalisten wurden gnadenlos verfolgt und schwer bestraft. Erst nach 1848 kam es zu einer Flut von freien Zeitungsgründungen. Jedoch auch in der Folge war die Pressefreiheit immer wieder in Gefahr.

Randnotizen:

- *Johannes Gutenberg hatte sie Mitte des 15. Jahrhunderts entwickelt.* (nach „Druckerpresse")
- *Sie erschien regelmäßig.* (nach „Zeitungen")
- *Die Landesfürsten fürchteten öffentliche Kritik ihrer Untertanen.* (nach „Zensur (Kontrolle).")
- *Sie waren von den Fürsten genehmigt worden.* (nach „Zeitungen")
- *Sie riefen in Flugblättern zur Opposition gegen die Politik ihrer Fürsten auf.* (nach „bestraft.")
- *Die Pressefreiheit war erkämpft worden.* (nach „1848")

1 a) *Überlegt, warum Wilma Weise mit dem ersten Entwurf unzufrieden ist.*
b) *Schreibt den Artikel neu, indem ihr die handschriftlichen Ergänzungen an den markierten Stellen einfügt. Dabei könnt ihr an den eingefügten Sätzen Veränderungen vornehmen.*
c) *Stellt fest, was sich am Satzbau der Sätze ändert, wenn man sie auf folgende Weise verknüpft:*

Es durften nur bestimmte Zeitungen erscheinen. Sie waren von den Fürsten genehmigt worden.	→	*Es durften nur bestimmte Zeitungen erscheinen, die von den Fürsten genehmigt worden waren.*
Bis weit in das 19. Jahrhundert unterlag die Presse jedoch einer strengen politischen Zensur. Die Landesfürsten fürchteten öffentliche Kritik ihrer Untertanen.	→	*Bis weit in das 19. Jahrhundert unterlag die Presse jedoch einer strengen politischen Zensur, weil die Landesfürsten öffentliche Kritik ihrer Untertanen fürchteten.*

!

Sätze, die aus Haupt- und Nebensatz bestehen, nennt man **Satzgefüge.** Nebensätze können nicht ohne Hauptsätze stehen. Sie werden meist durch Relativpronomen oder unterordnende Konjunktionen eingeleitet, die Personalform des Verbs steht am Ende. Haupt- und Nebensätze werden durch **Kommas** voneinander getrennt.

Nebensätze, die mit Relativpronomen eingeleitet werden, heißen **Relativsätze:**
„Es durften nur Zeitungen erscheinen, ***die*** *von den Fürsten genehmigt worden waren*."

Nebensätze mit unterordnenden Konjunktionen nehmen oft die Stelle eines Satzglieds ein, dann nennt man sie **Gliedsätze.** Sie können an Stelle des Subjekts, eines Objekts oder einer adverbialen Bestimmung stehen. Man kann sie mit den Satzgliedfragen ermitteln:

„***Dass*** *Zeitungen öffentlich Kritik üben konnten*, war eine Gefahr für die Fürsten." – „Wer oder was war eine Gefahr für die Fürsten? Dass Zeitungen öffentliche Kritik üben konnten ..." **(Subjektsatz)**

„Die Fürsten fürchteten, ***dass*** *ihre Untertanen durch Zeitungen aufgewiegelt werden könnten*." – „Wen oder was fürchteten die Fürsten? Dass ihre Untertanen durch Zeitungen aufgewiegelt werden könnten ..." **(Objektsatz)**

„Die Presse unterlag der Zensur, ***weil*** *die Fürsten die Kritik ihrer Untertanen fürchteten*." – „Warum unterlag die Presse der Zensur? Weil die Fürsten die Kritik ihrer Untertanen fürchteten ..." **(Adverbialsatz)**

Über die Zensur von Zeitungen

Auf die vielen Zensureingriffe, *die sich die Presse im Laufe der Jahrhunderte immer wieder gefallen lassen musste*, reagierten die Herausgeber politischer Zeitungen oft mit besonderen Formen des Protests. Sie formulierten kritische Ansichten so geschickt, *dass die fürstlichen Zensurbehörden getäuscht wurden und die Zeitungen ohne weiteres gedruckt werden konnten.*
Weil die Zensur gegen Ende des 18. Jahrhunderts verschärft wurde, erschienen politische Artikel mit leeren Stellen im Text. Gelegentlich blieben auch ganze Seiten unbedruckt. Dann wusste jeder, *dass an dieser Stelle die fürstliche Zensur eingegriffen hatte.* Auf diese Weise konnten die Journalisten zeigen, *dass es schlecht um die Meinungsfreiheit bestellt war.*
Da den Zensurbehörden diese Art des Protests jedoch zu auffällig erschien, mussten selbst die Leerstellen oftmals wieder beseitigt werden.

2 *a) Die Nebensätze in diesem Text sind hervorgehoben. Bestimmt, um welche Art von Nebensatz es sich jeweils handelt.*
b) Untersucht die Abfolge von Haupt- und Nebensätzen. Welche Möglichkeiten findet ihr im Text?

3 *Fasst die Informationen des Textes für den Artikel von Wilma Weise (▷ S. 132) zusammen.*

Zeitungen und ihre Nachrichten

(1) Überall auf der Welt gibt es heute Nachrichtenagenturen, die Presse, Funk und Fernsehen ständig über wichtige Ereignisse auf dem Laufenden halten. (2) In früheren Zeiten vergingen Tage und Wochen, bis die Bevölkerung über Vorfälle aus dem Ausland in Kenntnis gesetzt werden konnte. (3) Als zum Beispiel im Jahre 1789 die Französische Revolution ausbrach, mussten die Berichterstatter erst nach Paris reisen, um von dort in Briefen die deutschen Zeitungen zu informieren. (4) Der Transport der Nachrichten, der durch die Postkutsche oder durch reitende Kuriere erfolgte, war oft beschwerlich und langwierig. (5) Wenn dann die neuesten Nachrichten in den Zeitungen erschienen, waren sie eigentlich schon überholt. (6) So dauerte es 12 Tage, bis die „Weimarischen Anzeigen“ im Jahre 1793 über die Aufsehen erregende Hinrichtung des französischen Königs Ludwig XVI. berichten konnten. (7) Erst durch die Entwicklung der Telegrafie, die das Nachrichtenwesen in der Mitte des 19. Jahrhunderts revolutionierte, konnten die Redaktionen der Zeitungen schneller über wichtige Ereignisse aus dem Ausland in Kenntnis gesetzt werden. (8) Nachdem sich auch die Eisenbahn als Verkehrsmittel durchgesetzt hatte, war ein weiterer Schritt auf dem Wege zu schnellerer Informationsübermittlung an die Presse getan. (9) Außerdem waren leistungsfähigere Papiermaschinen entwickelt worden und schließlich arbeiteten auch die neuen Druckerpressen entschieden schneller als in den Anfängen der Zeitung.

4 *a) Bestimmt Haupt- und Nebensätze in diesem Text.*
b) Erstellt eine Liste der Wörter, mit denen die Nebensätze eingeleitet werden.

5 *Erklärt die sprachlichen Veränderungen der beiden folgenden Beispiele. Welche Satzteile werden durch die beiden Nebensätze ersetzt?*

Durch eine verbesserte Technik
Durch eine Technik, die sich ständig verbesserte,
wurde der Transport der Nachricht beschleunigt.

Wegen der schlechten Nachrichtenverbindungen
Weil die Nachrichtenverbindungen schlecht waren,
erschienen die Meldungen verspätet.

6 *Untersucht den letzten Satz des Artikels „Zeitungen und ihre Nachrichten“ (▷ S. 134). Woran kann man erkennen, dass hier zwei Hauptsätze miteinander verbunden sind?*

!

Ein zusammengesetzter Satz, der aus zwei oder mehr Hauptsätzen besteht, wird **Satzreihe** genannt. Die selbstständigen Teilsätze werden manchmal nur durch Komma voneinander abgegrenzt, z. B.: „Die Zeitungen unterlagen der Zensur, sie mussten von den Fürsten genehmigt werden.“
Meist werden die Teilsätze durch **nebenordnende Konjunktionen** miteinander verbunden, z. B.: „und“, „oder“, „denn“.

Zeitungen und ihre Leser

(1) Im 18. und 19. Jahrhundert wurde das Caféhaus zum wichtigsten Ort des politischen Meinungsaustauschs unter den Bürgern. (2) Hier lagen Zeitungen und Zeitschriften aus, es gab sogar bestimmte Räume für so genannte Lesegesellschaften. (3) Im Caféhaus diskutierte man nicht nur über politische Probleme, die in der Presse behandelt wurden. (4) Man las auch kulturelle Zeitschriften und man besprach leidenschaftlich und offen alle gesellschaftlichen Fragen, die durch die Zensur der Landesfürsten nicht in der Presse erwähnt werden durften. (5) Für die Bauern auf dem Lande und die Arbeiter in den Städten entwickelte sich das Wirtshaus zum wichtigsten Ort, an dem politische Meinungsbildung stattfand. (6) Auch hier lagen Zeitungen aus, die jeder lesen konnte.

7 *a) Bestimmt Satzgefüge und Satzreihen in diesem Text.*
b) Untersucht die Nebensätze näher. Bestimmt mit Hilfe der Informationen auf S. 133, um welche Art von Nebensätzen es sich handelt.

8 *Bereitet ein Kurzreferat zum Thema „Zeitung“ vor.*
a) Lest dazu noch einmal die Texte auf S. 133–135 und schreibt zu jedem Themenbereich wichtige Informationen heraus.
b) Gliedert euer Referat in Einleitung, Hauptteil und Schluss und bringt eure Notizen in eine sinnvolle Reihenfolge.
TIPP: *Tipps zum Vorbereiten und Halten eines Referats findet ihr auf S. 201.*

Mit Gliedsätzen beschreiben und erklären

Hochwasser

Stellt eine Kerze in die Mitte einer Glasschale. Gießt Wasser in die Schale, ca. 2 cm hoch. Entzündet die Kerze. Stülpt dann eine Milchflasche sehr langsam über die brennende Kerze.
Man sieht einige Bläschen durch das Wasser aufsteigen, wenn die Flasche in das Wasser eintaucht. Es sind Luftbläschen.
Ein Teil der Luft in der Flasche hat sich erwärmt, sodass sie sich ausdehnt und in den Bläschen entweicht. Die Kerze erlischt nach kurzer Zeit, weil der Sauerstoff in der Luft verbraucht wurde. Das Wasser steigt in der Flasche hoch, weil die Kerze einen Teil der Luft verbraucht hat. In der Flasche entsteht ein Unterdruck, sodass das Wasser in sie hineingesaugt wird. Der größere Außendruck drückt das Wasser in den Flaschenraum, da dort Unterdruck herrscht.

1 *Untersucht den Aufbau dieser Versuchsbeschreibung: Welche Teile des Textes sind wichtig, um das Experiment durchzuführen? Worum geht es im zweiten Text-Teil (▷ Z. 6–22)?*

A		B
Ein Teil der Luft hat sich erwärmt.	→	Ein Teil der Luft hat sich erwärmt, sodass sie sich ausdehnt und in den Bläschen entweicht.
Das Wasser steigt in der Flasche.	→	Das Wasser steigt in der Flasche, weil die Kerze einen Teil der Luft verbraucht hat.

2 *Erläutert den Unterschied zwischen den Sätzen unter A und B dem Inhalt und der Form des Satzes nach.*

3 *Stellt mit Hilfe der folgenden Grafik fest, bei welchen Sätzen der Versuchsbeschreibung „Hochwasser" es sich um Satzgefüge handelt.*

Satzgefüge

	Hauptsatz	Gliedsatz
Beispiel	„Bläschen steigen hoch,	*weil* Luft *entweicht*."
Signale	Komma	Konjunktion; Personalform des Verbs am Satzende
Funktion	Grundinformation	Zusatzinformation (z. B. genauere Erklärung)

4 *a) Schreibt die Satzgefüge aus der Versuchsbeschreibung „Hochwasser" heraus und markiert jeweils die einleitende Konjunktion der Gliedsätze.*
b) Untersucht, in welcher Beziehung die Gliedsätze zum Hauptsatz jeweils stehen. Geben sie einen Zeitpunkt an, eine Folge oder einen Grund?

Zwei Wassergläser haften aneinander

Zünde in einem leeren Wasserglas einen Kerzenstummel an. Lege ein nasses Löschblatt auf das Glas und stülpe ein zweites, gleich großes Glas darauf. Das Löschblatt ist nass, damit ein guter Kontakt zwischen den beiden Gläsern entsteht.
Nach einigen Sekunden ist das Feuer erloschen. Wenn ihr das obere Glas anhebt, bleibt das untere an ihm haften.
Da das Löschpapier luftdurchlässig ist, brennt die Flamme. Wenn der Sauerstoff in beiden Gläsern verbraucht ist, geht die Flamme aus. Ein Teil der Gase ist so erhitzt, dass er sich ausdehnt und aus dem Hohlraum entweicht. Weil sich die Gase nach dem Verlöschen der Flamme wieder abkühlen, entsteht in den Gläsern ein Unterdruck. Der größere Luftdruck von außen presst die Gläser dann zusammen.

5 *Zeichnet zu diesem Versuch eine Skizze des Versuchsaufbaus und erklärt ihn.*

6 *a) Schreibt die folgenden Satzgefüge ab, markiert die Konjunktionen und unterstreicht die Gliedsätze:*

A Das Löschblatt ist nass, damit ein guter Kontakt zwischen den beiden Gläsern entsteht.
B Wenn der Sauerstoff in beiden Gläsern verbraucht ist, geht die Flamme aus.
C Ein Teil der Gase wird so erhitzt, dass er sich ausdehnt und aus dem Hohlraum entweicht.
D Weil sich die Gase wieder abkühlen, entsteht in den Gläsern ein Unterdruck.

b) Erläutert in eigenen Worten, in welcher Beziehung der Gliedsatz jeweils zum Hauptsatz steht.

!

Arten von Gliedsätzen
Gliedsätze erfüllen verschiedene Aufgaben für ihre Hauptsätze, deshalb beginnen sie mit unterschiedlichen Konjunktionen.

Arten der Adverbialsätze	Frageprobe	Beispiel	Konjunktionen
Temporalsätze geben Zeitverhältnisse an.	Wann ...? Seit wann ...? Wie lange ...?	„Experimente begeistern mich, ***seit*** *ich denken kann.*“	als, während, nachdem, seit ...
Kausalsätze geben den Grund oder die Ursache an.	Warum ...?	„In den Gläsern entsteht Unterdruck, ***weil*** *sich die Gase abkühlen.*“	weil, da
Finalsätze geben eine Absicht oder einen Zweck an.	Mit welcher Absicht ...? Zu welchem Zweck ...? Wozu ...?	„Sie schließt das Fenster, ***damit*** *kein Luftzug die Flamme stört.*“	damit, um ... zu

Arten der Adverbialsätze	Frageprobe	Beispiel	Konjunktionen
Konsekutivsätze geben Folgen oder Wirkungen an.	Mit welcher Folge ...? Mit welcher Wirkung ...?	„Die Hitze erwärmt die Luft, ***sodass*** *sie entweicht.*“	sodass, dass, ohne dass
Konditionalsätze geben eine Bedingung an.	Unter welcher Bedingung ...? Wann ...?	„Die Kerze verbraucht Sauerstoff, ***wenn*** *sie brennt.*“	wenn, falls, sofern ...
Konzessivsätze drücken einen unzureichenden Gegengrund aus.	Trotz welcher Gegengründe ...?	„Das Wasser färbt sich blau, ***obwohl*** *ich nur einen Tropfen Tinte hinzugefügt habe.*“	obwohl, obgleich, wenngleich, wenn ... auch
Modalsätze geben die Art und Weise an.	Wie ...? Womit ...?	„Ich lösche die Kerze, ***indem*** *ich die Luftzufuhr unterbinde.*“	wie, als, indem, dadurch ... dass, je ... umso/desto
Lokalsätze geben den Ort an.	Wo ...? Wohin ...?	„Thomas sucht sich einen Platz, ***wo*** *er experimentieren kann.*“	Einleitungswörter sind Frageadverbien: wo, woher

7 *Bestimmt die Gliedsatzarten in dem Text „Zwei Wassergläser haften aneinander“ (▷ S. 137).*

Michael Faraday

Werdegang einer Kerze

Michael Faraday, ein englischer Naturforscher, hielt 1860 in London Vorlesungen für die Jugend über den „Werdegang einer Kerze“. Faraday lebte von 1791 bis 1867. Er hat neben den Kerzenexperimenten vor allem Entdeckungen über den elektrischen Strom gemacht.

Wie brennt denn eine Kerze?
Die Kerze besteht aus einer festen Masse, die bei Hitze flüssig wird. Das kann jeder ausprobieren. Es handelt sich um Bienenwachs, Talg, Stearin oder Paraffin.
Wenn die Kerze brennt, wird die oberste Schicht der festen Kerze gleich unter der Flamme flüssig und senkt sich zu einer hübschen kleinen Schale ein. Durch die Flammenhitze wird die zur Kerze gelangende Luft erwärmt. Weil sie nach oben steigt, wird kalte Luft von außen angesaugt. Die kältere Luft kühlt den Mantel der Kerze ab, sodass der Rand des Schäl-

chens kühler bleibt und weniger einschmilzt als die Mitte. Im Zentrum wirkt die Flamme am meisten ein, da sie unmittelbar am Docht herabzulaufen strebt. Wenn die Luft von allen Seiten gleichmäßig zuströmt, bleibt unser Schälchen vollkommen waagerecht, sodass die darin schwimmende geschmolzene Kerzenmasse ebenfalls waagerecht darin stehen bleiben muss. Ist nun das feste Kerzenwachs durch die Hitze der Flamme geschmolzen, gelangt es nach oben und nährt die Flamme. Dabei wird die Kerzenmasse allmählich verbraucht. Ihr könnt das sehen, denn die Kerze wird kürzer.

Aber wie gelangt nun die verflüssigte Kerzenmasse nach oben zur Flamme?

Ich kannte einige unordentliche Kinder, die nach dem Abtrocknen der Hände das Handtuch nachlässig über den Rand des gefüllten Waschbeckens hinwarfen. Nach kurzer Zeit hatte das Tuch alles Wasser aus dem Becken auf die Dielen geleitet. Es war zufällig so auf den Rand zu liegen gekommen, dass es wie ein Saugheber funktionierte. Die Fäden des Tuchs wirken wie dünne Röhren, durch die mit einer Saugkraft das Wasser hindurchgezogen wird. Der Strom der Tropfen reißt nicht ab, weil durch die gegenseitige Anziehungskraft der Wasserteilchen weitere Tropfen nachfolgen. – In gleicher Weise nun steigen beim Brennen die geschmolzenen Wachsteilchen aus dem kleinen Schälchen im Docht empor und gelangen in die Spitze. Andere Teilchen wandern infolge ihrer gegenseitigen Anziehung ihnen nach, und die einen nach den anderen werden, wie sie nach und nach in die Flamme eintreten, so von dieser verzehrt.

Was geschieht aber mit dem flüssigen Wachs in der Flamme?

Wir gelangen jetzt zu einem sehr wichtigen Punkt in unserer Betrachtung, ohne dessen eingehende Erörterung ihr nicht im Stande wäret, den Vorgang in der Kerzenflamme vollkommen zu verstehen. Ich meine den gasförmigen Zustand des Brennstoffs. Damit ihr mich recht versteht, will ich euch ein ebenso niedliches wie einfaches Experiment zeigen.

Wenn ihr eine Kerzenflamme vorsichtig ausblast, seht ihr Dämpfe davon emporsteigen. Ihr habt sicherlich schon oft den Dampf einer ausgeblasenen Kerze gerochen. Es ist ein sehr unangenehmer Geruch. Bläst man aber, wie ich sagte, recht vorsichtig aus, so kann man ganz deutlich den Dampf sehen, in welchen sich die feste Masse der Kerze verwandelt hat.

Ich werde jetzt eine dieser Kerzen so ausblasen, dass die Luft ringsherum dabei nicht heftig bewegt wird. Und wenn ich nun einen brennenden Span dem Docht auf 2 bis 3 Zoll nähere, so bemerkt ihr einen Feuerschein. Der zuckt durch den Dampf hindurch, sodass er zur Kerze gelangt. Mit all dem muss ich mich beeilen, damit sich der Strom der entzündbaren Substanz nicht verflüchtigt. Das flüssige Wachs ist also in der Hitze der Flamme zu einem Dampf geworden, der leuchtend brennt. Dieser Dampf bleibt kurz in der Nähe der gelöschten Flamme erhalten und lässt sich wieder entzünden. Dabei schlägt die Flamme auf den noch feuchten Docht zurück.

Die Flamme selbst brennt senkrecht nach oben, weil in der Umgebung der Flamme die Luft erhitzt wird und aufsteigt. In diesem Luftstrom wird die Flamme wirklich hinaufgezogen. Wenn ihr die heiße Luft durch Blasen bewegt, ohne unmittelbar auf die Flamme zu blasen, bewegt sich auch die Flamme in eine andere Richtung. Dieser aufsteigende Luftstrom nährt zusammen mit dem Dampf die Flamme.

8 *a) Welche naturwissenschaftlichen Fragen verfolgt Faraday?*
b) Die Vorlesung Faradays ist in verschiedene Sinnabschnitte gegliedert. Untersucht den Aufbau des Textes, indem ihr zu jedem Sinnabschnitt eine Überschrift formuliert.

9 *a) Gebt Beispiele, wo Faraday Satzgefüge für seine Erklärungen verwendet.*
b) Bestimmt die Gliedsätze nach ihrer Art und Funktion.

8.3 Übungen zur Zeichensetzung bei Gliedsätzen

Das Gas in der Flamme

(1) Beim Rollen von Alufolie über einem runden Bleistift entsteht ein etwa 10 cm langes Röhrchen.
(2) Halte es mit einer Wäscheklammer mit einem Ende in die Mitte einer Kerzenflamme, sodass es in den inneren, blauen Teil der Flamme eintaucht.
(3) Zum Entzünden einer kleinen zweiten Flamme bringst du ein brennendes Streichholz an das andere Röhrchenende.
(4) Wie entsteht jetzt diese zweite Flamme?
(5) Wegen der Erwärmung der Kerze durch die Flamme wird das Kerzenwachs flüssig.
(6) Wie alle festen und flüssigen Brennstoffe entwickelt das Wachs beim weiteren Erhitzen brennbare Gase.
(7) Diese sammeln sich im inneren, blauen Teil der Flamme.
(8) Durch das Aufsteigen des heißen Gases gelangt es in die äußere Schicht der Flamme und verbrennt dort und an der Spitze zusammen mit dem Sauerstoff der Luft.
(9) Wegen unzureichender Verbrennung dieses Gases lassen sich Teile der Stearindämpfe aus der Mitte der Flamme durch das Rohr ableiten.

(Vorsicht wegen der Feuergefahr! Führt den Versuch nur unter der Aufsicht einer Lehrkraft durch.)

1 *a) Wie wirkt diese Versuchsbeschreibung auf euch? Erläutert euren Eindruck anhand von Beispielen.*
b) Verbessert die Beschreibung, indem ihr adverbiale Bestimmungen in Gliedsätze umwandelt. Dazu eigenen sich die Sätze (1), (3), (5), (6), (8) und (9): Ihr könnt die folgenden Konjunktionen verwenden:
wenn, damit, weil, wenn, da, weil

Beim weiteren Erhitzen des flüssigen Wachses entsteht Gas. → **Wenn das flüssige Wachs weiter erhitzt wird,** entsteht Gas.

c) Überprüft die Satzgefüge, die ihr gebildet habt: Habt ihr überall die Gliedsätze durch Kommas von den Hauptsätzen abgetrennt?

2 *Ersetzt auch in den folgenden Sätzen adverbiale Bestimmungen durch Gliedsätze. Achtet dabei auf die Kommasetzung!*

(1) Wegen der großen Hitze des Streichholzes entzündet sich die zweite Flamme.
(2) Zum Ableiten des Stearingases wird ein Röhrchen in die Mitte der Flamme gehalten.
(3) Bei ein wenig Windzug steigt der Rauch der Flamme schräg hoch.
(4) Mit dem Einverständnis des Lehrers könnt ihr den Versuch selber machen.
(5) Zur Herstellung des Röhrchens rollt ihr Alufolie über einen runden Bleistift.

3 *a) Untersucht die folgenden Satzgefüge und erklärt die Unterschiede:*

Die Flamme erlischt, wenn das Wasser verdunstet.
—— HS ——,
└ Konjunktion —— GS ——.

Wenn das Wasser verdunstet, erlischt die Flamme.
┌—— HS ——.
Konjunktion —— GS ——,

Das Wasser verdampft, wenn es stark erhitzt wird, sehr rasch.
—— HS ——, ┌— HS —.
└ Konjunktion —— GS ——,

b) Formuliert eine Regel zur Kommasetzung im Satzgefüge.

4 *a) Stellt die folgenden Sätze in eurem Heft grafisch als Stufenmodelle dar.*

(1) Michael Faraday hielt anschauliche Vorträge, damit Jugendliche sich für die Naturwissenschaften begeisterten.
(2) Weil er den wissenschaftlichen Nachwuchs fördern wollte, nahm er diese Aufgabe sehr ernst.
(3) Die jugendlichen Zuhörer fanden die Vorträge, wenn sie von Experimenten begleitet wurden, sehr spannend.

b) Bestimmt, um welche Art von Gliedsatz es sich jeweils handelt.
Orientiert euch dabei an den Informationen auf S. 137–138.

5 *a) Schreibt die folgenden Satzgefüge in euer Heft. Unterstreicht die Gliedsätze und setzt die fehlenden Kommas.*

(1) Weil das Wasser verdunstet erlischt die Flamme.
(2) Das Wasser verdunstet sodass die Flamme erlischt.
(3) Das Wasser verdampft sehr rasch wenn es stark erhitzt wird sodass sich kleine Wassertropfen an den Fenstern bilden.
(4) Kleine Wassertropfen bilden sich an den Fenstern wenn das Wasser so stark erhitzt wird dass es rasch verdampft.

b) Umkreist die Konjunktionen und bestimmt die Art der Gliedsätze.

6 *a) Bildet Satzgefüge aus folgenden Sätzen. Achtet dabei auf die Kommasetzung!*

(1) Die Kerze erlischt. Der Sauerstoff in der Luft wurde verbraucht.
(2) Man sieht einige Bläschen durch das Wasser aufsteigen. Man stülpt die Flasche langsam über die Kerze.
(3) Es fehlt nun ein Teil der Luft in der Flasche. Das Wasser nimmt den freien Raum ein.
(4) Man kann das Wasser mit Tinte färben. Man sieht so den Vorgang besser.

b) Vergleicht die Konjunktionen, die ihr verwendet habt.

7 *a) Schreibt die folgenden Versuchsanleitungen in euer Heft und setzt dabei die fehlenden Kommas.*
b) Unterstreicht die Gliedsätze und bestimmt sie mit Hilfe der Informationen auf S. 137–138.

Das Flaschen-Thermometer

Man benötigt: eine durchsichtige Flasche, einen passenden Korken, einen möglichst auch durchsichtigen Trinkhalm, einen Bohrer (Stichel, Pfriem, Ahle), Wasser, Tinte, Klebstoff.
Man nimmt die durchsichtige Flasche damit alles gut zu beobachten ist. Man gießt Wasser in die Flasche. Das Wasser färbt man mit etwas Tinte ein sodass es sich gut von dem klaren Glas abhebt. Man durchbohrt nun einen Korken und schiebt einen Trinkhalm so weit durch das Loch dass er in die Flüssigkeit hineinragt. Man verschließt die Flasche mit dem Korken. Damit keine Luft zwischen dem Korken und der Flaschenöffnung oder dem Trinkhalm entweicht dichtet man mit Klebstoff ab.
Man legt seine Hand fest an die Flasche. – Das Wasser steigt in dem Trinkhalm hoch und sinkt in der Flasche.
Warum steigt das Wasser in dem Trinkhalm wenn man die Hand um die Flasche legt?
Wenn man die Hand um die Flasche legt erwärmt sich die Luft in ihr. Die Flüssigkeit in dem Röhrchen steigt weil der Wasserspiegel nach unten gedrückt wird. Der Wasserspiegel sinkt da die erwärmte Luft sich ausdehnt.

Wie eine Flamme überspringt

Wenn man ein entzündetes Streichholz nur in die Nähe einer gerade ausgelöschten Flamme bringt fängt der Docht sofort wieder Feuer. Weil der Docht noch von heißem Gas umgeben ist beginnt es sofort zu brennen. Die Kerze muss man aber zuvor schon brennen lassen damit sich überhaupt erst heißes Gas bilden kann. Wenn man den Docht zum ersten Mal anzündet bringt die Hitze des Streichholzes das Kerzenwachs zum Schmelzen. Das flüssige Wachs steigt im Docht nach oben. Das Feuer erhitzt das flüssige Wachs weiterhin so sehr dass es sich in ein Gas verwandelt. Dieses Gas verbrennt und deswegen leuchtet die Kerze. Auch wenn die Flamme gelöscht ist wird noch ein wenig Gas gebildet. Und wenn sich das brennende Streichholz dem Docht nähert beginnt das Gas zu brennen. Dazu muss die Flamme den Docht noch nicht wirklich berührt haben.

9 Rechtschreibung und Zeichensetzung

9.1 Groß- und Kleinschreibung – Nominalisierung

Nomen kann man gut erkennen

And after all the weather was ideal. Bill and Sue could not have had a more perfect day for a garden party if they had ordered it. Windless, warm, the sky without a cloud.

Il fait beau. Jean et René partent de Paris à bicyclette. Ils veulent aller à Reims. La route est bonne et ils sont heureux.

L'Italia è una penisola che ha la forma di uno stivale. I suoi monti sono molto alti e il littorale è lungo. Ha pochi fiumi e quasi tutti sono di corso breve.

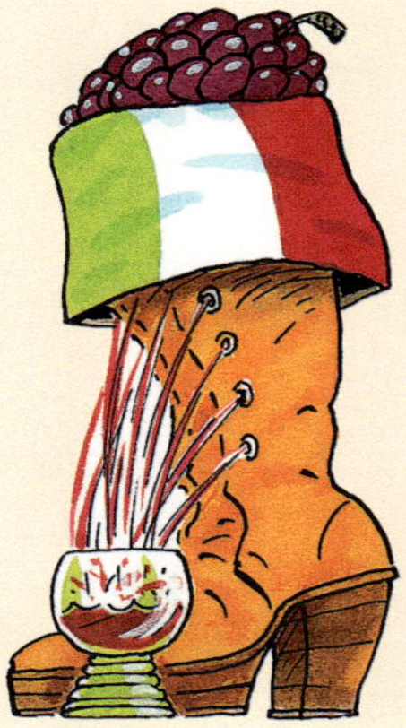

1 *a) Untersucht, welche Wörter hier, wie in vielen anderen Fremdsprachen, großgeschrieben werden.*
b) Stellt fest, welche Wörter davon Nomen sind und was sie bezeichnen.

Ihr wisst bereits aus der Grundschule, dass im Deutschen alle Nomen großgeschrieben werden. Wenn ihr bei der Groß- oder Kleinschreibung mancher Wörter unsicher ward, hattet ihr bislang drei Entscheidungshilfen:

- die **Bedeutung** der Wörter: Nomen bezeichnen ..., ..., ..., ...
- die Wortbildung: Typische **Nomen-Endungen** sind ...
- die **Artikel-Probe:** Vor jedes Nomen ...

2 *a) Erklärt diese Entscheidungshilfen, indem ihr die Merksätze ergänzt.*
b) Sucht zu jedem Merksatz Beispiele und begründet die Großschreibung der Nomen.

Die Geschichte von Mabsut

Mabsut war die Tochter Magdals, des Hundezüchters. Ein Schüler des Propheten, Muawija, nahm sie zur Frau und zog mit ihr nach Ägypten, in das Land der Katzen. Ein herrliches Haus erhielt Mabsut. Es hatte drei Gärten und acht Badestuben, ein reich geschmücktes Zimmer für jede Stunde des Tages. Unzählige Diener lasen Mabsut jeden Wunsch von den Augen ab. Muawija brachte seiner Frau jeden Tag köstlichen Schmuck nach Hause, Ohrringe, Halsringe, Fingerringe, und umsorgte sie auf alle Weise. Aber Mabsut war unglücklich, sie sehnte sich nach ihrer Heimat, der weiten Wüste, zurück. Sie sang traurige Lieder:

O ihr zahmen Katzen dieses Landes,
Ihr schmeichelt mir, ihr seid so freundlich –
Doch tausendmal lieber ist mir
Ein Hund, der draußen bellt
Und das Haus umkreist.

Beduinisches Märchen

3 *a) Beschreibt, wie Mabsut sich fühlt.*
b) Erklärt mit Hilfe des Textes, warum sie sich so fühlt.

In diesem Märchen werden viele Nomen von einem Artikel begleitet, sodass ihr sie leicht erkennen könnt. Das Nomen kann man im Satz aber auch an anderen Signalwörtern erkennen.

!

Nomen erkennen
Ein Nomen kannst du im Satz an verschiedenen **Signalwörtern** erkennen:
- an einem vorausgehenden **Artikel:** „*das* Spiel", „*ein* Schiff"
- an einem vorangestellten **Adjektiv** (oft mit Artikel): „der *schöne* See", „*herrliches* Wetter"
- an einer vorausgehenden **Präposition** (die auch mit einem Artikel verschmolzen sein kann): „*nach* England", „*mit* Witz", „*am* (= an dem) Morgen", „*im* (= in dem) Regen"
- an einem vorangestellten **Pronomen** oder einer **Mengenangabe:** „*dieser* Urlaub", „*unsere* Schule", „*jeder* Spieler"

4 *a) Schreibt aus der „Geschichte von Mabsut" alle Nomen mit ihren Signalwörtern heraus.*
b) Unterstreicht die Signalwörter je nach Wortart in unterschiedlichen Farben.
c) Schreibt auch die Nomen heraus, die keine Signalwörter haben. Begründet, warum es sich bei diesen Wörtern um Nomen handelt.

Nominalisierung von Verben und Adjektiven

Wotan trifft Freya

Wer von den 60 kleinen „Germanen" aus dem Norden der Stadt sich auf geruhsame Sommerferien eingestellt hatte, wurde schnell eines Besseren belehrt. Denn Fürst Ragna nahm seine Schützlinge vom Stamm der Sugamberer hart ran. Das Lager war im Großen und Ganzen kein Honigschlecken, denn auf Elektrizität wurde vollkommen verzichtet. „Die Kinder sollen die Natur pur genießen, so wie es die Germanen taten", erklärt der Stammeshäuptling, „aber kaltes Duschen macht bei diesen Temperaturen ja sogar richtig Laune."

Die Kinder verbrachten ihre Zeit z. B. mit Töpfern, Flechten und übten, mit Pfeil und Bogen zu schießen. Der neunjährige Serkan hatte zwar Schwierigkeiten, die Sehne seines Flitzbogens straff zu spannen, ließ sich aber gern zeigen, wie man Pfeil und Bogen treffsicher einsetzt. Etwas schwieriger war es für Christina und Mareike, die sich mit dem Mahlen des Korns abmühten. „Es dauert drei Tage, bis man drei Kilogramm zusammenhat", weiß Christina zu berichten, „dieses dauernde Stampfen und Drehen bringt einen ganz schön ins Schwitzen."

„Und das Rupfen von Hühnern wird auch nicht meine Lieblingsbeschäftigung", meint Tim, „zuerst habe ich mich sogar ein bisschen geekelt." Aber sein Grinsen zeigt, dass es nicht so schlimm gewesen sein kann. Geschmeckt hat es anschließend allen bestens.

Besonderen Anklang fanden das abendliche Geschichtenerzählen am Lagerfeuer. Julian schwärmt: „Es gibt nichts Spannenderes als germanische Sagen, wenn Fürst Ragna sie erzählt. Da kommt kein Video mit."

Alle sind sich einig: „Das Lager der Sugamberer verdient eine Eins mit Sternchen."

1 *a) Schreibt aus dem Text alle Nomen heraus. Wenn die Nomen ein Signalwort haben, schreibt dieses dazu.*

b) Vergleicht eure Ergebnisse mit eurem Nachbarn/eurer Nachbarin. Besprecht, welche Wörter ihr als Signalwörter erkannt habt, und bestimmt die Wortart dieser Signalwörter.

2 *In dem Artikel über das Germanenlager werden – abgesehen von den Satzanfängen – auch einige Wörter großgeschrieben, die eigentlich nicht zur Wortart der Nomen gehören. Schreibt diese Wörter heraus, bestimmt ihre ursprüngliche Wortart und die jeweiligen Signalwörter:*

eines Besseren – besser = unbestimmter Artikel + Adjektiv als Nomen ...

!

Die Nominalisierung von Verben und Adjektiven

Auch Verben und Adjektive können als Nomen gebraucht werden. Man schreibt sie dann groß. Ihr könnt solche nominalisierten Verben und Adjektive häufig an denselben **Signalwörtern** erkennen wie Nomen, z. B.:

- an einem vorausgehenden **Artikel:**
  „gehen", „gähnen", „13-jährig" – „*das* Gehen", „*ein* Gähnen", „*die* 13-Jährige"
- an einer vorausgehenden **Präposition** (die auch mit einem Artikel verschmolzen sein kann):
  „gut", „böse" – „*im* (in dem) Guten", „*im* (in dem) Bösen"
- an einem vorangestellten **Pronomen** oder einer **Mengenangabe:**
  „lachen", „arbeiten", „jammern" – „*mein* Lachen", „*sein* Arbeiten", „*kein* Jammern"
  „schön", „neu", „alt" – „*viel* Schönes", „*wenig* Neues", „*nichts* Altes"

Nicht immer wird ein nominalisiertes Verb oder Adjektiv durch ein Signalwort angekündigt. Mache die Probe: Wenn du ein Signalwort ergänzen könntest, schreibst du groß, z. B.: „Wenn man *(das)* Gelb mit *(einem)* Blau mischt, entsteht *(ein)* Grün."

Achtung:

Nominalisierungen, die aus zwei Wörtern zusammengesetzt sind, schreibt man zusammen, z. B.: „das Radfahren", „das Schlangestehen".

3 *Im Text „Wotan trifft Freya" (▷ S. 145) findet ihr zwei Nominalisierungen, die aus zwei verschiedenen Wortarten zusammengesetzt sind. Schreibt diese Nominalisierungen aus dem Text heraus und bestimmt die Wortarten in der Zusammensetzung.*

Stadtkinder beobachten die Natur

- Der Wind weht sanft. Die Kinder spüren das sanfte Wehen des Windes.
- Das Sonnenlicht flimmert im Laub. Die Kinder sehen ...
- In der Mittagszeit brennt die Sonne auf das Zeltdach. Die Kinder spüren ...
- Kaltes Wasser prickelt auf der heißen Haut. Die Kinder fühlen ...
- Die Abendsonne leuchtet über dem See. Die Kinder sehen ...
- Nach Sonnenuntergang steigen die Schwalben in den Abendhimmel auf. Die Kinder beobachten ...
- Eine stechlustige Mücke sirrt im dunklen Zelt. Die Kinder hören ...
- Äste knacken, wenn nachts ein Tier darüber läuft. Die Kinder hören ...
- Käuzchen rufen im nächtlichen Wald. Die Kinder hören ...

4 *a) Vervollständigt die angefangenen Sätze wie im ersten Beispiel.*
b) Unterstreicht die nominalisierten Verben und ihre Signalwörter.

Ein Zeitungsreporter kommt ins Lager

Die Kinder umringen den Zeitungsreporter. Sie erzählen aus dem Lagerleben:

MAJA: „Wir hatten heute Nacht eine Maus im Zelt. Martin ist von ihrem FIEPEN wach geworden und hat sich sehr erschreckt. Sein Schrei hat uns alle geweckt. Nur Frieder mit seinem kräftigen SCHNARCHEN hat wieder nichts gemerkt."

OLIVER: „Dieses primitive LEBEN im Germanenlager macht richtig Spaß. Sogar mit diesem SPÜLEN und ABTROCKNEN kann man sich anfreunden, wenn man es mit mehreren macht."

JANNIS: „Bei der Nachtwanderung habe ich mit meinem lauten STÖHNEN den anderen einen schönen Schrecken eingejagt. Dann mussten wir im völlig düsteren Wald ein Stück Weg ganz allein gehen. Auch wenn ein paar JÜNGERE Angst hatten – da half kein JAMMERN, Fürst Ragna kannte kein ERBARMEN. Ehrlich, es war ganz schön gruselig. Zur Belohnung für unseren Mut bekamen wir nach dem WANDERN alle einen großen Becher Kakao."

SONIA: „Vorgestern Nacht gab es ein gewaltiges Gewitter. Das BLITZEN und DONNERN hielt uns alle wach. Einmal habe ich voll in das ZUCKEN eines Blitzes hineingesehen. Ich war richtig geblendet. Welches LEUCHTEN ist schon so grell wie das von einem Blitz?"

5 *Übertragt die in Großbuchstaben geschriebenen Wörter in Normalschreibweise in euer Heft. Achtet auf die Nominalisierungen und schreibt die Signalwörter dazu.*

!

Pronomen als Signalwörter
Auch Pronomen können Signalwörter sein, die auf ein Nomen, ein nominalisiertes Verb oder ein nominalisiertes Adjektiv hinweisen.

Es gibt verschiedene Arten von Pronomen, z. B.:
- **Possessivpronomen** (besitzanzeigende Fürwörter), z. B.: „*mein* Suchen", „*dein* Warten".
- **Demonstrativpronomen** (hinweisende Fürwörter), z. B.: „*dieses* Wandern", „*jenes* Lachen".
- **Indefinitpronomen** (unbestimmte Fürwörter) sind Wörter wie „etwas", „einige", „jeder", „viel", „wenig", mit denen man eine ungefähre Menge oder Anzahl angibt. Diese Pronomen werden auch als Mengenangaben bezeichnet, z. B.: „*etwas* Neues", „*jeder* Zehnte".

In Verbindung mit den **Indefinitpronomen** „etwas", „alles", „nichts", „einige", „kein", „viel", „wenig", „allerlei", „ein paar", „genug", „manches" werden Verben und Adjektive großgeschrieben.
Weil solche Wortgruppen häufig vorkommen, ist es am einfachsten, du lernst diese Pronomen als Signalwörter auswendig.

6 *Bestimmt genau, zu welcher Pronomen-Art die jeweiligen Nomensignale gehören.*
ihrem Fiepen = Possessivpronomen + nominalisiertes Verb
...

Oliver sagt: „*Das primitive Leben* im Germanenlager macht richtig Spaß.“
Ist „Leben“ ein nominalisiertes Verb oder ein „echtes“ Nomen?
Ihr stoßt bei dieser Frage auf ein Stück Sprachgeschichte, denn zahlreiche Nominalisierungen sind heute ein fester Bestandteil unseres Nomenwortschatzes geworden, z. B.:
„das *Essen*“, „der/die *Angestellte*“ oder „die *Grünen*“.

7 *Findet zusammen mit einem Nachbarn/einer Nachbarin weitere Nominalisierungen, die ihr heute wie „echte“ Nomen verwendet.*

8 *Vor der Abreise ins „Germanenlager“ haben die Eltern ihren Kindern viele gute Ratschläge und Wünsche mit auf den Weg gegeben.*

alles Gute
viel Spannendes
manches Lehrreiche
genug Warmes
ein paar Ältere
etwas Trockenes
nichts Kaltes
allerlei Süßes
wenig Unangenehmes

Hast du auch ... eingepackt?
Wenn du Obst gegessen hast, besser ... trinken.
Hier ist noch eine Tüte von Oma. Sie hat dir ... eingepackt.
Wie beruhigend, dass ... mitfahren. Die passen hoffentlich auf euch auf.
Wenn du nass geworden bist, zieh dir rasch ... an, damit du dich nicht erkältest.
Du kannst im Germanenlager bestimmt ... für Deutsch und Geschichte erfahren.
Ich hoffe, dass ich bei deiner Rückkehr ... über dich zu hören bekomme.
Du hast sicher ... zu erzählen, wenn du wiederkommst.
Wir wünschen euch ... und viel Spaß!

a) *Schreibt die Sätze in euer Heft und setzt dabei jeweils die passenden Wortgruppen ein.*
b) *Bestimmt die Wortart der nominalisierten, großgeschriebenen Wörter.*
c) *Zu welcher Wortart gehören die Signalwörter?*

Versammlung an der Thingstätte

Nach fünf Tagen Lagerleben ist die Stimmung lange nicht mehr so gut wie zu Beginn. Manche der jungen „Germanen“ meckern über den fehlenden Strom, andere haben Appetit auf Pommes frites und Pizza, manche wollen Walkman hören, einige plagt einfach Heimweh.
Da bittet Fürst Ragna alle zu einer Lagebesprechung auf den Thingplatz. Er eröffnet die Versammlung: „Das Leben in der Natur und das enge Zusammenleben mit anderen Kindern hier im Lager ist für viele von euch ungewohnt. Ich möchte, dass ihr sagt, was euch ärgert, aber auch, was euch bisher gefallen hat, damit wir über eure Kritik reden können.“

9 *Was könnten die „jungen Germanen" an Lob und Kritik geäußert haben?*

a) Schreibt mit Hilfe der folgenden Wortgruppen kurze Sätze auf.

beim Kochen – beim Schlafen – beim Wandern

im Großen und Ganzen – im Allgemeinen – im Wesentlichen – im Einzelnen – im Folgenden

im Argen liegen – im Dunklen tappen – im Freien übernachten

mit Entsetzen – mit Vergnügen

nach Belieben – nach Gutdünken

zum Heulen – zum Schieflachen

b) Bildet selbst Wortgruppen mit Nominalisierungen und formuliert eure eigenen Ansichten über das „Lagerleben".

Superlativ bei Adjektiven

1 *Manche Kinder haben ihre Meinung sehr deutlich geäußert:*

„Am besten finde ich ..."

„Ich würde am liebsten ..."

„Am schlimmsten war für mich ..."

a) Vervollständigt die Sätze. Achtet dabei besonders auf die Schreibung der unterstrichenen Wortgruppen.

b) Diktiert euch im Partnerdiktat weitere Meinungsäußerungen, in denen ihr Superlative mit „am" verwendet.

!

Superlativ mit „am"

Adjektive im Superlativ mit „am" werden wie alle Adjektive kleingeschrieben.
„Am" ist hier kein Signalwort, sondern gehört zum Superlativ, z. B.:
„gut – besser – *am besten*"; „viel – mehr – *am meisten*"; „schön – schöner – *am schönsten*".

2 *a) Bei den folgenden Adjektiven findet ihr ungewöhnliche Steigerungsformen. Vergleicht die drei unterschiedlichen Arten der Steigerung miteinander und beschreibt, auf welche Weise die Adjektive jeweils gesteigert wurden.*

groß – größer – riesig	laut – lauter – Ohren zu	schnell – schneller – fliegen
klein – kleiner – winzig	warm – wärmer – Fenster auf	langsam – langsamer – kriechen
leise – leiser – unhörbar	kalt – kälter – Mantel an	dick – dicker – platzen

b) Erfindet zu den Adjektiven dünn, nass, trocken, kurz, lang *ähnliche ungewöhnliche Steigerungsformen.*

c) Bildet zu allen Adjektiven die üblichen Superlativformen mit „am".

Farbbezeichnungen

Ursula Wölfel

Die Geschichte vom grünen Fahrrad

Einmal wollte ein Mädchen sein Fahrrad anstreichen. *Es hat grüne Farbe dazu genommen.* Grün hat dem Mädchen gut gefallen. Aber der große Bruder hat gesagt: *„So ein grasgrünes Fahrrad* habe ich noch nie gesehen. *Du musst es rot anstreichen, dann wird es schön.*“ Rot hat dem Mädchen auch gut gefallen. *Also hat es rote Farbe geholt und das Fahrrad rot gestrichen.* Aber ein anderes Mädchen hat gesagt: „Rote Fahrräder haben doch alle! *Warum streichst du es nicht blau an?*“ Das Mädchen hat sich das überlegt und dann hat es sein Fahrrad blau gestrichen. Aber der Nachbarsjunge hat gesagt: „Blau? Das ist doch so dunkel. Gelb ist viel lustiger!“ *Und das Mädchen hat auch gleich Gelb viel lustiger gefunden und gelbe Farbe geholt.* Aber eine Frau aus dem Haus hat gesagt: *„Das ist ein scheußliches Gelb!* Nimm himmelblaue Farbe, das finde ich schön.“ *Und das Mädchen hat sein Fahrrad himmelblau gestrichen.* Aber da ist der große Bruder wieder gekommen. Er hat gerufen: „Du wolltest es doch rot anstreichen! Himmelblau, das ist eine blöde Farbe. *Rot musst du nehmen, Rot!*“ Da hat das Mädchen gelacht und wieder den grünen Farbtopf geholt und das Fahrrad grün angestrichen, grasgrün. Und es war ihm ganz egal, was die anderen gesagt haben.

1 *a) Wie hättet ihr anstelle des Mädchens reagiert?*
b) Kennt ihr ein Sprichwort, das zur „Geschichte vom grünen Fahrrad“ passt?

2 *In der Geschichte von Ursula Wölfel spielen Farben eine wichtige Rolle.*
a) Übertragt die hervorgehobenen Sätze in euer Heft.
b) Unterstreicht alle Farbbezeichnungen und begründet jeweils die Groß- oder Kleinschreibung.
TIPP: *Prüft auch, ob ihr ein Signalwort ergänzen könntet.*

! Auch Adjektive, die Farben bezeichnen, werden großgeschrieben, wenn sie als Nomen gebraucht werden, z. B.: „Das ist ein scheußliches *Gelb!*“

3 *Stellt euch vor, ihr könntet die Wände eures Klassenraums ausgestalten. Wie sollte euer Klassenraum aussehen? Beschreibt, wie ihr die Wände bemalen würdet. Achtet dabei auf die richtige Groß- oder Kleinschreibung der Farbbezeichnungen.*

9.2 Zeichensetzung bei wörtlicher Rede, Aufzählungen, Satzverbindungen, Infinitivsätzen

Satzzeichen bei der wörtlichen Rede

Lesen und Schreiben im alten Rom

Auf diesem steinernen Relief seht ihr eine Schulszene aus dem alten Rom. Die Darstellung befindet sich auf einem Grabmal aus dem 2. Jahrhundert nach Christus, das man in Neumagen an der Mosel gefunden hat.

1 *Beschreibt diese Schulszene und vergleicht sie mit eurem Schulalltag.*

2 *Zwischen dem Lehrer und dem Schüler rechts im Bild scheint sich ein Gespräch zu entwickeln. Worüber könnten die beiden reden? Schreibt einen möglichen Dialog zwischen Lehrer und Schüler auf und achtet dabei besonders auf die richtigen* ***Satzschlusszeichen*** *(Punkt, Ausrufe- und Fragezeichen).*

Schüler: Guten Morgen, Magister!
Lehrer: Guten Tag, Marcus! ...
Schüler: ...
Lehrer: ...

3 *Formt euren Dialog in eine kleine Geschichte um. Achtet dabei auf die* ***Anführungszeichen*** *in den wörtlichen Reden, die* ***Kommas*** *und die* ***Satzschlusszeichen*** *(Punkt, Ausrufe- und Fragezeichen).*

„Guten Morgen, Magister!", sagte Marcus, als er den Unterrichtsraum betrat. Es war gerade zehn Uhr ...

4 *Tauscht eure Dialoge und Erzählungen mit einem Partner/einer Partnerin aus und überprüft gegenseitig die Zeichensetzung. Orientiert euch dabei an den folgenden Informationen (▷ S. 152).*

Die Zeichensetzung bei der wörtlichen Rede

- Die **wörtliche Rede** steht in **Anführungszeichen:** „... .“, „...!“, „... ?“
- Der **Redebegleitsatz** kann der wörtlichen Rede **vorangestellt, nachgestellt** oder in die wörtliche Rede **eingeschoben** sein.
  1. Nach einem **vorangestellten Redebegleitsatz** weist ein **Doppelpunkt** auf die folgende wörtliche Rede hin. Beispiele:
     Der Magister fragte: „Warum erscheinst du erst jetzt?“
     Markus rief erregt: „Weil die Sonnenuhr ausgefallen ist!“
     Der Magister sagte: „Du willst mich wohl auf den Arm nehmen.“
  2. Der **nachgestellte Redebegleitsatz** wird durch ein **Komma** von der wörtlichen Rede abgetrennt. Beispiele:
     „Warum erscheinst du erst jetzt?“, *fragte der Magister.*
     „Weil die Sonnenuhr ausgefallen ist!“, *rief Markus erregt.*
     „Du willst mich wohl auf den Arm nehmen“, *sagte der Magister.*
     Beachte: Der Punkt am Ende der wörtlichen Rede fällt hier weg.
  3. Der **eingeschobene Redebegleitsatz** wird durch **zwei Kommas** von der wörtlichen Rede abgetrennt. Beispiel:
     „Nein, ganz bestimmt nicht“, *gab Markus verärgert zurück,* „weil heute so viele Wolken am Himmel sind, konnte ich die Zeit an der Sonnenuhr nicht ablesen.“

Beachte: Die Anführungszeichen stehen hinter einem Punkt, einem Ausrufezeichen und einem Fragezeichen, aber vor einem Komma.

Henry Winterfeld

Caius, der Lausbub aus dem alten Rom

Spannende Abenteuer gab es auch im alten Rom. Henry Winterfeld erzählt in seinem Buch „Caius, der Lausbub aus dem alten Rom“, wie Caius, seine Freunde Julius, Flavius, Publius, Mucius und Antonius und ihr Lehrer Xantippus mit List und Mut auch scheinbar ausweglose Situationen meistern. Als die Freunde eines Tages in die Schule kommen und ihr Lehrer nicht auftaucht, gehen sie zu Xantippus' Wohnung, denn sie haben einen schrecklichen Verdacht.

Wollen wir reingehen? fragte Julius leise. Flavius protestierte erschrocken. Wir sollten lieber die Polizei holen stammelte er.

Die anderen blickten fragend auf Mucius. Mucius ging auf Zehenspitzen zum Vorhang hin, blieb davor stehen und lauschte wieder. Das Geräusch war verstummt. Vielleicht war es nur der Wind sagte er.
Ich hab noch keinen Wind röcheln hören murmelte Publius. Außerdem ist es windstill.
Mucius richtete sich auf. Bring deine Laterne her, Antonius! sagte er entschlossen. Ich werde nachsehen, was los ist.
Antonius brachte die Laterne und Mucius schlug beherzt den Vorhang beiseite. Oh! rief er erstaunt aus und blieb wie angewurzelt stehen.

5 *In dem Textausschnitt fehlen die Anführungszeichen bei der wörtlichen Rede und die Satzzeichen bei den Redebegleitsätzen.*
a) Übertragt den Text in euer Heft.
b) Unterstreicht die wörtliche Rede und die Redebegleitsätze in zwei verschiedenen Farben.
c) Setzt die fehlenden Satzzeichen ein.

6 *Überlegt, was Mucius hinter dem Vorhang entdeckt haben könnte, und schreibt die Geschichte weiter. Verwendet dabei auch wörtliche Rede.*

Das Komma in Aufzählungen

Wie die Römer lasen

Manch einer, der heute *ein Buch oder eine Zeitung* liest, *lehnt sich bequem zurück, hört Radio, trinkt Kaffee und blättert* an uninteressanten Stellen seiner Lektüre einfach *weiter.* Die Römer hatten es nicht so *leicht und bequem.* Durch *das Halten und Aufrollen* der aneinandergeklebten Papyrusblätter waren ihnen beim Lesen buchstäblich die Hände „gebunden“. Außerdem las man ein literarisches Werk *nicht schweigend, sondern laut,* selbst wenn man ganz allein im Raum war. Nicht zuletzt deshalb legten die Dichter großen Wert auf die Verwendung *schöner, wohlklingender Wörter und Verse.*

1 *a) In diesem Text werden Wörter und Wortgruppen aufgezählt. Übertragt die hervorgehobenen Textstellen in euer Heft und kreist die Konjunktionen ein.*
b) Untersucht, wo bei diesen Aufzählungen Kommas stehen.
c) Formuliert eine Regel zur Kommasetzung in Aufzählungen.

2 *Im folgenden Text fehlen die Kommas bei den Aufzählungen. Lest die Sätze halblaut und achtet dabei besonders auf eure Sprechpausen. Sie geben euch erste Hinweise für mögliche Kommastellen.*

Römerinnen in Schule und Beruf

(1) In den römischen Schulen wurden Jungen und Mädchen gemeinsam unterrichtet. (2) Nach der Grundschulzeit, die vom 7. bis zum 11. oder 12. Lebensjahr dauerte, ging der Anteil der Mädchen in den weiterführenden Schulen deutlich zurück. (3) Zu angesehenen gut bezahlten Berufen der gebildeten Männerwelt hatten Frauen kaum Zutritt. (4) So traf man nur selten auf eine Dichterin Malerin oder Philosophin. (5) Stattdessen waren Frauen im Haushalt aber auch im Handel und Gewerbe tätig. (6) Darüber hinaus gibt es Belege über die Arbeit von Frauen in der Viehhaltung beim Grasschneiden und beim Einbringen der Ernte. (7) Im sozialen Bereich finden wir Hebammen Ärztinnen und Erzieherinnen. (8) Schließlich betätigte sich eine große Zahl von Frauen in der Unterhaltungsbranche. (9) Jedoch war der Beruf der Tänzerin Schauspielerin oder Sängerin nicht sehr hoch angesehen. (10) Die meisten der berufstätigen Frauen entstammten übrigens den unteren ärmlichen Bevölkerungsschichten oder waren Sklavinnen. (11) Begüterte und vornehme Männer erlaubten ihren Frauen keine Berufstätigkeit.

3 *a) Findet in jedem Satz die Aufzählungen und schreibt diese heraus.*
b) Setzt die fehlenden Kommas und begründet, warum ihr ein Komma gesetzt habt oder nicht.

(1) Jungen und Mädchen
(kein Komma wegen und)
(2) …

Das Komma in Satzreihen und Satzgefügen

Über antike Bücher

Die Schüler, die zu beiden Seiten des Lehrers sitzen (vgl. Abbildung S. 151), sind anscheinend ganz in ihre Buchrollen vertieft. Diese Rollen wurden aus der Papyrusstaude hergestellt, weil das Mark dieser Pflanze nach dem Trocknen und Glätten gut beschriftet werden konnte. Man studierte den Text, indem man die zu lesende Buchrolle in die rechte Hand nahm und sie mit der linken Hand abrollte. Wenn man mit dem Lesen fertig war, wurde das „Buch" wieder in die rechte Hand zurückgerollt. Dabei wickelte sich der Papyrusstreifen um einen in der Mitte steckenden Holzstab auf. Die Buchrollen erreichten Längen bis zu 10 Metern, ein größerer Umfang wäre zu unhandlich geworden. Unser Wort „Papier" erinnert noch an die Papyrusrollen und auch das lateinische Wort „volumen" für die beschriebene Rolle findet sich in der deutschen Sprache wieder. „Volumen" ist heute ein anderes Wort für „Umfang" oder „Rauminhalt".

1 *In dem Text „Über antike Bücher“ (▷ S. 154) findet ihr zwei* ***Satzreihen*** *(Hauptsatz + Hauptsatz) und vier* ***Satzgefüge*** *(Hauptsatz + Nebensatz).*
a) Findet die Satzreihen und die Satzgefüge im Text und schreibt sie in euer Heft.
b) Unterstreicht die Hauptsätze doppelt und Nebensätze einfach und kreist die Konjunktionen ein.
c) Erklärt, wodurch sich Hauptsätze und Nebensätze unterscheiden.
d) Besprecht gemeinsam die Kommasetzung.

2 *Im folgenden Text fehlen die Kommas in den Satzreihen und Satzgefügen. Lest die Sätze zunächst halblaut und achtet dabei auf eure Sprechpausen. Eine Sprechpause signalisiert oft eine Textstelle, an der ein Komma stehen muss.*

Die Schulen im alten Rom

(1) Das Lesen in den Papyrusrollen erforderte große Konzentration weil die Buchstaben auf den Blättern zumeist ohne Wortgrenzen und Satzzeichen aneinandergereiht wurden. (2) In den Schulen die von Jungen und Mädchen gleichermaßen besucht werden konnten wurde demnach viel Zeit für das Erlernen des Lesens verwendet.

(3) Der Erfolg war jedoch nicht selten zweifelhaft sodass der Ruf der Schulen oft sehr schlecht war. (4) Im Grunde konnte jeder der sich als gebildet betrachtete eine Schule eröffnen und meist waren es freigelassene Sklaven die sich mit einer großen Zahl von Kindern der wenig geachteten Tätigkeit des Lehrers widmeten.

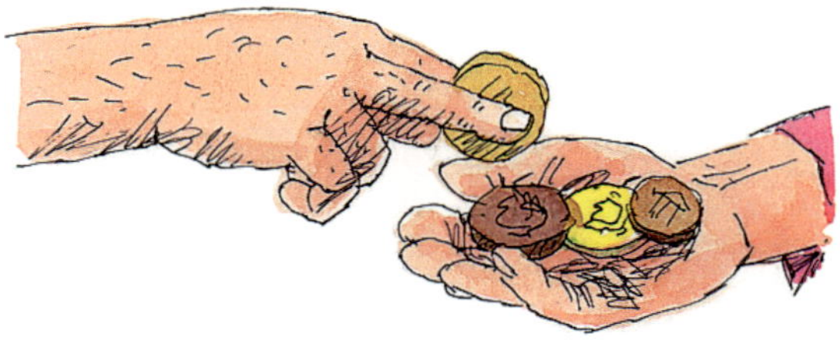

(5) Die Eltern mussten den Lehrer bezahlen doch oft erschienen die Kinder am Zahltag nicht mehr sodass der Lehrer das Nachsehen hatte. (6) Die harmonische Schulszene auf dem Grabmal (vgl. Abbildung S. 151) spiegelt daher sicher nicht das öffentliche Schulwesen wider in dem es meist laut und undiszipliniert zuging. (7) Sie ist eher ein Abbild des häuslichen Privatunterrichts in vornehmen römischen Familien wo ein gelehrter „grammaticus“ für die Erziehung und Bildung verantwortlich war.

3 *a) Bestimmt alle Haupt- und Nebensätze in diesem Text. Beachtet: Ein Hauptsatz kann auch durch einen Nebensatz unterbrochen werden.*
b) Diktiert euch die Sätze abwechselnd im Partnerdiktat und setzt dabei die fehlenden Kommas. Überprüft danach gemeinsam eure Zeichensetzung.

Das Komma bei Infinitivsätzen

Ein Blick ins Mittelalter: Klösterliche Schreibschulen

Im Mittelalter waren die Klöster die bevorzugten Orte der Bildung. *Man musste als Mönch in ein Kloster eintreten um Latein lernen zu können.* Zu dieser Zeit waren die meisten Bücher noch in Latein abgefasst. *Das Erlernen dieser Sprache war also wichtig um Bücher in lateinischer Schrift lesen zu können. Latein diente dazu Bildung zu vermitteln. Bis zur Erfindung des Buchdrucks um 1450 musste man ein Buch von Hand abschreiben um es zu kopieren.* In großen Klöstern gab es für diese Arbeit eine eigene Schreibstube (ein „scriptorium"). *Dadurch wurde es den Mönchen erleichtert ungestört zu arbeiten.* Oft war dieser Raum beheizbar, damit die Mönche auch im Winter arbeiten konnten. *Die Mönche achteten darauf Heizmaterial zu sparen.* Darum blieben die allermeisten Räume des Klosters im Winter kalt.

Um seine Arbeit gut zu verrichten brauchte der Schreiber an seinem Arbeitsplatz nicht nur Schreibfedern. Auch ein mit Tinte gefülltes Horn, ein Federmesser und Pergament waren notwendig. Im Unterschied zu den Römern, die auf Papyrusrollen schrieben, verwendeten die Schreiber im Mittelalter Pergament.

1 a) *Beschreibt, auf welche Weise man im Mittelalter Schulbildung erwerben konnte, und vergleicht diese Situation mit unserem heutigen Schulsystem.*

b) *Warum wurde im Mittelalter auf Pergament geschrieben und nicht mehr auf Papyrus? Informiert euch in einem Lexikon oder im Internet über die Gründe und berichtet davon in der Klasse.*

2 *Im Text sind die Sätze hervorgehoben, in denen ein Infinitivsatz verwendet wurde.*

a) *Übertragt diese Sätze in euer Heft und trennt die Infinitivsätze durch Kommas ab.*

b) *Mit Infinitivsätzen ist es oft möglich, Aussagen knapper zu formulieren, da sie Nebensätze mit „dass", „sodass", „damit" oder „obwohl" ersetzen können. Versucht mit einem Partner oder einer Partnerin die Infinitivsätze in Nebensätze umzuformen.*

Man musste als Mönch in ein Kloster eintreten, um Latein lernen zu können.
Damit man Latein lernen konnte, musste man als Mönch in ein Kloster eintreten.

!

Zeichensetzung bei Infinitivsätzen

Infinitivsätze bestehen aus einem Infinitiv mit „zu" und mindestens einem weiteren Wort, z. B.:
„Der Schreiber versprach, *eine Abschrift des Buches anzufertigen.*"

Infinitivsätze müssen in vielen Fällen durch ein Komma abgetrennt werden. Man kann deshalb Fehler vermeiden, wenn man bei einem Infinitivsatz immer ein **Komma** setzt, z. B.:
„Man musste in ein Kloster eintreten, *um Latein zu lernen.*"
„Die Schreibstuben waren dazu bestimmt, *den Mönchen ihre Arbeit zu erleichtern.*"

3 *Im folgenden Satz sind beide Kommasetzungen möglich. Erklärt den Bedeutungsunterschied der Sätze und begründet, warum eine Kommasetzung hier sinnvoll ist.*

Der Schreiber versprach, dem Bibliothekar eine Abschrift des Buches anzufertigen.
Der Schreiber versprach dem Bibliothekar, eine Abschrift des Buches anzufertigen.

4 *Schreibt folgende Sätze mit beiden Möglichkeiten der Kommasetzung auf und vergleicht den unterschiedlichen Aussagegehalt.*

Der Schreiber erinnerte sich nicht alle Bücher ordentlich abgeschrieben zu haben.
Er verabredete um die Mittagszeit pünktlich in der Schreibstube zu sein.
Er hoffte jeden Tag mehr über die lateinische Sprache zu lernen.

5 *Im folgenden Text stehen bei den Infinitivsätzen grundsätzlich keine Kommas. Achtet beim Vortrag des Textes auf eure Sprechpausen. Sie können euch Hinweise auf mögliche Kommastellen geben.*

Warum überhaupt Bücher kopieren?

Bücher wurden vor allem im christlichen Gottesdienst verwendet, so etwa um Lesungen aus der Bibel vortragen zu können. Bücher waren dazu bestimmt die Gebete, Gesänge und Studien der Mönche zu ermöglichen. Während der Fastenzeit war es den Mönchen aufgetragen jeden Tag ein Buch zu studieren.
Heute benutzen wir täglich Bücher um aus ihnen zu lernen, aufmerksam in ihnen zu lesen oder eine Information nachzuschlagen. Im Mittelalter war das Buch kostbar und der Mönch musste zum Bibliothekar gehen um sich ein Buch zu entleihen. So hofften wahrscheinlich viele Mönche nicht nur in der Fastenzeit ein Buch studieren zu können.
Weil das Abschreiben der Bücher als eine wichtige Tätigkeit galt, waren die Schreiber stolz darauf diese Arbeit zu leisten. Viele Klosterschreiber ließen sich deshalb in einem Schriftstellerbild darstellen um dieses Selbstbewusstsein zum Ausdruck zu bringen.

6 *a) Diktiert euch den Text gegenseitig im Partnerdiktat. Gebt dabei nur die vorgegebenen Kommas an. Setzt die Kommas bei den Infinitivsätzen selbstständig.*
b) Überprüft gemeinsam die Kommasetzung bei den Infinitivsätzen.

Kommaregeln im Überblick

Satzreihe
Eine Satzreihe besteht aus aneinandergereihten Hauptsätzen. Sie werden durch ein **Komma** getrennt. Beispiel: „Es regnete, ich zog die Mütze über."
Das **Komma kann entfallen,** wenn die Hauptsätze durch nebenordnende Konjunktionen wie „und", „oder", „entweder ... oder" oder „weder ... noch" verbunden sind.
Beispiel: „Veronika sah einen Krimi *und* er gefiel ihr ausgezeichnet."

Satzgefüge
Satzgefüge sind Sätze, die aus mindestens einem Hauptsatz und einem Nebensatz zusammengesetzt sind. Der Nebensatz ist dem Hauptsatz untergeordnet und wird durch **Komma** vom Hauptsatz abgetrennt. Nebensätze werden oft mit einer unterordnenden Konjunktion wie „dass", „weil", „wenn", „als", „bevor" eingeleitet.
Beispiel: „Ich kam zu spät, *weil* ich verschlafen hatte."

Infinitivsätze
Infinitivsätze bestehen aus einem Infinitiv mit „zu" und mindestens einem weiteren Wort, z. B.:
„Der Schreiber versprach, *eine Abschrift des Buches anzufertigen.*"
Infinitivsätze müssen in vielen Fällen durch ein Komma abgetrennt werden.
Man kann deshalb Fehler vermeiden, wenn man bei einem Infinitivsatz immer ein **Komma** setzt, z. B.:
„Man musste in ein Kloster eintreten, *um Latein zu lernen.*"
„Die Schreibstuben waren dazu bestimmt, *den Mönchen ihre Arbeit zu erleichtern.*"

Aufzählungen
Aufzählungen können aus Wörtern oder aus Wortgruppen bestehen. Sie werden durch ein **Komma** getrennt. Beispiel: „Sie wollte um sechs Uhr nach Hause kommen, Aufgaben machen, dann schwimmen gehen."
Wenn die Wörter oder Wortgruppen einer Aufzählung durch nebenordnende Konjunktionen wie „und", „oder", „entweder ... oder", „sowohl ... als auch" oder „weder ... noch" verbunden sind, entfällt das Komma. Beispiel: „Wir fahren bei sonnigem *oder* trübem Wetter los."

Wörtliche Rede
Die wörtliche Rede steht in **Anführungszeichen.** Der Redebegleitsatz kann der wörtlichen Rede vorangestellt, nachgestellt oder in die wörtliche Rede eingeschoben sein.
Nach einem **vorangestellten Redebegleitsatz** weist ein Doppelpunkt auf die folgende wörtliche Rede hin. Beispiel: *Sie sagte:* „Ich besuche dich bald."
Der **nachgestellte Redebegleitsatz** wird durch ein Komma von der wörtlichen Rede abgetrennt. Beispiel: „Halt! Stehen bleiben!", *riefen die Polizisten.*
Der **eingeschobene Redebegleitsatz** wird durch Kommas von der wörtlichen Rede abgetrennt. Beispiel: „Ich suche das Buch", *sagte sie,* „weißt du, wo es sein könnte?"

9.3 Übungen zu Fehlerschwerpunkten

Gleich und ähnlich klingende Laute

b oder p, d oder t, g oder k?

Oft spricht man **p, t, k** und schreibt doch **b, d, g.** Das ist der Fall, wenn b, d, g, am Ende eines Wortstamms stehen, z. B. bei *glau**b**t*, der *Wal**d*** und die *Bur**g***.
Mit den folgenden Tipps könnt ihr sicher entscheiden, wie ihr schreiben müsst.

TIPP

Verwandte Wörter suchen
Der Wortstamm wird in allen verwandten Wörtern gleich oder ähnlich geschrieben. Bilde zu dem Wort, mit dessen Schreibung du Schwierigkeiten hast, ein verwandtes Wort und sprich es dir deutlich vor oder schreibe es auf. Entscheide dann, wie das Wort geschrieben wird. Beispiele:
*Stau**b** – stau**b**ig – abstau**b**en; Verstan**d** – verstän**d**igen – Verstän**d**igung;*
*Kin**d** – kin**d**isch – kin**d**erlieb*

1 ***p** oder **b**, **g** oder **k**?*
a) Bildet zu den folgenden Adjektiven verwandte Verben und schreibt sie untereinander auf.
b) Schreibt dann die Adjektive richtig daneben und unterstreicht die Wortstämme. lieben – lieblich

lie…lich | gläu…ig | tra…bar | bie…sam | kle…rig | tau…lich

TIPP

Verlängerungsprobe
Verlängere das Wort und sprich es dir deutlich vor. Du hörst dann, wie das Wort geschrieben werden muss.
Bilde zu den Nomen die Pluralform, z. B.: *der Sta**b** – die Stä**b**e*
Bilde zu den Verbformen den Infinitiv, z. B.: *sie schwe**b**t – schwe**b**en*

2 *Bei diesen Wörtern müsst ihr entscheiden: **b** oder **p**, **d** oder **t**, **g** oder **k**?*
a) Verlängert die Wörter und schreibt sie richtig auf.

das Kal… | der Ste… | der Lei… | der Flu… | der Kor…
die Wan… | der Ran… | das Lan… | er rei…t | er wie…t
er schie…t | sie flo… | sie ho… | sie schwei…t | er lie…t

*b) Bildet mit den Verben und den Präfixen (Vorsilben) **ab-**, **auf-**, **an-**, **aus-** verwandte Verben und unterstreicht die Wortstämme, z. B.:* er reibt – abreiben.

3 *a) Verlängert die Wörter oder sucht ein verwandtes Wort und entscheidet dann, wie geschrieben wird.*

der Zu■	das Ba■	die Han■	der Köni■	er betro■	sie schrie■
das Lie■	der Win■	blö■	bun■	der Erfol■	das Täu■chen
le■haft	klä■lich	der Ei■	du le■st	verge■lich	der Zwer■

b) Sucht euch acht Wörter aus und erzählt damit eine kleine Geschichte.

Ein Laut (ks) – fünf verschiedene Schreibungen

Eine Schwierigkeit bei der Rechtschreibung liegt darin, dass in der deutschen Sprache nicht jedem Laut ein bestimmter Buchstabe oder eine bestimmte Buchstabengruppe entspricht.
Ein Laut kann ganz unterschiedlich geschrieben werden.

Kle⊛ Gewä⊛ nachmitta⊛ lin⊛ rin⊛ Bo⊛er
Eide⊛e unterwe⊛ Pra⊛is Kni⊛ Bü⊛e
O⊛e allerdin⊛ Ke⊛ Fu⊛ E⊛amen Lu⊛
La⊛ Lu⊛us Wa⊛ schnurstra⊛ Da⊛
Mur⊛ rücklin⊛ mi⊛en we⊛eln
Kna⊛ e⊛tra He⊛e wa⊛en A⊛e

1 *a) Lest die Wörter im Wortschatzkasten laut. Was haben sie alle gemeinsam?*
b) Übertragt die Tabelle in eure Hefte und ordnet die Wörter nach ihren unterschiedlichen Schreibungen ein.

x	chs	ks	cks	gs
Hexe	...	...	...	...
...	...	...	...	...

c) Bildet mit den Wörtern Zusammensetzungen oder sucht zu den Wörtern verwandte Wörter.
Klecks: bekleckern, Farbklecks ...
d) Sucht euch zehn Wörter aus und schreibt mit ihnen kurze Werbeslogans, z. B.:
Kein Boxer ohne Shorts!
e) Diktiert euch gegenseitig eure Werbeslogans.

TIPP

Der **ks-Laut** wird ganz verschieden geschrieben:

„ks“
- **x:** *Bo**x**er, He**x**e, mi**x**en*
- **chs:** *O**chs**e, se**chs**, wa**chs**en*
- **ks:** *Ke**ks**, Mur**ks***
- **cks:** *Kle**cks**, Kna**cks***
- **gs:** *rin**gs**, rückli**ngs***

Eine Regel für die Schreibung des **ks-Lautes** gibt es nicht. Deshalb solltest du dir diese Wörter durch häufiges Schreiben einprägen. Manchmal ist es hilfreich, ein verwandtes Wort zu suchen. Wenn du bei der Schreibung eines Wortes unsicher bist, schlage im Wörterbuch nach.

2 *Buchstabensalat*

SELWECH SELACH TRAEX
XISPRA KONXILE XENBO XEHE DECHSEEI

In diesem Rätsel verstecken sich Wörter mit ks-Laut. Leider sind die Silben durcheinandergeraten.
a) Findet die gesuchten Wörter und schreibt sie richtig auf.
b) Vergleicht eure Lösungen mit einem Partner oder einer Partnerin.

Zwei Laute – eine Schreibung: der Konsonant „v“

1 *a) Lest die folgenden Wörter laut und achtet auf eure Aussprache. Schlagt unbekannte Wörter im Wörterbuch nach.*

bevor brav Vanille Vase Ventil Vater
vorn Vetter viel vorbei Vieh vielleicht
vierzig Vogel Vakuum voll vom vor
völlig Verb Video Vitamin Volumen vital

*b) Der Buchstabe **v** wird in den Wörtern unterschiedlich gesprochen: Mal spricht man ihn wie ein **f**, mal wie ein **w**. Ordnet die Wörter nach der Aussprache des Buchstabens **v**. Legt dazu eine Tabelle mit zwei Spalten an.*
c) Ergänzt die Tabelle um eigene Beispielwörter. Wenn ihr bei der Schreibung eines Wortes unsicher seid, hilft euch ein Wörterbuch weiter.
d) Kontrolliert die Schreibung eurer Beispielwörter gegenseitig.

2 *a) Sortiert alle Wörter mit **v** nach Wortarten. Legt dazu eine neue Tabelle an.*
*b) Bildet mit den Präfixen **ver-** und **vor-** möglichst viele neue Wörter, z. B.: verlassen, Vertrauen, Vortrag, voran.*
c) Tragt sie entsprechend ihrer Wortart in eure Tabelle ein.

3 *Mit eurer Wörterliste aus Aufgabe 2 könnt ihr neue Sätze puzzeln. Spielt in Gruppen das „Sätze-Puzzle".*

Das „Sätze-Puzzle"

Jede/-r nimmt ein Blatt und teilt es in drei Spalten ein. In die erste Zeile schreibt ihr den Mustersatz: Vetter Viktor | vergisst | viele Vokabeln. Achtet darauf, dass jedes Satzglied in einer Spalte steht.
Jetzt hat jede Gruppe 10 Minuten Zeit, möglichst viele Sätze mit „v-Wörtern" zu puzzeln. Jede/-r schreibt in die erste Spalte ein neues Subjekt, reicht das Blatt nach links weiter und schreibt auf das Blatt, das er/sie bekommt, in die zweite Spalte ein neues Prädikat usw. Wenn euch ein passendes Wort mit v fehlt, könnt ihr auch ein anderes Wort nehmen, aber nur für Wörter mit v bekommt ihr einen Punkt.
Wenn die 10 Minuten vorbei sind, liest jede Gruppe ihre Sätze vor. Welche Gruppe hat die meisten Sätze gepuzzelt?

4 *a) Schreibt folgende **v-Wörter** mit ihren Nummerierungen untereinander auf.*

1) der Pullover
2) das Klavier
3) die Vokabel
4) die Vanille
5) vielleicht
6) verloren

*b) In jedem **v-Wort** steckt noch ein anderes Wort mit **v**. Mit Hilfe der folgenden Hinweise findet ihr die versteckten **v-Wörter** bestimmt.*
***TIPP:** Manchmal müsst ihr Buchstaben vertauschen oder weglassen.*

1) damit wird gewaschen, aber auch geschossen
2) eine Zahl
3) lateinisch für „Selbstlaut"; und: alle Menschen eines Landes
4) herrschaftliches Haus
5) eine Mengenangabe
6) nicht hinten, sondern ...

Die Schärfung: Schreibung nach kurzen Vokalen

1 *Nach einem betonten kurzen Vokal stehen häufig zwei Konsonanten.*
a) Sprecht die folgenden Wörter laut und nennt jeweils den betonten kurzen Vokal.

Ball | Betten | Tonne | Klippen | Gasse | Gruppe | tippen | immer

b) Sucht zu jedem Wort möglichst viele Reimwörter und unterstreicht jeweils die Doppelkonsonanten nach dem kurzen Vokal.
Ball: Fall, Knall, ...
c) Verfasst mit euren Reimwörtern ein kleines Gedicht.

2 *Bildet zu diesen Nomen die Pluralformen.*

Kuss | Riss | Fass | Schloss | Schuss | Fluss

3 *Sucht zu jedem Wort verwandte Wörter und schreibt sie auf. Unterstreicht jeweils die Doppelkonsonanten nach dem kurzen Vokal.*
Kummer: kümmern, Kummerkasten, ...

Trennung | lassen | tippen | Suppe | Kummer

Rose Ausländer

April

Da kommt er
wirft Luftlappen ins Gesicht
drückt Sonne auf den Rücken
lacht überlaut wickelt den
Park in grünen Taft zerreißt
ihn wieder stellenweise
pufft die Kinder spielt mit den
Röcken erschreckter Gouvernanten[1]
drückt alle Regenhebel
macht los die Nordhunde von den Ketten
und
lässt sie laufen nach Windlust

Ein toller Geselle
eine Art Eulenspiegel
auch gangsterhafte Gesten hat er
(jaja mein Lieber du
machst es uns nicht leicht
dich lieb zu haben)

und doch und doch
im Großen und Ganzen
ein prächtiger Kerl
dieser April

1 **Gouvernante:** Erzieherin

4 *Beschreibt mit eigenen Worten, wie der April in diesem Gedicht dargestellt wird.*

5 *a) Sucht aus dem Gedicht „April“ (*▷ S. 163*) alle Wörter heraus, bei denen auf einen betonten kurzen Vokal zwei gleiche Konsonanten folgen (auch ck), und ordnet sie in eine Tabelle ein. Überlegt, wie viele Spalten ihr anlegen müsst.*

mm	pp	…
kommt	…	…

b) Unterstreicht die Doppelkonsonanten nach den kurzen Vokalen.

c) Vergleicht eure Ergebnisse mit eurem Nachbarn oder eurer Nachbarin.

!

Doppelkonsonanten

Nach betontem kurzem Vokal stehen meist **zwei Konsonanten;** entweder zwei gleiche Konsonanten (Konsonantenverdoppelung) oder zwei verschiedene Konsonanten (Konsonantenhäufung).

- In den meisten Fällen kann man die zwei verschiedenen Konsonanten beim Hören gut voneinander unterscheiden, z. B.: *Hu**nd**, To**pf**, Ka**rt**e, de**nk**en.*
- Hörst du beim Sprechen nur einen Konsonanten, so wird er verdoppelt, z. B.: *kna**bb**ern, Pu**dd**ing, Ko**ff**er, Ba**gg**er, schwi**mm**en, Bru**nn**en, Su**pp**e, i**rr**en, verge**ss**en, schü**tt**eln.*

Achtung:

Statt verdoppeltem **k** schreibt man **ck**, z. B.: *Glü**ck**, He**ck**e, wa**ck**eln, zwi**ck**en, A**ck**er, ho**ck**en.*

Statt verdoppeltem **z** schreibt man **tz**, z. B.: *Ka**tz**e, Schu**tz**, Hi**tz**e, ä**tz**end, tro**tz**, plö**tz**lich, nü**tz**lich, Matra**tz**e.*

6 *a) Bildet zu den folgenden Verbformen den Infinitiv und unterstreicht die Doppelkonsonanten.*

geschmeckt – schmecken

…

geschmeckt | küsste | knallst

platzte | blitzte | beschmutzt

umgeknickt | versteckt | gewonnen

b) Sucht zu den Infinitiven möglichst viele verwandte Wörter und schreibt sie auf.

schmecken: Geschmack, schmackhaft, abschmecken, Vorgeschmack

…

7 *a) In dem Gedicht (▷ S. 163) steht ein Wort, in dem auf einen kurzen Vokal nur ein Konsonant folgt. Findet dieses Wort und schreibt es auf. Was fällt euch auf?*
b) Bildet mit den folgenden Wörtern kleine Wortfamilien.

Lyrik | Elektrik | Fabrik | Republik | Doktor | Politik

!

Ausnahme
Bei manchen Fremdwörtern folgt nach einem kurzen Vokal nur ein Konsonant, z. B.: *April, Hotel, Kamera.*
Bei vielen Fremdwörtern schreibt man nach kurzem Vokal nur ein einfaches **k**, manchmal auch **kk**, z. B. *Anorak, Tabak, Akkusativ, Akkordeon, Mokka.*

Die Dehnung: Schreibung nach langen Vokalen

Lang gesprochene Vokale **a, e, i, o, u** oder Umlaute **ä, ö, ü** können mit einfachem Buchstaben geschrieben werden wie *Spur, wär, Tor.* Oder sie werden mit einem **Dehnungs-h** verbunden wie in *Sahne, fehlen* oder *bohren.*
Folgende Tipps können euch helfen, Wörter mit langen Vokalen richtig zu schreiben.

TIPP

Verwandte Wörter bilden
Wenn du dir bei der Schreibung eines Wortes unsicher bist, ob es mit oder ohne Dehnungs-h geschrieben wird, kann dir die Schreibung eines verwandten Wortes aus der Wortfamilie helfen. Das Dehnungs-h im Wortstamm bleibt erhalten.
***wohn**en: die **Wohn**ung, **wohn**lich, be**wohn**en, **Wohn**ungsbau, Miet**wohn**ung, Ein**wohn**er*

1 *Bildet zu jedem Wort möglichst viele verwandte Wörter und unterstreicht die Wortstämme.*
Fahrt: fahren, Abfahrt, verfahren, ...

Fahrt | Lohn | Gefahr | Mühe | drohen | dehnen | zahlen | Befehl

TIPP

Vor l, m, n, r steht oft ein **Dehnungs-h**, z. B. bei *Kohl, Rahm, Sahne* oder *Fahrt*. Es gibt aber auch Ausnahmen wie *Gram, Plan* oder *Qual*. Wenn du unsicher bist, schlage im Wörterbuch nach.

2 *a) Sucht zu den folgenden Wörtern Reimwörter mit einem Dehnungs-h.*

Bahn | fühlen | Mühle | hohl

Zahn | wehren | Ohr | gefährlich | Pfahl

b) Überprüft die Schreibung eurer Reimwörter mit Hilfe eines Wörterbuchs.
c) Vervollständigt den Merkvers: Vor ..., das merke ja, da steht sehr oft ein ...

TIPP

Den lang gesprochenen Vokal **u** im Präfix **ur**- und das lang gesprochene **a** und **u** in den Suffixen **-bar, -sal, -sam, -tum** schreibt man ohne Dehnungs-h, z. B.: ***Ur**tier, sonder**bar**, Rinn**sal**, grau**sam**, Brauch**tum**.*

3 *a) Bildet mit den folgenden Wörtern und dem Präfix **ur**- sowie den Suffixen **-bar, -sal, -sam, -tum** neue Wörter und schreibt sie auf.*

-wald | Scheu- | dank- | Wachs- | acht- | Reich- | ess-

veränder- | -gemütlich | Müh- | spar- | Eigen- | wunder-

b) Denkt euch lustige Sätze aus, in denen ihr diese Wörter verwendet, und diktiert sie eurem Nachbarn oder eurer Nachbarin.

Langes i

Die meisten Wörter mit lang gesprochenem *i* werden mit *ie* geschrieben, z. B. *Tier, viel* oder *schief*.
Manchmal wird das lang gesprochene „i" durch den Einzelbuchstaben *i* wiedergegeben, z. B. *wir, mir, Maschine, Apfelsine, du gibst*.
Selten wird das lange „i" als *ih* geschrieben, z. B. bei *ihm, ihr* oder *ihnen*.

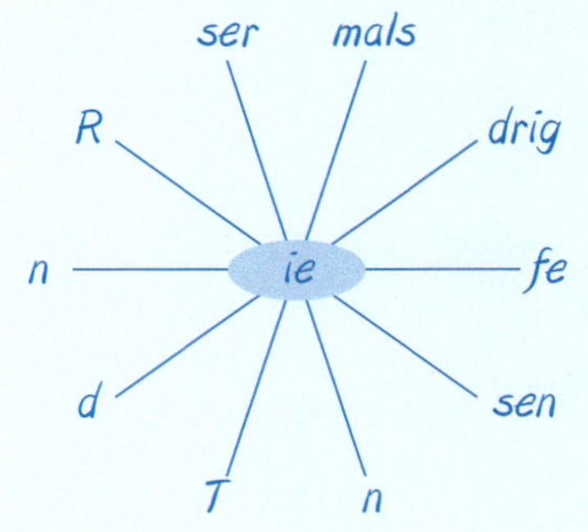

4 *Bildet mit Hilfe des Wortsterns möglichst viele Wörter mit **ie**.*

5 *Verfasst mit Hilfe der folgenden Wörter ein kleines Gedicht.*

Wiese   biegen   siegen   riefen   Riese   schliefen

6 *Es gibt nur wenige Wörter, in denen ein lang gesprochenes* ***i*** *durch den Einzelbuchstaben* ***i*** *wiedergegeben wird. Viele dieser Wörter sind Fremdwörter.*
a) Findet möglichst viele solcher Wörter. Das Bild hilft euch dabei.

b) Überprüft die Schreibung eurer Wörter mit Hilfe eines Wörterbuchs.

Das Rind

Meist sagen wir „Kühe", | wenn wir Rinder meinen: | Kühe sind aber nur | die weiblichen Tiere. | Rinder sind schon | seit Jahrtausenden | die wichtigsten Haustiere | des Menschen: | Sie dienten als Arbeitstiere. | Heute sind sie | die wichtigsten | Milch- und Fleischlieferanten. | Unser Hausrind stammt | vom urtümlichen Auerochsen ab. | Inzwischen gibt es viele | verschiedene Rassen, | die nach Fleisch- und Milchrassen | unterschieden werden. |
Rinder sind sehr | geduldige Tiere. | Einen Menschen, | der sich um sie kümmert, | erkennen sie schon | von weitem: | Er wird mit | freundlichem Muhen begrüßt.

7 *Schreibt diesen Text als Partnerdiktat. Die senkrechten Striche geben euch Hinweise auf Lesepausen.*

Die Schreibung der s-Laute: s, ss oder ß?

1 *a) Lest die folgenden Wörter so, dass das **s** zischend und scharf klingt.*

heiß · Wasser · grüßen · Klasse · Gasse

Kloß · stoßen · passt · Kuss · reißen

*b) Lest diese Wörter so, dass das **s** summt wie eine Biene.*

Insel · brausen · also · Wiese · diese · Bremse · Bluse

c) Schreibt alle Wörter im Partnerdiktat.

TIPP

Achtung: Im Süden Deutschlands wird das stimmhafte „s" oft stimmlos gesprochen. Hier haben es die Schülerinnen und Schüler besonders schwer, weil sie nicht hören, wenn man das „s" stimmhaft spricht und es deshalb mit **s** schreibt (zum Beispiel bei *leise* oder *rasen*). In diesem Fall muss man sich die **Schreibweise einprägen** oder im **Wörterbuch nachsehen.**

2 *a) Für die Schreibung ist es wichtig, ob der s-Laut zischend und scharf klingt (stimmloses „s") oder summt (stimmhaftes „s").*

Rasen · Käse · lesen · Preise · Hase · Riese · Messer

Kessel · nieseln · hassen · Rose · Speisen · leise

losen · Dose · Hose · wissen · fleißig · grüßen · Klöße

b) Übertragt die Tabelle in euer Heft und ordnet die Wörter richtig ein.
c) Kennzeichnet die lang ausgesprochenen Vokale mit einem Strich und die kurz ausgesprochenen Vokale mit einen Punkt.

stimmhafter s-Laut	stimmloser s-Laut
Rasen	Kessel
…	…

3 *Für die Schreibung des s-Lautes sind zwei Dinge entscheidend:*
- ☐ *Wird der s-Laut stimmhaft oder stimmlos gesprochen?*
- ☐ *Ist der Vokal vor dem s-Laut kurz oder lang?*

Formuliert zusammen mit einem Partner oder einer Partnerin die Regeln für die s-Schreibung. Die Übungen in Aufgabe 1 und 2 helfen euch dabei.

!

Der s-Laut im Wortinneren

- Der **stimmhafte s-Laut** wird im Wortinneren immer mit einfachem **s** geschrieben, z. B.: *Rasen, leise, losen.*
- Beim **stimmlosen s-Laut** musst du auf den vorangehenden Vokal achten.
  Nach kurzem Vokal schreibt man **ss**, z. B.: *er ha**ss**t, Wa**ss**er, er fri**ss**t.*
  Nach langem Vokal oder **Diphthong** schreibt man **ß**, z. B.: *Klö**ß**e, spa**ß**en, flei**ß**ig, drau**ß**en, au**ß**en.*

4 *Diese Wörter haben alle einen stimmlosen s-Laut im Wortinneren. Achtet auf die Aussprache der Vokale oder Diphthonge vor den s-Lauten und entscheidet dann die Schreibung.*

Blö◎e Stra◎e fa◎en ri◎ig So◎e be◎er

TIPP

Manche Verben haben in ihren Verbformen einen Wechsel von **ss** und **ß**, z. B.: *la**ss**en – sie lie**ß** – sie hat gela**ss**en.*
Auch bei verwandten Wörtern können **ss** und **ß** wechseln, z. B.: *Flu**ss** – flie**ß**en.*
Auch hier gilt: Nach kurzem Vokal schreibt man **ss**. Nach einem langen Vokal oder Diphthong schreibt man **ß**.

5 *Bildet zu diesen Verben die entsprechenden Zeitformen und begründet eure Schreibung.*

wir gießen	→	wir gossen	→	wir haben gegossen
ich verlasse	→	…	→	…
…	←	er floss	→	…
…	←	sie maßen	→	…
…	←	ihr ließt	→	…

6 *Schreibt zu den folgenden Verben verwandte Wörter auf. Achtet dabei auf die unterschiedlichen Schreibungen des stimmlosen s-Lautes.*

fließen: Fluss, Flüsse, Flüsschen, Flusslauf
genießen: …, …
wissen: …, …
beißen: …, …
gießen: …, …
fressen: …, …

7 *Schreibt zu den Pluralformen der folgenden Nomen den Singular auf.*

Nüsse | Schlüsse | Fässer | Bässe | Bisse | Küsse

8 *a) Bildet zu den nebenstehenden Nomen die Pluralformen.*
b) Sprecht die Nomen im Singular und Plural deutlich aus. Wie verändert sich die Aussprache des s-Lautes bei den Pluralformen?

Maus – Mäuse
Gras – ...
Preis – ...
Haus – ...

9 *a) Bildet zu den folgenden Verbformen jeweils den Infinitiv. Sprecht ihn deutlich aus. Achtet auf die stimmhafte oder stimmlose Aussprache des s-Lautes.*

ihr lest | sie reist | sie löst | er niest | ihr grüßt

b) Begründet die Schreibung der Verbformen mit Hilfe der folgenden Hinweise.

!

Der s-Laut am Wortende
Die Schreibung des s-Lautes am Wortende richtet sich danach, ob dem s-Laut ein kurzer Vokal oder ein langer Vokal oder ein Diphthong vorangeht.
Nach kurzem Vokal steht fast immer **ss**, z. B.: *der Biss – die Bisse.*
Nach einem langen Vokal oder **Diphthong** stehen die Buchstaben **s** oder **ß**.
Die Verlängerungsprobe hilft dir bei der Schreibung:
Wenn der **s-Laut** in der Wortverlängerung **stimmlos** ist, schreibst du **ß**, z. B.: *sie heißt – heißen, der Spaß – die Späße.*
Wenn der **s-Laut** in der Wortverlängerung **stimmhaft** ist, schreibst du **s**, z. B.: *das Haus – die Häuser, er niest – niesen.*

Eine böse Bisswunde

Gestern lief ich mit Astor durch die Spielwiesen am Fluss. Dort befreite ich den Hund von der Fessel der Leine und ließ ihn frei laufen. Astor sprang davon. Plötzlich tauchte ein fremder Hund auf, so groß wie ein Kalb. Er stürzte wie besessen auf Astor los. Sofort hatten sich die beiden Tiere ineinander verbissen.

10 *Übt diesen Text im Partnerdiktat und überprüft dann gemeinsam die Schreibung der s-Laute.*

Man hat's nicht leicht als Ganove

„Wie ich dieses ständige Herumhasten ha☆e!“, schimpfte Ede und fragte seinen langjährigen Kumpel und Geno☆en Paule, ob es ihm genauso gehe.

„Ach, wei☆t du“, lispelte der vor sich hin, „so schlimm finde ich unser ra☆antes Leben gar nicht. Geruh☆am ist es nicht, da hast du schon Recht; meistens befindet man sich auf der Flucht, in der Angst, dass die Polizei einen einkrei☆t; immer kann etwas Unvorhergesehenes pa☆ieren. Aber das hält doch auch jung, meinst du nicht?“

„Na, du mu☆t es ja wi☆en“, brummte Ede, „ich für mein Teil hätte gegen ein wenig mehr Mu☆e nichts einzuwenden. Neulich wollte ich wieder mal ein wenig durch die Stra☆en flanieren. Ich biege gerade in ein äu☆erst schmales Gä☆chen ein, da sehe ich fünfzig Meter vor mir zwei Polizisten. ‚Gro☆er Gott‘, denke ich, ‚das kann ja heiter werden. Nur mal nicht zu ausgela☆en sein!‘ Ganz na☆ geschwitzt bin ich schon, als ich die beiden pa☆iere. Ich schaue so harmlo☆ in die Gegend, wie das nur möglich ist. ‚Ihnen steht ja der Schwei☆ in Perlen auf der Stirn‘, sagt der Größere der beiden im Vorübergehen zu mir, ‚ist Ihnen nicht gut?‘ ‚Nein, es geht schon, ich sollte nur irgendwo einen Schluck Wa☆er trinken, ich habe gerade zu lange in der hei☆en Sonne gese☆en‘, bringe ich mühsam hervor. ‚Gehen Sie doch zum Flu☆ hinab‘, sagt der andere, ‚da gibt es einen rie☆igen Brunnen.‘ ‚Verbindlichsten Dank!‘, schlie☆e ich und verdrücke mich um die Ecke. Na, was meinst du, wie ich gera☆t bin! Junge, jetzt schmei☆ die Beine in die Luft!, dachte ich mir. Geradezu durch die Ga☆en gescho☆en bin ich! Du hättest mich sehen sollen. Und von wegen Wa☆er im Brunnen am Flu☆! In eine Kneipe bin ich gegangen und habe einen Schnaps gesoffen, na, ich mein geno☆en!“

11 *In diesem Text fehlen die s-Laute in den Wörtern.*

a) Schreibt die Wörter, bei denen der s-Laut fehlt, vollständig in euer Heft. Achtet dabei auf die stimmhafte oder stimmlose Aussprache des s-Lautes. Wenn ihr bei der Schreibung eines Wortes unsicher seid, sucht die passende Regel zur Schreibung des s-Lautes (▷ S. 169–170).

b) Überprüft die Schreibung der Wörter mit eurem Nachbarn oder eurer Nachbarin. Schlagt besonders schwierige Wörter im Wörterbuch nach.

Trennungsschmerz bei Silben und Wörtern

München – Munich – Monaco
Weltstadt mit „Herz"
Stadtpanorama mit Alpenkette
(ganz rechts: Zugspitze, 2964 m)

Liebe Eva,
wie du weißt, bin ich auf
Klassenfahrt in München.
Ich muss dir unbedingt
von unserem Stadtrundgang
erzählen. Wir waren auf
dem Alten Peter, einem
sehr hohen Kirchturm.
Von dort aus konnten wir
sogar die Alpen erkennen.
Du musst auch mal nach
München kommen.
Bis bald,
deine Sophie

An:
Eva Moser
Lutzstraße 4
86157 Augsburg

© Fotoverlag HUBER • 82467 Garmisch-Partenkirchen Tel. 0 88 21 / 9 33 30
Nr. 8852
OP

1 *Das sieht nicht gut aus! Dabei sind die Wörter kinderleicht zu trennen. Die Silben, die man bei einem mehrsilbigen Wort trennen kann, könnt ihr beim langsamen, betonten Sprechen hören.*
- *a) Lest die schwer entzifferbaren Wörter auf Sophies Postkarte so, dass ihr die Sprechsilben deutlich hört.*
- *b) Schreibt dann die Wörter mit Silbentrennstrichen auf.*

!

Silbentrennung
Grundregel: Mehrsilbige Wörter trennt man nach **Sprechsilben,** die man bei langsamem, betontem Sprechen hören kann, z. B.: „Spa-zier-gang", „Rei-he", „heu-te".
Ein einzelner Vokalbuchstabe am Wortanfang oder -ende wird nicht abgetrennt, z. B.: „Igel", „Kleie".
Von mehreren Konsonanten trennt man nur den letzten ab, z. B.: „Damp-fer", „Kat-ze", „Schüs-sel", „schmat-zen", „Fin-ger".
Achtung: Die Buchstabenverbindung „ck" steht für einen Laut und wird nicht getrennt, z. B.: „ba-cken", „De-ckel", „Zu-cker".

2 *Trennt diese Wörter nach Sprechsilben und schreibt sie mit Silbentrennstrichen auf.*

Vermutung	wenig	Museum
individuell	Eier	Büro
Familie	Narbe	Ruine
bestimmen	bauen	

3 *Welche Wörter reimen sich?*

trocken	lecken	Locken	knicken	Hecke
schlecken	Schnecke	kleckern	flicken	meckern

Findet die Reimpaare und schreibt sie nebeneinander mit ihren Silbentrennstrichen auf.
le-cken – schle-cken
...

4 *Und wo könnt ihr hier die Trennungsstriche setzen?*

Weste – ...	musste – ...	Karpfen – ...
fressen – ...	Kastanie – ...	kratzen – ...
Zeugnis –	Mäuschen – ...	springen – ...
sprechen – ...	wechseln – ...	winken – ...

Fremdwörter – fremde Wörter

Coole Kiste

An der künstlichen Intelligenz von Computern forschen Wissenschaftler wenigstens seit zwei Jahrzehnten. Aber so richtig clever sind die Elektronengehirne bisher noch nicht geworden.
Doch nun stehen offenbar erste Erfolge bevor. Und wo sollen die denkenden Maschinen Einzug halten? Britischen Wissenschaftlern schwebt die Küche vor. Genauer: ein Computer-

Kühlschrank. Der liest den Code auf Lebensmittelverpackungen und zeigt in einem Inhaltsverzeichnis an, was da so alles in der Kälte auf den Verzehr wartet.
Die coole Kiste könnte – an die Telefonleitung angeschlossen – im Supermarkt sogar automatisch Produkte bestellen, wenn Mayonnaise oder Kaffee zur Neige gehen.
Aber was, wenn der intelligente Kühlschrank mal eben seinen intelligenten Kollegen bei den Nachbarn anruft und beide ihre Inhaltsverzeichnisse austauschen?
Aber das ist wohl die Logik: In der schönen, neuen Datenwelt braucht der informierte Bürger natürlich auch einen informierten Kühlschrank.

1 *a) Schreibt alle Fremdwörter aus dem Text heraus.*
b) Schlagt unbekannte Fremdwörter im Wörterbuch nach.
c) Überlegt, welche Wörter euch heute noch „fremd" erscheinen.

2 *Bestimmt mit Hilfe eines Wörterbuchs die Herkunft der Fremdwörter und ordnet sie in eine Tabelle ein.*

Aus dem Englischen	Aus dem Französischen	Aus dem Lateinischen	Aus dem Griechischen
...	...	...	...
...	...	...	...

!

Fremdwörter

Fremdwörter sind aus fremden Sprachen übernommene Wörter. In ihrer Aussprache und Schreibung richten sie sich meist nach den Regeln ihrer Herkunftssprache, z. B.: *Saison, Teenager.*

Viele Fremdwörter kann man an ihren **Suffixen** (Endungen) erkennen, z. B.: *konstru**ieren**, Faszina**tion**, Reali**tät**.*

Adjektive haben oft die Suffixe **-iv** oder **-(i)ell**, z. B.: *finanz**iell**, aktu**ell**, intens**iv**, effekt**iv**.*

3 *a) Schreibt die Verben untereinander in eure Hefte und unterstreicht die Suffixe.*

b) Bildet zu den Verben die dazugehörenden Nomen und schreibt sie auf.

konstru<u>ieren</u>: die Konstruk<u>tion</u>, der Konstrukt<u>eur</u>

c) Ordnet die Wörter nach ihren Suffixen in eine Tabelle ein und ergänzt jede Spalte um eigene Beispiele.

organisieren, animieren, dekorieren, konzentrieren, diskutieren, installieren, reagieren, konstruieren, illustrieren, montieren, informieren, massieren

4 *Im Supermarkt findet ihr viele Produkte, deren Bezeichnungen aus anderen Sprachen stammen.*

a) Schlagt die nebenstehenden Wörter im Wörterbuch nach. Was stellt ihr fest?

b) Sucht selbst Fremdwörter, in denen beide Schreibweisen möglich sind, und schreibt sie nebeneinander auf. Ihr könnt dazu ein Wörterbuch benutzen.

c) Sprecht gemeinsam mit einem Partner oder einer Partnerin darüber, welche Schreibweise euch geläufiger ist.

Pommes frites
Spaghetti
Shampoo
Creme
Nougat
Mayonnaise

5 *Warum übernehmen wir fremde Wörter in unsere Sprache? Tragt Gründe zusammen und diskutiert darüber.*

10 Wir lesen Fabeln

10.1 Fabeln erzählen, lesen, untersuchen

1 *Die in diesen Bildern ganz unterschiedlich dargestellte Geschichte ist einigen von euch sicherlich bekannt. Erzählt sie reihum nach und versucht dabei, eure Geschichte dem jeweiligen Bild anzupassen.*

Martin Luther

Vom Raben und Fuchs

Martin Luther (1483–1546), der Begründer der evangelischen Kirche, lebte in Wittenberg. Er hat die Bibel ins Deutsche übersetzt, aber auch Fabeln aus früheren Epochen für die Menschen seiner Zeit umgeschrieben.

Ein Rab hatte einen Käse gestohlen und satzte sich auf einen hohen Baum und wollte zehren. Als er aber seiner Art nach nicht schweigen kann, wenn er isset, höret ihn ein Fuchs uber dem Käse käcken[1] und lief zu und sprach: „O Rab, nu hab ich mein Lebtag nicht schöner Vogel gesehen von Federn und Gestalt, denn du bist. Und wenn du auch so eine schöne Stimme hättest zu singen, so sollt man dich zum Könige krönen über alle Vögel."

Den Raben kützelt solch Lob und Schmeicheln, fing an, wollt sein schönen Gesang hören lassen, und als er den Schnabel auftät, emfiel ihm der Käse, den nahm der Fuchs behend, fraß ihn und lachet des törichten Rabens.

Hüt dich, wenn der Fuchs den Raben lobt, hüt dich für Schmeichlern, so schinden und schaben etc.[2]

1 **käcken:** krächzen
2 **etc.:** und so weiter

1 *Erstellt in eurem Heft eine Tabelle der sprachlichen Besonderheiten dieser Geschichte, die sich vom heutigen Deutsch unterscheiden.*
Achtet auf Wortwahl, Rechtschreibung und Satzbau. Listet links Luthers Formulierungen auf und übertragt sie rechts in heutiges Deutsch.

2 *Formuliert den letzten Satz mit eigenen Worten.*

3 *Aus welchen Gründen wird die Geschichte wohl erzählt?*

4 *Die Geschichte vom Fuchs und vom Raben nennt man eine Fabel.*
Führt folgende Sätze zu Ende:

Eine Fabel ist …

In der Fabel handeln …

Aus einer Fabel kann man etwas über … erfahren.

Am Ende einer Fabel steht oft …

Äsop, der erste Fabeldichter

Seit mehr als 2500 Jahren haben Dichter sich Fabeln ausgedacht. Dabei wählten sie oft die gleichen Tiere und Geschichten. Nur die Lehren, die sie aus den Geschichten ableiten, sind manchmal andere. Ihre Absicht, den Menschen ihrer Zeit die Wahrheit zu sagen, ist die gleiche geblieben. – Äsop, der erste uns bekannte Fabeldichter, war ein griechischer Sklave und lebte im 6. Jahrhundert vor Christi Geburt in der Stadt Delphi. Von ihm wird erzählt, dass er mit seinen Fabeln den Zorn seiner Mitbewohner erregte. Er wurde verurteilt und von einem Felsen gestürzt. So sah das der Zeichner, der die erste Übersetzung der Äsop'schen Fabeln ins Deutsche vor ungefähr 500 Jahren illustriert hat.

1 *Beschreibt, was ihr auf den Bildern seht.*

2 *Erfindet eine Geschichte, in der das Ende des Äsop erzählt wird: „So könnte es gewesen sein: Des Fabeldichters trauriges Ende. Mit einer Moral versehen von ..."*

Äsop

Die Ameise und die Grille

Es war kalter Winter, und Schnee fiel vom Olymp[1]. Die Ameise hatte zur Erntezeit viel Speise eingetragen und ihre Scheuern damit angefüllt. Die Grille hingegen kauerte in ihrem Loch und litt gar sehr, von Hunger und arger Kälte geplagt. Sie bat darum die Ameise, ihr von ihrer Speise abzugeben, damit sie davon essen könne und nicht zu sterben brauche. Doch die Ameise sprach zu ihr: „Wo warst du denn im Sommer? Warum hast du zur Erntezeit nicht Speise eingetragen?" Darauf die Grille: „Ich ha-

1 **Olymp:** nach Vorstellung der alten Griechen der Wohnsitz der Götter

be gesungen und mit meinem Gesang die Wanderer erfreut.“ Da lachte die Ameise laut und rief: „So magst du im Winter tanzen!“

Die Fabel zeigt, dass es nichts Besseres gibt, als für die notwendige Nahrung zu sorgen, und dass man sich nicht bei Lust und Tanz ergehen soll.

1 *Spielt die Fabel in drei Rollen: Ameise, Grille und ein Erzähler.*

2 *Formuliert weitere Lehren zur Fabel mit eigenen Worten und vergleicht eure Fassungen.*

3 *Beschreibt den inhaltlichen Aufbau der Fabel.*

Jean de La Fontaine

Die Grille und die Ameise

Jean de La Fontaine (1621–1695) lebte am Hofe des „Sonnenkönigs“ Ludwig XIV. in Paris und Versailles. La Fontaine schrieb für die adlige Hofgesellschaft viele Fabeln und witzige kurze Geschichten.

Die Grille trällerte und sang
den ganzen lieben Sommer lang
und fand sich plötzlich sehr beklommen,
als der Nordwind war gekommen:
Im Haus war nicht ein Bröselein
Regenwurm und Fliegenbein.
Hunger schreiend lief sie hin
zur Ameis’, ihrer Nachbarin,
mit der Bitte, ihr zu geben
etwas Korn zum Weiterleben
nur bis nächstes Jahr:
„Ich werd Euch zahlen“, sprach sie gar,
„noch vor Verfall, mein Grillenwort,
Hauptstock, Zinsen und so fort.“
Die Ameis’ aber leiht nicht gern;
sie krankt ein wenig an Knausrigkeit:
„Was triebt Ihr denn zur Sommerzeit?“,
fragt sie die Borgerin von fern.
„Da war ich Tag und Nacht besetzt,
ich sang und hatte viel Applaus.“
„Gesungen habt Ihr? Ei der Daus,
wohlan, so tanzet jetzt!“

1 *Tragt die Fabel in der Klasse vor.*

2 *Klärt im Klassengespräch die Begriffe, die ihr nicht versteht.*

3 *a) Beschreibt die Gestaltung der Fabel und vergleicht diese mit der von Äsop (*▷ *S. 177/178**).*
b) Legt in eurem Heft eine Tabelle an, in der ihr die Gemeinsamkeiten und die Unterschiede der beiden Fabeln auflistet.

Georg Born

Sie tanzte nur einen Winter

Es war Sommer. Auf einer Wiese, wo sich die Blumen im weichen Winde wiegten, saß eine Grille. Sie sang. Am nahen Waldrand eilte geschäftig eine Ameise hin und her. Sie trug Nahrung für den Winter zusammen. So reihte sich Tag an Tag. Der Winter kam. Die Ameise zog sich in ihre Wohnung zurück und lebte von dem, was sie sich gesammelt hatte. Die sorglose Grille aber hatte nichts zu nagen und zu beißen. In ihrer Not entsann sie sich der fleißigen Ameise. Sie ging zu ihr, klopfte an und bat bescheiden um ein bisschen Nahrung. „Was hast du im Sommer getan?", fragte die Ameise hintergründig, denn sie liebte die Tüchtigkeit über alles. „Ich habe gesungen", antwortete die Grille wahrheitsgetreu. „Nun gut, dann tanze!", antwortete die Ameise boshaft und verschloss die Tür. Die Grille begann zu tanzen. Da sie es gut machte, wurde sie beim Ballett engagiert. Sie tanzte nur einen Winter und konnte sich dann ein Haus im Süden kaufen, wo sie das ganze Jahr singen konnte.
Moral: Ein guter Rat ist oft mehr wert als eine Scheibe Brot.

1 *Spielt die Fabel.*

2 *Diskutiert darüber, ob der Lehrsatz heutzutage eine Handlungsanweisung darstellen kann.*

3 *Warum hat Born die Handlung der Fabel Äsops (▷ S. 177/178) verändert? Begründet eure Ansicht.*

Helmut Arntzen

Grille und Ameise

„Was das Singen und Arbeiten betrifft, so habe ich schon deiner Mutter gute Ratschläge gegeben", sagte die Ameise zur Grille im Oktober. „Ich weiß", zirpte die, „aber Ratschläge für Ameisen."

1 *Formuliert die Moral dieser Fabel.*

2 *Teilt euch in Gruppen auf und spielt noch einmal die verschiedenen Fassungen der Fabel von der Grille und der Ameise (▷ S. 177–179).*

3 *Besprecht in Kleingruppen, welche Fassung der Fabel euch am besten gefällt. Begründet eure Meinung.*

10.2 Fabeln schreiben

Erich Fried

Der Mausefall

Die Krotts hatten eine entartete Maus
die machte sich aus Speck nichts draus
Die Putzfrau ging fort und spie Gift und Galle:
„Das Biest lässt den Speck stehn und
frisst nur die Falle“

Da fand Vater Krott es sei eine Katze
in so einem Fall zur Entmausung am Platze
Doch die Maus fing die Katze und fraß sie fast ganz
Vor dem Mauseloch fand man nur Krallen und Schwanz

Drum hat dann Frau Krott von Sorge gequält
die Sache befreundeten Nachbarn erzählt
Die fanden dass so etwas merkwürdig sei
und verständigten heimlich die Polizei

Da wurden die Krotts polizeilich verhört
und man hielt sie natürlich für geistesgestört
So kamen sie alle ins Irrenhaus
In der Villa Krott wohnt jetzt nur noch die Maus

1 *Erich Fried hält sich in seiner Fabel nicht an die Regeln der Zeichensetzung. Schreibt den Text ab und ergänzt dabei Kommas sowie Satzschlusszeichen.*

2 *Was hätten die Krotts noch alles anstellen können, um diese Maus loszuwerden?*

3 *a) Zeichnet Herrn Krott, der selbst Jagd auf die Maus macht.*
b) Erfindet einen Dialog zwischen den beiden.

4 *Vergleicht die sonderbare Maus der Krotts mit den Mäusen in anderen Fabeln, Geschichten, Comics und Filmen, die ihr kennt.*

Rafik Schami

Das letzte Wort der Wanderratte

Rafik Schami wurde 1946 in Damaskus geboren und lebt seit 1971 in der Bundesrepublik. Er schreibt seine „Märchen, Fabeln & fantastischen Geschichten“ in deutscher Sprache.
In der folgenden Fabel-Erzählung spricht eine alte Wanderratte zu den anderen Ratten. Sie stammt aus Ägypten und ist mit einem Getreideschiff bis nach Europa gekommen. Überall trifft sie auf Ratten und auf deren Feinde, die Menschen.

Ob auf den Feldern oder in den Kellern der Häuser, überall fand ich Freunde! Welch eine Bereicherung war das für mich, mit euch zu leben! Reich ist unsere Gemeinschaft an Erfahrung durch die vielen Rattenvölker, die sie bilden. Die Sparsamkeit der Wüstenratten paart sich mit der Großzügigkeit der Weidenbewohner. Wir genießen gerne und hungern nie. Die Erfahrung der Brüder aus dem Norden, mit der sie jede Kälte überleben können, vermischt sich mit den Erfahrungen der Brüder aus dem Süden, wo die Hitze manchmal tödlich wird. Wir sind jedem Wetter gewachsen. Das ist unsere Stärke. So nah beieinander und doch so verschieden.
Seht euch unsere Brüder und Schwestern, die Laborratten, an. Seitdem sie in die Hände der Menschen gefallen sind, macht sie der Mensch blass wie der Schnee und pfercht sie in Käfige. Seitdem reden sie nicht mehr miteinander. Sie haben einander nichts mehr zu sagen, weil sie nur noch Spiegelbilder ihrer selbst sind. Sie leben nicht. Sie warten auf den Tod. Sie schlafen nach Uhren, essen und trinken nach Uhren und bekommen Spritzen nach Uhren.
Einst schlich ich vom Garten durch ein offenes Fenster ins Labor. An die hundert Schwestern und Brüder piepsten erbärmlich in einem eisernen Käfig. Ich kochte vor Wut und vergaß meinen Hunger. Stundenlang dauerte mein Kampf mit dem Riegel, bis ich die Tür aufmachen konnte. Verschwitzt rief ich ihnen zu, sie sollten sich beeilen. Denkt ihr, sie hätten sich gefreut wie eine der Unsrigen, der aus der Falle geholfen wurde und die die Schmerzen eines blutenden Beines im freudigen Jubel unserer Gemeinschaft vergisst? Sie schauten mich nur mit stumpfen, roten Augen an. Und was nun? Rennt doch weg! Die schöne Nacht im Wald wartet auf euch. Die hellen Sterne erleuchten euch den Weg. Und wer wird uns das Frühstück bringen?, fragten die einen. Habt ihr Uhren?, wollten andere wissen. Ich erklärte ihnen, dass die Freiheit besser schmeckt als alle Uhren der Welt. Aber der Mensch hat ihren Geist vergiftet und in ihre Herzen unsichtbare Riegel gepflanzt, die keine Ratte der Welt mehr zertrümmern kann. Sie verstanden meine Worte nicht und lachten über die Freiheit. Ja, einige fingen sogar an, sich lustig über mein verdrecktes Fell zu machen, und sagten mir, lieber blieben sie im Käfig und behielten dafür ihr samtweiches Fell, das ihnen der Mensch geschenkt habe. Was für ein Wahnsinn! Keine Ratte dächte im Traum daran, hochnäsig zu werden, nur weil sie ein rötliches oder braunes Fell hat.

1 *a) Welche Eigenschaften des Rattenvolkes sind für die Wanderratte wichtig?*
b) Formuliert eine Moral zu dieser Fabel.

2 *Erfindet ein Gespräch zwischen einer weißen, zahmen und einer braunen, wilden Ratte. Versucht daraus eine Fabel zu machen. Die folgende Beschreibung (▷ S. 182) kann euch dabei helfen.*

Die Fabel

Fabel (von lateinisch „fabula“ = Rede oder Erzählung) bezeichnet eine **Form der lehrhaften Dichtung.** Die Fabel ist zumeist die Darstellung eines allgemeinen moralischen **Lehrsatzes in Form einer Tiergeschichte.** In dieser zeigen die handelnden Tiere menschliche Eigenschaften: Der Fuchs wird zum Beispiel als schlau, der Wolf als gierig, der Bär als stark, aber dumm geschildert. Fabeln werden in allen Kulturen der Erde seit Jahrtausenden erzählt. Meist wird die Lehre der Fabel vorab oder am Ende der Geschichte als „Moral“ eigens formuliert.
Sehr berühmt sind die Fabeln des griechischen Sklaven Äsop (▷ S. 177–178) aus dem 6. Jahrhundert vor Christus, die später aufgeschrieben und immer wieder bearbeitet wurden. Die Fabel-Sammlungen von Phädrus und Avianus (um 400) sowie andere lehrhafte Prosasammlungen waren als Schullektüren in ganz Europa verbreitet.

Phädrus

Der Hund und der Wolf

Wie süß die Freiheit, will ich kurz erzählen.
Dem feisten Hund begegnet einst der Wolf,
Fast zum Geripp’ verkommen; sich begrüßend
Stehn still sie: „Sprich, wie kommst du zu dem Fett
Und was hat solchen Wanst dir angemästet?
Ich, der viel stärker, sterbe hier vor Hunger.“
Treuherzig darauf der Hund: „Kannst’s auch so haben,
Magst du dem Herrn die gleichen Dienste leisten.“
„Die sind?“, fragt der. – „Dass du das Tor bewachst
Und nachts das Haus vor Dieben treu beschützest.“
„Das tu ich wahrlich! Jetzt bei Schnee und Regen
Schlepp ich im Wald ein saures Leben hin.
Weit mehr behagt mir’s, unter Dach zu leben
Und mühlos mich am reichen Fraß zu sätt’gen.“
„So komm mit mir!“ Im Gehn erblickt der Wolf
Des Hundes Hals, berieben von der Kette:
„Woher das, Freund?“ – „Ach, nichts!“ – „Sag’s dennoch, bitt ich.“
„Weil ich zu heftig bellte, legt man tags mich an,
Um dann zu ruhn und erst des Nachts zu wachen.
Befreit, wenn’s dämmert, schweif ich, wo mir’s gutdünkt.
Man bringt von selbst mir Brot, vom Tisch des Herrn
Gibt’s Knochen, Bissen wirft mir das Gesinde
Und was von Zukost jeder selbst nicht mag.
So füllt sich ohne Arbeit mir der Bauch.“
„Hör! Steht dir’s frei zu gehn, wohin du Lust hast?“
„Nicht völlig.“ – „Hund, genieße, was du anpreist;
Kein König mag ich sein, bin ich mein Herr nicht!“

1 *Verfasst einen Bericht, den der Wolf in Phädrus' Fabel (▷ S. 182) den anderen Wölfen seines Rudels über die Hunde gibt. Der Wolf schließt mit einer Empfehlung an seine Artgenossen, wie sie sich verhalten sollen.*

2 *Vergleicht die Fabel des Phädrus mit der von Rafik Schami (▷ S. 181).*

Wilhelm Busch

Das Rabennest

①

Zwei Knaben, jung und heiter,
Die tragen eine Leiter.

②

Im Nest die jungen Raben,
Die werden wir gleich haben.

③

Da fällt die Leiter um im Nu,
Die Raben sehen munter zu.

④

Sie schreien im Vereine:
„Man sieht nur noch die Beine!"

Wilhelm Busch

Der fliegende Frosch

Wenn einer, der mit Mühe kaum
Gekrochen ist auf einen Baum,

Schon meint,
Dass er ein Vogel wär,

So irrt sich der.

1 *Die beiden Bildgeschichten von Wilhelm Busch (* ▷ *S. 183/184)* *könnt ihr leicht in Fabeln umschreiben:*
a) Erfindet Vorgeschichten zu dem, was auf den Bildern zu sehen ist. Eure Vorgeschichten werden besonders lebendig, wenn sie Dialoge enthalten.
b) Schreibt eine Fortsetzung für eure Geschichte, aus der sich eine Lehre ergibt. Diese kann in der Geschichte „versteckt" sein oder direkt als „Moral" formuliert werden.

2 *Zeichnet selbst Bilder zu euren Texten.*

Projekt: Wir schreiben ein Fabelbuch

1 *Das folgende Gedicht fasst zusammen, auf was ihr beim Schreiben von Fabeln achten müsst. Entwickelt daraus einen Stichwortzettel, den ihr bei eurer Arbeit immer vor Augen habt.*

Aus dem Kochbuch für große Dichter
Ein fabelhaftes Menü
Man nehme Tiere, am besten zwei,
wörtliche Rede sei auch dabei.
Jedes Tier steht für eine Eigenschaft,
die es dem Menschen sehr ähnlich macht.
Denn der soll was lernen aus der Geschicht,
drum gehört eine Lehre in dieses Gericht.
Den Leser unterhalten soll dieses Essen,
deswegen die Überraschung nicht vergessen.
Zum Schluss noch die Würze:
beachte die Kürze!
Sonja Krack

2 *Jede/-r von euch schreibt eine Fabel.*
a) Überlegt euch, wo eure Fabel spielen könnte:

- an der Schule
- im Freundeskreis
- im Sportverein
- ...

b) Sammelt Situationen, aus denen sich eine moralische Lehre ergibt:

- jemand kommt immer zu spät
- jemand vergisst immer wieder etwas
- jemand setzt sich durch eine List gegen einen Stärkeren durch
- ...

c) Wählt eine der Situationen aus, erfindet eine kleine Geschichte dazu und formuliert abschließend eine „Moral“.
d) Entscheidet, welche Tiere zu eurer Fabel passen. Dabei könnt ihr euch an die üblichen Fabeltiere mit den bekannten Eigenschaften halten, aber auch neue Tiere wählen, die für die Figuren eurer Geschichte besonders geeignet erscheinen.

3 *Erstellt die Endfassung eurer Fabel mit dem Computer. Achtet auf einen sinnvollen Aufbau der Geschichte, auf eine lebendige sprachliche Gestaltung sowie auf die korrekte Rechtschreibung und Zeichensetzung (*▷ S. 271*).*

4 *a) Vereinbart einen Termin, an dem alle ihre Fabel fertig gestellt haben müssen.*
b) Lest euch die Fabeln gegenseitig vor. Besprecht bei jeder Fabel, was ihr daran gut findet und was man noch verbessern könnte.
c) Legt einen Endtermin fest, an dem ihr eure verbesserten Fabeln zusammentragt.

5 *Verteilt die abschließenden Aufgaben zur Gestaltung eures Fabelbuchs. Achtet besonders auf die folgenden Punkte:*

- ☐ *Anordnung der Fabeln*
- ☐ *Anlage der Seiten (Ränder, Schriftbild)*
- ☐ *Bilder (selbst gestaltet oder aus Zeitschriften ausgeschnitten)*
- ☐ *Seitenzahlen*
- ☐ *Inhaltsverzeichnis*
- ☐ *Umschlag*
- ☐ *Vervielfältigung*
- ☐ *Heftung oder Bindung*

10.3 Fabeln erkennen und unterscheiden

Johann Wolfgang Goethe

Die Frösche

Ein großer Teich war zugefroren;
Die Fröschlein, in der Tiefe verloren,
Durften nicht ferner quaken noch springen,
Versprachen sich aber, im halben Traum:
Fänden sie nur da oben Raum,
Wie Nachtigallen wollten sie singen.
Der Tauwind kam, das Eis zerschmolz,
Nun ruderten sie und landeten stolz
Und saßen am Ufer weit und breit
Und quakten wie vor alter Zeit.

1 *Tragt Goethes Gedicht in der Klasse vor.*

2 *Handelt es sich bei dem Text um eine Fabel? Sammelt Argumente für und gegen diese Ansicht.*

3 *Diskutiert darüber, wie man das Gedicht verstehen kann.*

Textarten vergleichen

1 *Tiere kommen nicht nur in Fabeln, sondern auch in anderen Textarten vor. Wenn ihr die folgenden Geschichten vergleicht, werdet ihr schnell Unterschiede feststellen. Bildet dazu drei Gruppen (ihr könnt eine Gruppe auch mehrfach vergeben):*
- *Gruppe 1 liest die Geschichte vom Froschkönig (▷ S. 187–189).*
- *Gruppe 2 liest „Der Frosch, der dem Stier an Größe gleichen wollte" (▷ S. 189) und „Ausgehackte Frösche" (▷ S. 190).*
- *Gruppe 3 liest „Der Frosch, der dem Stier an Größe gleichen wollte" (▷ S. 189) und „Der heilige Pirmin" (▷ S. 190).*

2 *a) Jede Gruppe übt zuerst das möglichst ausdrucksvolle Vorlesen ihrer Geschichte.*
b) Dann bearbeitet ihr in euren Gruppen die Aufgaben der Tabelle auf Seite 187 für euren Text oder eure Texte. Die gesamte Tabelle und eure Ergebnisse übertragt ihr, am besten über zwei DIN-A4-Seiten, in euer Heft.
c) Wenn alle ihre Arbeitsaufträge erledigt haben, lesen die Mitglieder der einzelnen Gruppen ihre Texte vor. Anschließend erläutern sie ihre Arbeitsergebnisse. Bei Meinungsverschiedenheiten muss diskutiert werden.
d) Alle Schüler/-innen überprüfen, berichtigen und vervollständigen ihre Hefteinträge.

	Der Froschkönig	Der Frosch, der dem Stier an Größe gleichen wollte	Ausgehackte Frösche	Der heilige Pirmin
Hauptpersonen/ Helden	Frosch, Prinzessin	...	...	...
weitere Personen und Figuren	...	...	...	...
Inhalt der Geschichte in Stichworten	...	...	...	...
Eigenschaften der dargestellten Tiere	...	...	...	...
Besonderheiten der Geschichte	...	...	...	...
Textart	Märchen	...	...	...

Jacob und Wilhelm Grimm

Der Froschkönig oder Der Eiserne Heinrich

In den alten Zeiten, wo das Wünschen noch geholfen hat, lebte ein König, dessen Töchter waren alle schön, aber die jüngste war so schön, dass sich die Sonne selber, die doch so vieles gesehen hat, darüber verwunderte, so oft sie ihr ins Gesicht schien. Nahe bei dem Schlosse des Königs lag ein großer, dunkler Wald und in dem Walde unter einer alten Linde war ein Brunnen: Wenn nun der Tag recht heiß war, so ging das Königskind hinaus in den Wald und setzte sich an den Rand des kühlen Brunnens, und wenn sie Langeweile hatte, so nahm sie eine goldene Kugel, warf sie in die Höhe und fing sie wieder; und das war ihr liebstes Spielwerk.

Nun trug es sich einmal zu, dass die goldene Kugel der Königstochter nicht in das Händchen fiel, das sie ausgestreckt hatte, sondern neben vorbei auf die Erde schlug und geradezu ins Wasser hineinrollte. Die Königstochter folgte ihr mit den Augen nach, aber die Kugel verschwand, und der Brunnen war tief und gar kein Grund zu sehen. Da fing sie an zu weinen und weinte immer lauter und konnte sich gar nicht trösten. Und wie sie so klagte, rief ihr jemand zu: „Was hast du vor, Königstochter, du schreist ja, dass sich ein Stein erbarmen möchte." Sie sah sich um, woher die Stimme käme, da erblickte sie einen Frosch, der seinen dicken, hässlichen Kopf aus dem Wasser streckte. „Ach, du bist's, alter Wasserpatscher", sagte sie, „ich weine über meine goldne Kugel, die mir in den Brunnen hinabgefallen ist." – „Gib dich zufrieden", antwortete der Frosch, „ich kann wohl Rat schaffen, aber was gibst du mir, wenn ich dein Spielwerk wieder heraufhole?" – „Was du willst, lieber Frosch", sagte sie, „meine Kleider, meine Perlen und Edelsteine, dazu die goldne Krone, die ich trage." Der Frosch antwortete: „Deine Kleider, deine Perlen und Edelsteine, deine goldne Krone, die mag ich nicht. Aber wenn du mich lieb haben willst, und ich soll dein Geselle und Spielkamerad sein, an deinem Tischlein neben dir sitzen, von deinem goldnen Tellerlein essen, aus deinem Becherlein trinken, in deinem Bettlein schlafen: Wenn du mir das versprichst, so will ich dir die goldne Kugel wieder aus dem Grunde hervorholen." – „Ach ja", sagte sie, „ich versprech dir alles, wenn du mir nur die Kugel wiederbringst." Sie dachte aber: „Was der einfältige Frosch schwätzt, der sitzt im Wasser bei seinesgleichen und quakt und kann keines Menschen Geselle sein."

Der Frosch, als er die Zusage erhalten hatte, tauchte seinen Kopf unter, sank hinab, und über ein Weilchen kam er wieder heraufgerudert, hatte die Kugel im Maul und warf sie ins Gras. Die Königstochter war voll Freude, als sie ihr schönes Spielwerk wieder erblickte, hob es auf und sprang damit fort. „Warte, warte", rief der Frosch, „nimm mich mit, ich kann nicht so laufen wie du." Aber was half ihm, dass er ihr sein „Quak, Quak!" so laut nachschrie, als er konnte! Sie hörte nicht darauf, eilte nach Haus und hatte bald den armen Frosch vergessen, der wieder in den tiefen Brunnen hinabsteigen musste.

Am andern Tage, als sie mit dem König und allen Hofleuten an der Tafel saß und von ihrem goldnen Tellerlein aß, da kam, plitsch platsch, plitsch platsch, etwas die Marmortreppe heraufgekrochen, und als es oben angelangt war, klopfte es an der Tür und rief: „Königstochter, jüngste, mach mir auf." Sie lief und wollte sehen, wer draußen wäre, als sie aber aufmachte, so saß der Frosch davor. Da warf sie die Tür hastig zu, setzte sich wieder an den Tisch und war ihr ganz angst. Der König sah, dass ihr das Herz gewaltig klopfte, und sprach: „Ei, was fürchtest du dich, steht etwa ein Riese vor der Tür und will dich holen?" „Ach nein", antwortete das Kind, „es ist kein Riese, sondern ein garstiger Frosch, der hat mir gestern im Wald meine goldene Kugel aus dem Wasser geholt, dafür versprach ich ihm, er sollte mein Geselle werden, ich dachte aber nimmermehr, dass er aus seinem Wasser herauskönnte: Nun ist er draußen und will zu mir herein." Indem klopfte es zum zweiten Mal und rief:

„Königstochter, jüngste,
mach mir auf,
weißt du nicht, was gestern
du zu mir gesagt
bei dem kühlen Brunnenwasser?
Königstochter, jüngste,
mach mir auf."

Da sagte der König: „Hast du's versprochen, musst du's auch halten; geh und mach ihm auf." Sie ging und öffnete die Türe, da hüpfte der Frosch herein, ihr immer auf dem Fuße nach, bis zu ihrem Stuhl. Da saß er und rief: „Heb mich herauf zu dir." Sie wollte nicht, bis es der König befahl. Als der Frosch auf den Stuhl gekommen war, sprach er: „Nun schieb mir dein goldenes Tellerlein näher, damit wir zusammen essen." Das tat sie auch, aber man sah wohl, dass sie's nicht gerne tat. Der Frosch ließ sich's gut schmecken, aber ihr blieb fast jedes Bisslein im Halse. Endlich sprach er: „Nun hab ich mich satt gegessen und bin müde, trag mich hinauf in dein Kämmerlein und mach dein seiden Bettlein zurecht, da wollen wir uns schlafen legen." Da fing die Königstochter an zu weinen und fürchtete sich vor dem kalten Frosch, den sie nicht anzurühren getraute und der nun in ihrem schönen, reinen Bettlein schlafen sollte. Der König aber blickte sie zornig an und sprach: „Was du versprochen hast, sollst du auch halten, und der Frosch ist dein Geselle." Es half nichts, sie mochte wollen oder nicht, sie musste den Frosch mitnehmen. Da packte sie ihn, ganz bitterböse, mit zwei Fingern, und trug ihn hinauf, und als sie im Bett lag, statt ihn hineinzuheben, warf sie ihn aus allen Kräften an die Wand und sprach: „Nun wirst du Ruhe haben, du garstiger Frosch."

Was aber herunterfiel, war nicht ein toter Frosch, sondern ein lebendiger junger Königssohn mit schönen und freundlichen Augen. Der war nun von Recht und mit ihres Vaters Willen ihr lieber Geselle und Gemahl. Da schliefen sie vergnügt zusammen ein, und am andern Morgen, als die Sonne sie aufweckte, kam ein Wagen herangefahren mit acht weißen Pferden bespannt, die waren mit Federn geschmückt und gingen in goldenen Ketten, und hinten stand der Diener des jungen Königs, das war der treue Heinrich. Der treue Heinrich hatte sich so betrübt, als sein Herr war in einen Frosch verwandelt worden, dass er drei eiserne Bande hatte müssen um sein Herz legen lassen, damit es ihm nicht vor Weh und Traurigkeit zerspränge. Der Wagen aber sollte den jungen König in sein Reich abholen; der treue Heinrich hob beide hinein und stellte sich wieder hinten auf, voller Freude über die Erlösung. Und als sie ein Stück Wegs gefahren waren, hörte der Königssohn hinter sich, dass es krachte, als wäre etwas zerbrochen. Da drehte er sich um und rief:

„Heinrich, der Wagen bricht."
„Nein, Herr, der Wagen nicht,
es ist ein Band von meinem Herzen,
das da lag in großen Schmerzen,
als Ihr in dem Brunnen saßt,
als Ihr eine Fretsche wast."[1]

Noch einmal und noch einmal krachte es auf dem Weg, und der Königssohn meinte immer, der Wagen bräche, und es waren doch nur die Bande, die vom Herzen des treuen Heinrich absprangen, weil sein Herr wieder erlöst und glücklich war.

1 **eine Fretsche wast:** ein Frosch wart

Jean de La Fontaine

Der Frosch, der dem Stier an Größe gleichen wollte

Ein Frosch sah einstmals einen Stier,
des Wuchs ihm ungemein gefallen.
Kaum größer als ein Ei, war doch voll Neid das Tier;
er reckt und bläht sich auf mit seinen Kräften allen,
dem feisten Rind an Größe gleich zu sein.
Drauf spricht er: „Schau, mein Brüderlein,
ist's nun genug? Bin ich so groß wie du?" – „O nein!" –
„Jetzt aber?" – „Nein!" – „Doch nun?"
„Wie du dich auch abmatt'st,
du wirst mir nimmer gleich!" Das arme kleine Vieh
bläht sich und bläht sich, bis es – platzt.

Wie viele gibt's, die nur nach eitler Größe dürsten!
Der Bürgersmann tät's gern dem hohen Adel gleich,
das kleinste Fürstentum spielt Königreich,
und jedes Gräflein spielt den Fürsten.

Ausgehackte Frösche

Einem Weinhäcker[1] aus Schweinfurt begegnete unter der Petersstirn bei der Mainleite etwas sehr Seltsames. Er war mit seiner Frau mit Brechen des Weinbergs, der unmittelbar unter der Trümmerstätte liegt, beschäftigt; die Frau hackte sehr fleißig, und mit einem Mal hackte sie bei jedem Schlag in die Erde einen Frosch heraus. So mochte sie wohl fünf oder sechs Frösche herausgehackt haben, als es ihr auffiel und sie zu ihrem Mann sagte: „Pfui! Was sind das garstige Frösche." Doch jetzt kamen keine mehr. Und der Mann, näher tretend, bückte sich nach den Fröschen und sah keine, wohl aber leuchteten so viele Goldstücke, als zuvor Frösche zum Vorschein gekommen waren, auf dem Boden. Die hob er auf und steckte sie ein und zankte seine Frau, dass sie nicht stillschweigend fortgehackt habe. Beide hackten und brachten den ganzen Tag damit zu, es gab aber keine Goldfrösche mehr.

1 **Weinhäcker:** Weinbergarbeiter

Der heilige Pirmin

Als Festtag des heiligen Pirmin ist der 3. November bekannt. Pirmin, ursprünglich Pirmenius, der Ruhmreiche, gilt als Apostel der Pfalz und des Elsass. Er ist bekanntlich der Gründer des berühmten Benediktinerklosters auf der Reichenau im Bodensee. [...] Seine Fürbitte wird angerufen gegen Schlangen und Ungeziefer, bei Augenleiden, Vergiftung beim Essen:

„Damit uns Speis' und Trank gedeih',
Sankt Pirmins Hand sie benedei'[1]."

Pirmin muss wohl im zweiten Jahrzehnt des 8. Jahrhunderts auf der Flucht vor den andrängenden Arabern aus dem westgotischen Aquitanien oder Spanien ins Frankenreich gekommen sein.

Ein reicher Grundherr aus der Bodenseegegend namens Sintlaz, so erzählt die Legende, lud den Missionar zu sich an den Untersee ein und schenkte ihm eine Insel unterhalb Konstanz, damit er auf ihr ein Kloster gründen könnte. Pirmin wusste wohl, dass seine Arbeit nur dann Bestand haben würde, wenn er als Stütze für die Ausbreitung des Glaubens feste Klöster gründe. Die Insel schien trefflich geeignet. Zwar warnten die Einheimischen den Bischof vor dem Betreten des Eilandes[2], wimmelte es doch darauf von giftigen Schlangen, Fröschen und Kröten und teuflischem Gewürm, sodass bisher niemand gewagt hätte, sich dort niederzulassen. Doch Pirmin ließ sich davon nicht abschrecken. Im Vertrauen auf den Herrn, der seinen Glaubensboten Macht gab, den Fuß auf Skorpione und alles Gewürm zu setzen, stieg er entschlossen in einen Fischerkahn, der ihn alsbald zu der berüchtigten Insel brachte. „Als nun der Diener Gottes Pirmin", so berichtet der Chronist, „die Insel betrat, geschah es auf Gottes Wink, dass all jenes vielgestaltige, absonderliche und schreckhafte Gewürm, alle Schlangen, Frösche und Kröten, von der einen Seite der Insel nach der andern hinüberkroch und sich in die Wellen stürzte. Noch drei Tage und drei Nächte lang war die ganze Seeoberfläche von einer erstaunlichen Unzahl wilden Gezüchts bedeckt. Dann ließ Pirmin die Dornen und das Unkraut, das nutzlose Gesträuch abhauen, rodete mit eigener Hand und mit Hilfe anderer aus und verwandelte sie in ein liebliches Gefilde. Darauf baute er dem lebendigen und wahren Gott ein schönes Kirchlein und daneben für sich und seine Jünger ein trautes Klösterlein. Seitdem der Diener Gottes Pirmin jenen Ort betreten hatte, ward die Luft dort gesund, das Wasser trinkbar und der Boden fruchtbar." So wurde das wilde Eiland zur „reichen Gottesau", zur Insel Reichenau.

1 **benedeien:** segnen
2 **Eiland:** Insel

11 Erzählungen und Jugendsachbücher

11.1 Tierisch gute Geschichten

Manfred Kyber

Peter Plüsch

In der Erde, in geräumigen und behaglichen Kammern wohnte der Maulwurf Peter Plüsch. Seine Wohnung war sehenswert, denn Peter Plüsch war ein Meister der Innenarchitektur. Die Zimmer waren regelmäßig und in gefälligen Formen, die Wände sauber geglättet, und der Boden war reichlich mit Ruhelagern aus Moos und Gräsern versehen, sodass es warm und weich war, wohin man auch mit der Pfote tupfte. Noch weicher als Moos und Gräser war Herr Peter Plüsch selbst, ebenso weich wie er war seine Gattin Frau Pauline Plüsch, und noch viel weicher, beinahe unwahrscheinlich weich waren seine drei Kinder, die kleinen Plüschs. Die kleinen Plüschs waren so weich, dass man es nicht einmal hören konnte, wenn sie sich im Kinderzimmer balgten. Man sollte meinen, dass so weiche Leute in einer so weichen Wohnung ein großes Behagen entfaltet hätten, aber es war leider nicht so. Peter Plüsch hatte ein sehr unruhevolles Temperament, und der Grundsatz seines Lebens war Wühlen. Unaufhörlich lief er in den großen Korridoren, die seine Wohnung mit der Außenwelt verbanden, spazieren, grub nach rechts und grub nach links und schnupperte nach Engerlingen, Regenwürmern und sonstigen appetitlichen Dingen. Diese roch er schon von weitem, und mit seinen Schaufelpfoten schaufelte er sich mit einer erstaunlichen Emsigkeit und Geschwindigkeit weiter, sodass er gleichsam in der Erde schwamm wie ein Fisch im Wasser. Solch ein Schaufelmeister war Peter Plüsch. Nur sah er nicht gut, er hatte ganz kleine, mohnkorngroße Augen, wie das begreiflich ist bei jemand, der immer unter der Erde nach Engerlingen sucht, und wenn er einmal auftauchte und deutlicher sehen wollte, so musste er die Haare über seinen Augen zurückstreichen, damit er etwas wahrnehmen konnte. Aber meistens grub er, dass ihm der Sand nur so aus den Pfoten flog. Das war Peter Plüsch.

„Peter", fragte Frau Plüsch, die eben aus der Speisekammer kam, „die Vorräte sind aufgeschichtet, was soll ich jetzt tun?"

„Wühlen", sagte Peter Plüsch.

„Papa", fragten die kleinen Plüschs und guckten aus dem Kinderzimmer. „Papa, wir haben genug gespielt. Was sollen wir jetzt tun?"

„Wühlen", sagte Peter Plüsch.

Plüschs wühlten. Peter Plüsch wühlte, Frau Plüsch wühlte und die kleinen Plüschs wühlten. Peter Plüsch aber wühlte am schnellsten. Er schaufelte so erheblich, dass er etwas außer Atem kam und nach oben tauchte, um Luft zu schöpfen. Wie er gerade die kleine Schnauze aus einem rieselnden Erdhaufen emporstreckte, sah er etwas sehr Sonderbares vor sich sitzen – lang, grün, mit bemerkenswerten Beinen und bedenklichen Fühlern. Es war dies der Grashüpfer, der Sachverständige für Wiesenkunde, Herr Magister[1] Pankratius Plötzlich. Er saß im Grase und trank seinen Abendtau.

1 **Magister** (lat.): Gelehrter, Lehrer

Peter Plüsch war noch jung, er hatte nur selten einen Grashüpfer gesehen und jedenfalls keinen so ungeheuer großen. Er schnupperte erstaunt in der Luft herum, schob die Haare von seinen mohnkorngroßen Augen beiseite und besah sich das grüne Wunder von allen Seiten.
„Wer sind Sie?", fragte er unvermittelt. Peter Plüsch war etwas manierlos.
Der Grashüpfer bewegte die Fühler bedenklich hin und her und sah aus hervorquellenden Augen auf Peter Plüsch.
„Ich bin Sachverständiger für Wiesenkunde, Magister Pankratius Plötzlich", sagte er erhaben.
Peter Plüsch hielt es nicht für nötig, sich ebenfalls vorzustellen, er gab wenig auf feine Umgangsformen, die vielen Erdarbeiten bringen das so mit sich. Er beguckte sich den Magister von allen Seiten, aber er konnte nicht klug daraus werden.
„Das muss ich meiner Familie zeigen", sagte er, „wühlen, wühlen!" Und er wühlte sich eiligst zu einem seiner Gänge und rief in die Wohnung hinein: „Pauline, Kinder, kommt schnell, draußen sitzt ein grüner Magister mit langen Beinen und sieht knusprig aus, am Ende ist er zu essen. Kommt schnell, wühlen!"
Frau Plüsch und die kleinen Plüschs wühlten. Sie wühlten emsig voller Eifer.
Nahe dem Magister, auf einem feuchten kühlen Stein, saß die Kröte Sibylle Warzenreich. Frau Warzenreich war weisheitsvoll wie alle Kröten und zudem noch eine ganz besonders erfahrene alte Dame.
„Herr Magister", sagte sie, „dies war Peter Plüsch. Peter Plüsch hat einen großen Appetit und sehr mangelhafte Umgangsformen. Mir schien, als schnuppere er in einer unangenehmen Weise um Sie herum. Es ist nicht unmöglich, dass er sich mit Verspeisungsabsichten in Bezug auf Ihre werte Person trägt."
Der Magister und Sachverständige für Wiesenkunde legte arrogant[2] die Fühler zurück, obwohl es ihm etwas unbehaglich wurde, er wollte das aber bei seiner Gelehrtenwürde nicht zeigen.
„Vielen Dank, gnädige Frau, aber über derartige Leute setze ich mich hinweg", sagte er erhaben.
Jetzt tauchten Plüschs aus dem Erdboden wieder auf, zuerst Peter Plüsch, dann Frau Plüsch und nachher die drei kleinen Plüschs. Alle richteten die mohnkorngroßen Augen auf den Magister und betrachteten ihn. Peter Plüsch schnupperte dazu bedenklich.
„Dies ist der Sachverständige für Wiesenkunde, Magister Pankratius Plötzlich. Ich habe solch ein Vieh noch nicht gesehen."
Ich sagte es schon einmal, dass Peter Plüsch etwas einfache Umgangsformen hatte.
Der Sachverständige für Wiesenkunde hob die Fühler in die Höhe und sah erhaben aus.
„Sagen Sie mal", sagte Peter Plüsch und schnupperte schon wieder, „Sie sehen so knusprig aus, Sie sind am Ende essbar?"
Magister Pankratius Plötzlich erblasste. Er wurde hellgrün im Gesicht, während er sonst dunkelgrün war. Jetzt legte er die Fühler nach vorne, es sah abwehrend aus.
„Los!", schrie Peter Plüsch, und Plüschs fuhren alle zusammen auf den knusprigen Magister los. Magister Pankratius Plötzlich aber sprang mit einem gewaltigen Satz über Peter Plüsch, Frau Plüsch und die kleinen Plüschs weg, sodass Plüschs nichts mehr von ihm sahen, sondern mit den Nasen zusammenstießen.
Peter Plüsch war wütend und zischte etwas, was unmanierlich klang. Die Sache war ihm peinlich, Pauline und den Kindern gegenüber, und er ärgerte sich sehr.
„Papa, wo ist der Magister geblieben?", fragten die kleinen Plüschs.
„Er ist in der Erde verschwunden, wo kann man sonst verschwinden als in der Erde?", sagte Frau Plüsch und sah den Gatten ratlos an. „Was sollen wir tun?"
„Wühlen!", sagte Peter Plüsch, und Plüschs wühlten sich tief in die Erde hinein.
„Schnelligkeit ist doch die Hauptsache im Leben, das habe ich immer gesagt", sagte die Schnecke Patientia[3] Eilig, die auf einem Mauer-

2 **arrogant** (lat.): dünkelhaft, anmaßend

3 **patientia** (lat.): Geduld

rand klebte, „wäre ich jetzt nicht so schnell fortgeeilt wie der Magister, hätte Peter Plüsch mich am Ende auch noch gefressen.“
Und sie schob sich zufrieden um einen ganzen Millimeter weiter. Nur dachte sie nicht daran, dass Peter Plüsch sie gar nicht gesehen hatte.
Es war Nacht geworden, und Plüschs wühlten immer noch. Sie suchten nach dem Sachverständigen für Wiesenkunde, Magister Pankratius Plötzlich.
„Es gibt so viele, die in der Erde wühlen nach dem, was über der Erde ist“, sagte die Kröte Sibylle Warzenreich, denn die Kröten sind sehr weisheitsvoll, und Frau Warzenreich war eine besonders erfahrene alte Dame. „Das Wühlen nützt gar nichts, Herr Peter Plüsch, es sind zwei Reiche, eines in der Erde und eines über der Erde – und vielleicht sind es noch viel, viel mehr.“ Sibylle Warzenreich seufzte und sah nach oben. Die Sterne gingen über ihr auf.

1 *Erzählt die Geschichte mit eigenen Worten nach.*

2 *a) Überlegt, wie die Geschichte anders verlaufen und enden könnte, und spielt eure Fassung in einem Rollenspiel vor der Klasse vor. Bildet dazu verschiedene Gruppen.*
b) Sprecht in der Klasse darüber, welche Spiellösungen euch besonders gut gefallen haben.

3 *a) Die Tiere in der Geschichte haben Namen und teilweise auch charakterisierende Titel. Legt in eurem Heft eine Tabelle an, in der ihr die verschiedenen Tierarten mit ihren Namen, ihren Titeln und ihren jeweiligen Eigenschaften anführt.*
b) Sprecht darüber, welche Wirkung diese Namen und Titel auf den Leser oder die Leserin haben.

4 *Bestimmt die Gattung des Textes und formuliert einen neuen Titel zu der Geschichte.*

Heimito von Doderer

Erlebnisse eines Pintschers[1]

Es war ein trüber Abend im Spätherbst, mit rauchiger Luft und verschwimmenden Lichtern. Wir Menschen finden eine gewisse Romantik in solcher Stimmung, aber Puntschi hatte dafür nichts übrig. Er trottete arm und verloren für sich hin und stellte mögliche Betrachtungen darüber an, wie nutzlos hier in diesem Wirbel auch die feinste Nase sei. Nein, er konnte sich nicht mehr zurechtfinden, auf gar keine Weise. Und zudem wurde Puntschi müde. Und hungrig. Und da kam es eben, das unerwartete Schicksal. Es kam wie der Blitz, wenn auch wahrhaft nicht aus heiterem Himmel! Es kam, knatterte und pfauchte[2], es tat plötzlich ganz abscheulich weh und Puntschi lag da und konnte sein eines Beinchen nur mit Mühe mehr an sich ziehen. Er war überfahren worden. „Arm's Hunderl!“, sagte jemand und nun begannen die Leute ihrerseits nach seinem Herrl sich suchend umzusehen. Aber das Herrl war ja verschwunden. Jemand machte eine Bewegung, als sei ihm nun das Richtige eingefallen, verließ den Kreis der um Puntschi herumstehenden Leute und ging zu einem Telefonautomaten. Die anderen debattierten weiter. Bis plötzlich ein kleines Auterl erschien, geschlossen wie ein Geschäftswagen; aber als der Fahrer herabgestiegen war und das Fahrzeug öffnete, zeigten sich ziemlich große Käfige darin. Puntschi hatte gleich begriffen, dass sich diese Veranstaltung auf ihn bezog. Er wurde mit bemerkenswerter Geschicklichkeit

1 **Pintscher:** dichterische Wortbildung zur Hunderasse „Pinscher“
2 **pfauchen:** österr. für fauchen

aufgehoben, hineingesetzt, klapp! Türe zu, dunkel, und nun fuhr man dahin.

Unter Hunden gehen Gerüchte um, gerade wie unter den Menschen. Puntschi also hatte von dieser Sache schon einmal ein bisschen was knurren und kläffen gehört und er wusste, dass er sich im Rettungswagen des Tierschutzvereines befand. Man fuhr recht lange; nun hielt man, die Tür öffnete sich, Puntschi wurde über einen Hof getragen und in einem übermäßig hellen, weißen Raum auf eine Art Tisch gelegt. Da stand ein Herr in weißem Kittel, und Puntschi wusste nun nicht recht, was von diesem Herrn eigentlich zu halten sei. Zwar, es konnte ihm leicht „angerochen" werden, dass er viel mit Hunden zu tun hatte, zugleich aber ging von ihm auch ein ganz fremdartiger Geruch aus, der übrigens dem ganzen Raum eigentümlich zu sein schien. – Also um das Beinchen handelte es sich hier. Puntschi hielt es geduldig, wenn auch zuckend hin. Es war arg und tat weh, aber es dauerte nicht allzu lange. Dann fand er sich bald in einem sehr warmen Raum, wo es auch andere Hunde gab, jeder für sich in einem Käfig. Puntschis Bein war bis ganz hinauf in einem steifen Verband, der ähnlich roch wie jener weiße Herr. Unser Pintscher fühlte sich bei alledem doch unbehaglich. Sein Nachbar begann sich mit ihm zu unterhalten und da ergab sich denn die Bestätigung so mancher Gerüchte, die draußen in der Welt nur mit leisem Knurren weitergegeben wurden. So etwa war es richtig, dass sich in diesem geheimnisvollen Hause auch Katzen befanden. Puntschi hatte gleich so etwas gespürt und es stimmte also, wie er nun hörte. Ja, es kamen sogar noch ganz andere Tiere vor, wie etwa Vögel, und neulich hatte man sogar am Arm des weißen Herrn ein Geschöpf sehen können, das den wenig einladenden Titel „Schildkröte" führte. – Der Nachbar wusste sehr viel zu erzählen. Ein merkwürdiges Geschick führte ihn schon zum dritten Male hierher; diesmal hatten ihn Gassenjungen mit einem Stein verletzt. Aber jetzt unterbrach er sich: „Futter kommt!", knurrte er und Puntschi krümmte sich plötzlich vor Verlangen. Richtig, da kam es, die Gitter wurden geöffnet, Näpfe hereingestellt: und gute Näpfe, wie Puntschi bald bemerkte. „Ist diesmal nicht gar besonders", sagte der Erfahrene, „ist mitunter weit besser." Jedoch unserem Pintscher erschien es köstlich und er fraß alles, bis auf den letzten Rest; und dann gab es Wasser.

Nach Tisch – wenn man so sagen darf – setzte der ältere Kamerad seine Erzählungen fort. Da gab es sehr merkwürdige Dinge zu hören: auch unheimliche Dinge. Man war da sozusagen in Beobachtung und würde hier zunächst vier Tage bleiben, damit herauskäme, ob irgendeiner von ihnen etwas Ansteckendes bei seiner Irrfahrt aufgelesen habe. Nun, und dann kam man zu den anderen. Für die Gesunden, die laufen konnten, gäbe es sehr schöne große Spielplätze, allerdings mit Gittern, und gutes Futter. Der Ältere kennt das alles. Hat sich nach vier Tagen das Herrl noch nicht gemeldet, dann kommt man möglicherweise zu fremden Leuten, wenn man ihnen gefällt: Es kommen täglich welche her, um sich Hunde auszusuchen. Dabei hat's keine Gefahr übrigens. Denn bei den Leuten, zu denen man kommt, wird von Zeit zu Zeit nachgesehen, ob sie „unsereinen" auch gut halten. „Wenn man nur gesund ist!", sagte der Kamerad. „Denn wenn man recht sehr krank oder verletzt ist – ja dann will einen freilich keiner haben, und dann –"

„Und dann – ?!", fragte Puntschi gespannt.

„Im Hof steht unter einem Schuppen eine Art Kiste", knurrte er geheimnisvoll, „da liegen sie drin. Hast du denn gar nichts gerochen, als man dich hereintrug?"

„Nein", sagte Puntschi, „ich war ganz blöd."

„In dieser Kiste liegen die Schwerkranken, die keiner von den Besuchern hat mögen und deren Herrl nicht gekommen ist."

„In der Kiste liegen sie ... !?"

„Freilich. Tot." Puntschi schwieg. Es dunkelte schon stark. Diese Nacht war bang und lang, ebenso die folgenden Tage und Nächte. Puntschi konnte sich gar nicht erheitern. Er fraß fast nichts. „Das sollst du nicht tun", sagte sein Nachbar. „Glaube mir, du musst fressen, denk an die Kiste!" – „Ach, lass mich", sagte Puntschi. Seine arme Nase wurde ständig von bösen, ahnungsvollen und bedeutungsvollen Gerüchen umwittert. Aber es waren nicht wirkliche Gerüche, es waren nur seine eigenen schweren Gedanken, die ihm schon wie von außen zu kommen schienen. Täglich kam übrigens der weiße Herr. Zweimal war Puntschi auch in dem weißen Zimmer, aber es hatte nicht mehr wehgetan. Wo blieb nur sein Herrl? Sein gutes Herrl? Dies begriff er nicht.

Nach vier Tagen kam Puntschi in einen anderen Käfig und zu anderen Nachbarn. Es waren ganz dumme, junge Hunde. Sie spielten und kläfften. Puntschi beneidete sie. Er wusste entschieden zu viel, das war es. Hatte er nicht im Hof ein Hündchen ganz einsam in einem großen Verschlag herumgehen gesehen, während man ihn herübergetragen hatte, ein Hündchen, das einen irgendwie tieftraurigen Eindruck machte?! Was bedeutete dies? Puntschi hatte an die geheimnisvolle Kiste denken müssen.

Das Hündchen hatte sehr krank ausgesehen und auf sein Kläffen nicht geantwortet, sich kaum umgewandt. Täglich kamen nun Leute an den Käfigen vorbei. Der Herr im weißen Kittel war manchmal bei ihnen. Einmal zeigte er auf Puntschi und zuckte leicht die Achseln, und alle machten plötzlich traurige Gesichter. Zu Puntschi kam niemand. Niemand nahm ihn heraus, um ihn zu betrachten.

Und jetzt erhob sich eine große, wehe Angst in ihm. Einmal, im Halbschlaf, träumte er, nicht mit der Nase, sondern er glaubte plötzlich einen Ton zu hören wie ein Weinen, leise, klagend und ersterbend. Er fuhr auf und sofort stand das Bild jenes Hündchens vor ihm. Da kam plötzlich der Herr im weißen Kittel auf ihn zu, hinter ihm eine Frau, eine Wärterin. Sie nahm Puntschi aus dem Käfig und trug ihn – auf den Hof. Puntschi war ganz reglos, gab keinen Ton von sich. Nur in seinen Augen war ein schreiender Ausdruck. Da war der Verschlag, wo das Hündchen so traurig gestanden hatte: Der Verschlag war jetzt leer. Und plötzlich stürmte etwas auf Puntschis Nase ein und er wusste augenblicklich, was es war:

Die Kiste! Hier irgendwo musste sie sein. Er krümmte sich vor Todesangst. Schritte kamen. Die Wärterin drehte sich herum, Puntschi zog sich zusammen und schloss die Augen –

„Puntschi", sagte jemand und strich über sein Fell – und da erst stürmte in seinen von Todesschrecken gelähmten Geruchssinn ein Begreifen. Sein Herrl beugte sich über ihn. Nun war alles gut.

„Vielen Dank, Herr Doktor Morawetz", sagte dieses Herrl zu dem Herrn im weißen Kittel. „Sie meinen also, der Patient wird in 14 Tagen schon wieder laufen können – na also! Was wäre aus dem armen Viecherl geworden, wenn ihr nicht wäret, mit eurem Rettungsauto und allem anderen! Ich habe natürlich die Verständigung rechtzeitig erhalten, auf Grund der Hundemarke – aber ich musste am Abend des Verlustes auf drei Tage verreisen und nach der Rückkehr kam ich auch nicht gleich dazu –"

Puntschi schnupperte selig. Durch sein kleines Hundehirn zog ein fernes Verständnis, dass dies alles ja zum Guten gedient hatte – er streckte den Kopf und rieb sich behaglich an den Händen des Tierarztes.

1 *Beschreibt, unter welchen Umständen Puntschi verloren geht und aus welcher Situation er von seinem „Herrn" gerettet wird.*

2 *Wie gelingt es dem Erzähler, die Erlebnisse und Eindrücke Puntschis anschaulich darzustellen? Untersucht dazu, mit welchen sprachlichen Mitteln die Eindrücke Puntschis wiedergegeben werden und aus welcher Perspektive das Geschehen dargestellt wird.*

3 *a) Schlüpft in die Rolle von Puntschi oder die seines „älteren Kameraden" und erfindet eine weitere Episode aus deren Leben.*
b) Lest euch eure Geschichten in der Klasse vor.

Horst Stern

Jagdnovelle

Wenn in einem alten Wald zum ersten Mal im Jahr der Bär wieder geht und ein umlaufender Wind die Neuigkeit zu allen Tieren trägt, ändert sich die Luft. Sie wird schwer von den Ausdünstungen der Angst, die alle erfasst, denen der Bär der große Fressfeind ist, und das ist er allen, die nun harnen und koten und die Druckwellen ihres pochenden Blutes aussenden: schwache die Mäuse und Hasen, starke die Rehe, Hirsche und Sauen. Druckwellen auch von ihren Köpfen, die sie erschrocken aufwerfen, von den Nasen, die flügelbebend den Bär zu orten versuchen, von den Ohren, die sich lauschend im Kreis drehen wie Richtantennen, von den Schwänzen und Wedeln, die die Luft wie Quirle rühren, und von den Pfoten und Klauen, die sich unter der Anspannung vibrierender Muskeln sprungbereit in die Erde pressen und die allgemeine Unruhe zu den Käfern und Spinnen, Schlangen, Fröschen und Eidechsen leiten und auch sie einhalten und mit den Fühlern wittern, mit den Kehlen beben und mit den langen beweglichen Zungen die Luft prüfen lassen.

Eine anders geartete Unruhe erfasst die Bäume. Es ist die Jahreszeit, in der der Saft in ihnen steigt, himmelhoch in haardünnen Säulen, ein Wasser, das mit ungezählten Verzweigungen und Verästelungen innen im Holz die äußere Gestalt eines jeden Baumes nachzeichnet, wie die Blutbahnen des Menschen den Menschen. Durchmischt der Wind die Kronen, sieht es so aus, als steckten die Bäume die Köpfe zusammen, und hört es sich an, als redeten sie miteinander, nadelspitz die Tannen und Fichten, tuschelnd mit frischer Blattmasse die Ahorne und Buchen. Im Mai kann man alles glauben. Und es war Mai.

Der Schnee blieb nicht mehr liegen, mit dem der Bär in der Nacht heraufkam. Und da steht er nun inmitten der großen Unruhe der Natur und dreht wieder Steine um nach kleinem Getier, denn das große, das er in einem wehgezogenen Angstkreis um sich herum weiß, ist zu behände für ihn, laufschwach vor Hunger und Müdigkeit, wie er ist. Bald werden die Funde unter den Steinen unergiebig, da muss man den Ort wechseln, weiß er. Er fällt vom Schritt in den Trab und aus dem Trab in einen Schaukelgalopp, von dem er nicht wirklich weiß, wohin er ihn führen wird.

Er führt ihn an eine große Lichtung. Ein schwerer Wintersturm hat sie in den geschlossenen Wald gerissen, und die niedergeworfenen Stämme liegen mit Kronen und Ästen aneinandergefesselt am Boden, übereinander und quer zueinander, wie es gerade über sie kam. Drüben, am jenseitigen Rand, hat man ange-

fangen, das Chaos aufzuräumen. Holz liegt geschnitten und gespalten ungeordnet herum. Dichtbei ist ein Kohlenmeiler[1] im Entstehen. Der Quandel[2], in dem das Feuer das um ihn herumgeschichtete Holz verkohlen wird, steht schon, ist aber kalt, denn das frische Holz muss erst abtrocknen, bevor es unter dem Grasmantel des Meilers glosend zu Kohle werden kann. Am Quandel, der ein hohes Gerüst ist, lehnt eine Leiter, aber der Köhler[3] steht nicht darauf. Nicht, dass der Bär einen Köhler sucht, er weiß nichts von diesem und nichts von einem anderen Köhler. Er weiß überhaupt nicht, was er da vor sich sieht, und sah dergleichen auch noch nie. Als er sich auf die Hinterbeine stellt und die Vordertatzen auf einen in Brusthöhe quer liegenden Stamm stützt, der auf einem anderen gestürzten Stamm liegt und der auf noch einem, und er nun hoch aufgereckt, aber vom Holz gedeckt, die Lichtung überblickt, sieht er den Köhler. Aber wieder weiß er nicht, was er da sieht, und sah auch dergleichen noch nie. Er sieht, schlecht, wie er sieht, ein sich auf allen vieren langsam vorwärtsbewegendes schwarzes Stück Wild, das immer wieder kurz verhält, so als äse es im Weidegang. Es ist der Köhler, der für seinen Meiler lange Holzscheite in einen hohen Tragkorb sammelt und diesen von Zeit zu Zeit nachzieht. Dabei richtet er sich nicht sehr auf und bleibt immer auf den Knien. Der Wind streicht vom Bär weg, sodass er nichts von diesem seltsamen Wild riechen kann, Horn nicht, Haut nicht, keinen Kot und keinen Harn. In der Luft ist nur der alles überdeckende Geruch von massenhaft offenwundigem Holz.

Der Köhler sieht den Bär nicht kommen. Er kommt um die Lichtung herum, von den liegenden Stämmen gedeckt. Vorsichtig setzt er die Tatzen auf, damit kein Astknicken ihn verrät. Als er quer zum Wind ist, stutzt er, kann aber das Wild auch jetzt noch nicht mit den Sinnen deuten, weder mit der Nase noch mit den Augen. Schwarz, den Kopf tief genommen, weidet es weiter am Boden hin. Mit dem Korb und den Holzscheiten fängt der Bär nichts an, und auch einen Menschen erkennt er nur am Geruch und am aufrechten Gang. Keines von beiden nimmt er wahr. Und könnte er es, er wollte es wohl nicht mehr wissen. Nur drei Sprünge sind es noch zu dieser Beute, und wäre in ihm noch Vorsicht gewesen, Misstrauen – nichts davon hätte ihn mehr aufgehalten, denn er hungert nun schon seit vielen Tagen. Er läuft los.

Der Tatzenhieb gegen die Schulter wirft den Köhler um. Der Hieb war so stark, dass der kleine, schmächtige Mann von der Seite über den Rücken gleich weiterrollt, bis er auf den Bauch zu liegen kommt. Im Drehen sieht er über sich den Bär, und der Bär sieht den Menschen. Er erkennt ihn vor allem an der im Liegen nun ausgestreckten Gestalt. Der Köhler lebt schon eine Ewigkeit in diesem großen Bärenwald, und weil er darin meist alleine ist und keiner wissen kann, was einem Bär einfallen mag, wenn er einen Menschen sieht und hungrig ist, hat man ihm gesagt, dass nur ein Totstellen ihn vor dem Gefressenwerden schützen kann. Also stellt der Köhler sich tot.

Es hätte ihm wohl doch nichts geholfen, denn zu gierig ist dieser Bär auf Fleisch. Es rettet den Köhler, dass seine Haut und seine Kleider schwarz gebeizt sind vom Rauch der vielen Meiler, die er in seinem Leben zu Holzkohle machte. Der Rauch sitzt ihm in den Poren seiner Haut und in den Fasern seiner Kleider, und da bleibt er, mag ein Köhler sich so oft waschen und seine Kleider lüften, wie er will. Und dieser beißende Rauchgeruch gleicht dem Gestank von Teer.

Es ist so lange noch nicht her, dass der Bär in Straßenteer sprang; in Spuren trägt er ihn noch immer an den Fußsohlen. Vor Abscheu schnaubend zieht er sich, rückwärtsgehend, vom Köhler zurück. Der ist weise und tapfer genug, sich dennoch nicht zu rühren. Nach einer Weile lugt er unter einem Arm hindurch und sieht den Bär, keine fünfzig Schritt entfernt, vor dem Waldrand stehen. Sie belauern sich lange, denn

1 **Kohlenmeiler:** mit Erde und Rasenstücken abgedeckter, rund aufgeschichteter Stapel von Holzscheiten, aus denen durch langsames Verbrennen Holzkohle gewonnen wird
2 **Quandel:** Schacht im Zentrum eines Kohlenmeilers
3 **Köhler:** Kohlenbrenner

es geht für beide um viel. Jeder will vom andern nicht weniger als das Leben, der Köhler seines vom Bär, der Bär das des Köhlers.
Der Köhler ist ein in Geduld geübter Mann. Eine Angst, die zur Panik neigt, hat er, wenn er sie je gehabt hat, längst unter den Bäumen des großen Bärenwaldes verloren. Und der Bär hat Geduld, weil er auf ein Zeichen wartet, das ihm die wahre Natur der dort drüben liegenden Beute offenbart, ob sie tot ist oder lebendig, ein Aas oder keines, und was es auf sich hat mit diesem schrecklichen Geruch nach Straße und nach dem Geschmier unter seinen Füßen. Geduldig ist der Bär auch, weil ein Weglaufen von hier nur ein Wiederhinlaufen zu den Steinen sein kann und einer Fressbeute darunter, für die er noch kein einziges Mal die Zähne brauchte. Der Köhler überlegt, ob er über die Leiter auf das vier Meter hohe Gerüst des Feuerschachtes in seinem werdenden Meiler flüchten soll. Er verwirft den Gedanken, denn der Bär ist auf eine so kurze Distanz zu schnell für ein Gelingen der Flucht. Auch kann ein Bär das Gerüst leicht erklettern. Was der Bär sich überlegt, kann man nicht wissen.
Es kommt auch nicht mehr darauf an. Im Wald, vor dessen Rand der Köhler noch immer wie tot daliegt, werden Menschenstimmen laut, die rasch näher kommen. Sie gehören drei Waldarbeitern. Mit den ihnen von der Hand hängenden Motorsägen sind sie zum Windwurf unterwegs, um ihn weiter zu räumen und dem Köhler Holz zu schneiden für seinen Meiler. Der Bär tritt rückwärts in die Deckung des licht stehenden Waldrandes und wartet ab. So rasch gibt er eine große Beute nicht verloren, die an Verlockung für ihn in dem Maße wieder zunimmt, wie ihre schreckliche Ausdünstung durch seinen Rückzug schwindet. Die Waldarbeiter erreichen den Köhler. Der steht auf, hält sich eine von Kratzwunden brennende Schulter und erzählt ihnen in fliegender Eile alles. Die drei werfen ihre Motorsägen an und gehen mit ihnen wie mit doppelhändig vorausgehaltenen heulenden Schwertern entschlossen auf den Waldrand zu, den der Köhler ihnen als den Ort wies, an dem er den Bär zum letzten Mal sah. Als sie dort ankommen, ist der Bär fort. Sie tauschen ihr Bedauern darüber aus, sind aber in Wahrheit froh und lassen ihre Sägen auf dem Rückweg zum Köhler, wo der Bär doch ganz gewiss nicht ist, noch eine Weile laufen.

1 *Beschreibt, wie sich im Frühjahr mit der Ankunft des Bären die Natur verändert.*

2 *Sucht im Text alle Formulierungen heraus, mit denen der Bär umschrieben wird, und schreibt sie mit Zeilenangaben in euer Heft.*

3 *a) Arbeitet heraus, wie sich der Bär und der Köhler bei ihrem Aufeinandertreffen verhalten.*
b) Fasst zusammen, welche Umstände dem Köhler das Leben retten.

4 *Untersucht, welche Textabschnitte im Präsens und welche im Präteritum erzählt werden. Begründet den unterschiedlichen Gebrauch der Zeitformen.*

5 *a) Informiert euch in einem Lexikon oder im Internet darüber, wie früher ein Köhler im Wald aus Holz Kohle gewann.*
b) Tragt eure Ergebnisse in der Klasse vor.

11.2 Tiere im Meer – Informationen aus Jugendsachbüchern entnehmen

Riesenkrake im Mittelmeer gefangen

Malaga. Spanische Fischer haben eine 7,5 Meter lange Riesenkrake vor den Badestränden der Costa del Sol gefangen. Der 65 Kilogramm schwere Tintenfisch der Art Architeuthis ging den Fischern bei Malaga in Südspanien ins Netz. Er verendete beim Transport in den Hafen. Spanische Meereswissenschaftler betonten, ein solcher Fang im Mittelmeer sei äußerst ungewöhnlich. Die Riesentintenfische dieser Art sind die größten wirbellosen Lebewesen der Welt. Sie leben normalerweise in der Tiefsee. Ihre lang gestreckten Körper sind bis zu 4 Meter lang. Mit den Fangarmen können sie bis zu 18 Meter lang werden. Möglicherweise lebe im westlichen Mittelmeer eine kleinere Gruppe. Vielleicht habe der gefangene Tintenfisch sich auch aus dem Atlantik ins Mittelmeer verirrt.

Süddeutsche Zeitung

1 *Fasst diese Zeitungsnachricht in zwei Sätzen zusammen.*
Vergleicht eure Zusammenfassungen und besprecht dabei, welche Informationen sie enthalten.

2 *Untersucht, woran man erkennen kann, dass es sich bei diesem Text um eine Zeitungsnachricht handelt.*
Beachtet dabei folgende Punkte:
- ☐ *Was erfährt man in diesem Text?*
- ☐ *Welche Absicht hat dieser Text und für welche Adressaten ist er geschrieben?*
- ☐ *Wie ist der Text sprachlich aufgebaut?*
- ☐ *Welcher Wortschatz wird verwendet? Welche Fremdwörter und Fachwörter findet ihr?*

!

Sachtexte
Ein Sachtext will informieren und beschränkt sich deshalb auf das Wesentliche. Er enthält wichtige Tatsachen und Fakten. Oft werden bestimmte Sachverhalte mit Fremd- oder Fachwörtern treffend benannt. Sachtexte findet ihr z. B. in Zeitungen, Nachschlagewerken und Sachbüchern.

Einen Sachtext auswerten

Wale in ihrem Lebensraum

In Millionen von Jahren haben sich die Wale aus vierbeinigen Landsäugetieren zu schlanken, stromlinienförmigen Meeressäugetieren entwickelt.

Meeressäugetiere

Abgesehen von den Seekühen sind Wale und Delfine die einzigen Säugetiere, die ständig im Wasser leben. Biber, Otter, Seehunde, Seelöwen und Walrosse gehen zwar auch im Wasser auf Nahrungssuche, ihre Jungen werden jedoch an Land gebo-

ren und großgezogen. Wale bringen ihren Nachwuchs im Wasser – meist weit entfernt von der Küste – zur Welt. Die Jungen können sofort schwimmen, bleiben aber in der ersten Zeit immer dicht bei ihrer Mutter. An Land können Wale nicht überleben. Wenn ein Wal strandet, wie der Pottwal oben auf dem Foto, ist er meist völlig hilflos. Gelangt er nicht ins tiefe Wasser zurück, wird er nach einiger Zeit von seinem eigenen Gewicht erdrückt und stirbt (siehe S. 38).

Schwimmbewegung

Um sich im Wasser gut fortbewegen zu können, ähnelt der Körper eines Wals dem eines Fisches. Wale und Delfine bewegen ihre Schwanzflosse jedoch nicht wie die Fische seitlich hin und her, sondern auf und ab.

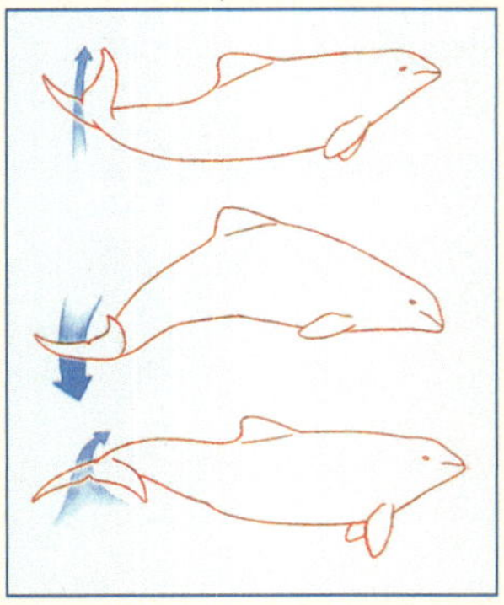

Landsäugetiere sind für das Leben an Land bestens gerüstet, nicht aber für ein Leben im Wasser. Dies gilt auch für den Menschen. Selbst Wettkampfschwimmer schwimmen nicht halb so schnell wie Fische. Im Wasser verliert der Körper sehr schnell an Wärme, und sogar in einem beheizten Schwimmbecken wird einem Schwimmer spätestens nach einer Stunde kalt. Unter Wasser kann man nicht atmen, aber auch nicht allzu lange die Luft anhalten. Ohne Atemgerät können Menschen nicht tief tauchen. Man sieht und hört unter Wasser nicht viel, und bei dem Versuch, unter Wasser zu essen, würde ein Mensch unweigerlich ertrinken. Diese Schwierigkeiten haben alle Landsäugetiere, wenn sie sich im Wasser bewegen, und auch Wale und Delfine mussten sie überwinden.

Schnelligkeit

Über weite Entfernungen genauso wie bei kurzen Sprints auf der Jagd nach Beutetieren scheinen Wale und Delfine ohne Anstrengung durchs Wasser zu gleiten. Große Wale bringen es bei ihren Wanderzügen auf 16 bis 20 km/h. Walbeobachter berichten, dass Furchenwale über kurze Strecken bis zu 50 km/h beschleunigen können, dabei jedoch schnell ermüden.

Wasserdichte Haut

Walhaut fühlt sich an wie weiches Gummi und ist vollkommen wasserdicht. Beim Schwimmen dehnt sie sich aus und kräuselt sich, um den Strömungswiderstand zu verringern. Wale und Delfine haben eine Körpertemperatur von 38 bis 39 °C.

Wale haben eine weiche, glatte Haut, die außerhalb des Wassers sehr leicht Schaden nehmen kann.

Ein Fell würde ihnen nichts nützen, denn wenn es erst einmal nass ist, wärmt es nicht mehr. Wale haben stattdessen eine dicke Speckschicht, die man Blubber nennt. Sie liegt unter der Haut und speichert die Wärme, wenn der Wal ruht, gibt sie aber ab, wenn er sich bewegt. Da die Blaslöcher auf der Kopfoberseite liegen, kann der Wal direkt an der Wasseroberfläche atmen. Wale müssen wesentlich seltener Luft holen als Landsäugetiere, da der Sauerstoff nicht nur in den Lungen, sondern vor allem im Blut und in den Muskeln gespeichert wird.

TAUCHEN

Buckelwal beim Abtauchen

Alle Wale können tauchen, einige sogar mehr als 1000 m tief, aber alle müssen von Zeit zu Zeit an die Oberfläche kommen, um die verbrauchte Atemluft auszustoßen und frische Luft einzuatmen. Wale, die ihre Nahrung an der Oberfläche finden, tauchen nur jeweils für fünf bis zehn Minuten ab. Pottwale, die in den Tiefen des Meeres jagen, bleiben mehr als eine Stunde unter Wasser. Entenwale können bis zu zwei Stunden tauchen.

13

1 *Lest diese Seite aus einem Jugendsachbuch (▷ S. 200) aufmerksam durch und klärt mit Hilfe eines Lexikons die Begriffe, die ihr nicht versteht.*

2 *Bereitet nun ein Kurzreferat zum Thema „Wale" vor.*

a) Dieser Text ist in verschiedene Themenbereiche gegliedert. Schreibt zu jedem Themenbereich wichtige Informationen heraus. Schreibt sie übersichtlich auf ein Notizblatt oder auf einzelne Karteikarten.

Meeressäugetiere	Schwimmbewegung	Schnelligkeit
– Waale gehören zu den Säugetieren	– ...	– ...

b) Wenn ihr über bestimmte Themenbereiche genauer berichten wollt, nutzt weitere Informationsquellen, z. B. Lexika, Sachbücher, Zeitschriften oder das Internet, und ergänzt eure Informationen. Ihr könnt auch Anschauungsmaterial wie Bilder oder Fotos suchen, die ihr euren Zuhörern und Zuhörerinnen während des Kurzreferats zeigen könnt.

TIPP: Tipps zur Suche von Informationsmaterial findet ihr auf S. 206.

3 *Überarbeitet eure Notizen und gliedert euer Referat in Einleitung, Hauptteil und Schluss.*

a) Streicht überflüssige Informationen und bringt eure Notizen in eine sinnvolle Reihenfolge. Nummeriert sie auf eurem Notizblatt oder auf den Karteikarten.

b) Markiert wichtige Textstellen und notiert, wo ihr eine Pause machen wollt oder euer Anschauungsmaterial zeigen wollt.

4 *Bei dem Vortrag eures Kurzreferats solltet ihr nicht einfach den Text ablesen. Das freie Sprechen zu einem Thema muss aber geübt werden.*
Nehmt euer Notizblatt oder eure Karteikarten und formuliert den Inhalt eurer Notizen mündlich in ganzen Sätzen. Übt mehrmals, bis ihr das Ganze flüssig vortragen könnt.
TIPP: Das Üben kann leichter sein, wenn euch jemand zuhört. Vielleicht hat diese Person auch noch Tipps für euren Vortrag.

5 *Haltet nun eure Kurzreferate vor der Klasse. Beachtet dabei folgende Tipps.*

TIPP

Ein Kurzreferat halten

- ☐ Gebt zuerst einen kurzen Überblick über das Thema eures Referats.
- ☐ Versucht frei vorzutragen und orientiert euch dabei an euren Notizen.
- ☐ Sprecht langsam und deutlich und versucht, sinnvolle Pausen zu machen.
- ☐ Blickt euer Publikum an, dann seht ihr auch, ob es Zwischenfragen gibt.
- ☐ Schreibt wichtige Schlüsselwörter oder Gliederungspunkte an die Tafel oder benutzt eine Overheadfolie.
- ☐ Verwendet euer Anschauungsmaterial.

6 *Sprecht in der Klasse über eure Referate. Was hat euch besonders gut gefallen? Was könnt ihr noch verbessern?*

Das richtige Sachbuch auswählen

Wenn ihr euch über ein bestimmtes Sachgebiet, z. B. „Tiere im Meer", informieren wollt oder eine Frage zu einem bestimmten Sachgebiet habt, könnt ihr ein Sachbuch zu Hilfe nehmen. Oft müsst ihr verschiedene Sachbücher prüfen, um eine richtige Auswahl zu treffen. Hier findet ihr jeweils eine Seite aus einem Jugendsachbuch zum Thema „Quallen".

Schön, aber gefährlich

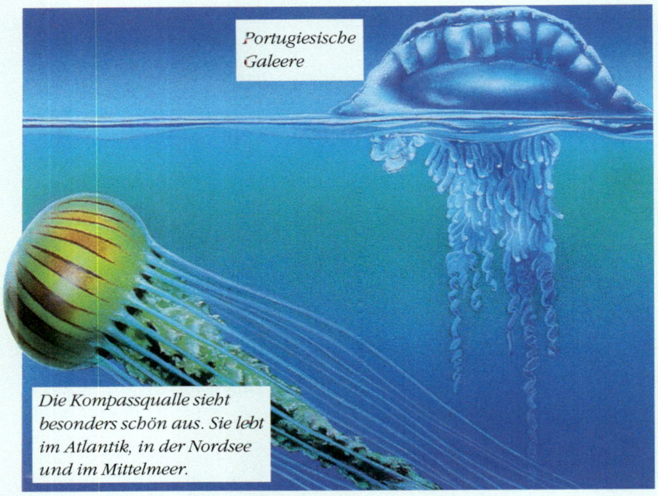

Die Kompassqualle sieht besonders schön aus. Sie lebt im Atlantik, in der Nordsee und im Mittelmeer.

Quallen oder Medusen sind sonderbare, gallertartige Tiere. Sie haben die Form einer Glocke oder einer fliegenden Untertasse. Sie können bis zu 95 % aus Wasser bestehen.

Schlechte Schwimmer
Quallen schwimmen nach dem Rückstoßprinzip: Sie öffnen und schließen ihren Schirm und drücken sich so vorwärts. Diese Technik ist nicht sehr wirkungsvoll. Daher lassen sich Quallen oft von der Strömung treiben.

Vorsicht, Fangarme!
Aus ihrem durchscheinenden Körper ragen Fangarme in verschiedener Länge. Die Arme dienen zum Fangen von Beute, die aus kleinen Fischen, Plankton und Krebstieren besteht. Einige Quallen haben einen Nesselapparat. Damit stellen sie Gift her, das ein Brennen hervorruft, wenn man sie berührt. Nicht alle Arten sind für den Menschen gleich gefährlich. Das Gift der Seewespe, die zu den Würfelquallen gehört, kann in wenigen Minuten tödlich sein! Die Nesselqualle hingegen, die 2 m Durchmesser und bis zu 70 m lange Fangarme haben kann, brennt bei Berührung nur leicht.

Die Portugiesische Galeere
Diese Qualle hat eine rund 20 cm große, ballonförmige Schwimmglocke, mit der sie an der Oberfläche treibt. Ihr Schirm ragt dabei wie ein Segel aus dem Wasser. Treten die Tiere in Gruppen auf, scheint eine Schiffsflotte unterwegs zu sein!

Zur Vermehrung geben Quallen aus der Mundöffnung Eier ab. Daraus entwickeln sich schwimmende Larven, die sich als Polypen am Grund festsetzen. Diese Polypen unterteilen sich nach und nach in „Scheiben" und werden zu jeweils neuen Quallen.

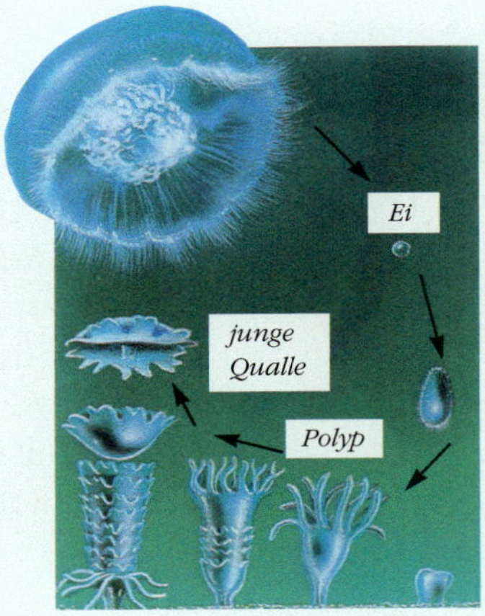

89

Wie werden Quallen geboren?

Quallen erzeugen Eier, aus denen eine bewimperte Larve schlüpft. Diese setzt sich an einem Felsen fest und wird zu einem becherförmigen Polypen mit Fangarmen. Der Körper des Polypen zerschnürt sich später in viele kleine Scheiben oder bildet Knospen, die sich als junge Quallen ablösen. Quallen sind also eine von zwei Generationen. Die erste ist der Polyp.

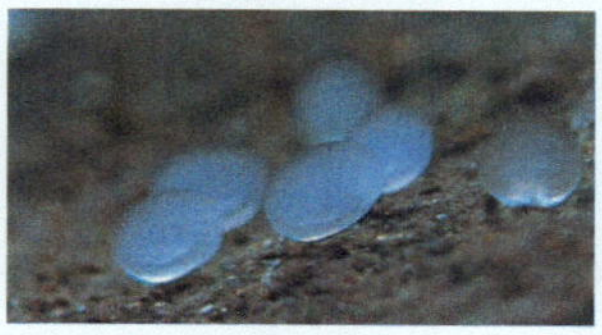

▲ Qualleneier

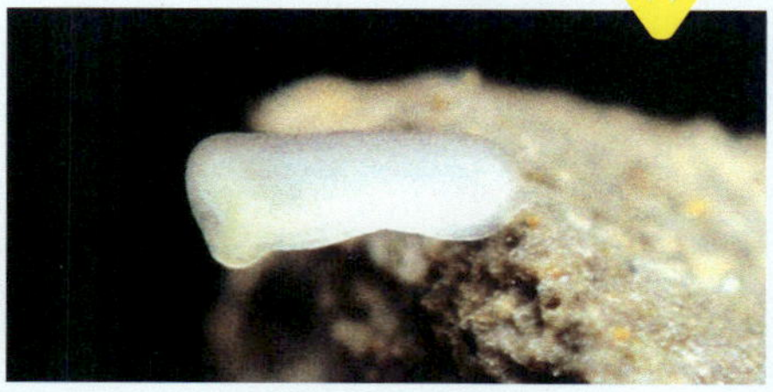

▲ Der Polyp setzt sich an einem Felsen fest.

▲ Er sieht fast aus wie eine Blume.

▲ Aus jeder Scheibe wird eine Qualle.

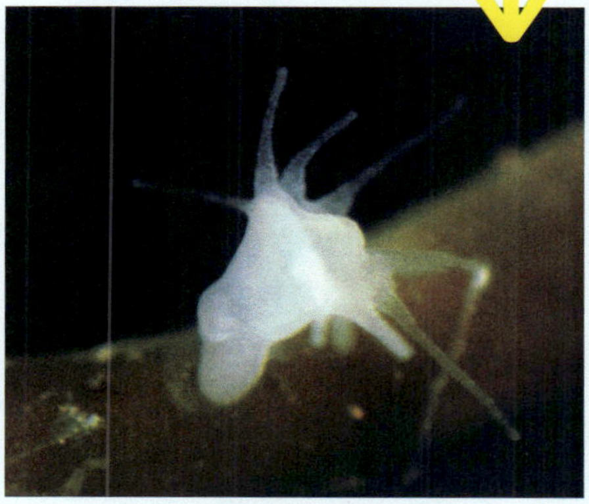

▲ Die Scheiben lösen sich und werden zu jungen Quallen.

• Für die Eltern

Quallen haben meist eine Schirm- oder Glockenform. Ihre Oberseite besteht aus einer dicken Gallertmasse. Die Körper dieser Tiere bestehen zu 90% aus Wasser. Sie sind kaum in der Lage, sich mit eigener Kraft gegen die Wasserströmungen fortzubewegen. Die Generation, die sich an Felsen festsetzt und nicht frei schwimmt, wird die „Polypengeneration" genannt.

1 *Untersucht eine der beiden Seiten aus einem Jugendsachbuch genauer und tragt eure Ergebnisse vor der Klasse vor. Bildet dazu Gruppen von 3–4 Schülern und Schülerinnen.*

a) Jede Gruppe wählt eine der Jugendsachbuchseiten (▷ S. 202/203) aus.

b) Nun liest jede/-r den Text und schreibt Stichworte zu folgenden Fragen auf:

- *Was erfährst du im Text?*
- *Ist der Text verständlich?*
- *Welche Textbausteine waren besonders interessant?*
- *Zu welchen Wörtern oder Textstellen brauchst du zusätzliche Informationen?*
- *Wurden die Sachzusammenhänge durch die Bilder und Fotos veranschaulicht?*
- *Für welche Altersgruppe ist dieses Buch wohl gedacht?*

2 *a) Diskutiert in der Gruppe über eure Ergebnisse. Achtet darauf, dass jeder zu Wort kommt und seine Meinung sagen kann. Ergänzt auch weitere Fragestellungen und schreibt Stichpunkte dazu auf.*

b) Tragt eure Ergebnisse nun zusammen und bewertet den Aufbau und den Informationsgehalt der Jugendsachbuchseite.

3 *a) Bestimmt nun einen Gruppensprecher, der eure Ergebnisse vor der Klasse vorträgt.*

b) Sprecht anschließend in der Klasse über die Ergebnisse eurer Gruppenarbeit.

!

Ein Sachbuch auswählen

Wenn du ein Sachbuch zu einem Themengebiet suchst, solltest du verschiedene Sachbücher prüfen.

- Das Inhaltsverzeichnis zeigt dir die Themengebiete, über die das Buch insgesamt informiert.
- Das Register am Ende des Buches enthält einzelne Stichworte. Hier kannst du sehen, ob du Informationen zu einzelnen Fragen oder Begriffen erhältst.
- Prüfe anhand einzelner Seiten, ob die Sprache des Sachbuchs für dich verständlich ist und der Text durch Fotos oder Bilder veranschaulicht wird.

11.3 Das Klassenzimmer als Informationsbörse

1 *Besprecht in der Klasse, welche Tiere euch besonders interessieren und über welche ihr euch genauer informieren wollt. Sammelt eure Fragen und Themenvorschläge an der Tafel.*

Wie leben Pferde in freier Wildbahn?

Wie leben Wölfe?

Wie überwintern Bären?

Wie orientieren sich Zugvögel?

Wie erziehe ich einen Hund?

Wie pflege ich eine Katze?

Wie überleben Kamele in der Wüste?

2 *Überlegt, wie ihr die Ergebnisse zu eurem Thema in der Klasse präsentieren möchtet, und entscheidet euch für ein Vorhaben. Ihr könnt z. B. ein Infoplakat zusammenstellen, verschiedene Jugendsachbücher zu einem Thema vorstellen oder ein Kurzreferat zu eurem Thema halten.*

Vorhaben 1:

Ein Infoplakat erstellen

- Bildet kleine Gruppen und einigt euch auf ein Thema, über das ihr genauer informieren wollt.
- Sammelt zu eurem Thema Informationen. Beachtet dabei die „Tipps zur Suche von Informationsmaterial" (▷ S. 206).
- Schreibt kleine Sachtexte zu eurem Thema und wählt Fotos oder Bilder dazu aus. – Gliedert euer Infoplakat, z. B. in verschiedene Themengruppen mit Zwischenüberschriften.

Vorhaben 2:

Jugendsachbücher vorstellen

- Ihr könnt eure Buchvorstellung in einer kleinen Gruppe oder mit einem Partner oder einer Partnerin erarbeiten und vortragen.
- Einigt euch auf ein Thema und sucht verschiedene Jugendsachbücher zu diesem Thema. Beachtet dabei die „Tipps zur Suche von Informationsmaterial“.
- Wählt die Jugendsachbücher aus, die ihr vorstellen möchtet, schreibt den oder die Verfasser/-in, den Titel, das Erscheinungsjahr und den Verlag der Bücher auf.
- Notiert in Stichworten, welche Themenbereiche und welche Informationen das jeweilige Buch enthält, und begründet, warum ihr das Buch weiterempfehlen könnt. Beachtet dabei die Tipps auf S. 204.

Vorhaben 3:

Ein Kurzreferat vorbereiten

- Ihr könnt euer Kurzreferat in einer kleinen Gruppe oder mit einem Partner oder einer Partnerin vorbereiten und halten.
- Sammelt Informationen zu eurem Thema. Beachtet dabei die „Tipps zur Suche von Informationsmaterial“.
- Bereitet nun eurer Kurzreferat vor. Lest dazu noch einmal auf S. 201 nach.

TIPP

Tipps zur Suche von Informationsmaterial

In einer Bibliothek (Schul- oder Stadtbibliothek) findest du Fachbücher, Zeitschriften und CD-ROMs.

- Prüfe anhand des Inhaltsverzeichnisses und des Registers, ob das Informationsmaterial für deine Zwecke brauchbar ist.
- Schreibe wichtige Informationen zu bestimmten Themenbereichen heraus und schreibe den Titel des Buches und die Seitenzahl oder die Textquelle dazu. Wichtige Beiträge kannst du auch für deine Materialsammlung kopieren oder ausdrucken.
- Suche auch nach Bildern oder Fotos, die zu deinem Thema passen.

Auch im **Internet** findest du Informationen zu deinem Thema.

- In einer Suchmaschine, z. B. „Google“ (www.google.de), könnt ihr Suchwörter zu eurem Thema eingeben, z. B. „Pferde“, „Hunde“, „Katzen“. Wählt aus der Liste der Suchergebnisse verschiedene Links aus und prüft, welche Informationen hilfreich sind (▷ S. 21).
  Die Website www.tiere.de bietet eine Vielzahl von Informationen, z. B. könnt ihr hier in einem „Archiv“ Beiträge zu bestimmten Tieren suchen.

12 Von Göttern und Helden – Große Epen der Antike

12.1 Der Anfang der abendländischen Literatur – Homer erzählt vom Zorn Achills

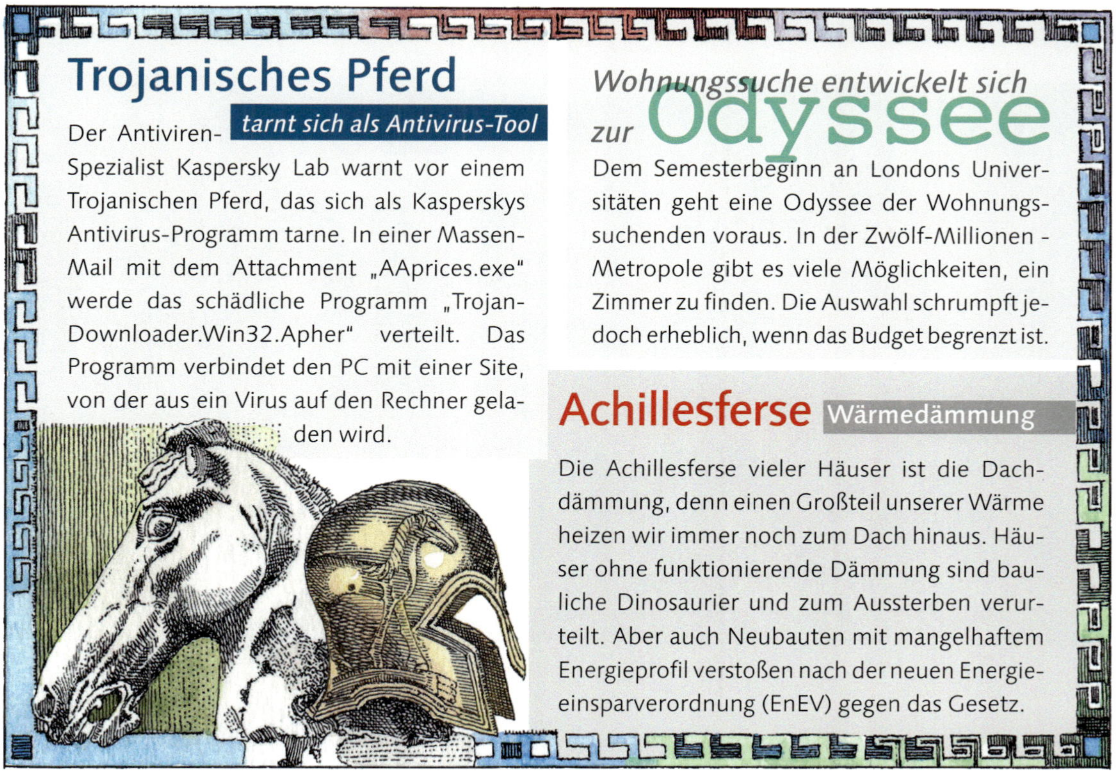

Trojanisches Pferd tarnt sich als Antivirus-Tool

Der Antiviren-Spezialist Kaspersky Lab warnt vor einem Trojanischen Pferd, das sich als Kasperskys Antivirus-Programm tarne. In einer Massen-Mail mit dem Attachment „AAprices.exe" werde das schädliche Programm „Trojan-Downloader.Win32.Apher" verteilt. Das Programm verbindet den PC mit einer Site, von der aus ein Virus auf den Rechner geladen wird.

Wohnungssuche entwickelt sich zur **Odyssee**

Dem Semesterbeginn an Londons Universitäten geht eine Odyssee der Wohnungssuchenden voraus. In der Zwölf-Millionen-Metropole gibt es viele Möglichkeiten, ein Zimmer zu finden. Die Auswahl schrumpft jedoch erheblich, wenn das Budget begrenzt ist.

Achillesferse Wärmedämmung

Die Achillesferse vieler Häuser ist die Dachdämmung, denn einen Großteil unserer Wärme heizen wir immer noch zum Dach hinaus. Häuser ohne funktionierende Dämmung sind bauliche Dinosaurier und zum Aussterben verurteilt. Aber auch Neubauten mit mangelhaftem Energieprofil verstoßen nach der neuen Energieeinsparverordnung (EnEV) gegen das Gesetz.

1 a) *Besprecht, was die Begriffe „Trojanisches Pferd", „Odyssee" und „Achillesferse" im jeweiligen Textausschnitt bedeuten.*
b) *Die Redewendungen vom „Trojanischen Pferd" und von der „Odyssee" sind auch in der Alltagssprache gebräuchlich und die „Achillesferse" kennt ihr vielleicht als Fachbegriff. Erklärt, was diese Begriffe bedeuten. Wenn ihr unsicher seid, schlagt in einem Lexikon nach.*

2 *Die Begriffe „Trojanisches Pferd", „Odyssee" und „Achillesferse" stammen aus den beiden ältesten Werken der europäischen Literatur, der „Ilias" und der „Odyssee" von Homer. Findet Gründe, warum diese Begriffe als Redewendungen noch heute, fast 3000 Jahre später, geläufig sind.*

3 *Die „Ilias" und die „Odyssee" stehen im Zusammenhang mit den Kämpfen um die kleinasiatische Stadt Troja. Sucht die Stadt auf einer Karte im Atlas. Was erfahrt ihr dort über Troja?*

Die „Ilias“ und die „Odyssee“ sind die ältesten Werke der europäischen Literatur. Sie wurden vermutlich im 8. Jahrhundert v. Chr. von Homer aufgeschrieben und gelten auch noch heute als Höhepunkte der erzählenden Dichtung.
Die „Ilias“ umfasst etwa 15 000 Verse in 24 Büchern. Schauplatz der Handlung ist die Stadt Troja, die nahe der Küste Kleinasiens (der heutigen Türkei) liegt. Der Titel „Ilias“ ist vom griechischen Namen der Stadt Troja, „Ilion“, abgeleitet. Homer erzählt in der „Ilias“ vom Trojanischen Krieg: Griechische Fürsten unter der Führung Agamemnons belagern mit ihren Heeren seit zehn Jahren erfolglos das reiche und mächtige Troja. Immer wieder kommt es dabei zu Kämpfen zwischen den Griechen und den Trojanern, die ihre Stadt verteidigen. Heerführer der Trojaner ist Hektor, einer der 50 Söhne des Königs Priamos. In der Nacherzählung der Jugendbuchautorin Auguste Lechner klingt der Anfang von Homers „Ilias“ so:

Auguste Lechner

Ilias (1)

Es war ein Tag im zehnten Jahr der Belagerung von Troja. Es hatte keinen Kampf gegeben an diesem Tag. Im Lager der Achaier[1] herrschte das gewohnte Treiben, draußen vor der Küste schaukelten die Schiffe kaum merklich, denn auch das Meer war ruhig.
Die Stadt droben[2] schien in tiefem Frieden zu liegen. Aber ringsum auf Mauern und Türmen standen die Wächter und ließen die Feinde nicht aus den Augen.
Dem Lager gerade gegenüber befand sich das gewaltige skäische Tor[3], das bis zu diesem Tag allen Angriffen widerstanden hatte.
Auf dem Turm, der es überragte, erschien zuweilen einer der troischen Heerführer. Man konnte sie vom Lager aus deutlich erkennen. Da war Hektor, der älteste Sohn des Königs Priamos, der berühmteste Held der Troier; Aeneas, den man „Sohn der Göttin“ nannte, denn seine Mutter war Aphrodite. Umgeben von seinen

1 **Achaier:** die Griechen und ihre Hilfsvölker
2 gemeint ist Troja
3 **skäisches Tor:** großes Tor in der Troja umgebenden Befestigungsanlage

Räten kam der König selbst, dessen Haar und Bart schneeweiß waren und dessen Würde auch die Achaier bewunderten.

Manchmal stand Paris[4] da droben; Paris, der schön war wie ein Gott und der die Schuld an diesem Krieg trug: denn er hatte Helena geraubt, die Gemahlin des Königs Menelaos[5] von Lakedaimon[6]. Darauf waren Menelaos und sein Bruder Agamemnon[7], die Atreussöhne, mit vielen anderen achaischen Fürsten über das Meer gefahren, um Rache zu nehmen und Helena zurückzuholen. Freilich war da noch eine andere Verlockung: Trojas ungeheurer Reichtum.

Aber was half es, dass man sich Wunderdinge von den Schätzen in Tempeln und Palästen der Stadt erzählte, wenn man nach zehn Jahren immer noch draußen vor den Mauern lag?

Die Heerführer wussten wohl, dass die Krieger murrten und dass viele von ihnen längst gerne heimgekehrt wären. Allein, wie konnte man nach so langer Zeit und so vielen Kämpfen sieglos heimkehren? Wie ein böses Gespenst schlich die Unzufriedenheit durch das Lager, und die Besorgnis der Führer wuchs.

Darum hatte Agamemnon für diesen Abend die Fürsten zur Versammlung berufen. Man musste beraten, was zu tun war.

Als die Sonne westwärts im Meere versank, waren sie alle da: denn sie wussten, dass es sehr ernst geworden war. Auf dem flachen Hügel am Rande des Lagers saßen sie im Kreise, jeder auf dem Sitz, der ihm seinem Stand nach zukam. In der Mitte Agamemnon, der König und Oberbefehlshaber des ganzen Heeres.

Zu seiner Linken hatte sein Bruder Menelaos Platz genommen, zur Rechten Nestor, der König von Pylos, alt, weise und gütig; neben ihm saß Achilleus[8], der Myrmidonenfürst[9], der beste Kämpfer der Achaier, der Abgott des Heeres;

an seiner Seite wie stets sein Freund Patroklos; man sagte von ihnen, jeder ließe sich für den anderen ohne Zaudern in Stücke hauen. [...] Odysseus [war da], der König von Ithaka[10], unübertrefflich an List und klugem Rat [...] und viele andere. Auch Priester, Seher und Traumdeuter waren geladen, sollte man etwa ihrer Dienste bedürfen.

Agamemnon erhob sich: Er blickte sich um und sah, dass kein Platz leer geblieben war.

„Edle Fürsten, Ihr wisst, warum ich Euch zum Rate geladen habe“, begann er. Aber er konnte nicht weitersprechen, und zu dieser Ratsversammlung sollte es niemals kommen. Denn von einem der Schiffe, die draußen vor der Hafeneinfahrt lagen, scholl in diesem Augenblick der laute, lang gezogene Ruf eines Wächters.

4 **Paris:** Sohn des Priamos
5 **Menelaos:** Bruder des griechischen Heerführers Agamemnon
6 **Lakedaimon:** Reich der Lakedämonier mit der Hauptstadt Sparta
7 **Agamemnon:** König von Mykene; auch der Atride genannt wegen seines Vaters Atreus
8 **Achilleus** (lat. Achilles, dt. Achill): auch genannt der Pelide wegen seines Vaters Peleus, König von Phthia in Thessalien
9 **Myrmidonen:** thessalischer Volksstamm
10 **Ithaka:** Insel vor der Westküste Griechenlands
11 **Apollon** (lat. Apollo): Beiname Phöbos; Sohn von Zeus und Leto
12 **Zeus:** der höchste griechische Gott; Sohn des Kronos (daher auch der Beiname Kronion)

[Auf einem Schiff nähert sich ein Priester Apollons[11] aus der von den Griechen eroberten Stadt Chrysa, dessen einzige Tochter Agamemnon als Beute zugesprochen wurde. Er bittet Agamemnon höflich um die Rückgabe seiner Tochter, was dieser jedoch entgegen dem Rat der übrigen griechischen Fürsten mit harten Worten ablehnt. Auf Bitten des Vaters rächt Apollon seinen Priester, indem er mit seinen Pfeilen im Lager der Griechen eine furchtbare Seuche verbreitet, der unzählige Menschen und Tiere zum Opfer fallen.]

Neun Tage durchflogen Apollons tödliche Pfeile das Heer.

Von ihrem Palast auf dem hohen Olympos blickte Hera, Zeus Kronions[12] Gemahlin, hinab auf die Erde und sah das Elend, das Apollon über die Achaier gebracht hatte, denen sie selber zugetan war. Und sie beschloss, ihnen zu helfen.

„Achilleus ist der Liebling der Krieger: So will ich mich seiner bedienen!", dachte sie und lenkte sein Herz und seine Gedanken nach ihrem Wunsch.

So kam es, dass am zehnten Tage Achilleus eine Volksversammlung berief und zu den Fürsten und den Kriegern sprach: „Mich dünkt, die Götter wollen uns verderben, denn Krieg und Seuche bezwingen selbst das stärkste Heer! So rate ich: Lasst uns heimkehren, sofern wir dem Tode entrinnen! Wir wollen aber zuvor noch den Seher befragen! Vielleicht, dass er uns sagen kann, welcher Gott uns so schrecklich zürnt und wie wir ihn etwa versöhnen können!"

[Als der Priester Kalchas verkündet, dass Apollon sie strafe und ihn nur die bedingungslose Rückgabe des Mädchens an ihren Vater besänftigen könne, erklärt sich Agamemnon – widerwillig und voller Zorn – bereit, die Forderung zu erfüllen, aber nur unter der Bedingung, dass er dafür eines der Mädchen bekomme, die den anderen Fürsten zugesprochen wurde. Seine Wahl fällt auf Achills Brisëis.]

Achilleus war kaum merklich aufgefahren [...]. Als er sprach, klang seine Stimme ganz ruhig, aber es lag ein warnender Ton darin. „Du weißt, dass es nicht Sitte und eine Beleidigung ist, einem Krieger sein Ehrengeschenk fortzunehmen, König Agamemnon! Es würde dir und mir zur Schande gereichen, darum kann ich nicht glauben, dass du es tun wirst. Oder ist deine Habgier wirklich so groß? So will ich dir etwas sagen, Atride! Warte, bis wir Troja eingenommen haben, dann sollst du von den Schätzen des Priamos dreimal so viel erhalten wie wir alle. Genügt dir das nicht?"

Agamemnon warf ihm einen hinterhältigen Blick zu. „Darüber wollen wir später reden! Jetzt aber macht ein Schiff bereit und lasst die Tiere für das Sühneopfer bringen. Ich selbst hole das Mägdlein, und einer von euch mag es nach Chrysa zum Vater geleiten. Vielleicht willst du es tun, Achilleus, damit du sicher sein kannst, dass ich mein Wort halte? Und gewiss gedenkst du, dich bei Phöbos Apollon in Gunst zu setzen, indem du ihm mit eigenen Händen das Opfer bringst!", fügte er mit offenem Hohn hinzu. „Hüte deine Zunge, König!", rief Achilleus zornig. „Es steht dir übel an zu spotten,

denn nur deinetwegen und um deines Bruders willen bin ich hergekommen, weil Menelaos es nicht verstand, seine Gattin zu hüten, und dann nach Rache schrie. Die Troier haben mir nichts getan! [...] Jetzt aber höre mir gut zu, Atride! Ich habe es satt, für dich Städte zu erobern und dir die Beute zu Füßen zu legen, um mich dann von dir verhöhnen zu lassen! [...] Ich werde heimkehren in das Land der Myrmidonen. Dann magst du nach mir rufen, wenn deine Krieger vom Kampfe ermattet sind, damit ich ihnen Mut einflöße. Aber ich werde nicht mehr da sein!"

Agamemnon erschrak. Er wusste, was diese Drohung bedeutete, obgleich er es kaum sich selber eingestand. Aber er hatte es hundertmal zähneknirschend mit ansehen müssen: Wenn die Achaier mutlos und der endlosen Kämpfe müde waren und sich kaum noch der Feinde erwehrten – Achilleus brauchte nur zu erscheinen, auf seinem Kampfwagen mit den zwei weißen Hengsten, in der silbernen Rüstung und dem funkelnden Helm und mit diesem hellen Haar, das im Winde flog, da war es, als erwachten die müden Krieger. „Und, bei den Göttern, ich glaube, sie würden mit Achilleus selbst in die Finsternis des Hades hinabsteigen", dachte Agamemnon erbittert. Laut aber sagte er: „Deine Überheblichkeit kennt wahrhaftig keine Grenzen! Überschätze dich nur nicht zu sehr! Ich werde dich gewiss nicht bitten zu bleiben, wenn du gehen willst! Damit du jedoch endlich lernst, dich einem zu beugen, der höher steht als du, gebe ich jetzt sogleich Befehl, Briseïs aus deinem Zelte zu holen und in das meinige zu bringen!" Da packte Achilleus ein entsetzlicher Zorn. Seine Hand zuckte nach dem Schwert. Aber – er vermochte es nicht herauszuziehen! Denn in diesem Augenblick fühlte er, dass jemand hinter ihn getreten war und mit hartem Griff in sein Haar fasste. Langsam, als sei sein Nacken steif, wandte er den Kopf.

Es war eine seltsam undeutliche, fast schattenhafte Gestalt – aber als er in ihre schrecklich leuchtenden Augen blickte, wusste er sogleich, dass Pallas Athene[13] vor ihm stand. Er wusste auch, dass niemand sie sehen konnte außer ihm: denn dies war den Unsterblichen eigen. Seine Mutter, die Meernymphe Thetis, hatte es ihm erzählt.

„Wozu bist du gekommen, Göttin?", murmelte er. „Willst du sehen, wie ich den Atriden erschlage?" „Ich bin gekommen, deinen Zorn zu besänftigen", antwortete sie. „Du wirst ihn nicht töten: denn dies ist nicht sein Schicksal. Gehorche den Göttern, Achilleus!"

Dann war sie fort.

Achilleus atmete tief auf und stieß das Schwert in die Scheide zurück. Er ergriff das goldene Zepter, das neben ihm auf dem Sitz lag, und trat auf Agamemnon zu. „Ich will dir einen Eid schwören, Atride", sagte er kalt. „So wenig, wie dieses Zepter jemals Blätter und Zweige treiben wird, so wenig werde ich jemals wieder für dich kämpfen – selbst wenn die Achaier scharen-

13 Pallas Athene: Tochter des Zeus, Schutzgöttin des Krieges, der Weisheit und der Künste; im Trojanischen Krieg auf Seiten der Achaier

weise von dem schrecklichen Hektor und den anderen troischen Helden erschlagen werden. Dann wird der Gram dir die Seele zerfressen – mich aber wird es nicht kümmern."
Achilleus irrte sich: Eines Tages würde der gleiche Gram auch seine Seele zerfressen. Aber das wusste er zu dieser Stunde noch nicht, in der nur der Zorn Macht über ihn hatte.
Er warf Agamemnon das Zepter vor die Füße und wandte sich zum Gehen. [...]

1 *a) Lest den Beginn des Textes (▷ Z. 1–16) und versucht, eine Skizze des Schauplatzes zu zeichnen.*
b) Beschreibt dann mit eigenen Worten den skizzierten Schauplatz der Handlung.

2 *Untersucht den Inhalt des Textes genauer. Bearbeitet dazu die Aufgaben 2 und 3 in Gruppen.*
a) Schreibt mit Zeilenangaben auf, welche Personen eingeführt werden. Notiert auch, welchen Gruppen man die jeweiligen Personen zuordnen kann.
b) Sucht die genannten Schauplätze aus dem Text heraus und listet sie mit Zeilenangaben auf. Notiert zu jedem Schauplatz in Stichpunkten, welche Handlung sich dort abspielt.
c) Schreibt alle Zeitangaben mit Zeilenangaben aus dem Text heraus. Gebt auch die Textstellen an, an denen der Erzähler zurückblickt oder in die Zukunft schaut. Erschließt dann, über welche Zeitspanne insgesamt erzählt wird.

3 *Haltet eure Ergebnisse von Aufgabe 2 auf einer Folie fest oder entwerft eine Tafelskizze für die Vorstellung in der Klasse. Markiert in eurer Übersicht das fortlaufend erzählte Geschehen, die in den Rückblenden dargestellte Handlung und die Vorausdeutungen in drei verschiedenen Farben.*

Zeit (wann?)	Schauplatz (wo?)	Personen (wer?)	Situationen/ Geschehen (was?)	Textstelle (Zeilenangabe)
– vor Beginn des Krieges	Sparta	Paris, ...	...	Z. 24 – X
– Beginn des Krieges	Troja	achaische Fürsten, Trojaner	Fahrt ...	...
– im Kriegsjahr	Lager der ...	..	...	...
– am Abend	...	...	...	...
– ...	...	...	...	...

4 *In einem erzählenden Text spielen der Erzähler und die Erzählperspektive, also der Standpunkt, von dem aus das Geschehen dargestellt wird, eine wesentliche Rolle. Untersucht dazu den Textabschnitt von Z. 119–157 genauer.*
a) In den ersten beiden Sätzen (▷ Z. 119–121) wird dem Leser das Geschehen von einem Erzähler „vermittelt". Untersucht die Verben, Adjektive und Adverbien in diesem Textabschnitt und besprecht, was ihr daraus über den Erzähler, seinen Standpunkt und die Aufgabe, die er erfüllt, erschließen könnt.
b) In der folgenden wörtlichen Rede (▷ Z. 121–157) sprechen Achill und Agamemnon miteinander. Überlegt, warum der Erzähler in diesem Textabschnitt fast „verschwindet".

5 *Lest nun den Textabschnitt von Z. 158–219 genau und beschreibt den Erzähler und die Erzählperspektive. Unterteilt dazu den Textabschnitt in einzelne Szenen und schreibt für jede Szene in Stichworten auf, wie erzählt wird.*

Zur Zeit Homers gab es Sänger, die an Fürstenhöfen fest engagiert waren oder frei umherzogen und in ihren Liedern von der Entstehung der Welt und von Göttern und Helden aus vorgeschichtlicher Zeit erzählten. Diese Lieder wurden in einem festen Rhythmus gesprochen und von den Sängern mit einem einfachen Saiteninstrument begleitet. In der antiken Überlieferung wird Homer als Dichter beschrieben, der in seinen Epen die mündlich überlieferten Stoffe dieser Lieder aufgeschrieben hat.
Da die Lieder sehr umfangreich waren, brauchten die Sänger ein gutes Gedächtnis. Deshalb wird wohl auch der Sängervortrag traditionell mit einem Anruf an die Göttin eingeleitet. Gemeint ist eine Muse, eine der griechischen Göttinnen der Künste und Wissenschaften, die dem Sänger die rechten Worte eingeben soll. Auch im folgenden Textausschnitt aus der „Ilias" bittet der Sänger die Muse um Beistand.
Im Unterschied zu einer Nacherzählung oder einer Nachdichtung bleibt eine Übersetzung sehr viel näher am Originaltext. Daher klingt Homers „Ilias" in einer wortgetreuen Übersetzung für uns eher fremd. Hans Rupé hat den Anfang der „Ilias" so übersetzt:

Homer

Ilias

Singe, Göttin, den Zorn des Peleiaden Achilleus,
Der zum Verhängnis unendliche Leiden schuf den Achaiern
Und die Seelen so vieler gewaltiger Helden zum Hades
Sandte, aber sie selbst zum Raub den Hunden gewährte
Und den Vögeln zum Fraß – so wurde der Wille Kronions
Endlich erfüllt –, nachdem sich einmal im Zwiste geschieden
Atreus' Sohn, der Herrscher des Volks, und der edle Achilleus.
Wer von den Göttern reizte sie auf zu feindlichem Hader?
Zeus' und Letos Sohn. Denn dieser zürnte dem König,
Sandte verderbliche Seuche durchs Heer, und es sanken die Völker,
Weil der Atride den Priester des Gottes hatte beleidigt [...].

1 *Erinnert euch an den ersten Textauszug der „Ilias" (▷ S. 208–212) und erklärt, von welchem „Zorn" (▷ Vers 1) und von welchem „Zwist" (▷ Vers 6) der Erzähler der homerischen „Ilias" spricht.*

2 *Vergleicht den Beginn der „Ilias" Homers in der Übersetzung (▷ Vers 1–11) mit dem Beginn der Nacherzählung von Auguste Lechner (▷ S. 208–209, Z. 1–37).*
a) Überlegt, weshalb der Erzähler bei Homer darauf verzichtet, z. B. den Ort der Handlung anzugeben oder von „Atreus' Sohn" (▷ Vers 7) und später von dem „Atriden" (▷ Vers 11) spricht, ohne zu sagen, dass damit dieselbe Person gemeint ist.
b) Notiert, welche sprachlichen Unterschiede euch auffallen.
c) Sammelt Gründe, warum die Jugendbuchautorin Auguste Lechner den Anfang der „Ilias" nicht wortgetreu übernimmt.

3 *Der Übersetzter Hans Rupé hat auch das griechische Metrum (Versmaß), das Homer verwendet hat, ins Deutsche übertragen. Den griechischen langen Silben entsprechen in der deutschen Fassung betonte Silben, den griechischen kurzen Silben unbetonte.*

a) Untersucht das Metrum in Vers 10 der Übersetzung. Schreibt Vers 10 in euer Heft und lasst dabei über dem Vers eine Zeile frei.

b) Untersucht nun die Abfolge der betonten und unbetonten Silben. Lest dazu den Vers Silbe für Silbe laut und markiert jede betonte Silbe mit dem griechischen Längenzeichen (–) und jede unbetonte Silbe mit dem Zeichen für Kürze (◡). Dabei kann es hilfreich sein, bei jeder betonten Silbe zu klopfen oder zu klatschen.

c) Vergleicht eure Ergebnisse mit den Informationen zum Hexameter im Merkwissen. Seid ihr auf das von Homer verwendete Metrum gekommen?

!

Das Epos

Das Epos (griech. epos = Wort, Erzählung, Lied, Gedicht) gehört zu den **Großformen der erzählenden Literatur (Epik).** Im Unterschied zum Roman, der ebenfalls eine Großform der erzählenden Literatur darstellt, ist das Epos erheblich älter.
Die „Ilias“ und die „Odyssee“ von Homer sind vermutlich im 8. Jahrhundert v. Chr. entstanden und greifen auf noch ältere, mündlich überlieferte Mythen und Sagen zurück.
Den „großen“ Erzählungen von den Helden und Göttern entspricht der **feierliche Ton** der Sprache, denn Epen sind im Unterschied zu Romanen in **Versform** verfasst.
Die „Ilias“ von Homer umfasst z. B. 15 000 Verse. Das Metrum (Versmaß) der homerischen Epen ist der **Hexameter** (griech. hex = sechs, metron = Maß): ein „sechsfüßiger“ Vers, der in der Regel aus Daktylen besteht: –◡◡ –◡◡ –◡◡ –◡◡ –◡◡ –◡
In der deutschen Übersetzung werden die langen Silben durch betonte Silben, die kurzen Silben durch unbetonte wiedergegeben.
Weitere Kennzeichen des Epos sind der **allwissende Erzähler** (auktorialer Erzähler) und die **epische Breite:** Aus einer übergeordneten, „allwissenden“ Perspektive gibt der Erzähler die äußere und innere Handlung in breit ausmalenden Schilderungen wieder und leitet den Leser durch Kommentare, Beschreibungen, Rückgriffe und Vorausdeutungen.

Wie geht nun die spannende Geschichte zwischen den beiden „Streithähnen“ Agamemnon und Achill weiter?
Der griechische König und Heerführer Agamemnon hat Achill so sehr in seiner Ehre gekränkt, dass dieser zornig Rache schwört und den Griechen jede weitere Hilfe verweigert. Ohne die Hilfe Achills werden die Griechen von den Trojanern immer weiter Richtung Meer zurückgedrängt und es droht eine vernichtende Niederlage. Achills Freund Patroklos erbarmt sich schließlich der verzweifelt kämpfenden Griechen und greift in Achills Rüstung in den Kampf ein. Tatsächlich glauben die griechischen Kämpfer, den tapferen Achill zu sehen, und schöpfen neuen Mut, sodass sie die Trojaner bis vor die Stadttore zurückdrängen können.
Hektor, der Sohn des trojanischen Königs Priamos, tötet jedoch Patroklos und erbeutet dessen (also Achills) Rüstung. Voller Zorn und Schmerz über den Tod seines Freundes Patroklos legt Achill seinen Streit mit Agamemnon bei und gelobt, Patroklos zu rächen. Er zieht mit den Griechen in die Schlacht und wütet so unter ihren Feinden, dass sich die trojanischen Krieger entsetzt hinter die Stadtmauern zurückziehen.

Auguste Lechner

Ilias (2)

Zu dieser Zeit befanden sich auch die letzten Reste des troischen Heeres schon in Sicherheit. [...] Jetzt waren die Tore geschlossen. [...]

Vor dem skäischen Tor stand ein einsamer Krieger auf seine Lanze gestützt. Sein feuerroter Helmbusch war beschmutzt und zerzaust, die Rüstung mit Staub bedeckt, das Gesicht zerfurcht von Müdigkeit.

Die Achaier blickten fast scheu zu ihm hinauf. Warum stand Hektor dort droben, er ganz allein? Er stand da, als warte er auf etwas. Wartete er auf Achilleus?

Keiner von den Achaiern griff ihn an.

Sie sahen Achilleus, der den Hang vom Fluss herauflief. Sie wussten alle: Dies war sein Kampf. –

Hektor hatte den Schild an die Mauer gelehnt. [...] Eine schreckliche Traurigkeit erfüllte seine Seele. Nichts anderes hatte darin Raum als diese Trauer, die ihn nie mehr verlassen würde.

Er blickte nicht zum Turm hinauf, denn er wusste, dort standen König Priamos und die Königin Hekabe, seine Mutter. Sie hatten ihn weinend gebeten, sein Leben nicht mutwillig aufs Spiel zu setzen. [...] Die Worte des Vaters hatten sein Herz gerührt, und der Schmerz seiner Mutter trieb ihm die Tränen in die Augen – aber er blieb, wo er war.

Andromache[1] war nicht da: Man hatte es ihr wohl nicht zu sagen gewagt. An Andromache und seinen kleinen Sohn durfte er nicht denken. Nein, das durfte er nicht!

Sonst würde er nicht die Kraft haben, da stehen zu bleiben und zu warten[2] ...

[...] So quälte sich Hektor mit seinen traurigen Gedanken, während er da unter dem Torbogen stand und wartete.

Neben ihm sprang die Mauer weit vor, und so konnte er Achilleus nicht sehen, der immer näher kam – wie ein unentrinnbares Verhängnis.

Und als er ihn dann sah, ganz plötzlich, kaum drei Schritte entfernt – diesen schrecklichen Feind, der nichts als seinen Tod wollte, dessen Gesicht so erbarmungslos war wie ein steinernes Bildnis –, da packte den tapferen Hektor, der niemals einen Kampf gefürchtet hatte, ein so namenloses Entsetzen, dass er den Schild aufraffte und floh.

Hektor war schnell, und Phöbos Apollon flog neben ihm her und verlieh ihm Kraft.

So vermochte ihn Achilleus nicht einzuholen.

In langen Sprüngen liefen die beiden Männer hintereinander um die Mauer. Es sah aus wie ein Wettkampf, bei dem man vielleicht eine Stierhaut oder ein Opfertier gewinnen konnte: aber es war ein grausiger Wettlauf um Leben und Tod.

Sie kamen an der steinernen Warte vorüber und an dem riesigen Feigenbaum und ein wenig später an den beiden Quellen des Skamandros[3]: Aus der einen quoll das Wasser heiß hervor, rings von Dampfwolken umwallt, auf der anderen sprudelte es Winter und Sommer kalt, als hätte es in eisigen Höhlen seinen Ursprung.

Vorbei an den ummauerten Gruben liefen sie, in denen die troischen Frauen die Gewänder zu waschen pflegten, früher, als noch Friede herrschte.

[...] Dreimal liefen sie um die Stadt. Die Troier, die auf Mauern und Türmen standen, und die Achaier drunten am Hang sahen atemlos zu.

Selbst die Götter blickten stumm und gespannt von ihrem goldenen Saal hinab.

Als die Läufer zum vierten Mal an die Quellen kamen, ergriff Zeus Kronion die Waage des

1 **Andromache:** Hektors Frau

2 Hektor fühlt sich schuldig am Tod vieler Krieger, weil er nicht vor Achills Rückkehr in den Kampf den Rückzug befohlen hat. Deshalb will er sich dem Zweikampf mit Achill stellen.

3 **Skamandros:** einer der beiden Flüsse, zwischen deren Tälern sich der Hügel mit der Stadt Troja erhebt

Schicksals und legte zwei Todeslose in die Schalen: eines für Hektor, das andere für Achilleus. Da sank Hektors Los tief hinab.
Phöbos Apollon sah es voll Trauer und verließ seinen Schützling: denn auch er vermochte nichts gegen die Macht des Schicksals. –
Hektor blieb stehen und wandte sich um: Etwas in seinem Innern zwang ihn dazu. Nein, er würde nicht weiter fliehen! Nun musste er diesen Kampf bestehen und danach mochte kommen, was die Götter über ihn verhängt hatten. Eine kleine Weile herrschte Schweigen zwischen den beiden Männern.
Achilleus sah Hektor an, immer mit diesem schrecklichen Zorn in den Augen. Langsam glitt sein Blick über die Rüstung, die Hektor trug. Sie hatte einmal ihm gehört, und zuletzt hatte sie Patroklos getragen, als Hektor ihn erschlug.[4]
Er zuckte zusammen. „Ich habe auf dich gewartet, weil ich wusste, dass du kommen würdest", sagte Hektors ruhige Stimme. „Dennoch bin ich dann vor dir geflohen. Aber nun ist es vorbei. Ehe wir jedoch diesen Kampf beginnen, wollen wir einen Vertrag schließen: Nehme ich dir das Leben, so werde ich deine Rüstung behalten, wie es mein Recht ist. Deinen Leib aber gebe ich den Achaiern zurück, damit sie ihn mit allen Ehren bestatten. Willst du mir das Gleiche versprechen?"
„Rede mir nicht von Verträgen!", antwortete Achilleus hart. „Zwischen dir und mir kann es ebenso wenig einen Bund geben wie zwischen dem Löwen und dem Menschen. Allzu viel hast du mir angetan. Nun ist die Stunde der Rache gekommen!"
Blitzschnell fuhr sein Arm in die Höhe, und die schwere Lanze sauste durch die Luft.
Aber Hektor war auf der Hut. Er duckte sich tief zur Erde. Der Speer sauste über ihn weg gegen die Mauer und flog wieder zurück zu Achilleus, der ihn flink aufraffte.
Jetzt schleuderte Hektor. Allein – was half es, dass er den Schild, den Hephaistos geschmiedet hatte, genau in der Mitte traf? Keine Waffe vermochte das Werk des Gottes zu durchdringen! Der Schild tönte laut, und die Lanze flog klirrend weitab zur Seite.
Hektor biss die Zähne zusammen. Nun hatte er nur noch sein Schwert!
Er riss es heraus und sprang vor.
In diesem Augenblick sah Achilleus etwas. An dem Harnisch, den Hektor trug und den er selbst nur allzu gut kannte, hatte sich oben zwischen Schulter und Hals ein schmaler Spalt geöffnet. Vielleicht, weil die Rüstung Hektor eben doch nicht ganz genau passte, obgleich er ebenso groß war wie der Pelide.
Auf diesen Spalt richtete Achilleus seine Lanze, während sie gegeneinander rannten.
Und ehe noch Hektors Schwert ihn erreichte, fuhr die eherne Spitze durch den Spalt, bohrte sich in den Hals und zerriss die große Ader, in der das Blut vom Herzen herfließt.
Hektor stürzte nieder. Er wusste sogleich: Das war der Tod. Und plötzlich dünkte ihn, er hätte immer gewusst, dass es so geschehen würde.
Er versuchte sich aufzurichten und blickte zu Achilleus hinauf, während es schon wie Nebel über seine Augen zog und das Blut unaufhaltsam aus der Wunde strömte.
„Noch einmal bitte ich dich: Lass mich nicht bei den Schiffen Achaias den Geiern zur Beute, sondern erlaube den Meinigen, mich heimzubringen in die Stadt", sagte er mühsam.
Achilleus starrte zu ihm hinab; schwarz, wie erloschen, lagen seine Augen in den Höhlen. Er empfand keinen Triumph, aber er fand auch keinen Funken von Erbarmen in sich. „Schweig!", stieß er heiser hervor. „Schweig, sage ich dir: Du bittest vergebens!"
Da gab Hektor die Hoffnung auf. Noch einmal begann er zu reden. „Du trägst ein Herz von Eisen in der Brust! Aber hüte dich, Pelide! Der Tag ist nicht mehr fern, an dem Paris mit Phöbos Apollons Hilfe dich hier am skäischen Tor töten wird, wie du mich getötet hast."
Achilleus warf auf seine wilde Weise den Kopf zurück. „Fahre du zum Hades hinab!", rief er. „Mein Schicksal werde ich ertragen!"
Hektor hörte ihn nicht mehr. –

4 Es war das grausame Schicksal besiegter Kämpfer, ihrer Rüstung beraubt und an den Wagen des Siegers gebunden, um die Mauern geschleift zu werden.

Das erste Wort in der griechischen Originalfassung der „Ilias" ist „menin", das üblicherweise mit „Zorn" übersetzt wird. Damit ist kein plötzlicher „Jäh-Zorn" gemeint, sondern eher ein lang anhaltender „Groll", der als Folge eines „heruntergeschluckten" Zorns auftreten kann.
Das Wort „menin" benennt das Thema der „Ilias" und den „roten Faden", der die Handlungsteile miteinander verknüpft. Die „Ilias" ist nämlich die Geschichte vom Zorn Achills.
Der Zorn Achills ist auch mit dem Tod Hektors noch nicht gestillt. Immer wieder schleift er dessen Leichnam, an seinen Streitwagen gebunden, um das Grabmal des Patrokles, bis schließlich die Götter eingreifen: Unter ihrem Schutz gelangt König Priamos, der Vater Hektors, in das Lager der Griechen. Er bittet Achill, ihm seinen toten Sohn zu übergeben, damit er in Ehren bestattet werden kann. Erst angesichts des Leides des ehrwürdigen Greises legt sich Achills Zorn. Er bewirtet Priamos, lässt Hektors Leichnam waschen und salben und verspricht Priamos eine elftägige Waffenruhe für die Bestattung. Mit dem Ende von Achills Zorn endet Homers „Ilias".

1 *Lest den gesamten Text (▷ S. 215–216) mit verteilten Rollen wirkungsvoll vor.*
Legt dazu fest, wie viele Sprecher/-innen ihr insgesamt braucht, und verteilt die verschiedenen Rollen.

2 *a) Gliedert den Text (▷ S. 215–216) in Abschnitte. Notiert zu jedem Abschnitt in ein bis zwei Sätzen, worum es geht.*
b) Überarbeitet eure Sätze und erstellt einen Bericht über den Kampf zwischen Achill und Hektor.

3 *Im Kampf zwischen Achill und Hektor spielen die Götter eine wichtige Rolle.*
a) Schreibt mit Zeilenangaben alle Textstellen auf, in denen Götter erwähnt werden. Notiert zu jeder Textstelle in Stichpunkten, was jeweils über die Götter gesagt wird.
b) Lest noch einmal die Zeilen 75–82 und besprecht, was hier über die Götter ausgesagt wird.
c) Sprecht anhand eurer Ergebnisse darüber, wie die griechischen Götter und ihre Beziehung zu den Menschen dargestellt werden. Welche Unterschiede gibt es zwischen dem Götterbild der Griechen und unseren Vorstellungen von einem Gott?

4 *Diskutiert, ob Achill und Hektor eurer Vorstellung von einem Helden entsprechen. Sammelt zuerst in Partnerarbeit Argumente, die dafür oder dagegen sprechen, und führt anschließend die Diskussion durch.*

TIPP

Lesetipp

Wenn ihr mehr über die Geschichte des Trojanischen Krieges erfahren wollt, dann lest die Nacherzählung von Auguste Lechner **„Ilias – Der Untergang Trojas"**.
Auch das zweite große Epos von Homer hat die Autorin Auguste Lechner für Jugendliche nacherzählt. In ihrem Buch **„Die Abenteuer des Odysseus"** berichtet sie von den spannenden Erlebnissen des Königs Odysseus und seiner Gefährten, die nach dem Trojanischen Krieg in ihre Heimat zurückkehren wollen.

Außerdem gibt es verschiedene Sammlungen griechischer und römischer Sagen, die speziell für jugendliche Leserinnen und Leser geschrieben wurden, z. B. **„Griechische Sagen"** und **„Römische Sagen"**, nacherzählt von Richard Carstensen.

12.2 Was ist wahr an der Welt der antiken Epen? – Einen Sachtext erfassen

An den Waschplätzen der Trojanerinnen:

Wo Hektor mit Achilleus kämpfte
Grabungen in Troja bestätigen Homers topografische Beschreibungen

An einer Quellhöhle mit Wasserbecken, die vom Team des Tübinger Professors Manfred Korfmann in der Ruinenstadt Troja freigelegt wurde, könnte der Platz gewesen sein, wo der Dichter Homer den Kampf zwischen Achilleus und dem trojanischen Helden Hektor ansiedelte.

TROJA – Michail J. Trejster macht sich schmutzige Hände. Der Russe, [...] Mitglied des Troja-Projekts[1], greift sich Lehm aus einer Schubkarre und tastet mit den Fingern nach hartem Material. Immer wieder findet er das, was er sucht – kleine Stückchen Holzkohle. Manfred Korfmann sieht der Arbeit eine Weile zu und schaut zufrieden drein, weil in steter Regelmäßigkeit etwas zum Vorschein kommt. Diese kleinen Holzkohle-Stückchen stammen von Kienspänen[2], mit denen frühere Höhlenbesucher den Gang erleuchtet hatten. Der Materialwert dieser Stückchen ist gleich null, für den Archäologen jedoch sind sie kostbar. „Das sind die Schätze, die wir suchen", meint Korfmann.

Seit 1997 lässt der Leiter der Ausgrabungen in Troja eine Quellgrotte und ihren Vorplatz untersuchen, etwa 200 Meter von der südöstlichen Burgmauer entfernt. Schon Schliemann war die künstliche Höhle im Jahr 1879 aufgefallen. Er entdeckte auch die Quelle, konnte das Rätsel von Höhle und Quelle aber nicht völlig lösen. Dennoch zollt Korfmann Respekt. Dass der Troja-Entdecker auf die Quelle aufmerksam geworden war, sei eine Bestätigung für den guten Riecher Schliemanns. Als Korfmann 1988 die Arbeiten in Troja aufnahm, war die Quelle wieder vollständig verschüttet. [...]

Per Radiokarbonmethode dürften eindeutige Zeitangaben gemacht und die Frage beantwortet werden können, ob die Höhle schon im zweiten Jahrtausend in den Hügel getrieben worden war. Vielleicht, so hofft Korfmann, werden sich am Boden der Höhlengänge Reste von Kienspänen aus jener Zeit finden. [...]

Bei der diesjährigen Grabung des Troja-Projekts wurden mehrere steinerne Becken freigelegt, vermutlich Wasch- und Badeplätze. Allerdings sind diese Becken jüngeren Datums. Unter ihrem Horizont suchen die Archäologen jetzt noch nach Becken oder Resten davon aus der Zeit Homers (siebtes Jahrhundert vor Christus) und dem zweiten Jahrtausend vor Christus. „Wir werden uns im nächsten Jahr wieder dort tummeln", sagt Korfmann.

[...] Die Grotte und der Vorplatz interessieren den Tübinger Archäologen [...] auch deswegen besonders, weil sie beim Nachweis der Historizität von Homers Ilias eine Rolle spielen könnten. Von zwei Quellen ist im 22. Gesang der Ilias die Rede. „Dort bei ihnen sind die breiten Waschgruben in der Nähe, die schönen, steinernen, wo die schimmernden Gewänder wuschen der Troier Frauen und schöne Töchter vormals im Frieden, ehe die Söhne der Achaier kamen", berichtet Homer in seinem Epos über den Zorn des Achilleus, im Original durchgehend in Hexametern. Homer erzählt aber auch, dass Achilleus und Hektor bei ihrem entscheidenden Kampf an diesen „schön hinfließenden Brunnen" und den Becken außerhalb der Stadt vorbeigekommen seien. Und er erzählt außerdem, wie die Jagd von Achilleus auf Hektor vom Turm der Stadtmauer beobachtet worden sei. Von der Topografie her stimmt alles. Selbstverständlich musste man von der Warte auf der Mauer und dem Turm davor sehr gut erkennen können, was an den Quellen geschah. „Von hier aus kann man die dramatische Passage gut nachvollziehen, in der die

1 **Troja-Projekt:** von 1988 an in und um Troja stattfindende Grabungen eines internationalen Teams unter der Leitung des Tübinger Professors Manfred Korfmann
2 **Kienspan:** früher als Beleuchtungskörper in Gebrauch; Span (abgespaltenes Stückchen Holz) aus Kienholz (harziges Kiefernholz)

Trojaner in Wehgeschrei ausbrachen, als sie sahen, wie Achill den toten Hektor um die Stadt schleifte", meint Korfmann.
Mit der Entdeckung der Quellen und der Becken ganz in der Nähe der Stadtmauer ist freilich längst nicht bewiesen, dass es den einen Trojanischen Krieg gegeben hat. Korfmanns Fazit jedoch: Archäologie und Dichter kommen sich zum ersten Mal in überzeugender Weise näher.

Raimund Weible

1 *Gebt mit eigenen Worten wieder, was ihr von dem Text nach dem ersten Lesen behalten habt.*

2 *a) Klärt die Bedeutung der folgenden Fremdwörter im Textzusammenhang.*
Überprüft anschließend eure Worterklärungen anhand eines Wörterbuchs oder Lexikons.

Archäologen/Archäologie (Z. 22, 47, 82/83) | Topografie (Z. 71) | Historizität (Z. 55) | Fazit (Z. 82)

b) Fasst zusammen, was ihr aus dem Text über Heinrich Schliemann erfahrt.
Informiert euch dann in einem Lexikon über Heinrich Schliemann.

3 *a) Lest den nebenstehenden Lexikoneintrag zu der im Text erwähnten „Radiokarbonmethode" (▷ Z. 36).*
b) Erklärt mit Hilfe der Informationen zur Radiokarbonmethode, welche Rolle diese Methode bei den aktuellen Grabungen spielt. Lest dazu auch noch einmal die erste Hälfte des Textes (▷ Z. 10–42).

Radiokarbonmethode (Kohlenstoff-14-Methode): Verfahren zur Altersbestimmung mit radioaktivem Kohlenstoff; entwickelt seit 1947; beruht auf der Tatsache, dass Kohlenstoff 14, beginnend mit dem Tod eines Organismus, mit gleichmäßiger Geschwindigkeit zu zerfallen beginnt.

4 *a) Dieser Sachtext ist in verschiedene Themenbereiche gegliedert.*
Schreibt zu jedem Themenbereich wichtige Schlüsselwörter heraus.
b) Gliedert den Text in Abschnitte und findet zu jedem Abschnitt eine treffende Überschrift.
Achtet dabei darauf, wo ein neuer Gesichtspunkt angesprochen wird.

5 *Weist mit Hilfe der folgenden Informationen nach, dass es sich bei diesem Text um eine Reportage handelt. Belegt eure Aussagen mit Beispielen aus dem Text.*

Merkmale einer Reportage

- Darstellung eines Erlebnisses
- Recherche (Nachforschung) am Ort des Geschehens
- Befragung von Beteiligten und Fachleuten
- Aufzeigen von Hintergründen und Zusammenhängen
- Wechsel zwischen sachlich informierenden und persönlich schildernden Textteilen
- Subjektive Meinung der Verfasserin/des Verfassers
- Zeitform: Präsens
- Angabe des Verfassernamens

12.3 Spurensuche – Informationsrecherche zur Welt der homerischen Epen

Troja im Jugendsachbuch

Heinrich Schliemann

Um 1870 entdeckte der deutsche Archäologe Heinrich Schliemann (1822–1890) nach Jahren erfolgloser Suche an der kleinasiatischen Küste das alte Troja. Seine Ausgrabungen förderten insgesamt neun Städte übereinander zutage. Später fand man weitere 37 Schichten. Welche von ihnen die in der Ilias beschriebene Stadt war, ist nicht sicher. Schliemanns Frau trägt Schmuckstücke aus dem „Schatz des Priamos“.

Troja

Im 12. Jahrhundert v. Chr. verloren die einst so reichen mykenischen Städte und Paläste an Bedeutung oder wurden zerstört. Der Handel mit dem Osten stagnierte. In den nachfolgenden Jahrhunderten wurde die untergegangene mykenische Kultur in Sagen und Mythen verklärt, die von einer Generation zur anderen in Gedichtform überliefert wurden. Zwei dieser Heldengedichte, die **Ilias** und die **Odyssee,** sind auch heute noch bekannt. Im 8. Jahrhundert v. Chr. wurden sie von Homer aufgeschrieben, dessen Epen weit über Griechenlands Grenzen hinaus bekannt wurden. In der **Ilias** beschreibt Homer, wie eine Stadt namens Troja an der Westküste der heutigen Türkei von der griechischen Armee unter Führung des mykenischen Königs Agamemnon erstürmt wird. In der **Odyssee** werden die Erlebnisse des griechischen Helden Odysseus auf seiner Heimreise vom Trojanischen Krieg erzählt: In zehn Jahren besteht er viele gefährliche Abenteuer. Die Geschichten Homers spiegeln wahre Begebenheiten aus Kriegen, Schlachten und Belagerungen früherer Zeiten wider. Es ist anzunehmen, dass es einen Krieg zwischen Griechen und Trojanern gab, doch wird es dabei um Gebietsansprüche und nicht um die „schöne Helena“ (s. o.) gegangen sein.

Die schöne Helena

Der Sage nach wurde Helena, die schöne Gattin des Spartanerkönigs Menelaos, eines Bruders des Agamemnon, von Paris entführt. Dieser war der Sohn des trojanischen Königs Priamos. Die Griechen verbündeten sich zum Kampf gegen die Trojaner, um Helena zurückzuholen.

Verhängnisvolle Neugier

Nachdem die Trojaner der griechischen Belagerung zehn lange Jahre standgehalten hatten, siegten die Griechen durch eine List. Sie bauten ein riesiges Holzpferd, ließen es vor der Stadt stehen und täuschten ihre Abreise vor. Die Trojaner, von Neugier getrieben, zogen das Pferd in die Stadt. In der Nacht kletterten griechische Soldaten aus dem Bauch des Pferdes und öffneten der griechischen Armee die Stadttore (Darstellung auf einem Gefäß 650–600 v. Chr.).

Nachbildung

In Troja steht heute ein modernes Trojanisches Pferd. Kinder können über eine Leiter in das Innere des großen Holzpferdes klettern und griechische Eroberer spielen.

Das Trojanische Pferd

Die Geschichte von Troja und dem Holzpferd hat Künstler aller Epochen inspiriert. Der Italiener Giovanni Tiepolo (1696–1770) hat sogar mehrere Bilder zu diesem Thema gemalt.

Die Blendung des Polyphem

Auf der Rückreise vom Trojanischen Krieg geriet Odysseus in die Gewalt des Zyklopen Polyphem, eines Menschen fressenden Ungeheuers mit nur einem Auge mitten auf der Stirn. Der Riese hielt Odysseus und seine Männer in seiner Höhle gefangen und begann, einen nach dem anderen aufzufressen. Der listige Odysseus machte den Zyklopen betrunken und rammte ihm dann einen glühenden, spitzen Pfahl in sein einziges Auge.

Treue Penelope

Nach zehnjähriger Irrfahrt kehrte Odysseus in seine Heimat Ithaka zu seiner Frau Penelope zurück. Obwohl jeder ihn für tot erklärte, wartete sie während seiner langen Abwesenheit geduldig auf ihn. Wenn andere Männer um ihre Hand anhielten, bat sie um Bedenkzeit, bis sie ein bestimmtes Kleidungsstück zu Ende gewebt hätte. Nachts trennte sie dann heimlich das tagsüber Gewebte wieder auf und vertröstete so ihre Freier auf unbegrenzte Zeit. Auf diesem Gemälde des britischen Malers John Stanhope (1829–1908) sitzt Penelope traurig neben ihrem Webstuhl.

Im Schafspelz

Polyphems Höhle war gleichzeitig der Stall für seine Schafe. Die Flucht unter dem Bauch der Schafe, die zum Grasen die Höhle des Menschen fressenden Riesen verlassen durften, rettete Odysseus und seine Gefährten vor dem Zyklopen. Diese Geschichte ist hier auf einer schwarzfigurigen Vase dargestellt.

Mütterliche Hilfe

Diese kleine Terrakotta-Figur stellt die Nymphe Thetis, die Mutter des Achilles, oder eine ihrer Schwestern dar. Die Nymphe reitet auf einem Seepferd und bringt Achilles einen neuen Kampfhelm. Spuren vom leuchtenden Blau des Meeres sind noch erhalten.

Tod eines Helden

Nachdem der griechische Kämpfer Achilles Hektor, den tapfersten trojanischen Krieger, getötet hatte, band er ihn an seinen Wagen und fuhr damit dreimal um Troja herum. Auf dieser Tonlampe sieht man, wie sich Achilles auf seinem Wagen triumphierend umschaut. Über ihm, auf den Mauern Trojas, sieht man König Priamos und Königin Hekabe, die entsetzten Eltern des Toten.

1 *Beschreibt, wie diese Doppelseite aus einem Jugendsachbuch auf euch wirkt. Weckt sie euer Interesse, euch mit der Welt der homerischen Epen näher zu beschäftigen?*

2 a) *Die Doppelseite (▷ S. 220–221) enthält viele Informationen zu verschiedenen Themen. Schreibt auf, welche Themen auf diesen Seiten zu finden sind.*
b) *Erstellt eine Skizze, die einen Überblick über den Aufbau und den Inhalt der Doppelseite gibt. Benennt die verschiedenen Themen, umrandet zusammengehörige Bild- und Textbausteine und markiert gleiche Themenbereiche durch gleiche Farben.*

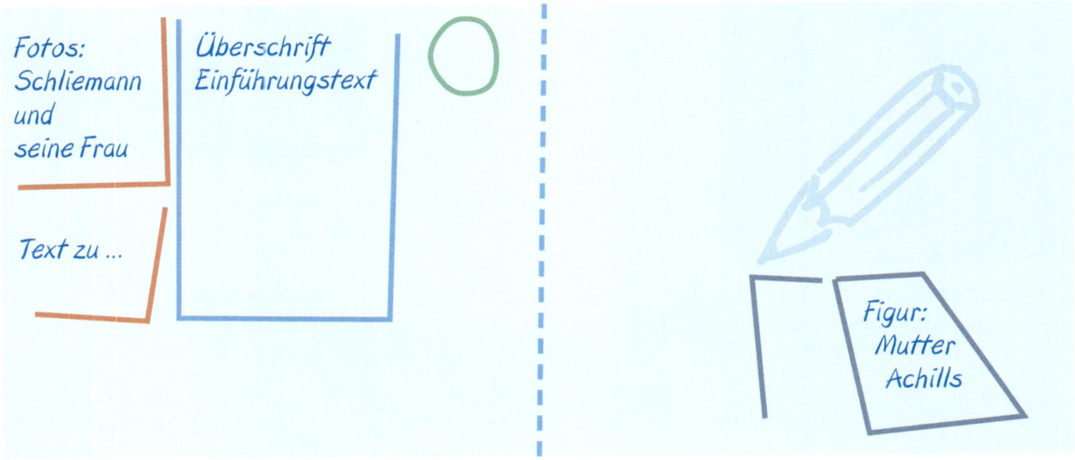

Informationsquellen sammeln und vergleichen

1 *Die Texte aus dem Jugendsachbuch (▷ S. 220–221) lassen viele Fragen offen. Teilt euch in Gruppen auf und sammelt zu jedem Themenbereich weiterführende Fragen.*

2 *Wenn ihr Informationsmaterial zu einem bestimmten Thema sucht, stehen euch verschiedene Quellen zur Verfügung:*

Printmedien	elektronische Medien	Personen
Bücher ◻ Lexika ◻ Schulbücher ◻ Fachbücher ◻ Jugendsachbücher Zeitschriften/Zeitungen ◻ Fachzeitschriften ◻ Jugendzeitschriften	CD-ROMs ◻ multimediale Enzyklopädien ◻ thematische CD-ROMs Internet	Fachleute, Institutionen ◻ Interview ◻ schriftliche Anfrage (Brief, E-Mail)

a) *Besprecht gemeinsam, welche Vor- und Nachteile die unterschiedlichen Informationsquellen haben.*
b) *Überlegt dann, welche ihr nutzen wollt und wo ihr diese finden könnt.*
TIPP: Denkt dabei an eure Schulbibliothek und an öffentliche Bibliotheken.

Um die verschiedenen Informationsquellen sinnvoll zu nutzen, solltet ihr sie genau prüfen und vergleichen, denn nicht immer sind die Texte brauchbar für eure Arbeit. Um z. B. Informationen zum Thema „Troja" zu sammeln, könnt ihr verschiedene Lexika nutzen.
In einem gedruckten Lexikon führen euch so genannte **Querverweise (→)** zu anderen Artikeln, in denen ihr weiterführende Informationen findet. In einem elektronischen Lexikon nennt man solche Querverweise **Links.** Links leiten euch von Artikel zu Artikel.

3 *Vergleicht die Informationen aus einem gedruckten und einem elektronischen Lexikon miteinander und besprecht, welcher Artikel für euch am hilfreichsten ist.*

Troja, Ilios, Ilion, lat. **Ilium,** der Hauptort von → Troas. Einwohner: *der* **Trojaner,** -s/_, Troer. *Eigw.* **trojanisch, troisch.**
In der griech. Sage ist T. Schauplatz des → Trojanischen Krieges, in dem die Griechen unter → Agamemnons Führung zehn Jahre lang um die von → Paris geraubte → Helena kämpften. Einen Teil der Kämpfe schildert die → Ilias. Die Griechen eroberten die Stadt mit Hilfe des → Trojan. oder Hölzernen Pferds, in dessen hohlem Bauch sie die 30 tüchtigsten Helden verbargen, die dann von den ahnungslosen Trojanern mit dem Pferd in die Stadt geführt wurden. Die Stätte T.s wurde von → H. Schliemann durch Ausgrabungen (seit 1870) auf dem Hügel Hissarlik festgestellt. Fortgesetzt wurden die Grabungen von → W. Dörpfeld, C.W. Blegen und M. Korfmann. Seit 1996 „Histor. Nationalpark Troja". Die Ausgrabungsstätte T. gehört zum → Weltkulturerbe.
Der Trojan. Krieg ist einer der am häufigsten bearbeiteten Stoffe der → Weltliteratur.

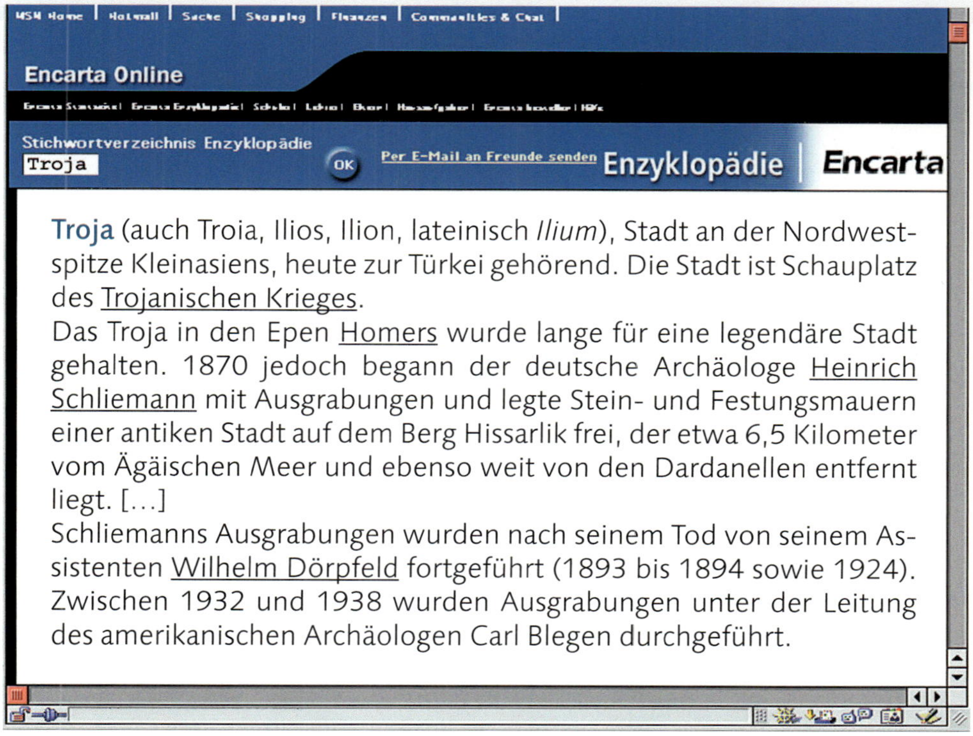

Troja (auch Troia, Ilios, Ilion, lateinisch *Ilium*), Stadt an der Nordwestspitze Kleinasiens, heute zur Türkei gehörend. Die Stadt ist Schauplatz des Trojanischen Krieges.
Das Troja in den Epen Homers wurde lange für eine legendäre Stadt gehalten. 1870 jedoch begann der deutsche Archäologe Heinrich Schliemann mit Ausgrabungen und legte Stein- und Festungsmauern einer antiken Stadt auf dem Berg Hissarlik frei, der etwa 6,5 Kilometer vom Ägäischen Meer und ebenso weit von den Dardanellen entfernt liegt. [...]
Schliemanns Ausgrabungen wurden nach seinem Tod von seinem Assistenten Wilhelm Dörpfeld fortgeführt (1893 bis 1894 sowie 1924). Zwischen 1932 und 1938 wurden Ausgrabungen unter der Leitung des amerikanischen Archäologen Carl Blegen durchgeführt.

4 *a) Wählt aus eurer Frageliste aus Aufgabe 1 (▷ S. 222) ein Thema oder Stichwort aus und schlagt es in einem gedruckten und in einem elektronischen Lexikon nach. Erstellt aus den Querverweisen bzw. den Links jeweils eine Begriffspyramide.*

Beispiel:

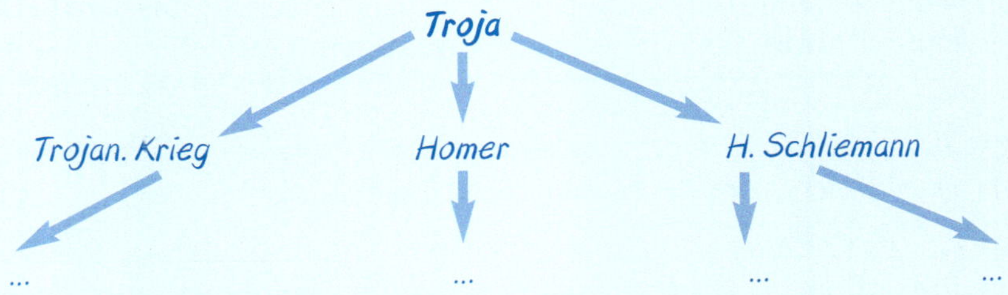

b) Sprecht über eure Erfahrungen bei der Informationssuche und tauscht euch darüber aus, welche Vor- und Nachteile die verschiedenen Lexika haben.

Im Internet suchen

1 *Sucht im Internet nach geeigneten Seiten zu einem Thema aus eurer Frageliste aus Aufgabe 1 (▷ S. 222). Beachtet dabei den unten stehenden Tipp zur Internetrecherche.*
a) Wählt vier Links aus, macht in Stichworten Angaben zum Inhalt der jeweiligen Seite und notiert, ob die Seite brauchbare Informationen zu eurem Thema enthält.
b) Überprüft, ob eure Suchbegriffe genau waren, und startet einen zweiten Suchdurchgang.

2 *Tauscht euch über eure Erfahrungen bei der Internetrecherche aus.*
Auf welchen Seiten konntet ihr am ehesten brauchbare Informationen zu eurem Thema finden?
Wie lange habt ihr gebraucht, um geeignete Informationen zu eurem Thema zu finden?

TIPP

Internetrecherche
Um in der unüberschaubaren Datenflut des Internets gezielt nach Informationen zu suchen, braucht man die Hilfe von Suchmaschinen, z. B. www.google.de, www.altavista.com oder www.fireball.de . Um tatsächlich fündig zu werden, müsst ihr euch zuerst geeignete Suchbegriffe überlegen:

- Eingabe eines Begriffes → Alle Seiten, die das Wort enthalten, werden aufgelistet.
- Eingabe mehrerer Begriffe → Die Suche beschränkt sich auf Seiten, die beide Begriffe enthalten, z. B. **Troja + Homer**.
- Eingabe eines Themas oder eines Namens in Anführungszeichen → Das genaue Thema oder der vollständige Name wird gesucht, z. B. **„Heinrich Schliemann“**.

Die Suchmaschinen ordnen die gefundenen Links nach Wichtigkeit. Oft kann man auch an den Adressen und den mitgelieferten Kurzbeschreibungen erkennen, ob eine Seite brauchbar ist.

13 „Schläft ein Lied …" – Gedichte wecken die Sinne

13.1 Lyrische Jahreszeiten: Natur und sprachliche Bilder

Joseph von Eichendorff

Wünschelrute

Schläft ein Lied in allen Dingen,
Die da träumen fort und fort,
Und die Welt hebt an zu singen,
Triffst du nur das Zauberwort.

1 *An welche Geschichten erinnert euch der Begriff „Zauberwort"? Sucht Zauberworte und erklärt, was man darunter versteht.*

2 *a) Beschreibt, wozu eine Wünschelrute dient.*
b) Überlegt, warum Eichendorff diese Überschrift gewählt hat, obwohl sonst nirgends im Gedicht von einer Wünschelrute die Rede ist.

3 *Außer „Wünschelrute" und „Zauberwort" erscheinen im Gedicht drei weitere Nomen. Schreibt diese heraus und stellt neben jedes Nomen das Verb, das im Gedicht dazugehört. Besprecht, was euch auffällt.*

4 *a) Die Formulierungen des Gedichts bezeichnet man als* ***sprachliche Bilder.*** *Überlegt, warum Eichendorff diese bildliche Ausdrucksweise wählt.*
b) Versucht den Inhalt des Gedichts ohne sprachliche Bilder wiederzugeben. Sprecht in der Klasse über eure Ergebnisse.

Eduard Mörike

Septembermorgen

Im Nebel ruhet noch die Welt,
Noch träumen Wald und Wiesen:
Bald siehst du, wenn der Schleier fällt,
Den blauen Himmel unverstellt,
Herbstkräftig die gedämpfte Welt
In warmem Golde fließen.

1 *a) Welche Vorstellungen verbindet ihr mit dem September?*
b) Beschreibt, welche Erscheinungen Mörike mit diesem Monat verknüpft.

2 *Sucht die sprachlichen Bilder, mit denen Mörike die herbstliche Natur veranschaulicht.*

Hermann Hesse

September

Der Garten trauert,
Kühl sinkt in die Blumen der Regen.
Der Sommer schauert
Still seinem Ende entgegen.

Golden tropft Blatt um Blatt
Nieder vom hohen Akazienbaum.
Sommer lächelt erstaunt und matt
In den sterbenden Gartentraum.

Lange noch bei den Rosen
Bleibt er stehen, sehnt sich nach Ruh.
Langsam tut er die großen,
Müd gewordenen Augen zu.

Peter Hacks

Der Herbst steht auf der Leiter

Der Herbst steht auf der Leiter
Und malt die Blätter an,
Ein lustiger Waldarbeiter,
Ein froher Malersmann.

1 *Vergleicht die Stimmung in den beiden Gedichten.*

2 *Garten, Sommer und Herbst treten in den Gedichten von Hermann Hesse und Peter Hacks (**▷ S. 226**) als Personen auf, sie werden vermenschlicht. Diese Art der bildlichen Ausdrucksweise nennt man* ***Personifikation.*** *Beschreibt die Wirkung der Personifikationen in den beiden Gedichten.*

3 *Das Gedicht von Peter Hacks geht eigentlich noch weiter. Schreibt es zu Ende.*
a) Überlegt zuerst, was der „Malersmann" weiter tun könnte, und notiert euch dazu Stichpunkte im Heft.
b) Damit aus euren Stichpunkten ein Gedicht wird, müsst ihr das, was ihr sagen wollt, in eine andere ***Form*** *bringen als bei einer Erzählung. Schaut euch den Anfang des Gedichtes von Peter Hacks noch einmal genau an und besprecht, was hier anders ist als bei erzählenden Texten wie z. B. Märchen oder Abenteuergeschichten.*
c) Untersucht die Anordnung der Reime in dem Gedicht. Orientiert euch dabei an den folgenden Informationen. Für die Fortsetzung des Gedichts solltet ihr dann dieses Reimschema übernehmen.

!

In Gedichten könnt ihr zahlreiche sprachliche Besonderheiten entdecken.
Die Länge der Zeilen ist im Gedicht nicht wie bei einem Prosatext von den Zufälligkeiten des Papierformats und der Schriftgröße abhängig, sondern vom Autor bewusst bestimmt. Der Fachbegriff für eine Gedichtzeile ist **Vers.** Häufig – besonders bei älteren Gedichten – haben alle Verse eines Gedichts annähernd die gleiche Anzahl von Silben.

Den Fachbegriff für eine Gruppe von Versen, die durch eine Leerzeile von den folgenden, ähnlich angeordneten Versen getrennt ist, kennt ihr wohl schon aus der Musik: die **Strophe.** Häufig bestehen Gedichte aus mehreren gleich langen Strophen.

Oft verbinden **Reime** die Gedichtzeilen. Zwei Wörter reimen sich, wenn sie vom letzten betonten Vokal an gleich klingen: „Haus – Maus"; „singen – entspringen".
Wenn sich zwei Verse reimen, die aufeinanderfolgen, sprechen wir von einem **Paarreim.** Man kann die Verse, die sich reimen, mit den gleichen Kleinbuchstaben bezeichnen, dann ergibt sich die Reimanordnung „aabb".
Wird ein Paarreim von zwei Versen umschlossen, die sich ebenfalls reimen, spricht man von einem **umarmenden Reim.** Die Reimanordnung ist „abba".
Beim **Kreuzreim** reimen sich der 1. und 3. sowie der 2. und 4. Vers: „abab".

Josef Guggenmos

Ich male mir den Winter

Ich male ein Bild,
ein schönes Bild,
ich male mir den Winter.
Weiß ist das Land,
schwarz ist der Baum,
grau ist der Himmel dahinter.

Sonst ist da nichts,
da ist nirgends was,
da ist weit und breit nichts zu sehen.
Nur auf dem Baum,
auf dem schwarzen Baum
hocken zwei schwarze Krähen.

Aber die Krähen,
was tun die zwei,
was tun die zwei auf den Zweigen?
Sie sitzen dort
und fliegen nicht fort.
Sie frieren nur und schweigen.

Wer mein Bild besieht,
wie's da Winter ist,
wird den Winter durch
und durch spüren.
Der zieht einen dicken Pullover an
vor lauter Zittern und Frieren.

Gebrüder Limburg: Monatsbild „Februar“ aus dem Stundenbuch des Herzogs von Berry (um 1413)

1 *a) Wodurch haben die Maler des Monatsbildes „Februar“ die Strenge des Winters ausgedrückt?*
b) Welche Farben sind in dem Bild vorherrschend?

2 *Vergleicht die Aussagen des Gedichts von Josef Guggenmos mit dem Monatsbild.*

3 *Schreibt selbst Wintergedichte.*
a) Sammelt zuerst Stichpunkte, die euch zum Thema Winter einfallen: Zwei von euch notieren an der Tafel Begriffe, die ihr ihnen zuruft, unter den Überschriften „angenehm“ und „unangenehm“. Dabei könnt ihr ganz außen platzieren, was ihr als äußerst angenehm oder äußerst unangenehm empfindet, in der Mitte das, was teils erfreulich, teils unerfreulich ist.
b) Lest anschließend das Ergebnis laut vor und sprecht darüber.
c) Nun könnt ihr einzeln, zu zweit oder in kleinen Gruppen Wintergedichte schreiben. Lasst euch dabei, je nachdem, welche Seite des Winters ihr stärker herausstellen wollt, von den entsprechenden Stichpunkten anregen.

Johann Wolfgang Goethe

Frühling übers Jahr (1816)

Das Beet, schon lockert
Sich's in die Höh,
Da wanken Glöckchen
So weiß wie Schnee;
Safran entfaltet
Gewalt'ge Glut,
Smaragden keimt es
Und keimt wie Blut.

Primeln stolzieren
So naseweis,
Schalkhafte Veilchen
Versteckt mit Fleiß;
Was auch noch alles
Da regt und webt,
Genug, der Frühling,
Er wirkt und lebt.

Eduard Mörike

Er ist's (1829)

Frühling lässt sein blaues Band
Wieder flattern durch die Lüfte;
Süße, wohl bekannte Düfte
Streifen ahnungsvoll das Land.
Veilchen träumen schon,
Wollen balde kommen.
– Horch, von fern ein leiser Harfenton!
Frühling, ja du bist's!
Dich hab ich vernommen!

Rainer Brambach

Das blaue Band (1983)

Das blaue Band, wie Mörike es sah,
flatternd in den Lüften, wo?
Ich sehe einen Kondensstreifen
quer über den Himmel gezogen –
aber die Amsel ist abends immer da
auf dem First gegenüber singt sie ihr Lied
unsäglich –

Vincent van Gogh: Blühende Pflaumenbäume (1888)

1 *Findet ihr eure Erfahrungen und Erlebnisse mit dem Frühling in den Gedichten Goethes, Mörikes oder Brambachs wieder? Erläutert eure Meinung.*

2 *a) Schildert in eigenen Worten die Eindrücke, die in den Gedichten Goethes und Mörikes mit dem Frühling verbunden werden.*
b) Stellt zusammen, welche sprachlichen Bilder in diesen beiden Texten verwendet werden und welche Sinne die Dichter damit ansprechen.

3 *Das Gedicht von Rainer Brambach, einem Schriftsteller aus dem 20. Jahrhundert, unterscheidet sich von denen Goethes und Mörikes. Besprecht, warum ein Dichter aus unserer Zeit den Frühling anders erlebt als die Autoren aus früheren Jahrhunderten.*

Ilse Kleberger

Sommer

Weißt du, wie der Sommer riecht?
Nach Birnen und nach Nelken,
nach Äpfeln und Vergissmeinnicht,
die in der Sonne welken,
nach heißem Sand und kühlem See
und nassen Badehosen,
nach Wasserball und Sonnenkrem,
nach Straßenstaub und Rosen.

Weißt du, wie der Sommer schmeckt?
Nach gelben Aprikosen
und Walderdbeeren, halb versteckt
zwischen Gras und Moosen,
nach Himbeereis, Vanilleeis
und Eis aus Schokolade,
nach Sauerklee vom Wiesenrand
und Brauselimonade.

Weißt du, wie der Sommer klingt?
Nach einer Flötenweise,
die durch die Mittagsstille dringt,
ein Vogel zwitschert leise,
dumpf fällt ein Apfel in das Gras,
ein Wind rauscht in den Bäumen,
ein Kind lacht hell, dann schweigt es schnell
und möchte lieber träumen.

1 *Beschreibt, wie das Gedicht von Ilse Kleberger aufgebaut ist.*

2 *Welche Sinne sind in den drei Strophen noch nicht angesprochen? Ergänzt das Gedicht durch eigene Strophen. Verarbeitet dabei Eindrücke, die mit diesen noch fehlenden Sinnen aufgenommen werden. Versucht, euch in der Länge der Strophen und der Anordnung der Reime an das vorliegende Gedicht zu halten.*

3 *a) Lest den ersten Vers von Klebergers Gedicht gemeinsam laut vor und klatscht bei jeder betonten Silbe in die Hände.*
b) Schreibt dann den ersten Vers ins Heft, setzt in der Zeile darunter für jede Silbe ein x und markiert jede Silbe, bei der ihr geklatscht habt, mit einem Betonungszeichen (x́).
c) Wiederholt dieses Verfahren mit dem zweiten und dritten Vers. Was stellt ihr fest?

! Ihr habt auf diese Weise ein wichtiges Merkmal von Gedichten ermittelt, das **Metrum** (Versmaß). Von einem Metrum spricht man, wenn die Abfolge der betonten und unbetonten Silben einem bestimmten Schema folgt. Wechseln betonte und unbetonte Silben unmittelbar einander ab, spricht man von einem **alternierenden Metrum.**

4 *Beim Vortragen eines Gedichts klingt es nicht gut, wenn man jede betonte Silbe gleich stark hervorhebt. Übt einen wirkungsvollen Vortrag des Gedichts von Ilse Kleberger ein (*▷ *S. 230**). Probiert dabei verschiedene Möglichkeiten der Betonung aus.*

TIPP

Das Metrum stellt ein Gerüst dar, das beim Vortragen des Gedichts durch den Sprecher oder die Sprecherin frei ausgestaltet wird. Wenn ihr das Gedicht vortragt, wählt ihr die Betonungen, die Sprechpausen und das Sprechtempo so, wie ihr es für angemessen haltet. Diese freie Ausgestaltung des vorgegebenen Versmaßes bezeichnet man als **Rhythmus.**

Marie Luise Kaschnitz

Juni

Schön wie niemals sah ich jüngst die Erde.
Einer Insel gleich trieb sie im Winde.
Prangend trug sie durch den reinen Himmel
Ihrer Jugend wunderbaren Glanz.

Funkelnd lagen ihre blauen Seen,
Ihre Ströme zwischen Wiesenufern.
Rauschen ging durch ihre lichten Wälder,
Große Vögel folgten ihrem Flug.

Voll von jungen Tieren war die Erde.
Fohlen jagten auf den grellen Weiden,
Vögel reckten schreiend sich im Neste,
Gurrend rührte sich im Schilf die Brut.

Bei den roten Häusern im Holunder
Trieben Kinder lärmend ihre Kreisel.
Singend flochten sie auf gelben Wiesen
Ketten sich aus Halm und Löwenzahn.

Unaufhörlich neigten sich die grünen
Jungen Felder in des Windes Atem,
Drehten sich der Mühlen schwere Flügel,
Neigten sich die Segel auf dem Haff.

Unaufhörlich trieb die junge Erde
Durch das siebenfache Licht des Himmels.
Flüchtig nur wie einer Wolke Schatten
Lag auf ihrem Angesicht die Nacht.

1 *Welche Sinneseindrücke verbindet Marie Luise Kaschnitz mit dem Monat Juni?*

2 *a) Erarbeitet den Aufbau des Gedichts: Notiert euch zu jeder Strophe, wer oder was jeweils im Mittelpunkt steht.*
b) Überlegt, wo das Ich, das im ersten Vers erscheint, am Anfang steht und von welchem Standpunkt aus die folgenden Strophen betrachtet werden.

3 *a) Untersucht die Form des Gedichts: Ist es gereimt? Weist es ein bestimmtes Metrum auf?*
b) Besprecht, weshalb Kaschnitz wohl diese Form gewählt hat.

4 *Lernt das Gedicht auswendig und tragt es vor.*

13.2 Gedichte – verdichtete Sprache

Erich Kästner

Im Auto über Land

An besonders schönen Tagen
ist der Himmel sozusagen
wie aus blauem Porzellan.
Und die Federwolken gleichen
weißen, zart getuschten Zeichen,
wie wir sie auf Schalen sahn.

Alle Welt fühlt sich gehoben,
blinzelt glücklich schräg nach oben
und bewundert die Natur.
Vater ruft, direkt verwegen:
„'n Wetter, glatt zum Eierlegen!"
(Na, er renommiert[1] wohl nur.)

Und er steuert ohne Fehler
über Hügel und durch Täler.
Tante Paula wird es schlecht.
Doch die übrige Verwandtschaft
blickt begeistert in die Landschaft.
Und der Landschaft ist es recht.

1 **renommieren:** prahlen, angeben

Um den Kopf weht eine Brise
von besonnter Luft und Wiese,
dividiert durch viel Benzin.
Onkel Theobald berichtet,
was er alles sieht und sichtet.
Doch man sieht's auch ohne ihn.

Den Gesang nach Kräften pflegend
und sich rhythmisch fortbewegend
strömt die Menschheit durchs Revier.
Immer rascher jagt der Wagen.
Und wir hören Vater sagen:
„Dauernd Wald und nirgends Bier."

Aber schließlich hilft sein Suchen.
Er kriegt Bier. Wir kriegen Kuchen.
Und das Auto ruht sich aus.
Tante schimpft auf die Gehälter.
Und allmählich wird es kälter.
Und dann fahren wir nach Haus.

1 *Lest die Verse des Gedichts vor, die ihr lustig findet.*

2 *Untersucht, welche sprachlichen Bilder zu der komischen Wirkung beitragen.*

Vergleiche

Nicht nur in Gedichten finden Vergleiche aus der Natur und Tierwelt Verwendung. Sehr beliebt sind Vergleiche mit „tierischen“ Verhaltensweisen auch in unserer Alltagssprache, besonders bei Beleidigungen:

Du isst ja wie ein Schwein.
Du benimmst dich wie ein Elefant im Porzellanladen.

1 *a) Findet weitere Vergleiche, in denen Eigenschaften von Tieren mit menschlichen Verhaltensweisen in Verbindung gebracht werden.*
b) Erklärt genau, wie die bildlichen Verwendungen zustande kommen.

2 *a) Erläutert die Bedeutung der Adjektive* moosgrün, rostbraun, pechschwarz.
b) Überlegt, warum man solche Adjektive bildet.
c) Bildet ähnliche Adjektive aus den folgenden Wörtern:

Schwefel	Veilchen	Rost	blau
Pech	Moos	Schnee	gelb
Wein	Gift	Sonnenblume	grün
Nacht	Kalk	Honig	rot
Zitrone	Rosen	Blut	schwarz
Kornblume	Laubfrosch		weiß

3 *Verfasst ein Naturgedicht, in dem eure zusammengesetzten Adjektive vorkommen. Das Gedicht könnte zum Beispiel so beginnen:*

Traumwald

Ich träumte von einem nachtschwarzen Wald
mit moosgrünen Bäumen, die waren steinalt,
…

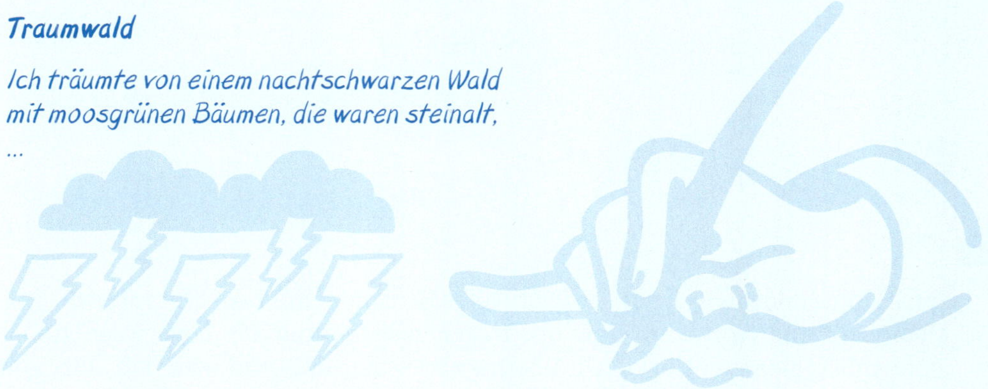

4 *a) Vergleicht eure Gedichte. Welche bildlichen Ausdrücke haltet ihr für besonders gelungen?*
b) Überlegt gemeinsam, wann sprachliche Bilder kitschig oder eindrucksvoll, langweilig oder interessant wirken.

Metaphern

Georg Britting

Feuerwoge jeder Hügel

Feuerwoge jeder Hügel,
Grünes Feuer jeder Strauch,
Rührt der Wind die Flammenhügel,
Wölkt der Staub wie goldner Rauch.

Wie die Gräser züngelnd brennen!
Schreiend kocht die Weizensaat.
Feuerköpfige Blumen rennen
Knisternd übern Wiesenpfad.

Blüten schwelen an den Zweigen.
Rüttle dran! Die Funken steigen
Wirbelnd in den blauen Raum –
Feuerwerk ein jeder Baum!

1 *Malt ein Bild zum Gedicht „Feuerwoge jeder Hügel“.*

2 *In Georg Brittings Gedicht wird die Landschaft mit vielen sprachlichen Bildern beschrieben. Stellt diese Bilder nach folgendem Muster zusammen:*

!

Sprachliche Bilder wie die in Georg Brittings Gedicht nennt man **Metaphern.** Metaphern sind Wörter mit einer übertragenen Bedeutung, z. B. „Feuerwoge“ für „sonnenbeschienener Hügel“. Die übertragene Bedeutung wird aber nicht durch ein Vergleichswort (z. B. „wie“) deutlich gemacht.

3 *Erklärt die übertragenen Bedeutungen der Metaphern in dem Gedicht „Feuerwoge jeder Hügel“.*

Viele übertragene Bedeutungen sind uns nicht mehr bewusst, weil die Wörter häufig verwendet werden. Metaphern, die wir benutzen, ohne uns das verwendete Bild vorzustellen, nennt man **verblasste Metaphern,** zum Beispiel „Landzunge“: die „Zunge“ des Lands.

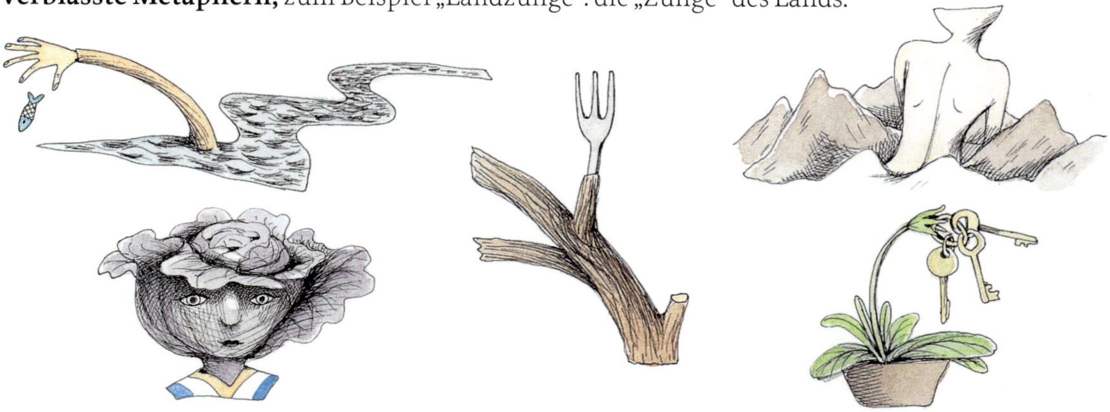

4 *a) Versucht die Bilderrätsel zu lösen und dabei die übertragene Bedeutung zu erklären, z. B.:*
Landzunge: Das Land ragt in Form einer Zunge ins Wasser.
b) Sucht selbst weitere Beispiele und zeichnet sie. Eure Mitschülerinnen und Mitschüler sollen sie erraten.

Personifikationen

> **!** In Naturgedichten findet sich häufig eine besondere Form bildhaften Sprechens, die **Personifikation**; das heißt: Pflanzen, Tieren oder Jahreszeiten werden menschliche Verhaltensweisen und Eigenschaften zugesprochen, zum Beispiel: „*Schreiend* kocht die Weizensaat“, „Blumen *rennen*“.

1 *Verfasst ein Gedicht über den Wald im Frühling, in dem ihr Personifikationen verwendet.*
a) Erstellt als Materialgrundlage eine Liste von Verben, die im Zusammenhang mit Menschen gebraucht werden:
lachen, umarmen, sich freuen ...
b) Sammelt Adjektive, die menschliche Eigenschaften beschreiben, z. B.:
aufgeregt, hoffnungsvoll ...
In eurem Gedicht könnt ihr sie als Attribute (▷ S. 129–131) verwenden.

2 *Überlegt gemeinsam, welche Wirkung die Verwendung der Personifikationen hat.*

13.3 Gedichte präsentieren

Die Farben der Jahreszeiten – Gedichte für das Auge aufbereiten

Frühling

Herbst

Sommer

Winter

1 *a) Ein wahrer Augenschmaus sind die Jahreszeiten-Bilder von Giuseppe Arcimboldo. Betrachtet die Bilder und besprecht (in Gruppen oder in der Klasse), wie dieser italienische Maler (1527–1593) den Jahreskreis dargestellt hat.*

b) Vergleicht die Bilder Arcimboldos mit Gedichten zu den entsprechenden Jahreszeiten. Wählt dazu Gedichte auf den Seiten 226–231 aus. Ihr könnt zusätzlich eine Gedichtsammlung aus eurer Schulbibliothek heranziehen.

2 *Gestaltet für euer Klassenzimmer zu jeder Jahreszeit ein* ***Plakat.***

a) Macht euch gemeinsam einen Plan, wie ihr vorgeht und wie ihr die Arbeit verteilt: Gedichte auswählen und schreiben, Material besorgen, basteln, malen ...

b) Überlegt, welche Farben ihr für die einzelnen Jahreszeiten auswählt. Die Bilder, die ihr oben seht, können euch dazu Anregungen geben.

c) Wenn klar ist, wie das Plakat gestaltet werden soll, erledigen die einzelnen Arbeitsgruppen ihre Aufgaben. Am Schluss wird das Plakat zusammengestellt und aufgehängt.

d) Präsentiert eure Plakate beim „Tag der offenen Tür" oder beim Schulfest der Öffentlichkeit.

Gedichte können auch erzählen – Lyrische Texte akustisch präsentieren

Theodor Fontane

Herr von Ribbeck auf Ribbeck im Havelland

Herr von Ribbeck auf Ribbeck im Havelland,
Ein Birnbaum in seinem Garten stand,
Und kam die goldene Herbsteszeit
Und die Birnen leuchteten weit und breit,
Da stopfte, wenn's Mittag vom Turme scholl,
Der von Ribbeck sich beide Taschen voll,
Und kam in Pantinen[1] ein Junge daher,
So rief er: „Junge, wiste 'ne Beer?“
Und kam ein Mädel, so rief er: „Lütt Dirn,
Kumm man röwer, ick hebb 'ne Birn.“

So ging es viel Jahre, bis lobesam[2]
Der von Ribbeck auf Ribbeck zu sterben kam.
Er fühlte sein Ende. 's war Herbsteszeit,
Wieder lachten die Birnen weit und breit,
Da sagte von Ribbeck: „Ich scheide nun ab.
Legt mir eine Birne mit ins Grab.“
Und drei Tage drauf, aus dem Doppeldachhaus,
Trugen von Ribbeck sie hinaus,
Alle Bauern und Büdner[3] mit Feiergesicht
Sangen „Jesus meine Zuversicht“,
Und die Kinder klagten, das Herze schwer:
„He is dod nu. Wer giwt uns nu 'ne Beer?“

So klagten die Kinder. Das war nicht recht,
Ach, sie kannten den alten Ribbeck schlecht,
Der *neue* freilich, der knausert und spart,
Hält Park und Birnbaum strenge verwahrt.
Aber der *alte*, vorahnend schon
Und voll Misstraun gegen den eigenen Sohn,
Der wusste genau, was damals er tat,
Als um eine Birn ins Grab er bat,
Und im dritten Jahr, aus dem stillen Haus
Ein Birnbaumsprössling sprosst heraus.

Und die Jahre gehen wohl auf und ab,
Längst wölbt sich ein Birnbaum über dem Grab,
Und in der goldenen Herbsteszeit
Leuchtet's wieder weit und breit.
Und kommt ein Jung übern Kirchhof her,
So flüstert's im Baume: „Wist 'ne Beer?“
Und kommt ein Mädel, so flüstert's: „Lütt Dirn,
Kumm man röwer, ich gew dir 'ne Birn.“

So spendet Segen noch immer die Hand
Des von Ribbeck auf Ribbeck im Havelland.

1 **Pantinen:** Holzschuhe
2 **lobesam:** verdienstvoll
3 **Büdner:** Kleinbauern

1 *Untersucht Fontanes Gedicht genauer:*
a) Fasst die Handlung mit eigenen Worten zusammen.
b) Wie wird der alte Ribbeck dargestellt? Achtet auch auf die sprachlichen Mittel.
c) Beschreibt, welches Verhältnis der alte Ribbeck zu den Kindern hat.
d) Stellt fest, welche Art von Reim das Gedicht aufweist, und untersucht, ob Fontane durchgehend ein bestimmtes Metrum gesetzt hat. Besprecht eure Ergebnisse und überlegt, weshalb Fontane diese Form gewählt hat.

2 *Gestaltet das Gedicht „Herr von Ribbeck auf Ribbeck im Havelland“ (▷ S. 237) zu einem* ***Hörspiel*** *um.*

a) Tragt die Gegenstände zusammen, die ihr braucht, um
- *das Schlagen der Turmuhr nachahmen zu können,*
- *den Klang der Holzschuhe zu erzeugen,*
- *den Leichenzug hörbar zu machen und*
- *das Rauschen des Birnbaums zu erzeugen.*

b) Überlegt, wie viele Sprecher ihr braucht, und verteilt die Rollen. Denkt auch an den Erzähler. Die Sprecher müssen unterschiedliche Stimmen haben.

c) Schreibt ein Textbuch, in dem ihr das Gedicht in einzelne Abschnitte einteilt und festlegt, wann wer spricht und wann welche Geräusche gemacht werden sollen: Für die Sprecher sind Hinweise nützlich, wie sie die einzelnen Abschnitte gestalten sollen (laut/leise, ruhig/aufgeregt, schnell/langsam …).

Textabschnitt	Sprecher/ Sprecherin	Gestaltung	Geräusche/ Musik
Vers 1 bis …	Erzählerin	…	…
…	…	…	…

d) Ihr bestimmt einen Aufnahmeleiter, der darauf achtet, dass das Textbuch eingehalten wird und alle, die gerade nicht an der Reihe sind, ganz still sind. Dann übt ihr das Zusammenspiel von Sprechern und Geräuschen mehrmals und achtet dabei darauf, ob die Geräusche nicht die Stimmen übertönen. Schließlich nehmt ihr das Hörspiel auf Kassette auf.

Franz Fühmann

Lob des Ungehorsams

Sie waren sieben Geißlein
und durften überall reinschaun,
nur nicht in den Uhrenkasten,
das könnte die Uhr verderben,
hatte die Mutter gesagt.

Es waren sechs artige Geißlein,
die wollten überall reinschaun,
nur nicht in den Uhrenkasten,
das könnte die Uhr verderben,
hatte die Mutter gesagt.

Es war ein unfolgsames Geißlein,
das wollte überall reinschaun,
auch in den Uhrenkasten,
da hat es die Uhr verdorben,
wie es die Mutter gesagt.

Dann kam der böse Wolf.

Es waren sechs artige Geißlein,
die versteckten sich, als der Wolf kam,
unterm Tisch, unterm Bett, unterm Sessel,
und keines im Uhrenkasten,
sie alle fraß der Wolf.

Es war ein unartiges Geißlein,
das sprang in den Uhrenkasten,
es wusste, dass er hohl war,
dort hat’s der Wolf nicht gefunden,
so ist es am Leben geblieben.

Da war Mutter Geiß aber froh.

Detlev von Liliencron

Die Musik kommt

Klingling, bumbum und tschingdada,
Zieht im Triumph der Perserschah[1]?
Und um die Ecke brausend brichts
Wie Tubaton[2] des Weltgerichts,
Voran der Schellenträger.

Brumbrum, das große Bombardon[2],
Der Beckenschlag, das Helikon[2],
Die Piccolo[3], der Zinkenist[4],
Die Türkentrommel, der Flötist,
Und dann der Herre Hauptmann.

Der Hauptmann naht mit stolzem Sinn,
Die Schuppenketten unterm Kinn,
Die Schärpe[5] schnürt den schlanken Leib,
Beim Zeus! das ist kein Zeitvertreib,
Und dann die Herren Leutnants[6].

Zwei Leutnants, rosenrot und braun,
Die Fahne schützen sie als Zaun;
Die Fahne kommt, den Hut nimm ab,
Der bleiben treu wir bis ans Grab!
Und dann die Grenadiere[6].

Der Grenadier im strammen Tritt,
In Schritt und Tritt und Tritt und Schritt,
Das stampft und dröhnt und klappt und flirrt,
Laternenglas und Fenster klirrt,
Und dann die kleinen Mädchen.

Die Mädchen alle, Kopf an Kopf,
Das Auge blau und blond der Zopf,
Aus Tür und Tor und Hof und Haus
Schaut Mine, Trine, Stine aus,
Vorbei ist die Musike.

Klingling, tschingtsching und Paukenkrach,
Noch aus der Ferne tönt es schwach,
Ganz leise bumbumbumbum tsching;
Zog da ein bunter Schmetterling,
Tschingtsching, bum, um die Ecke?

1 **Schah:** König der Perser
2 **Tuba, Bombardon, Helikon:** große Blechblasinstrumente
3 **Piccolo:** kleine Flöte
4 **Zinkenist:** Blasmusikant
5 **Schärpe:** breites Band um die Hüften
6 **Leutnant, Grenadier:** Soldaten

Christian Morgenstern

Die unmögliche Tatsache

Palmström, etwas schon an Jahren,
wird an einer Straßenbeuge
und von einem Kraftfahrzeuge
überfahren.

„Wie war“ (spricht er, sich erhebend
und entschlossen weiterlebend)
„möglich, wie dies Unglück, ja –:
dass es überhaupt geschah?

Ist die Staatskunst anzuklagen
in Bezug auf Kraftfahrwagen?
Gab die Polizeivorschrift
hier dem Fahrer freie Trift[1]?

Oder war vielmehr verboten,
hier Lebendige zu Toten
umzuwandeln – kurz und schlicht:
Durfte hier der Kutscher nicht – ?“

Eingehüllt in feuchte Tücher,
prüft er die Gesetzesbücher
und ist alsobald im Klaren:
Wagen durften dort nicht fahren!

Und er kommt zu dem Ergebnis:
„Nur ein Traum war das Erlebnis.
Weil“, so schließt er messerscharf,
„Nicht sein *kann*, was nicht sein *darf*.“

1 **Trift,** hier: Fahrt

1 *Die Gedichte von Franz Fühmann, Detlev von Liliencron und Christian Morgenstern (▷ S. 238–240) erzählen jeweils eine Geschichte. Wählt ein Gedicht aus und fasst die Geschichte zusammen.*

2 a) *Beschäftigt euch bei den Gedichten von Fühmann und Liliencron mit dem Aufbau, indem ihr den Inhalt jeder einzelnen Strophe in einem Satz zusammenfasst. Achtet jeweils auf die ersten und letzten Verse der einzelnen Strophen dieser Gedichte und überlegt, warum die Autoren sie so gestalten.*

b) *Befasst euch bei dem Gedicht von Morgenstern mit der sprachlichen Gestaltung und untersucht dabei vor allem den Satzbau und die Satzarten. Sprecht über den Schluss des Gedichts.*

c) *Sucht bei dem Gedicht von Liliencron alle Wörter heraus, die mit dem Hören zu tun haben: Verben und Adjektive, die zu diesem Bedeutungsfeld gehören, lautmalerische Wörter, Bezeichnungen für Musikinstrumente, Häufungen gleich klingender Anfangsbuchstaben („Die* **Sch***ärpe* **sch***nürt den* **sch***lanken Leib“) oder gleicher Vokale.*

3 a) *Lest das von euch gewählte Gedicht laut vor. Probiert unterschiedliche Möglichkeiten der rhythmischen Gestaltung aus. Sprecht darüber, wie die unterschiedlichen Vortragsarten wirken und ob sie jeweils zum Inhalt des Gedichtes passen.*

b) *Lernt das Gedicht auswendig und tragt es wirkungsvoll vor.*

14 Robin Hood – ein Medienheld

14.1 Geschichten über Robin Hood

England im 12. Jahrhundert, zur Zeit des Königs Richard Löwenherz. Robin Hood, der Sohn eines angelsächsischen Bauern, kämpft mit seinen Gefährten für die Rechte seines Standes und seines Volkes gegen die normannischen Herren Englands. Von ihm, seinem Mut, seiner Geschicklichkeit und seinem Gerechtigkeitssinn erzählen viele alte Geschichten. Sie wurden als Flugschriften verbreitet und später aufgezeichnet. Die folgende Erzählung entstammt einem Jugendbuch, das die Abenteuer Robin Hoods und seiner Freunde neu erzählt.

Howard Pyle/Inge M. Artl

Im Sherwoodwald bei Nottingham

Als Robin ein kräftiger junger Bursche von achtzehn Jahren war, veranstaltete der Sheriff von Nottingham einen Schützenwettkampf. „Da hol ich mir den ersten Preis", sagte Robin, nahm seinen Bogen aus Eibenholz und zwei Dutzend scharfe Pfeile und machte sich an einem schönen Maienmorgen auf den Weg, um von seiner Heimatstadt Locksley durch den Sherwoodwald nach Nottingham zu wandern. Bäume und Sträucher zeigten ihr erstes helles

Grün, gelbe Schlüsselblumen und rosige Anemonen säumten die Hecken, die wilden Apfelbäume blühten rosig, die Lerchen sangen und auch Robin pfiff fröhlich vor sich hin. Plötzlich stieß er auf ein Dutzend Jäger des Königs, die unter einem Baum auf dem weichen Waldboden saßen und es sich bei einer riesengroßen Pastete gut gehen ließen. Einer rief Robin mit vollem Mund zu: „Hallo, Kleiner, wohin willst du denn mit deinem Bogen, der nur einen Penny wert ist?“

Robin ärgerte sich und antwortete: „Mein Bogen und meine Pfeile sind genauso gut wie eure, und ich gehe zum Schützenfest nach Nottingham, um mit anderen Freisassen[1] um den ersten Preis zu kämpfen.“

„Du bist noch nicht ganz trocken hinter den Ohren und kannst kaum einen Bogen spannen“, höhnte ein Jäger.

„Ich wette mit dem besten Schützen unter euch um zwanzig Taler, dass ich die Zielscheibe auf sechzig Ruten treffe“, behauptete Robin kühn.

„Und morgen mischst du deine Milch schon mit Bier“, spottete ein anderer Jäger.

Da wurde Robin richtig zornig: „Da, schaut! Dort tritt ein Rudel Rotwild auf die Lichtung. Es ist noch weiter als sechzig Ruten entfernt. Ich wette zwanzig Taler, dass ich den besten Bock treffe.“

„Und ich wette zwanzig Taler, dass du weder den besten Bock noch ein anderes Tier triffst“, entgegnete der Jäger, der Robin als Erster angesprochen hatte.

Robin nahm seinen Bogen, stützte die Spitze auf den Schenkel und legte einen Pfeil auf. Dann hob er den Bogen, zielte, und schon surrte die Bogenschnur, und der Pfeil schoss dahin wie ein Vogel vor dem Nordwind. Der edelste Hirsch des Rudels sprang hoch, stürzte getroffen zu Boden und sein Blut färbte das Gras rot.

„So, wie gefällt euch dieser Schuss?“, rief Robin. „Ich wusste, dass ich die Wette gewinnen würde, und wenn es um dreihundert Pfund gegangen wäre!“

1 **Freisasse:** freier Bauer, dessen Land aber einem Fürsten gehörte

„Du bekommst keinen Penny!“, schrie der Jäger wütend, der die Wette verloren hatte. „Jetzt schau, dass du weiterkommst, oder ich verwalke dich so, dass du nie wieder einen Bogen in die Hand nimmst!“

„Du hast das Wild des Königs erlegt und das Gesetz befiehlt, dass dir dafür beide Ohren abgeschnitten werden“, rief ein anderer.

„Lasst ihn laufen, er ist ja noch jung“, beschwichtigte ein Dritter. Robin erwiderte kein Wort. Er sah die Jäger mit bösem Gesicht an, machte auf dem Absatz kehrt und stapfte davon.

Jetzt hätte der Jäger, der die Wette verlor, gut daran getan, Robin in Ruhe zu lassen. Aber er ließ sich von der Wut hinreißen, sprang plötzlich auf und schickte ohne jede Warnung einen Pfeil hinter Robin her. „Dir will ich Beine machen!“, schrie er.

Beinahe wäre es um Robin geschehen gewesen. Der Pfeil pfiff dicht an seinem Kopf vorbei. Robin wirbelte herum, riss den Bogen hoch und schoss zurück.

„Jetzt sag noch einmal, dass ich kein Bogenschütze bin!“, rief er zornig.

Der Jäger stürzte mit einem Schrei zu Boden. Robins Pfeil hatte ihm das Herz durchbohrt. Ehe die anderen Jäger sich von ihrem Schreck erholt hatten, war Robin Hood im Wald verschwunden. Sie verfolgten ihn nicht, denn jeder fürchtete, dass es ihm so ergehen würde wie seinem Kameraden.

Robin rannte immer tiefer in den Wald hinein, das Herz voll Trauer und Verzweiflung, denn er hatte einen Menschen getötet. „Oh, ich wollte, ich wäre dir niemals begegnet!“, klagte er. „Ich wollte, du hättest mich niemals angesprochen! Ich wollte, der rechte Zeigefinger wäre mir abgefallen, ehe ich den Pfeil abschnellen ließ! Ich habe unüberlegt gehandelt, und jetzt habe ich mein ganzes Leben lang Zeit, das zu bereuen!“

Robin wusste genau, dass er jetzt geächtet wurde, weil er das Wild des Königs erlegt und einen Menschen getötet hatte. Zweihundert Pfund Belohnung wurden auf Robins Kopf ausgesetzt, und der Sheriff von Nottingham schwor sich, ihn selbst zu fangen, damit er das Geld in seinen eigenen Sack stecken konnte.

Aber Robin Hood versteckte sich gut und kam ein ganzes Jahr lang keinen einzigen Schritt aus dem Sherwoodwald heraus. Während dieser Zeit versammelten sich viele Freisassen um ihn, die genau wie er aus irgendeinem Grund geächtet worden waren. Manche hatten im strengen Winter Wild erlegt, weil sie gar nichts anderes zu essen finden konnten, waren von den Jägern des Königs dabei erwischt worden und geflohen, um ihre Haut zu retten. Andere waren von ihren Höfen vertrieben worden, um damit die Ländereien des Königs zu vergrößern. Wieder andere hatten ihre Felder an reiche Barone und Grafen verloren, denen sie nach einer schlechten Ernte die Abgaben nicht pünktlich zahlen konnten. Alle suchten im tiefen Sherwoodwald Schutz vor Unterdrückung und Ausbeutung. Sie wählten Robin Hood zu ihrem Anführer und schworen, sich an ihren Unterdrückern zu rächen und ihnen all das wieder abzunehmen, was sie von den Armen durch ungerecht hohe Pachtzinsen und Steuern und Strafen erpresst hatten. Die Freisassen schworen auch, allen Armen zu helfen und niemals Frauen und Kindern etwas zu Leide zu tun. Weit und breit merkten die Landleute bald, dass sie von Robin Hood und seinen Gefährten nichts zu befürchten hatten und in schlechten Zeiten immer Hilfe bei ihm fanden. Sie betrachteten ihn als einen der Ihrigen, liebten ihn und verbreiteten die Geschichten von seinen Heldentaten und Abenteuern im ganzen Land.

1 *Beschreibt Robin Hood. Welche Eigenschaften könnt ihr seinem Verhalten entnehmen?*

2 *a) Sucht in einer Bücherei weitere Abenteuer Robins und seiner Freunde.*
b) Wählt die spannendsten Erzählungen aus und lest sie in der Klasse vor.

Robins bester Freund war John Little, der später Little John genannt wurde. Die beiden folgenden Texte handeln von der ersten, gar nicht freundschaftlichen Begegnung zwischen Robin und John.

Howard Pyle/Inge M. Artl

Robin Hood kämpft mit Little John

„So, jetzt kämpfen wir, bis einer von uns in den Bach fällt“, rief Robin und sprang auf die kleine Brücke.

„Nur zu!“ Der Fremde ließ seinen langen Stock wirbeln.

Nun begann ein Stockfechtkampf, an den die zwei sich noch lange erinnern sollten. Beide schlugen mit gleicher Kraft zu, beide fingen die Schläge mit der gleichen Geschicklichkeit mit den langen Knüppeln ab oder steckten sie mit demselben Gleichmut ein. Eine Stunde lang droschen sie aufeinander los, aber keiner wich auch nur einen Schritt zurück. Jeder hatte Beulen und blaue Flecken, aber keiner bat um Gnade und keiner fiel in den Bach. Hin und wieder hielten sie inne, um zu verschnaufen und jeder dachte bei sich, dass er noch niemals solch einen standhaften Gegner gehabt hatte. Endlich schlug Robin seinen Gegner so mächtig von der Seite auf die Rippen, dass dieser fast das Gleichgewicht verlor. Er fing sich jedoch wieder und sein nächster Schlag traf Robin so hart am Kopf, dass ihm schwarz vor den Augen wurde. Robin schlug mit aller Kraft blindlings zurück; der Fremde fing den Schlag auf, traf Robin noch einmal, und diesmal kippte Robin um wie ein Kegel auf der Kegelbahn und fiel in den Bach.

„Und wo bist du jetzt, mein stolzer Freund?“, schrie der Fremde lachend.

„Im Bach“, schrie Robin genauso lachend zurück, als er wieder auf die Beine kam und ans Ufer watete, denn er war nicht nachtragend. „Gib mir deine Hand. Du bist ein standhafter, tapferer Bursche. Zwischen hier und Canterbury gibt es keinen Mann, der mich so besiegt haben könnte wie du.“ Damit setzte Robin sein Jagdhorn an die Lippen und stieß dreimal hinein, dass das Echo weit durch den Wald hallte.

„Ich habe noch niemals solch einen standhaften Freisassen gesehen wie dich“, gestand der Fremde.

Tilman Röhrig

Robin Hood kämpft mit Little John

„He, Zwerg!“ Der Grüne kehrte zurück, ohne Bogen und Köcher, nur mit einem grob geglätteten Eichenstamm bewaffnet. Kampfbereit stülpte John die fest gewebte Kapuze über den Kopf. Der Fremde sprang auf den Steg und kam näher, spielerisch ließ er den Stock wirbeln, warf ihn von einer Hand in die andere. „Fällst du ins Wasser, Zwerg, und bist nicht tot, dann geb ich dir Zeit zu verschwinden. Ich verspreche es und ich halte mein Wort."

Der Fremde war dicht genug herangekommen. „Halt's Maul!" John ließ ihm keine Zeit. Sein schwerer Stock zuckte wie ein Schlangenkopf vor und traf den Gegner an der Brust. Der Angeber taumelte. John drängte nach. Den ersten Hieb wehrte der Grüne ab. Der nächste aber durchbrach die Deckung. John nutzte jetzt beide Endstücke des armdicken Stamms. Hals. Kopf. Hals und wieder ein furchtbarer Stoß gegen das Herz. Der Fremde wurde von den Füßen gehoben und zurückgeschleudert, fand wieder keuchend seinen Stand auf dem Baumsteg. Das Wams war zerrissen. Unter der Kapuze quoll Blut hervor.

„Genug?" John wog den Kampfstock in den Fäusten.

Der Grüne schüttelte benommen den Kopf. Blut lief ihm über die Wangen.

„Spring ins Wasser und ich lass dich leben!", bot John an. „Darfst im Fluss weiter runterhüpfen wie 'n Frosch. Bis ich dich nicht mehr seh."

Der Gegner hatte sich wieder gefasst. Mit einem Mal bog er den Kopf zur Seite, als wollte er herausfinden, was hinter dem Riesen geschah. „Das nenn ich Glück!", keuchte er. [...]

John blickte über die Schulter zurück. Der Moment genügte dem Grünen. Zwei Sprünge, er stieß das Ende des Stocks in eine Trittkerbe der Baumbrücke, stemmte sich hoch und flog, die Beine voran, wie ein Geschoss auf den Hünen zu. Beide Füße trafen den mächtigen Brustkorb. Die Wucht des Aufpralls brachte John ins Wanken, er stolperte, rücklings krachte er auf den Steg, rutschte, klammerte sich mit seinen Beinen fest, rutschte nicht ab, sofort hielt er den Kampfstock abwehrbereit quer vor dem Hals. Kein Angriff folgte. Nichts geschah. Wo war der Grüne? John setzte sich auf. Stierte den Stamm entlang, fand den Gegner nicht. Dann sah er die Hände, gleich vor seinen Sandalen. Die Finger krallten sich in die Rinde. John zog seine Beine an. Auf den Knien kroch er näher und beugte den Kopf hinunter. Da hing der Fremde, ruderte mit den Füßen über dem Wasser. Die Kapuze war verrutscht. Aus dem blutverschmierten Gesicht blickten klare, graue Augen zu ihm hoch, sie zeigten nicht eine Spur von Angst.

„Lass los", forderte John.

„Wenn ich wieder auf die Beine gekommen wär", stieß der Grüne zwischen den Zähnen hervor, „dann hätt ich dich jetzt, du Zwerg." – „Immer noch das freche Maul?" Der Hüne richtete sich zur vollen Größe auf. Von hoch oben starrte er auf den Gegner hinunter. „Lass los! Oder ich stopf es dir für immer."

„Ich hatte eben Pech. Aber sonst war es ein schönes Spiel, findest du nicht?"

John begriff den Fremden nicht. Ernst war es, blutiger Ernst. Und dieser Frosch redete einfach so daher. „Zum letzten Mal. Lass los!" Drohend hob er den Kampfstock, als wollte er Butter im Fass stoßen.

„Du tötest keinen Wehrlosen." Kühl und sicher blickten die grauen Augen.

Recht hat er, ärgerte sich John, noch mehr ärgerte es ihn, dass der Frosch es auch wusste. „Bist es mir eben nicht wert. Aber das, das hast du verdient." Langsam setzte er eine Sandale nach der anderen auf der Ferse vor und rollte die Ledersohlen über die verkrallten Finger.

„Verdammter Bastard!“ Mit diesem Fluch stürzte der Grüne ins strudelnde Wasser. John nickte zufrieden. Der Fremde wurde ein Stück mitgerissen, gelangte aus der Strömung ins seichtere Wasser. Von Stein zu Stein hangelte er auf das Ufer zu. John hetzte über die Baumbrücke, sprang und erwartete den Gegner stoßbereit.
„Ich gebe auf. Du hast gewonnen.“

1 *Obwohl beide Texte (▷ S. 244–246) von derselben Begebenheit erzählen, unterscheiden sie sich deutlich.*
a) Vergleicht, was jeweils erzählt wird.
b) Untersucht, aus welcher ***Perspektive*** *(Sichtweise) die Begegnung beschrieben ist. Erklärt, woran man das erkennen kann.*
c) Welchen Text findet ihr spannender? Begründet eure Meinung.

2 *Robins Freunde sitzen im Gebüsch und beobachten den Kampf aus dem Hintergrund. Bereitet euch in Gruppen vor und spielt die Szene aus dem Stegreif.*

Mark Twain

Tom Sawyer spielt Robin Hood

„Halt!“, rief Tom. „Wer wagt es, den Sherwoodforst zu betreten ohne meine Erlaubnis?“ – „Guy von Guisborne bedarf keines Sterblichen Erlaubnis. Wer bist du, dass du – eh – dass du...“ – „Dass du es wagen darfst, eine solche Sprache zu führen“, half Tom flüsternd aus, denn sie spielten „getreu nach dem Buch“. – „Wer bist du, dass du es wagst, eine solche Sprache zu führen?“ – „Wer ich bin? Das fragst du noch? Ich bin Robin Hood, was dein klapperndes Gerippe bald erfahren soll.“ Sie zogen ihre hölzernen Schwerter und begannen einen regelrechten Kampf. Schließlich brüllte Tom: „Na, nun fall doch endlich! Warum fällst du denn nicht?“ – „Ich? Fall du bitte!“ – „Das ist ganz egal, ich kann doch nicht fallen! Steht's so vielleicht im Buch? Im Buch steht doch: ‚und mit einem gewaltigen Streiche von rückwärts stieß er den armen Guy von Guisborne zu Boden‘; du musst dich also rumdrehen, dass ich dich von hinten niederhauen kann.“ Gegen eine solche Autorität ließ sich nichts einwenden. Joe drehte sich um, erhielt seinen Streich und fiel. Als er sich wieder aufrappelte, rief er: „Nun will ich dich doch aber mal totschlagen. – Was dem einen recht ist, ist dem andern billig.“ – „Aber das kann ich doch nicht, Joe. Es steht doch nicht so im Buch.“ – „Ich pfeif auf das Buch. So 'ne Gemeinheit.“

1 *Ihr kennt sicher die Geschichten von Tom Sawyer und seinem Freund Joe. Warum wählen die beiden für ihr Spiel wohl eine Szene aus Robin Hood?*

2 *„Gegen eine solche Autorität ließ sich nichts einwenden“ (Z. 21–22). Diskutiert, was der Erzähler mit diesem Satz ausdrücken will.*

14.2 Robin Hood in Funk und Film

Hörspiel und Drehbuch

Die folgenden beiden Texte erzählen die Geschichte vom Kampf zwischen Robin Hood und seinem späteren Freund Little John weiter. Der erste ist ein Hörspieltext, der zweite eine Drehbuchszene.

Christiane Setzkorn

Robins Freunde (Hörspiel)

Waldstimmung: Raschelndes Laub, das Rauschen eines Baches, hin und wieder eine Vogelstimme.

SPRECHER: Plötzlich knackte es im Unterholz, und wie aus dem Boden gestampft tauchten drei Dutzend kräftige, gut bewaffnete Männer auf, die alle das gleiche jagdgrüne Wams trugen.

Knacken von Ästen, sich näherndes Stimmengemurmel, Schritte, Waffengeklirr.

WILL STUTLEY: Was ist hier los, Robin? Du bist ja nass bis auf die Haut!

ROBIN HOOD *(vergnügt):* Der Bursche dort hat mich verprügelt und dann ins Wasser geworfen.

WILL STUTLEY: Dann wird er ebenfalls verprügelt und ins Wasser geworfen. Auf ihn, Freunde!

Lautes zustimmendes Gebrüll der Männer. Kampfgeräusche, krachende Holzknüppel, Rufen und Schimpfen, hin und wieder Gebrüll.

SPRECHER: Der Fremde schlug tapfer rechts und links mit dem Knüppel drauflos, und es setzte noch ein paar Beulen und blaue Flecken, ehe sie ihn überwältigen konnten.

Kampfgeräusche ebben ab,verstummen schließlich ganz;
Atmen und Keuchen der erhitzten Männer.

!

Das **Hörspiel** ist eine Sonderform des Dramas, die durch die Erfindung des Rundfunks entstanden ist. Das Hörspiel ist einerseits beschränkter als das Bühnenspiel, weil es allein auf akustische Mittel angewiesen ist. Andererseits kann man im Hörspiel verschiedene technische Möglichkeiten nutzen wie z. B. Ein-, Aus-, Überblenden, Montage, Klangeffekte usw.

Robins Freunde (Drehbuch)

Außen/Tag

Eine Brücke über einen Bach mitten im Sherwood Forest. Gewitterwolken am Himmel. Robin Hood im Wasser, Little John von der Brücke auf Robin herabblickend.

SPRECHER: Jetzt sah ich ihn. Der grüne Zwerg stand knietief im kalten Wasser, unbewaffnet, doch etwas war merkwürdig ...

Robin setzt sein Horn an den Mund, noch zweifelnd.

ROBIN HOOD: He! Du Riese? Bis du es dir überlegt hast, darf ich dir wenigstens etwas auf meinem Jagdhorn vorblasen.

LITTLE JOHN: Blas, so viel du willst! Hauptsache, du hältst dein Maul.

Robin bläst drei Töne, und wie hergezaubert erscheinen zehn oder zwölf Gestalten, alle in grüne Stoffe kleidet, mit Pfeil und Bogen im Anspann. Einige Pfeile fliegen haarscharf an Little Johns Füßen vorbei und bleiben in den Bohlen der Brücke stecken.

LITTLE JOHN: Eine Falle!

1. FREMDER: Na, Robin, warst wohl beim Schmied? Wer hat dich angeheizt? Und sauber gereckt hat er dich auch!

2. FREMDER: Und dann hat er dich gelöscht, wie's sich gehört.

Die Männer zeigen sich zu allem entschlossen und spannen ihre Bögen und zielen auf Little John.

3. FREMDER: Was jetzt, Robin?

ROBIN HOOD: Wartet, Freunde! Keiner schießt ohne meinen Befehl. Aber haltet unseren Ochsen gut in Schach!

SPRECHER: Der grüne Zwerg schien der Anführer der anderen zu sein. Sie hatten mich in der Falle. Wie sollte ich hier jemals lebend herauskommen? Ich hatte ihn geschont, das schien ein Fehler gewesen zu sein.

Robin Hood massiert sich seinen Oberarm, der vom Schlag Little Johns mitgenommen ist. Sein Gesicht ist schmerzverzerrt, doch zugleich fröhlich.

ROBIN HOOD: Einen Schlag hast du, Kerl. Ich dachte, mir platzt der Schädel.

LITTLE JOHN: Ich wünscht, ich hätt dir vorhin meinen Stock ins Maul gestampft.

ROBIN HOOD: Wünsch es dir nicht. Eh du zugestoßen hättest, wärst du tot gewesen. Keiner meiner Freunde hätte dich verfehlt.

SPRECHER: Er hatte Recht, die anderen Grünlinge waren so schnell und lautlos aus den Büschen aufgetaucht, keine Frage: Die hätten mich erledigt. Aber was sollte nun das ganze Spielchen?

Robin hat sich vor seinen Leuten wie ein König aufgebaut und wendet sich Little John zu.

ROBIN HOOD *(mit wichtiger Stimme)*: Sag mir deinen Namen.

LITTLE JOHN: John.

ROBIN HOOD: Und wie noch?

LITTLE JOHN: Little, John Little.

Gelächter der Männer. Sie raunen das Wort „Little". Wieder Lachen.

Robin Hood: Maul halten. Wer hat dich geschickt?

Sprecher: Wie weit konnte ich ihm vertrauen?

Robin Hood: Wer ist dein Herr?

Little John: Niemand.

Robin Hood: Du lügst.

Sprecher: Ein Lügner – nein, das war ich nicht! Ich erzählte schließlich die Geschichte, wie die Männer des Sheriffs unser Dorf geplündert hatten.

Little John: ... alle waren ermordet, als ich ankam.

Robin Hood: Und weiter, John? Ich muss alles wissen.

Little John: Vier Mörder hab ich erschlagen. Einer ist entkommen. Ich bin sofort geflohen, weil doch der verdammte Sheriff seinem Knecht mehr glaubt als einem Unschuldigen.

Robin Hood: Aber ich glaube dir. Jeder von uns kennt den elenden normannischen Schuft, diesen Tom de Fitz. Aber nach dem Winter, ich schwöre es, wird auch er uns richtig kennen lernen.

Robin Hood: Eins noch. Und wehe, du lügst! Wie hast du unser Tal entdeckt? Wieso kommst du aus dieser Richtung? Nur Eingeweihte kennen den Pfad.

Little John: Zufall. Weil ich gute Augen hab, da hab ich die Dächer vom Dorf irgendwo da oben gesehen. Und den Pfad. Na ja, weil ich Jäger bin.

Robin Hood: Was meint ihr, Freunde?

Robin Hood: John Little! Vor dir steht Robert Locksley, genannt Robin Hood. Und das hier, das sind meine Freunde. Um es kurz zu sagen: Wir alle sind Geächtete. Verjagte, Verurteilte, Gehetzte, du weißt selbst, wie schnell das kommt. Wer Glück hat und ihnen entwischt, der flieht in die Wälder. Wohin sonst? Dir bleibt ja auch nichts anderes übrig. Bisher lebten viele von uns allein oder in kleinen Gruppen, aber ich, ich will mehr. Ich will eine Armee. Eine Bruderschaft der Geächteten.

Little John blickt zu Boden. Robin tritt dicht an ihn heran.

Man sieht, wie Little John erzählt und nach und nach die Männer ihre angespannten Bögen abnehmen. Sie lauschen seinen Worten.

Nicken der Männer.

Zustimmendes Gebrumm der Männer.

Die Sonne bricht durch die Wolken und wirft ihr Licht auf die Männer und Robin.

Little John ist sichtlich gerührt.

Little Johns Blick fällt auf die Wunden, die er Robin beigebracht hat.

LITTLE JOHN: Jetzt tut es mir …
ROBIN HOOD: Schon gut, John, das heilt schnell. Eins solltest du noch wissen: Wir sind keine Banditen. Wir sind freie Männer!

Die Männer heben stolz den Blick und nicken John zu.

LITTLE JOHN: Du meinst, ich darf gehen?
ROBIN HOOD: Ich halte dich nicht mehr fest. Du bist frei.

LITTLE JOHN: Gut. Dann …

John wendet sich zögernd ab, will gehen.

ROBIN HOOD: Halt, warte! Ich frage dich als freien Mann: John Little, willst du bei uns bleiben?

John dreht sich mit ernster Miene um.

SPRECHER: Dieser Moment sollte mein Leben verändern …

1 *Vergleicht die Hörspiel- mit der Drehbuchszene.*
a) Welche Gestaltungsmittel spielen außer der gesprochenen Sprache beim Hörspiel und beim Drehbuch noch eine wichtige Rolle?
b) Welche Bedeutung hat der Sprecher in den beiden Szenen?

2 *Versucht die Hörspielszene nachzuspielen und anschließend auf Kassette aufzunehmen.*
a) Überlegt euch, wie ihr die Geräusche erzeugen wollt. Probiert Verschiedenes aus und erstellt dann eine Liste:

Geräusch im Hörspiel	Wie machen wir es?
Windbö	Pusten mit dem Mund
Knacken der Äste	…
Vogelgezwitscher	Pfeifen und …
…	…

b) Überlegt euch auch, wie die Stimmen klingen sollen:
- ☐ *Sind die Stimmen weit weg vom Mikrofon oder nah dran?*
- ☐ *Welche „Farbe" haben die Stimmen: Sind sie ernsthaft, traurig, lustig …?*

3 *Gestaltet* ***Hörszenen*** *in Gruppen:*

a) Wählt eine Geschichte von Robin Hood aus diesem Kapitel (▷ *S. 241–246)* *oder sucht in eurer Bücherei nach anderen Robin-Hood-Geschichten, die ihr ausgestalten wollt.*

b) Schreibt die Geschichte in eine Hörszene wie auf S. 247 um: In der linken Spalte stehen die Sprecher und der Redetext, rechts werden die Geräusche angegeben, mit denen ihr die Begebenheit veranschaulicht.

c) Probiert, wie die Geräusche erzeugt werden können, und übt das ausdrucksvolle Vortragen des Sprechtextes.

d) Nehmt eure Szenen auf Kassette auf. Eine/-r sollte sich besonders um die Aufnahmetechnik kümmern.

4 *Wählt einen Abschnitt aus dem Drehbuch und probt eine* ***Aufführung.***

a) Malt die Kulisse an die Tafel oder auf eine Tapetenrolle.

b) Macht euch mit dem Text vertraut und besorgt euch die notwendigen Requisiten (Gegenstände).

c) Nutzt bei den Proben auch die Möglichkeit, in der Spielbewegung zu erstarren.
Tauscht eure Beobachtungen aus und sprecht über die Wirkung der Standbilder.

d) Besetzt die Hauptrollen mehrfach.
Die Rolleninhaber wechseln sich beim Spiel ab und sprechen jeweils aus der Rolle heraus über ihre Einstellungen, Gefühle und Absichten.

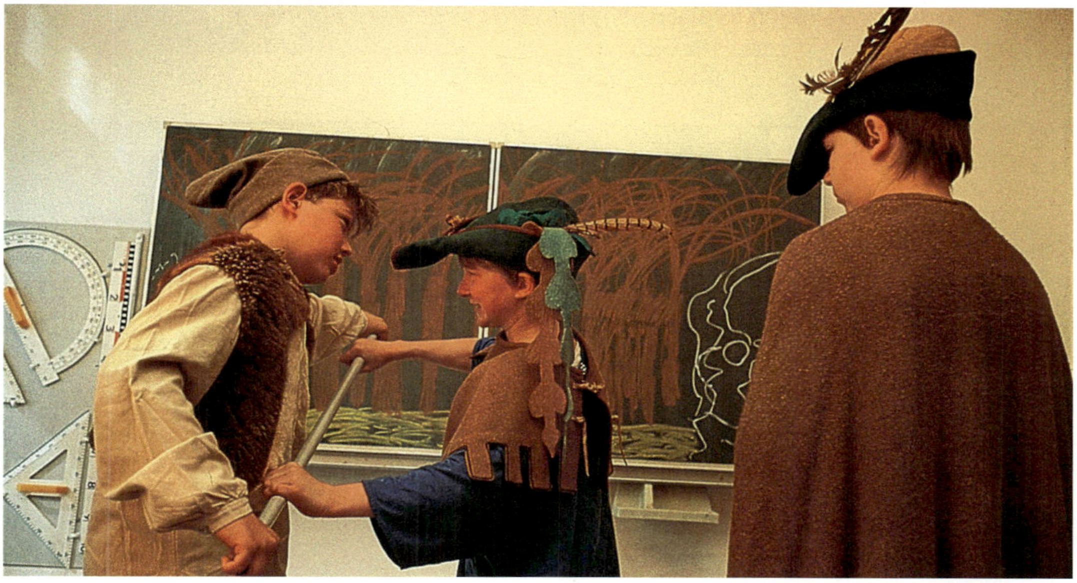

5 *Wenn ihr über eine* ***Videokamera*** *verfügt, solltet ihr die geprobten Szenen aufnehmen.*

a) Verständigt euch darüber, von wo aus ihr die Szenen aufnehmen wollt. Ihr könnt die Position der Kamera auch wechseln.

b) Überlegt, wie groß das Gefilmte erscheinen soll. Ihr könnt z. B. das Gesicht eines Sprechers oder einer Sprecherin ganz nah zeigen oder aber alle Darsteller von weitem.

c) Spielt euch die Aufnahmen vor und diskutiert Verbesserungsmöglichkeiten. Geht dabei von der Wirkung aus, die ihr erzielen wollt.

d) Erprobt nach der Besprechung neue Einstellungen.
Die Kameraführung könnt ihr verbessern, wenn die Schauspieler ab und zu in der Spielbewegung erstarren.

Robin Hood im Bild

Erst wenn ein Drehbuch geschrieben ist, kann mit den Aufnahmen für einen Film begonnen werden. Ein Drehbuch besteht – wie ein Theaterstück – aus einzelnen Szenen, wie ihr eine bereits kennen gelernt habt. In diesen Szenen kommen verschiedene Kameraeinstellungen vor, die hintereinandergeschnitten werden. Die Regisseurin oder der Regisseur berät gemeinsam mit dem Kameramann oder der Kamerafrau, wie die verschiedenen Einstellungen aufgenommen werden sollen. Man unterscheidet die Einstellungen danach, wie groß der Bildausschnitt gewählt wird. Außerdem lässt sich der Standpunkt der Kamera verändern.

Die folgenden Zeichnungen zeigen solche Einstellungsgrößen und Kameraperspektiven:

Und nun gehen die beiden aufeinander los, als seien sie vom Teufel besessen. Keiner will den Weg räumen und so dauert der Kampf stundenlang.
WUMM
5
Spring ins Wasser und ich lass dich leben, Giftzwerg!
6
Heftig krachen die Stöcke der beiden …
KRACH
KLONG
7
Halt's Maul, du Riesenbaby!!
8
Von wegen „Riesenbaby“ … Ich taumle … HILFE!!!
9
Ha! Ha!
PLATSCH
GURGEL
10

1 *Habt ihr euch Robin Hood so vorgestellt?*

2 *Vergleicht die Bildfolge mit der Erzählung von Howard Pyle und Inge M. Artl (▷ S. 244).*

3 *Wie könnte man die verschiedenen Sprechblasen und Zwischentexte in einem Film umsetzen? Welche könnte man weglassen?*

! Die verschiedenen **Größen der Bildausschnitte** nennt man im Film (von ganz weit bis ganz nah): „Panorama", „Totale", „Halbtotale", „Halbnah", „Nah", „Groß", „Detail".

4 *Versucht alle Bilder einer dieser Einstellungsgrößen zuzuordnen, z. B.:*
Bild 1: Totale
…

! Bei der **Kameraperspektive** unterscheidet man zwischen „Aufsicht" (auch „Vogelperspektive" genannt), „Untersicht" („Froschperspektive") oder „Normalsicht" (in Augenhöhe).

5 *Gebt an, welchen Kameraperspektiven die Bilder entsprechen, z. B.:*
Bild 1: Aufsicht
…

6 *Welche Wirkung kann durch die verschiedenen Einstellungsgrößen und Kameraperspektiven erzielt werden? Betrachtet besonders die Bilder 3/4, 7 und 12.*

Robin-Hood-Filme

Dies sind Bilder aus einer neueren Verfilmung von „Robin Hood“, die einige von euch vielleicht kennen.

1 *a) Welche Wirkung haben die Bilder auf euch?*
b) Versucht die Wirkung der Bilder zu erklären. Ihr könnt z. B. untersuchen
- ☐ *die Wahl der Schauspieler,*
- ☐ *die Ausstattung (Kostüme, Landschaft ...),*
- ☐ *die Einstellungsgrößen,*
- ☐ *die Kameraperspektiven.*

2 *Wenn jemand aus der Klasse eine Robin-Hood-Verfilmung auf Videokassette oder DVD besitzt oder besorgen kann, könnt ihr euch Teile des Films gemeinsam anschauen. Dabei könnt ihr z. B. herausfinden, warum der Film an einigen Stellen besonders spannend wirkt:*
a) Stoppt den Film an einer spannenden Stelle. Seht euch die Szene dann mehrmals an.
b) Jede/-r sollte sich dabei einen Schwerpunkt für seine Beobachtungen aussuchen, z. B.:
- ☐ *Kameraperspektiven (Aufsicht, Untersicht, Normalsicht),*
- ☐ *Einstellungsgrößen (Panorama bis Detail),*
- ☐ *Schnittfolgen (viele, schnelle Schnitte oder lange Einstellungen?),*
- ☐ *Einsatz von Musik,*
- ☐ *...*

c) Tragt eure Ergebnisse zusammen und besprecht sie.

14.3 Medien im Alltag – ein Projekt der Klasse 6

Die Klasse 6 c des Ignaz-Günther-Gymnasiums in Rosenheim hat zum Thema „Medien" ein Projekt durchgeführt. Als Erstes haben die Schülerinnen und Schüler gesammelt, welche Fragen sie besonders interessieren und welche Aktivitäten sie unternehmen könnten. Alle Vorschläge, Ideen, aber auch Fragen zum Thema wurden an einer großen Wand angeordnet.

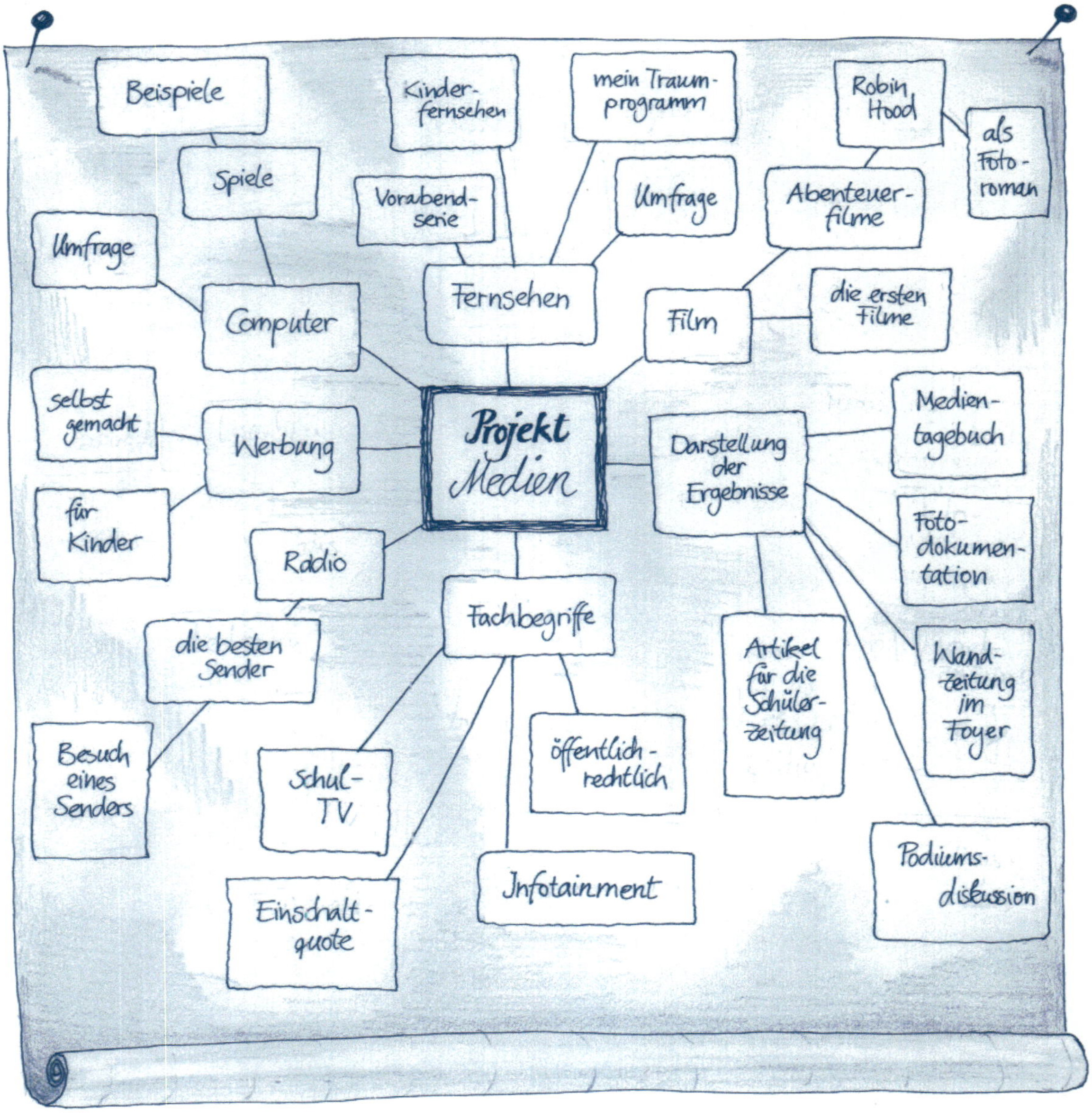

1 *Natürlich hatten die Schülerinnen und Schüler viel mehr Ideen, als sich tatsächlich umsetzen lassen. Wenn ihr ein Projekt „Medien im Alltag" durchführen wollt, müsst ihr euch auf Teilprojekte beschränken, die ihr in Gruppen erarbeitet. Auf den Seiten 257–260 findet ihr Vorschläge dafür. Weitere Vorhaben könnt ihr aus dem oben abgebildeten Plakat entwickeln.*

Moderner Robin Hood als Fotoroman

Einige Schülerinnen und Schüler haben eine moderne Robin-Hood-Geschichte erfunden und als Fotoroman gestaltet. Dabei wurden zunächst einzelne Ideen zu einer Handlung verbunden und anschließend Skizzen zu Fotos entworfen, die ähnlich wie in einem Comic die Geschichte darstellen sollten. Dabei haben sich die Schülerinnen und Schüler genau überlegt, was sie zeigen wollten und welche Einstellungsgröße und Kameraperspektive sie wählen würden. Folgende Fragen haben die Gruppen besonders beschäftigt:

- *Wem könnte ein moderner Robin Hood helfen?*
- *Wer ist der „Böse" in unserer Geschichte?*
- *Wo nehmen wir die Fotos auf? Ist es dort hell genug? (Und wer bringt einen Fotoapparat mit???)*
- *Welche Kostüme und Requisiten brauchen wir?*
- *...*

Robin Hood und andere Abenteuerfilme

Eine Arbeitsgruppe hat sich zum Ziel gesetzt, Abenteuerfilme zu untersuchen. Sie hat nach ihrer Beschäftigung mit Robin Hood einen Beobachtungsbogen zusammengestellt.

	1. Szene	2. Szene	...
Kameraperspektiven			
Größe der Bildausschnitte			
Musik/Geräusche			
...			

Mit dem Beobachtungsbogen haben die Schülerinnen und Schüler mehrere Abenteuerfilme angesehen und ausgewertet. Danach konnten sie besser als bisher ihre Meinungen und Urteile über gelungene und misslungene Filmszenen begründen.

Umfrage zum Fernsehverhalten

Eine Gruppe hat einen Fragebogen erstellt, um herauszufinden, wer wann welche Fernsehsendungen sieht. Mit diesem Fragebogen sind die Schülerinnen und Schüler in die Stadt gegangen und haben Passanten interviewt. Eine Schwierigkeit bestand darin, Fragen so zu stellen, dass man sie knapp beantworten kann. Hier sind einige Fragen der 6 c. Überlegt, warum die letzte Frage besondere Schwierigkeiten bereitete.

Angaben zur Person:
Geschlecht: m/w
Alter:
Beruf:
Frage 1: Wie viel Zeit verbringen Sie täglich vor dem TV?
Frage 2: Welche Sendungen sehen Sie besonders häufig?
Gameshows
Nachrichten
Spielfilme
Sportsendungen
...
...
Frage 7: Was hätten Sie gerne anders?

Bei der Auswertung haben die Schülerinnen und Schüler mehrere Möglichkeiten der Darstellung genutzt. Ihr müsst überlegen, welche Darstellungsart sich bei euren Ergebnissen am besten eignet.

Tortengrafik

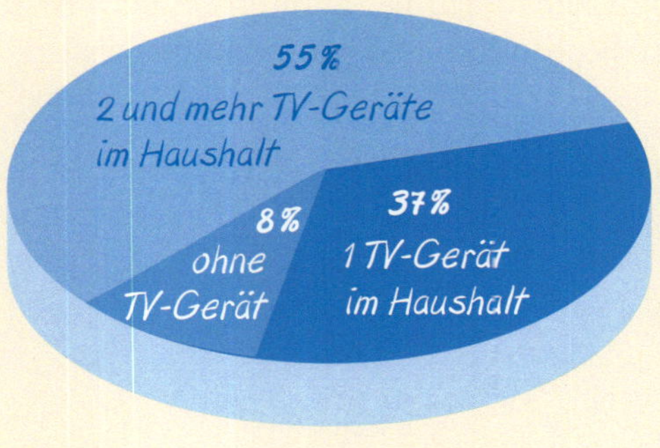

Säulengrafik

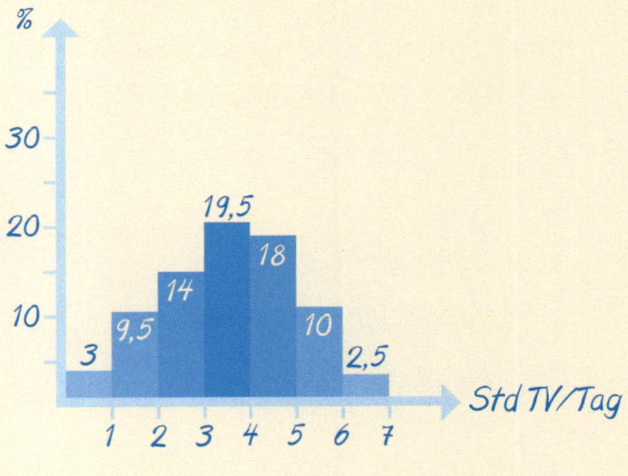

Kernaussagen in einem Satz:

Mehr als ein Drittel aller Berufstätigen ...
Nicht einmal die Hälfte aller Frauen sieht ...

Medientagebuch

Um herauszufinden, welche Rolle die verschiedenen Medien in ihrem Alltag spielen, haben einige Schülerinnen und Schüler ein Medientagebuch angelegt. Dazu erstellten sie zunächst gemeinsam eine Liste der verschiedenen Medien:
Buch, Walkman, Telefon, PC …
Dann haben sie einen Tag lang ganz genau aufgeschrieben, wann ihnen welche Medien an welchen Orten begegnet sind:

Zeit	Ort	Medium
7.10 Uhr	im Bett	Radiowecker
7.25–7.35 Uhr	Frühstückstisch	Comic
7.45–7.55 Uhr	im Bus	…
…	…	…

Danach hielten sie eine Woche lang (von Montag bis Sonntag) in einer Tabelle fest, welche Sendungen sie im Fernsehen gesehen haben:

Tag	Titel	Art der Sendung	Uhrzeit	Dauer der Sendung	Mit wem?
Mo.	Lucky Luke	Comicserie	16.50–17.20	30 Minuten	alleine
Mo.	Lindenstraße	Vorabendserie	18.05–18.40	30 Minuten	Mutter
Mo.	Länderspiel Deutschland gegen Wales	Sport	19.00–20.45	105 Minuten (15 Min. Pause)	Familie
Di.	Frühstücksfernsehen	…	…	…	…
…	…	…	…	…	…

Abschließend werteten die Schülerinnen und Schüler ihre Tabellen aus: Sie haben die Durchschnittszeit errechnet, die jede/-r täglich vor dem Fernseher verbringt, und eine Reihe von Fragen entwickelt:

- *Sehen wir oft fern, weil wir nichts anderes zu tun haben?*
- *Unternehmen wir wenig anderes, weil wir fernsehen?*
- *Sehen die Mädchen oder die Jungen mehr fern?*
- *Welche Sendungen werden verstärkt von Mädchen gesehen, welche von Jungen?*
- *…*

Hitliste der Lieblingssendungen

Eine Schülergruppe hat eine Hitliste ihrer Lieblingssendungen erstellt. Dann haben alle für die fünf beliebtesten Sendungen je drei **Adjektive** aufgeschrieben, die die Sendungen kennzeichnen sollten. Anschließend haben sie ausgewertet, warum bestimmte Adjektive besonders häufig verwendet wurden.

Zur Untersuchung der Sendungen haben sie einen Fragenkatalog entwickelt:

Was ist der Inhalt der Sendung?
Welche Personen kommen vor?
Welche Schauspieler spielen mit?
Hat die Sendung eine Botschaft?
Welche Art von Sendung (Spielfilm, Sportsendung, ...) ist es?
Welches Publikum könnte die Sendung ansprechen?
Wird die Sendung von Werbung unterbrochen?
Hat diese Werbung etwas mit dem Inhalt der Sendung zu tun?
Handelt es sich um eine Wiederholung?
Spielen Geld oder Gewalt eine besondere Rolle?

15 Eine interaktive Erzählung entsteht – Schreiben mit dem Computer

15.1 Aus eins mach viele – Mit dem Computer einen vernetzten Text erstellen

Wie aus weiter Ferne höre ich ein dumpfes Dröhnen, ein endloses Grollen und Rauschen. Kommt dieses Geräusch von irgendwoher oder rauscht es in meinem Kopf? Dunkel ist es um mich her und das Blut klopft in meinen Adern. Wie ein spitzer Keil schiebt sich ein bohrender Schmerz in mein Bewusstsein. Was ist nur passiert? Kälte kriecht an meinem Körper empor. Ich spüre klebrige Nässe und harte Steine unter mir. Meine Finger erwachen mühsam aus ihrer Starre und tasten den Grund ab. Wo bin ich? Ich muss endlich meine Augen öffnen, aber in meinem Kopf hämmert es wie wild. Trotzdem wage ich zu blinzeln. Ein diffuses graues Licht trifft meine Augen und verdoppelt kurzzeitig den Schmerz in meinem Schädel. Vor mir erstreckt sich eine schier endlose Fläche weißer Kiesel. Wenn ich den Kopf leicht bewege, kann ich erkennen, dass sich rechts von mir Felsen auftürmen. Auf der anderen Seite glitzert es bläulich und Wellen schlagen auf die Kiesel. Ich liege an einem Strand!
Ich kann das alles nicht begreifen. Nachdem ich mich aufgesetzt habe, sehe ich zum ersten Mal an mir herab. Meine Kleidung ist durchnässt und schmutzig. Die Hose unter dem Knie aufgerissen. Am linken Arm ist die Haut abgeschürft. Was ist nur passiert? Ich kann es nicht erklären, denn in meinem Kopf ist alles wie ausgelöscht. Da ist nur dieser furchtbare Schmerz. Immer mehr Fragen türmen sich in mir auf und verlangen nach einer Antwort, aber ich kann sie nicht geben. Wo bin ich? Habe ich einen Namen? Habe ich Eltern? Und wenn ja, wo sind sie dann? Mein Grübeln hilft mir nicht weiter. Nach einiger Zeit merke ich, dass ich immer noch auf den

nassen Kieseln sitze und die Wellen meine Füße umspülen. Mir ist kalt. Ich muss unbedingt aufstehen und einen trockenen Platz finden, um mich aufzuwärmen. Egal was auch passiert ist, hier am Strand kann ich nicht bleiben.

Als ich mich umdrehe und nach vorne beuge, um mich aufzustützen, merke ich, dass etwas um meinen Hals baumelt. Während ich es aufmerksam betrachte, stelle ich fest, dass es eine silberne Kette mit einem Amulett ist. Auch das Amulett scheint aus Silber zu sein und hat eine merkwürdige Form. Es sieht aus wie eine Welle, die sich gerade überschlägt, oder wie ein Schneckenhaus. Beide Enden laufen spitz zusammen, aber der Mittelteil ist breit und gerundet. Bei näherem Hinsehen erkenne ich sogar einen zarten Schriftzug, der in das Metall eingeritzt ist:

Ich habe solche Schriftzeichen noch nie in meinem Leben gesehen und kann mir keinen Reim darauf machen. Warum trage ich solch ein Amulett an meinem Hals?

Ohne mich weiter um das komische Ding auf meiner Brust zu kümmern, rappele ich mich auf, um die Gegend zu erkunden. Es ist klar, dass ich irgendwohin gehöre. Ich muss mich also auf die Suche machen. Vielleicht kann mir dabei auch die Inschrift auf dem Amulett helfen. Vielleicht verrät sie mir ja, wer ich bin.

Bei den ersten Schritten fühle ich mich noch etwas wacklig auf den Beinen, aber das gibt sich bald. Ich gehe auf die Felsen zu und suche nach einem einfachen Aufstieg. An einer flacheren Stelle entdecke ich einen kleinen Trampelpfad, dem ich über einige Kehren und durch dichtes Gebüsch nach oben folge. Die Geräusche der Brandung werden immer schwächer hinter mir, dafür kann ich nun ein leises Gurgeln vernehmen, das mit jedem Schritt deutlicher wird. Gleich habe ich es geschafft und stehe auf einer Anhöhe, weit über dem Meer. Als ich oben bin, dehnt sich vor mir eine weite Ebene aus. Der Himmel liegt wie Blei über der Landschaft. Weit und breit ist keine Siedlung zu sehen. Zu meiner Rechten kann ich hinter Bäumen einen Fluss erkennen. Das Gurgeln seiner Wassermassen hatte ich also auf meinem Weg gehört. Zu meiner Linken erhebt sich eine mächtige Felswand, die dicht mit Schlingpflanzen und Büschen bewachsen ist. Als ich einige Schritte auf sie zu mache, kann ich einen kleinen Überhang erkennen, auf dem eine alte Buche wächst. Darunter öffnet sich die Felswand zu einem schwarzen Loch und gibt den Weg in eine Höhle frei. Ich gehe zurück und blicke mich um. Vor mir breitet sich die Ebene aus. Feuchtigkeit zieht herauf. Die Birken, Erlen und das viele Riedgras verheißen nichts Gutes. Soll ich meinen Weg durch dieses Sumpfgebiet fortsetzen? Ich weiß nicht, was ich tun soll, wohin ich mich wenden soll. Auf jedem dieser Wege können schreckliche Gefahren auf mich lauern. Doch ich muss mich endlich zwischen dem Abstieg in die Höhle, der Überquerung des Flusses oder dem Weg durch das Sumpfland entscheiden.

1 *Tauscht euch darüber aus, wie dieser Anfang einer Geschichte auf euch wirkt.*

2 *Welche Stimmung herrscht in der Geschichte vor? Nennt Beispiele aus dem Text, die verdeutlichen, wie der Erzähler diese Stimmung erzeugt.*

3 *Der Anfang der Geschichte wirft viele Fragen auf. Stellt diese Fragen in einer Liste zusammen.*

Ein Abenteuerroman besteht meistens aus einzelnen Episoden. Das sind in sich geschlossene Abenteuer, die der Held oder die Heldin nacheinander erlebt. Allerdings liegt am Ende eines Abenteuers meist schon der Beginn einer neuen, spannenden Verwicklung. Wie auch in dieser Geschichte steht die Hauptfigur am Schluss der Episode vor einer Entscheidung.
Die Frage ist, wie könnte die Geschichte weitergehen? Für welchen Weg wird sich die Hauptfigur entscheiden und was wird ihr danach widerfahren? Von jetzt an ist eure Fantasie gefragt!

4 *Um die Geschichte weiterzuschreiben, unterteilt ihr die Klasse zunächst in drei gleich große Gruppen. Jede Gruppe entscheidet sich für einen Weg, den die Hauptfigur einschlägt:*
- ☐ *die Überquerung des Flusses,*
- ☐ *den Eintritt in die Höhle oder*
- ☐ *die Durchquerung des Sumpfgebietes.*

5 *Bevor ihr die Geschichte weiterschreibt, solltet ihr euch überlegen, was die Hauptfigur erleben könnte, wem sie begegnet und was sie auf ihrer Suche weiterbringt. Außerdem solltet ihr festlegen, vor welcher Entscheidung die Hauptfigur am Ende dieses ersten Abenteuers steht, denn an diesem Punkt wird sich die Handlung von neuem verzweigen.*
a) Sammelt in eurer Gruppe Stichpunkte, wie die Geschichte weitergehen könnte, und einigt euch auf eine Möglichkeit. Am Ende eurer Episode soll der Held oder die Heldin zwischen zwei Wegen wählen können.
b) Schreibt nun in Zweierteams die Episode am PC so auf, wie ihr sie erzählen möchtet.
c) Tauscht eure Geschichten untereinander aus und wählt die Version aus, die am besten erzählt ist.

6 *Eure Hauptfigur steht nun vor der nächsten Entscheidungssituation. Teilt eure Gruppe auf und wiederholt die Arbeitsschritte aus ▷ Aufgabe 5.*

7 *Die nachfolgende Abbildung zeigt euch, wie es aussieht, wenn sich die Abenteuergeschichte immer weiter verzweigt. Setzt die Erzählung so lange fort, bis jeder Schüler seinen eigenen Schluss geschrieben hat. Alle Fragen, die ihr zum Beginn der Geschichte gesammelt habt (▷ Aufgabe 3), sollten am Ende beantwortet sein.*

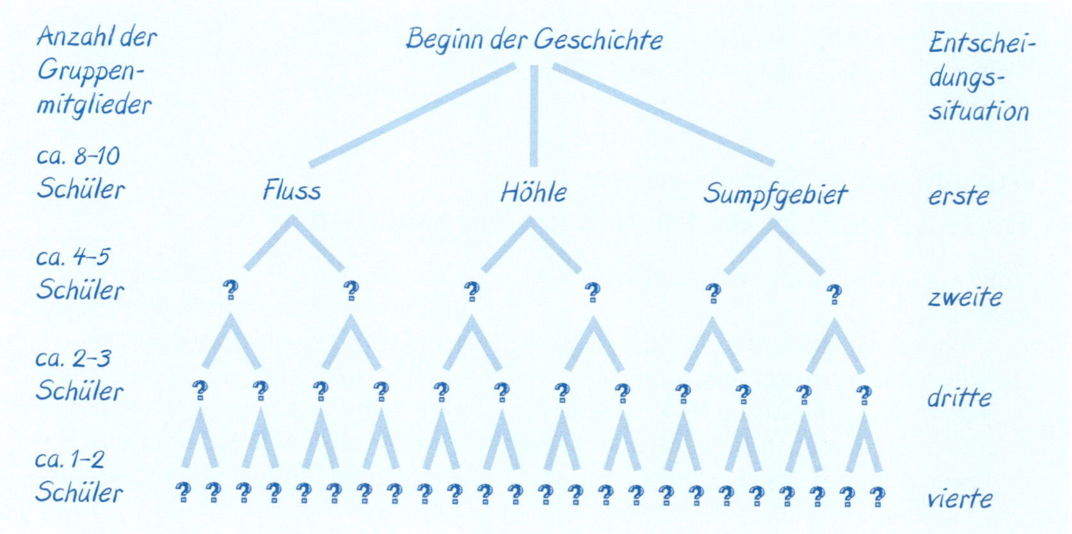

Um aus euren Geschichten eine interaktive Abenteuererzählung zu machen, müsst ihr nicht nur etwas über den Aufbau und die Handlungsstruktur einer Abenteuergeschichte wissen, sondern auch darüber, wie man Texte am Computer erstellt und sie miteinander vernetzt. Die folgenden Informationen helfen euch dabei, einen Text mit dem Computer zu erstellen.

Wie man Texte mit dem Computer erstellt

- Willst du einen Text auf dem PC, dem Personalcomputer, schreiben, brauchst du zunächst eine **leere Seite.** Bei vielen Textverarbeitungsprogrammen öffnet sich diese beim Starten des Programms automatisch.
- Erscheint keine Leerseite, gehst du wie folgt vor:
  - Klicke auf den Begriff „Datei" in der Menüzeile deines Textverarbeitungsprogramms. Es erscheint ein Fenster, in dem untereinander verschiedene Begriffe aufgelistet sind, ein so genanntes „Drop-down-Menü".
  - Klicke nun auf den Begriff „Neu" und schon erhältst du eine leere Seite, auf der du mit dem Schreiben beginnen kannst.
- Auf der neuen Seite siehst du zunächst nichts anderes als einen blinkenden Strich, den **Cursor:** Mit jedem geschriebenen Zeichen rückt er weiter und zeigt dir die aktuelle Position auf der Seite an. Du kannst die Position des Cursors im Text frei wählen, indem du mit dem Pfeil der Maus an die gewünschte Stelle klickst.
- Der Cursor rutscht am Ende der Zeile wie von selbst an den Anfang einer neuen Zeile. **Absätze** entstehen hingegen, wenn du die Eingabe- oder Enter-Taste benutzt.
- Alles, was du geschrieben hast, solltest du so schnell wie möglich **speichern.** Informationen hierzu findest du im nächsten Abschnitt.

Auf Nummer Sicher gehen – Texte speichern und damit weiterarbeiten

Um einen Text abzuspeichern, gehst du wie folgt vor:

- Klicke auf das Wort „Datei" in der Menüzeile deines Textverarbeitungsprogramms und dann auf die Zeile „Speichern unter". Es öffnet sich ein Fenster, in dem du verschiedene Dinge eingeben musst.
- Wähle zunächst einen **Ordner** aus, in dem du deinen Text hinterlegen möchtest. Diesen Ordner sollte eure Lehrerin oder euer Lehrer für euch anlegen, damit jede Gruppe ihren Text im gleichen Ordner speichern kann. Heißt euer Ordner beispielsweise „Abenteu-

erbuch", dann wähle diesen Ordner durch Doppelklicken aus.

- Trage nun in dem Feld hinter dem Begriff **„Dateiname"** einen Namen für deine Datei ein, z. B. „maxi_hu" als Abkürzung für deinen Vor- und Nachnamen.
- Zum Schluss brauchst du nur noch auf den Knopf mit dem Begriff **„Speichern"** klicken und deine Datei mit dem Text ist gesichert.
- Arbeitest du an deinem Text, kannst du deine Fortschritte jederzeit sichern:

  Klicke einfach auf den Button  in der Symbolleiste.
- Falls du später an der gespeicherten Textseite weiterarbeiten möchtest, fährst du mit der Maus wieder in die Menüleiste:
  - Klicke einfach auf das Drop-down-Menü „Datei".
  - Klicke auf die Zeile **„Öffnen"** und es erscheint ein Fenster, in dem du anklickst, in welchem Ordner sich deine Datei befindet und wie sie heißt.

Wie man Texte einfügen und verschieben kann

Ein Textverarbeitungsprogramm ermöglicht es, neue Teile in den vorhandenen Text einzufügen oder Textteile zu verschieben. Das kann manchmal sehr hilfreich sein, wenn einem plötzlich noch eine gute Idee kommt oder man den Aufbau einer Geschichte verändern, aber nicht noch einmal alles abschreiben will.

- Zum **Einfügen** eines Worts, eines Satzes oder eines Textabschnitts setzt du den Cursor per Mausklick an die Stelle, an der du etwas einsetzen willst, und schreibst hier weiter.
- Beim **Verschieben** oder Umstellen eines Textteils musst du Folgendes tun:
  - Markiere zunächst den Textabschnitt, den du an einer anderen Stelle einfügen willst. Dazu positionierst du den Cursor mit der Maus direkt am Anfang des Abschnitts, den du markieren willst, und drückst dann die linke Maustaste. Während du die Taste gedrückt hältst, bewegst du die Maus bis ans Ende deines ausgewählten Abschnitts.
  - Der markierte Teil wird vom Programm schwarz oder farbig unterlegt, damit du erkennen kannst, was du alles markiert hast.
  - Den markierten Abschnitt kannst du nun „ausschneiden". Dazu klickst du auf den Begriff „Bearbeiten" in der Menüleiste und dann „Ausschneiden". Natürlich kannst du auch auf den Button in der Symbolleiste klicken. 
  - Um den ausgeschnittenen Textteil an seine neue Stelle zu bringen, setzt du den Cursor per Mausklick dorthin und klickst in der Menüleiste auf „Bearbeiten" und dann „Einfügen" oder auf den Button 

15.2 Gedrucktes Buch oder Hypertext? – Das Endprodukt gestalten

Wenn die interaktive Abenteuergeschichte fertig geschrieben ist, müsst ihr euch für eine Form des Endprodukts entscheiden. Es gibt zwei Möglichkeiten: Zum einen könntet ihr ein gedrucktes Buch herstellen, zum anderen könntet ihr aber auch einen Hypertext ins Internet oder die Homepage eurer Schule stellen.

Von der Textsammlung zum Abenteuerbuch

1 *Bevor ihr die Kapitel eures Abenteuerbuches ausdrucken und zu einem Buch zusammenstellen könnt, müsst ihr sie überarbeiten (▷ S. 271).*

2 *Danach geht ihr die folgenden Arbeitsschritte durch, um euer Abenteuerbuch fertig zu stellen.*

Die Buchseiten gestalten

Die Seiten eines Buchs sind meistens einheitlich gestaltet. Wenn das bei eurem Abenteuerroman auch so sein soll, müsst ihr folgendermaßen vorgehen:

- Fasst alle eure Kapitel in **einer Datei** zusammen. Dazu müsst ihr eure Kapitel jeweils ganz markieren, kopieren und in der neuen Datei hintereinander einfügen: Geht in der Menüleiste auf „Bearbeiten" und „Alles markieren", dann auf „Bearbeiten" und „Kopieren". In der neuen Gesamtdatei klickt ihr auf „Bearbeiten" und „Einfügen".

- Nun legt ihr die Gestaltung für euer ganzes Buch fest: Wählt in der Menüleiste unter „Format" den Punkt **„Dokument-Layout"** aus. Dort könnt ihr die Seitenränder festlegen.
- Entscheidend für den Leseeindruck ist auch die **Schrift**, die ihr verwendet. Markiert zunächst den ganzen Text („Bearbeiten" → „Alles markieren"), dann könnt ihr unter „Format" und „Schrift" sowohl die Schriftart als auch die Schriftgröße („Schriftgrad") bestimmen.
- Die **Überschriften** der Kapitel hebt ihr einzeln hervor: Markiert sie mit der Maus und wählt unter „Format" und „Schrift" z. B. „fett" oder „kursiv" aus. Auch die Größe der Überschriften könnt ihr hier verändern.
- Probiert in Kleingruppen mehrere Möglichkeiten der Seitengestaltung aus, legt einzelne Seiten ausgedruckt nebeneinander (▷ S. 267) und entscheidet euch für eine Variante.

Seitenzahlen einfügen

Damit sich die Leserinnen und Leser in längeren Texten zurechtfinden, gibt es verschiedene Möglichkeiten, ein Buch zu strukturieren. Eine inhaltliche Gliederung des Buches erfolgt oft mit Hilfe von Kapiteln, die nummeriert sein können oder mit Überschriften versehen sind. Um aber auch noch innerhalb eines Kapitels eine Textstelle schnell auffinden zu können, gibt es Seitenzahlen.

- Klickt auf „Einfügen" der Menüzeile und geht dann auf „Seitenzahlen".
- In dem Fenster, das sich öffnet, kann man die Position der Seitenzahlen auf der Seite angeben (oben, unten, rechts, links, Mitte).
- Auch die Art der Zählung (1, 2, 3 … oder I, II, III … oder a, b, c …) kann man bei vielen Programmen wählen.

Da es für euer Abenteuerbuch wichtig ist, dass der Leser weiß, wo er weiterlesen muss, wenn er sich für eine bestimmte Variante der Geschichte entscheidet, ist es wichtig, dass ihr am Ende eines jeden Kapitels einen Verweis hinzufügt. Das könnte z. B. so aussehen:

- „Wenn du möchtest, dass sich der Held in die Höhle begibt, dann lies bei Kapitel 3 (oder auf Seite 7) weiter."
- „Soll der Held lieber den Fluss überqueren, lies bei Kapitel 4 weiter" usw.

Texte ausdrucken und binden

Ist der gesamte Text formatiert (gestalterisch bearbeitet), kann er ausgedruckt werden.

- Klickt in der Menüleiste „Datei" und „Drucken" an. Es erscheint ein Fenster, das verschiedene Auswahlmöglichkeiten anzeigt.
- Zunächst legt ihr fest, ob alle Seiten der Datei gedruckt werden oder nur ganz bestimmte (z. B: „Von [1] bis [1]").
- Ferner könnt ihr die Zahl der gedruckten Exemplare und die Reihenfolge, in der sie gedruckt werden sollen, bestimmen.
- Um den Druckvorgang zu starten, klickt auf [OK]

TIPP: Der Druckvorgang beginnt nur, wenn ihr den Drucker angeschaltet und genügend Papier eingelegt habt.

Die ausgedruckten Seiten sind natürlich noch kein Buch. Dafür müssen die Seiten gebunden und mit einem Einband versehen werden. Für das Binden eines Buches solltet ihr euch einen Experten suchen, der über die nötigen Kenntnisse und Materialien verfügt. Buchbindungen werden von vielen Druckereien oder Kopierläden angeboten.

Umschlaggestaltung

Das optische Aushängeschild eines jeden Buches ist seine Umschlaggestaltung. Besonders die vordere Umschlagseite, das so genannte Cover, soll die Leser/-innen ansprechen und neugierig machen.

Wenn ihr für jedes Kind eurer Klasse ein Buch ausdrucken und binden lasst, kann jeder seinen eigenen Einband gestalten.

- Schaut euch vorher die Umschläge verschiedener Jugendbücher an und sammelt an der Tafel, welche Informationen ein Buchumschlag unbedingt enthalten sollte und welche Merkmale ein Umschlag darüber hinaus noch aufweist.
- Erst danach könnt ihr mit der künstlerischen Gestaltung des Umschlags beginnen. Vielleicht kann euch auch euer Kunstlehrer oder eure Kunstlehrerin mit guten Tipps zur Seite stehen. Denn schließlich müsst ihr euch für eine Gestaltungstechnik entscheiden und wissen, wie man sie richtig umsetzt (z. B. Wasser- oder Wachsmalfarben, Tusche, Collage aus Zeitschriften, Fotos, Computergrafik ...).

Natürlich könnt ihr neben dem Umschlag auch verschiedene Seiten in eurem Buch mit Zeichnungen gestalten.

Die Abenteuererzählung ins Internet stellen

Das Internet bietet die Möglichkeit, die verschiedenen Varianten eurer Geschichte zu einem Netz zu verknüpfen. Dieses vernetzte Textsystem nennt man einen **Hypertext.** Ein Hypertext entsteht, wenn mehrere Texte untereinander durch so genannte **Links** verbunden werden. Bei einem interaktiven Abenteuerbuch kann der Leser durch Anklicken bestimmter Begriffe wie z. B. „Höhle“ oder „Fluss“ entscheiden, wo die Hauptfiguren ihren Weg fortsetzen.

1 *Mit Hilfe der folgenden Informationen könnt ihr gemeinsam aus eurer Abenteuergeschichte einen Hypertext erstellen. Überlegt euch, wie ihr die Arbeit aufteilen wollt.*

Ein Textformat für das Internet wählen

Damit eine Textdatei im Internet aufgerufen und gelesen werden kann, muss sie in der Standardsprache des Internets HTML („Hypertext Markup Language“) abgespeichert sein. Allerdings muss man diese Sprache und auch die HTML-Befehle nicht kennen, denn man schreibt mit einem internetfähigen Textverarbeitungsprogramm, einem so genannten Editor. Je nach Ausstattung der Schulrechner benutzt ihr entweder den „Netscape Composer“ oder den „FrontPage Express“ des Internet Explorers. Beide Programme sind ganz ähnlich wie die Textverarbeitungsprogramme gestaltet und lassen sich auch ähnlich bedienen.

- Richtet einen Ordner ein und legt darin alle Dateien ab.
- Beachtet, dass alle Dateinamen nicht mehr als acht Zeichen umfassen und sprechende Namen bekommen, damit ihr erkennen könnt, was sie enthalten. Dateinamen sollen durchgängig kleingeschrieben werden und keine Leerzeichen oder Umlaute enthalten. Beim Speichern wird noch automatisch eine Dateikennung angefügt, die „htm" oder „html" lautet. Ein vollständiger Dateiname sieht dann beispielsweise so aus: „maxi_hu.htm".

Die Startseite gestalten

Jeder noch so große oder kleine Internetauftritt beginnt mit einer Startseite, die wie das Eingangstor in die digitale Welt ist. Die Startseite hat eine ähnlich wichtige Funktion wie der Umschlag eines Buches:

- Sie soll neugierig machen und informieren.
- Sie muss die nötigen technischen Voraussetzungen bieten, um von ihr zu den anderen Internetseiten zu gelangen.

Zu den grundlegenden Gestaltungsmerkmalen der Startseite gehört es, das Erscheinungsbild des Hintergrundes festzulegen:

- Dazu wählt ihr eine Hintergrundfarbe und ein -muster aus. Das geschieht über den Befehl „Format" und dann, je nach Programm, „Hintergrund" oder „Seitenfarben und -eigenschaften".
- In dem Fenster, das sich daraufhin öffnet, könnt ihr die Farbe festlegen und eine Grafik auswählen, die den Hintergrund mit einem Muster versieht.

Um die Startseite optisch zu untergliedern, kann man horizontale Linien einfügen. Dies ist ganz einfach:

- Klickt „Einfügen" und „Horizontale Linie" an. Zwischen den Linien lassen sich dann Überschriften, Texte, Bilder oder auch die Internetadresse angeben.
- Die Webadresse steht immer am unteren Rand der Seite und wird nach der letzten horizontalen Linie eingefügt. Sie sollte den Namen der Datei, ein Copyright ©, den Verfassernamen und das Datum der letzten Überarbeitung enthalten. Das Ganze könnte dann beispielsweise so aussehen: „abent/start_se © Klasse 6a, 22.11.2004".

Um die Startseite optisch noch attraktiver zu gestalten, kann man zusätzliche Grafiken einfügen. Das können sowohl Fotos als auch selbst gemalte Bilder sein, die jedoch vorher eingescannt werden müssen, damit ihr sie als Bilddatei einfügen könnt:

- Ihr geht mit dem Cursor an die Stelle, an der die Grafik später erscheinen soll.
- Klickt auf den Begriff „Einfügen" und „Grafik" bzw. „Bild". In dem sich öffnenden Fenster gibt man den Namen einer Grafikdatei an oder wählt ihn aus (Schalter „Datei auswählen").
- Nachdem ihr die passende Datei gefunden habt, bestätigt ihr eure Wahl mit „Öffnen" und schließlich mit „OK".

Damit die gewünschte Grafik auch auf dem Bildschirm erscheint, solltet ihr ein GIF-Format („Graphics Interchange Format") oder das JPG- bzw. JPEG-Format („Joint Photographics Experts Group") wählen. Nur bei diesen beiden Grafikformaten kann man sicher sein, dass der Browser sie auch anzeigt.

TIPP: Achtet darauf, dass eure Bilddateien nicht zu groß werden, denn je größer die Datenmenge, desto länger dauert später das Laden einer Website. Manch ein Internet-Surfer wurde schon von zu langen Wartezeiten abgeschreckt, dann war die ganze Mühe umsonst.

Einfügen der Links: Textverknüpfungen erstellen

Damit der Text einer Internetseite mit einem anderen verbunden werden kann, müssen Links eingefügt werden:

- Dazu müsst ihr zunächst das Wort, das als Verknüpfung dienen soll, markieren.
- Dann klickt ihr auf den Verknüpfungs- bzw. Hyperlinkbutton in der Symbolzeile des Programms.

Es öffnet sich ein Fenster, in dem ihr die Seite angeben könnt, auf die verwiesen werden soll, dies ist die so genannte Zielseite:

- Ihr könnt entweder direkt eine Seite eingeben, z. B. „index.htm", oder eine Datei auswählen, mit der ein Link eingerichtet werden soll.
- Nachdem ihr eure Wahl bestätigt habt, wird der Link eingerichtet und der Begriff erscheint farbig und unterstrichen auf dem Bildschirm.

Das ist der Zeitpunkt, die Seite abzuspeichern („Datei" → „Speichern"). Um den Link ausprobieren zu können, solltet ihr vom Editor in den Browser wechseln:

- Wenn ihr dort den Mauszeiger in den farbigen Bereich schiebt, erscheint statt des Pfeils eine Hand.
- Klickt ihr nun auf diesen Begriff, öffnet sich auf dem Bildschirm die Zielseite, zu der ihr gelangen wolltet.

Falls ihr möchtet, dass euch begeisterte Leser eures Abenteuerbuches direkt übers Internet schreiben, solltet ihr noch eine weitere Verknüpfung auf eurer Startseite anlegen. Da könnte z. B. stehen: „Hat euch unsere Abenteuergeschichte gefallen? Seid ihr spontan begeistert oder wollt wissen, wie so etwas geht, dann <u>schreibt uns</u>."

Wer auf diese Formulierung klickt, gelangt zu einem E-Mail-Formular, in dem eure Klasse bereits als Empfänger eingetragen ist. Wie das geht? Beim Einrichten der Verknüpfung wird statt der Zielseite das Codewort „mailto:" und eure schulische E-Mail-Adresse angegeben, z. B. „mailto: Klasse 6a@gym-geretsried.de".

2 *Wenn alles eingerichtet ist, gibt es eigentlich nur noch eines zu tun – das digitale Buch ins Internet stellen. Dazu solltet ihr euch an den Systemadministrator eurer Schule wenden, er oder sie wird euch beim Veröffentlichen eurer Internetseiten helfen.*

15.3 Texte am PC überarbeiten

1 *Wählt einen Text aus, den ihr am Computer geschrieben habt, und überarbeitet ihn gemeinsam mit einer Klassenkameradin oder einem Klassenkameraden. Probiert dazu die folgenden Hinweise Schritt für Schritt an eurem Text aus.*

Texte überarbeiten

- Die meisten Textverarbeitungsprogramme zeigen **Rechtschreibfehler** an, z. B. durch rote Unterschlängelung. Aber Vorsicht: Diese Prüfung ist nicht zuverlässig! Es werden auch richtig geschriebene Wörter markiert, wenn sie nicht im Rechtschreibprogramm gespeichert sind, und viele Fehler erkennt der Computer nicht, z. B. „das/dass"-Fehler, falsche Wortendungen („einen" statt „einem"), falsche Groß- oder Kleinschreibungen usw. Schaut euch also jedes markierte Wort genau an und schlagt im **Wörterbuch** nach, wenn ihr unsicher seid. Dann müsst ihr den Text noch einmal unabhängig von eurem PC-Programm selbst prüfen. Druckt ihn dazu aus.
- Lest den Ausdruck zunächst im Ganzen durch und korrigiert **Aufbau** und **Inhalt.** Zeichnet eure Änderungen auf dem Ausdruck ein. Wenn ihr viel geändert habt, gebt die Korrekturen gleich in den PC ein und druckt den Text noch einmal aus.
- Achtet in einem zweiten Durchgang auf die Verwendung **treffender Wörter** und **abwechslungsreicher Formulierungen.**
- Lest den Text ein drittes Mal durch und achtet dabei nur noch auf **Rechtschreibung** und **Zeichensetzung.** Für die Zeichensetzung gibt es keine PC-Korrekturprogramme. Seht euch im Zweifelsfall noch einmal die Regeln auf S. 311–312 an.
- Gebt abschließend alle Änderungen in den PC ein und speichert euren Text ab.

16 Theater spielen

16.1 Ein Märchenspiel – Wir lesen uns ein

Anneliese Reiter-Rath

Rumpelstilzchen und die sieben Zwerge

1. Akt

CHOR: In einem großen, grünen Wald
stand ein Schloss, das war uralt.
In dem Schloss, da war ein König,
dem war stets sein Geld zu wenig.

Auch eine Mühle, die stand dort,
die klapperte in einem fort.
Der Müller wohnte ganz allein
mit seinem schönen Töchterlein.

Das Gold, das klingelt kling ling ling,
die Mühle klappert klapp klapp klapp,
die Bäume rauschen: schschsch … schschsch … schschsch
im großen grünen Wald.

Und hinter dem letzten Berge,
da wohnten die sieben Zwerge
und waren auch sehr alt.

Doch ging die Sonne unter,
da wurden sie putzmunter
und hüpften durch den Wald
und hüpften durch den Wald.

ERZÄHLER: Es war einmal ein Schloss, in dem lebte ein König, den interessierte auf der Welt nichts mehr als Gold. Weder gutes Essen noch süßer Wein und auch nicht die schönsten Mädchen konnten ihn von seinen Goldsäcken weglocken. Der Gesang der Vögel störte ihn beim Geldzählen. Er hatte extra drei Diener eingestellt, um sie zu verscheuchen. Weitere drei Diener mussten für ihn mit Goldstücken klimpern. Das war für seine Ohren die schönste Musik.
In der Nähe des Schlosses lag eine Mühle. Der Müller hatte eine schöne Tochter. Auf die war er sehr stolz.

MÜLLER: Ach, wie schön, dass endlich Feierabend ist.

TOCHTER: Guten Abend, lieber Vater.

MÜLLER: Guten Abend, liebe Tochter. Was hast du denn den ganzen Tag getrieben?

TOCHTER: Ich habe das ganze Haus geputzt und das Essen gekocht.

MÜLLER: Ach, bist du fleißig.

TOCHTER: Und dann habe ich noch den Garten umgegraben.

MÜLLER: Ist das schön, eine so fleißige und liebe Tochter zu haben.

König kommt mit einem Diener hinter ihm, der seinen Stuhl trägt.

TOCHTER: Schau, lieber Vater, da kommt der König.

MÜLLER: So steh doch auf, meine Tochter, und verneig dich.

Beide stehen auf, verneigen sich.

MÜLLER: Wünsche alleruntertänigst einen wunderschönen Abend, Herr König.

TOCHTER: Guten Abend, Herr König.

KÖNIG: 'n Abend. *(Zum Diener:)* Nun stell schon den Stuhl hin. *(Zum Müller:)* Na, was gibt's so Neues?

MÜLLER: Aber Herr König, sehen Sie nur, wie meine Tochter herangewachsen ist. Ist sie nicht ein schönes Mädchen?

KÖNIG: Hm.

MÜLLER: Sie ist nicht nur bezaubernd, sondern auch fleißig. Den lieben langen Tag arbeitet sie im Haus und im Garten.

KÖNIG: Hm.

MÜLLER: Und sie hat so ein freundliches, heiteres Wesen. Nicht ein mürrisches Wort hört man von ihr, den ganzen Tag lacht und singt sie.

KÖNIG: Hm.

TOCHTER: Ach, lieber Vater, du machst mich ganz verlegen.

Sie verneigt sich und geht fort.

MÜLLER: Und so bescheiden ist sie!

KÖNIG: Das interessiert mich alles nicht. Mädchen gibt es wie Sand am Meer und sie langweilen mich alle miteinander. Das Einzige, was mich interessiert, ist Gold. Viel Gold.

MÜLLER: Aber mein lieber Herr König, da ist meine Tochter genau das Richtige für Sie. Sie kann nämlich ... sie kann nämlich ... ja, sie kann nämlich Stroh zu Gold spinnen!

KÖNIG: Was kann sie?

MÜLLER: Jawohl, so ist es, Herr König. Sie kann Stroh zu Gold spinnen.

KÖNIG: Na, das interessiert mich allerdings ganz brennend! Das wäre ja eine ganz tolle Fähigkeit. Schicken Sie sie in mein Schloss! Noch heute Abend. Auf Wiedersehen.

MÜLLER: Zu Befehl, Majestät, zu Befehl. Ich fühle mich sehr geehrt.

In der Mühle. Tochter deckt den Tisch.

TOCHTER: Nun bin ich aber doch neugierig, was der König gewollt hat.

Vater kommt.

TOCHTER: Guten Abend, lieber Vater.

MÜLLER: Guten Abend, meine liebe Tochter.

TOCHTER: Hier ist deine Suppe, lieber Vater. Was hat denn der König eigentlich gewollt?

MÜLLER: Er will, dass du zu ihm aufs Schloss kommst. Heute Abend.

TOCHTER: Aufs Schloss? Aber was soll ich denn da?

MÜLLER: Der König interessiert sich eben für dich.

TOCHTER: Ja, aber warum denn?

MÜLLER: Na, weil du eben so ein liebes, hübsches Mädchen bist.

TOCHTER: Kannst du nicht mit mir kommen?

Müller: Mein Knie tut plötzlich ganz furchtbar weh!

Tochter: Ich mach dir einen Wickel. Kannst du jetzt mitkommen?

Müller: *(Hustet furchtbar.)* Hör mal, wie ich plötzlich Husten habe: Hu hu hu.

Tochter: *(Bringt Hustensaft.)* Hier, lieber Vater, nimm ein Löffelchen Hustensaft.

Müller: *(Hustet immer weiter.)* Es geht einfach nicht! Das musst du doch einsehen.

Tochter: Jaja, das muss ich wohl. Dann muss ich wohl oder übel alleine gehen.

Tochter räumt den Tisch ab, geht hinaus.

Müller: Ach, das arme Mädchen, was habe ich ihr da nur eingebrockt. Dass ich auch immer so angeben muss! Ach ja, ach ja.

1 *Kommt euch diese Szene bekannt vor? Überlegt, mit welchem Märchen sie sich vergleichen lässt.*

2 *In einem Theaterstück werden die Figuren hauptsächlich durch ihre Sprache gekennzeichnet. Untersucht, wie Müller, Tochter und König hier dargestellt sind.*

3 *Erklärt, warum die Szene lustig wirkt.*

Im Schloss. Die Müllerstochter kommt.

Tochter: Was mag der König nur von mir wollen? Ich bin ja so aufgeregt!

König kommt.

Tochter: Eure Majestät haben mich ins Schloss bestellt. Hier bin ich.

König: Sehr gut! Geh in die Kammer dahinten und fang gleich an!

Tochter: Womit denn?

König: Na, das Stroh zu Gold spinnen.

Tochter: Was soll ich?

König: Stroh zu Gold spinnen!

Tochter: Aber das kann ich doch gar nicht!

König: Dein Vater hat es aber behauptet. Willst du etwa sagen, dass dein Vater ein Lügner ist?

Tochter: Nein, nein, aber ... ist ja gut, ich gehe schon.

4 *Nur ein Märchen? Oder kennt ihr auch Geschichten, in denen Eltern, Lehrer, ältere Geschwister von euch etwas verlangen, was ihr einfach nicht könnt? Spielt euch aus dem Stegreif solche Szenen vor.*

In der Kammer.

Tochter: Was soll ich denn nur machen! Stroh zu Gold spinnen! Man kann doch gar kein Stroh zu Gold spinnen. Was soll ich denn jetzt nur anfangen! *(Weint.)*

Rumpelstilzchen kommt angeschlichen. Hypnotisiert einen Diener nach dem anderen, zaubert die Tür auf, huscht auf Zehenspitzen in die Kammer hinter die Müllerstochter.

Rumpelstilzchen: Hallo!

Tochter: *(Erschrickt.)* Huch! *(Dreht sich um.)* Wer bist du?

Rumpelstilzchen: Das sag ich dir nicht.

Tochter: Wie bist du denn hier reingekommen?

Rumpelstilzchen: Das sag ich dir auch nicht! Warum weinst du denn?

Tochter: Ich soll das ganze Stroh hier zu Gold spinnen.

Rumpelstilzchen: Und warum machst du's dann nicht?

Tochter: Ich kann es nicht.

Rumpelstilzchen: Soll ich dir helfen?

Tochter: Kannst du das denn?

Rumpelstilzchen: Ja, ich kann eine Menge. Was gibst du mir denn dafür, wenn ich dir helfe?

Tochter: Ich habe doch nichts.

Rumpelstilzchen: Na schön, wie du willst. Und tschüss!

TOCHTER: Halt, warte, meinen Ring kann ich dir geben!

RUMPELSTILZCHEN: Ist gut. Dann schlaf mal schön.

Müllerstochter schläft ein. Rumpelstilzchen beginnt zu spinnen:

RUMPELSTILZCHEN: Stroh zu Gold! Stroh zu Gold! So, das hätten wir. Da wird sie sich aber freuen.

Er zaubert die Tür auf, weckt die Diener aus ihrer Hypnose und schleicht wieder davon.

Der König kommt. Die Müllerstochter schläft. Der König schließt kompliziert die Tür auf.

KÖNIG: Gold! Gold! Lauter Gold!

TOCHTER: *(Wacht auf, sieht sich um.)* Gold! Lauter Gold! *(Sie hebt ein Stück auf und betrachtet es.)*

KÖNIG: Aus! Leg das sofort wieder hin! Das ist alles meins!

TOCHTER: 'tschuldigung. *(Legt das Gold wieder hin, will den Raum verlassen.)*

KÖNIG: Halt! Nicht so schnell! Heute Abend kommst du gefälligst wieder!

TOCHTER: *(Seufzt.)* Wenn es sein muss. *(Verneigt sich, will gehen.)*

KÖNIG: Gold, Gold! Endlich habe ich so viel Gold, dass ich mich so richtig darin wälzen kann. *(Tut es. Sieht, dass die Müllerstochter im Begriff ist, wegzugehen.)*
Halt mal! Am besten behalte ich dich gleich hier! So ein Goldmädchen sollte man nicht mehr aus den Augen lassen, wenn man es einmal in die Finger bekommen hat. Diener!

DIENER: Eure Majestät wünschen?

KÖNIG: Führe sie ins Zimmer Nr. 367. Sie soll neue Kleider bekommen und ein gutes Frühstück.

DIENER: Zu Befehl! *(Führt die Müllerstochter hinaus.)*

KÖNIG: Ach, mein schönes, mein liebstes, mein vieles, vieles Gold! Davon kann ich gar nicht genug bekommen! *(Wälzt sich wieder im Gold.)*

5 *Auch in unserer Welt gibt es solche „Könige". Beschreibt, woran man sie erkennt.*

Mühle. Müller sitzt da und jammert.

Müller: Meine arme kleine Tochter, was habe ich ihr nur angetan? Was wird sie nur machen? Jetzt ist es schon fast 11 Uhr und sie ist immer noch nicht zurück. Ach, wie schrecklich, diese Warterei, ich halte das nicht mehr aus! Ich gehe einfach zum Schloss und sehe nach, was mit ihr passiert ist.

Schloss, in jeder Ecke ein Diener.

Diener 1: Was wollen Sie?

Müller: Wo ist meine arme Tochter? Kann ich sie sehen?

Diener 1 *(ruft:)* Der Müller ist da!

Diener 2 *(ruft:)* Der Müller ist da!

Diener 3: Eure Majestät, der Müller ist da!

König: Was will er denn?

Diener 3 *(ruft:)* Was will er denn?

Diener 2 *(ruft:)* Was will er denn?

Diener 1 *(ruft zurück:)* Er will seine Tochter sehen.

Diener 2 *(ruft:)* Er will seine Tochter sehen.

Diener 3: Eure Majestät, er will seine Tochter sehen.

König: Na, dann führt ihn mal hin!

Diener 3 *(ruft:)* Na, dann führt ihn mal hin!

Diener 2 *(ruft:)* Na, dann führt ihn mal hin!

Diener 1: Na, dann kommen Sie mal mit. *(Führt Vater zur Tochter.)*

Schloss, Zimmer 367. Müllerstochter sitzt in einem schönen Kleid an einer langen Tafel und isst.

Tochter: Hallo, lieber Vater.

Müller: Ach, meine Tochter, Gott sei Dank, du lebst! Wie geht es dir?

Tochter: Gut so weit, Vater.

Müller: Sag bloß, du hast es geschafft, das Stroh zu Gold zu spinnen?

Tochter: Ja, doch, das hab ich hingekriegt.

Müller: Äh, ja aber, aber, wie denn, was denn, wie ...?

Tochter: Och, weißt du, ich hab da so'n bisschen rumprobiert und auf einmal hat's geklappt.

Müller *(stolz:)* Ach, ich hab es ja gewusst! Meine Tochter! Einfach großartig. Einmalig. Ich hab die klügste, großartigste, einmaligste Tochter der Welt!

Geht an der Reihe der Diener entlang, prahlt vor ihnen mit seiner Tochter. Geht weg.

Erzähler: Am nächsten Tag wurde die Müllerstochter in eine noch größere Kammer geführt. Sie war vollgefüllt mit Stroh und alles sollte über Nacht zu Gold gesponnen werden. Und wieder kam das sonderbare Männchen, und wieder half es ihr, als sie ihm ihre Kette versprach.

Der König war außer sich vor Begeisterung und ließ sie vor seinen Thron führen.

König: Guten Tag, Müllerstochter.

Tochter: Guten Tag, Majestät.

König: Müllerstochter, ich bin sehr zufrieden mit dir. Nun hör gut zu: Heute Nacht sollst du mir eine noch größere Kammer voll Gold spinnen. Gelingt es dir, mache ich dich zu meiner Königin. Gelingt es dir nicht, wirst du geköpft.

Der König steigt vom Thron und führt sie zu einer riesigen Kammer. Die Diener folgen. Sie schließen die Tür auf und geben dem König den großen Schlüssel.

König: So, da wären wir. Denk daran, was ich dir gesagt habe. Und damit du mir nicht davonläufst, werde ich heute besonders gut abschließen. *(Schließt ab, geht weg.)*

TOCHTER: O je, diese Kammer ist ja riesengroß. Und ich werde getötet, wenn ich das ganze Stroh hier nicht zu Gold spinne. Wenn nur das Männlein kommt und mir wieder hilft! *(Weint.)*

Rumpelstilzchen kommt wieder angeschlichen. Versetzt einen Diener nach dem anderen in Trance, zaubert die Tür auf, huscht in die Kammer hinter die Müllerstochter.

RUMPELSTILZCHEN: Hallo, da bin ich wieder.

TOCHTER: Wie gut, dass du wieder gekommen bist.

RUMPELSTILZCHEN: Musst du denn schon wieder Stroh zu Gold spinnen?

TOCHTER: Ja, und schau, wie viel es diesmal ist. Kannst du mir wieder helfen?

RUMPELSTILZCHEN: Was gibst du mir denn heute dafür?

TOCHTER: Ich weiß auch nicht, ich habe dir schon alles gegeben, was ich hatte.

RUMPELSTILZCHEN: Ach weißt du, an Ringen und Ketten liegt mir nicht sehr viel, Gold kann ich mir schließlich selber machen. Aber ... ein ... Kind ... hätte ich gern, etwas Lebendiges, das wäre mir am liebsten.

TOCHTER: Aber wo soll ich denn ein Kind hernehmen? Ich habe doch keins.

RUMPELSTILZCHEN: Nun ja, noch nicht. Aber du wirst eins kriegen, wenn du den König heiratest. Und das gibst du mir dann.

TOCHTER: Aber ich werde doch nicht mein Kind hergeben!

RUMPELSTILZCHEN: Na schön, dann eben nicht. Dann wirst du halt geköpft. *(Wendet sich zum Gehen.)* Und tschüss!

TOCHTER: Was mach ich nur, was mach ich nur? Wenn er mir nicht hilft, ist alles aus, und wer weiß, was in einem Jahr ist. *(Zu Rumpelstilzchen:)* Also gut, du sollst mein Kind bekommen.

RUMPELSTILZCHEN: Versprich es mir!

TOCHTER: Ich verspreche es.

RUMPELSTILZCHEN: Na, dann ist ja alles in Ordnung. Dann schlaf mal schön.

Müllerstochter schläft ein, Rumpelstilzchen beginnt zu spinnen.

RUMPELSTILZCHEN: Stroh zu Gold! Stroh zu Gold! *(Wie oben.)*
So, das hätten wir. Nun werde ich endlich bald ein lebendiges Menschenkind bekommen. *(Reibt sich die Hände.)*

Er zaubert die Tür auf, weckt die Diener aus ihrer Trance und schleicht händereibend davon.

ERZÄHLER: Am nächsten Morgen war die Freude groß. Der König hatte endlich genügend Gold, und seine Hochzeit mit der Müllerstochter wurde in aller Pracht gefeiert. Am allerzufriedensten und allerstolzesten von allen aber war der Müller.

Im Schloss.

MÜLLER: Los, verbeug dich, ich bin der Schwiegervater des Königs.

DIENER: Sehr wohl. *(Verneigt sich ein bisschen.)*

MÜLLER: Tiefer, viel tiefer! Soll ich mich etwa bei meinem Schwiegersohn beschweren?

DIENER: Also meinetwegen. *(Verbeugt sich etwas tiefer.)*

MÜLLER: Das genügt mir nicht. Auf die Knie!

DIENER: Das tu ich nur vor dem König.

MÜLLER: Du wirst geköpft, wenn du nicht augenblicklich tust, was ich sage.

DIENER: Ja, Eure schwiegerväterliche Hoheit, verzeiht meine Unverschämtheit. *(Kniet nieder.)*

MÜLLER: Na, warum denn nicht gleich so? *(Geht stolz weg.)*

DIENER: *(Steht auf, klopft sich die Hosenbeine ab.)* So ein Angeber! So ein ...! Was der sich einbildet.

6 *a) Beschreibt, wie sich der Vater in dieser Szene verhält. Gibt es vergleichbare Situationen auch im richtigen Leben?*
b) Versetzt euch in die Lage des Dieners. Wie mag dieser auf den Müller zu sprechen sein?

2. Akt

ERZÄHLER: Ein Jahr verging. Eines Abends saß die junge Königin in ihrer Stube und wiegte ihr Kind in den Armen.

Königin singt Schlaflied.

Rumpelstilzchen kommt, versetzt die Diener in Trance.

RUMPELSTILZCHEN: Nun, Frau Königin, erinnerst du dich noch an mich?

KÖNIGIN: Was willst du denn von mir?

RUMPELSTILZCHEN: Erinnerst du dich nicht an dein Versprechen?

KÖNIGIN: Ich geb dir aber mein Kind nicht! Diener, kommt her, fasst ihn!

Diener erwachen langsam, verneigen sich.

KÖNIGIN: Los, nun kommt schon, fasst ihn!

RUMPELSTILZCHEN: *(Kichert.)* Pschschsch. *(Zaubert.)*

Diener taumeln, fallen um.

RUMPELSTILZCHEN: Nun, Frau Königin, gib mir dein Kind, du hast es versprochen!

Königin weint herzzerreißend.

RUMPELSTILZCHEN: Eigentlich tust du mir ja fast leid, aber versprochen ist nun mal versprochen.

Königin schluchzt immer verzweifelter.

RUMPELSTILZCHEN: Ich mach dir einen Vorschlag. Wenn du in drei Tagen meinen Namen weißt, dann darfst du dein Kind behalten. Also, besinne dich wohl. Morgen komme ich wieder.

ERZÄHLER: Am nächsten Abend kam das Männlein wieder. Die Königin nannte ihm allerlei Namen, aber keiner war der richtige. Die Königin war verzweifelt und eilte zum König. Der saß inmitten seines Goldes und polierte die größten Münzen.

KÖNIGIN: Ach, mein Gemahl, du musst mir helfen!

KÖNIG: Lass mich in Ruhe, ich bin beschäftigt.

KÖNIGIN: Aber es ist wirklich wichtig!

KÖNIG: Jaja.

KÖNIGIN: Man will mir mein Kind wegnehmen.

KÖNIG: Na und?

KÖNIGIN: Aber das ist doch schrecklich!

KÖNIG: Ich muss das Geld zählen, ich habe keine Zeit für solchen Weiberkram. Gib den Balg halt her und lass mir meine Ruh!

KÖNIGIN: *(verzweifelt:)* Ach dann erstick doch in deinem Gold! *(Stürzt hinaus.)*

Der König rutscht unter das Gold, schnappt noch einmal nach Luft, erstickt.

7 *Vergleicht die Szene mit dem Original-Märchen der Brüder Grimm. Welche Fassung gefällt euch besser? Begründet eure Ansicht.*

KÖNIGIN: Diener, kommt bitte alle her, ich brauche eure Hilfe. *(Klatscht in die Hände.)*

DIENER: Zu Befehl, Eure Hoheit.

KÖNIGIN: Erinnert ihr euch noch an das Männchen, das gestern Abend hier war?

DIENER: Dieser unverschämte kleine Wicht, der uns einfach eingeschläfert hat?

KÖNIGIN: Jawohl, genau der. Ich muss unbedingt seinen Namen wissen. Bitte findet ihn für mich heraus.

DIENER: Euer Wunsch ist uns Befehl! Aber wie sollen wir das denn anstellen?

KÖNIGIN: Reitet Tag und Nacht, ohne Rast und Ruh, durch Wald und Feld, bis ihr ihn findet. Ihr seid meine einzige Rettung.

DIENER: Eure Majestät können sich auf uns verlassen.

Der Wald stellt sich auf. Rumpelstilzchen tanzt um das Feuer.

DIENER 1: Seht mal, da ist doch ein Licht!

DIENER 2: Horcht mal, da spricht doch jemand!

RUMPELSTILZCHEN:

Heute back ich, morgen brau ich,
Übermorgen hol ich der Frau Königin ihr Kind!
Ach, wie gut, dass niemand weiß,
dass ich Rumpelstilzchen heiß!

DIENER 1: Das ist er, das ist er!

DIENER 2: Hör gut zu!

Die Diener schleichen sich näher an das Feuer.

RUMPELSTILZCHEN:
Heute back ich, morgen brau ich,
Übermorgen hol ich der Frau Königin ihr Kind!
Ach, wie gut, dass niemand weiß,
dass ich Rumpelstilzchen heiß!

DIENER 1: Hast du gehört? Das ist der Name! Nichts wie weg, geschwind zur Königin, die wird sich vielleicht freuen!

Die Diener reiten zum Schloss zurück.

ERZÄHLER: Die Diener ritten eilig zurück zum Schloss und berichteten der Königin, was sie erlebt hatten. Und die Königin war überglücklich und erwartete beruhigt den nächsten Abend.

RUMPELSTILZCHEN: *(Schleicht heran, versetzt die Diener in Trance.)* Nun, Frau Königin, wie heiß ich?

KÖNIGIN: Heißt du vielleicht Hinz?

RUMPELSTILZCHEN: Nein, Frau Königin, so heiß ich nicht!

KÖNIGIN: Heißt du vielleicht Kunz?

RUMPELSTILZCHEN: Nein, Frau Königin, so heiß ich nicht!

KÖNIGIN: Heißt du vielleicht Rumpelstilzchen?

RUMPELSTILZCHEN: Das hat dir der Teufel gesagt, das hat dir der Teufel gesagt!!!

Er stampft mit einem Fuß auf den Boden, fasst den anderen mit beiden Händen und reißt sich selbst entzwei. Er fällt zu Boden, die sieben Zwerge kommen herbeigeeilt, scharen sich um ihn, heben die beiden Hälften hoch über ihre Köpfe.

3. Akt

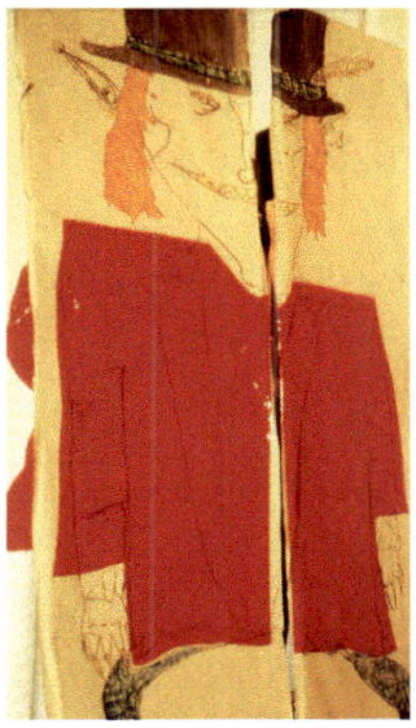

CHOR DER ZWERGE: Ach, oh weh, ojemine!
Ach, oh weh, oh weh!
Wie ist das so schnell passiert,
unser Freund hat sich halbiert!
Ach, oh weh, ojemine! Ach, oh weh, oh weh!

Ach, wir werden ihn vermissen,
er hat sich entzweigerissen,
Ach, oh weh, ojemine! Ach, oh weh, oh weh!
Wäre er doch noch am Leben,
(freudig:) Freunde, kommt, wir wolln ihn kleben!

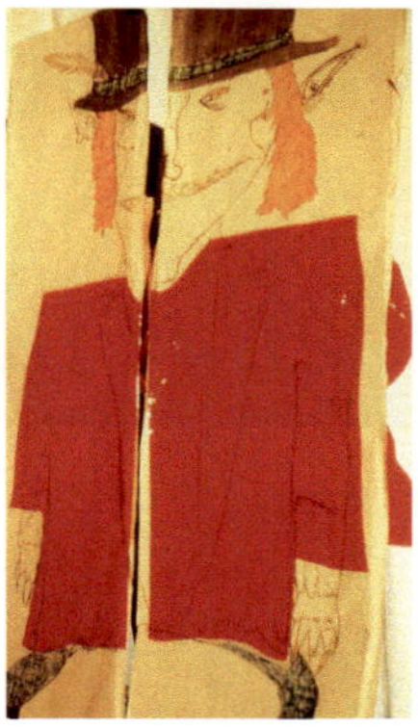

Sie tragen die beiden Hälften von Rumpelstilzchen hoch über ihre Köpfe gehalten in den Wald. Im Wald angekommen bilden die Zwerge einen Kreis um das kaputte Rumpelstilzchen.

1. ZWERG: Holt mal Misteln –
2. ZWERG: Und Spinnenweben –
3. ZWERG: Und Klebekraut –
4. ZWERG: Und Schneckenschleim –
5. ZWERG: Und einen Topf –
6. ZWERG: Und Wasser –
7. ZWERG: Und einen Rührlöffel!

Sie laufen herum und bringen alle Sachen herbei, stellen sich um den Topf und beginnen langsam zu rühren.

ZWERGE: Rühre, rühre Klebeleim,
unser Freund, wie kam er heim?
Ach, er ist halbiert,
wie ist das passiert?
Und weil wir ihn gar so vermissen,
werden wir ihn kleben müssen.
Rühre, rühre Klebeleim,
rühre, rühre rum.

1. ZWERG: Und jetzt einen Pinsel holen –
2. ZWERG: Und eintauchen –
3. ZWERG: Und die eine Hälfte einschmieren –
4. ZWERG: Und die andere Hälfte einschmieren –
5. ZWERG: Geh doch mal weg da!
6. ZWERG: Lass mich doch auch mal!

7. Zwerg: Schubs mich nicht immer!

Sie fangen an, sich zu streiten, zu schubsen, durcheinanderzureden: Du blöder Kerl! Hau ab! Pass doch auf! Tritt mich nicht! Jetzt hast du mich beschmiert! Geh da weg! Gib mir den Pinsel!

Sie heben die Hälften hoch, halten sie falsch zusammen, bilden einen schubsenden, schreienden Haufen am Boden. Mittendrin erhebt sich plötzlich Rumpelstilzchen, hüpft auf einem Bein.

Rumpelstilzchen: Was habt ihr nur mit mir gemacht! Jetzt habt ihr mich vermurkst! Jetzt habt ihr mich total vermurkst!

Alle Zwerge weinen: Hu hu huuuuu! Wir haben ihn vermurkst! Wir haben ihn total vermurkst!

Trauermusik. Die Königin kommt.

Königin: Nanu, was ist denn hier los, warum heult ihr denn alle so?

Zwerge: Hu hu huuuuu! Wir haben ihn vermurkst! Wir haben ihn total vermurkst!

Rumpelstilzchen: *(Kommt angehüpft.)* Schau nur, was sie mit mir gemacht haben!

Königin: Also wirklich, auseinandergerissen hast du dich schließlich selbst.

Zwerge: Das stimmt! Und wir haben es doch nur gut gemeint. *(Heulen:)* Hu hu huuuu! Wir haben es doch nur gut gemeint! Hu hu huuuu! Und wir haben uns sooooolche Müüüühe gegeeeeeben! Hu hu huuuuu!

Königin: Ruhe jetzt! Habt ihr noch was von dem Leim? Wir müssen ihn einfach noch einmal auseinanderreißen und richtig wieder zusammenkleben.

Zwerge: Oh ja, oh ja, das machen wir, das machen wir!

Wenn wir ihn noch einmal kleben,
kann er wieder richtig leben,
kann vielleicht vom Boden heben
und noch durch die Lüfte schweben.
Ja, das rettet ihm das Leben,
wenn wir ihn zusammenkleben!

Eile, eile, nehmt die Teile,
macht ihn wieder heile, heile.

Erzähler: So wurde das arme zerrissene Rumpelstilzchen von seinen Freunden, den Zwergen, und der Königin nach einigen Schwierigkeiten wieder richtig zusammengeklebt.

Der Wald überwucherte das Schloss des goldgierigen Königs. Die Königin aber lebte glücklich mit ihrem Kind, mit Rumpelstilzchen und den sieben Zwergen. Und sie lebten alle vergnügt im großen, grünen Wald, und wenn sie nicht gestorben sind, dann leben sie noch heute.

8 *a) Untersucht den 3. Akt des Theaterstücks: Welche Märchen haben hier als Vorlage gedient?*
b) Besprecht, warum die Autorin wohl diesen Schluss für ihr Stück gewählt hat.

16.2 Das Stück inszenieren

1 *Ein Theaterstück teilt sich in einzelne Akte. Jeder Akt hat mehrere Szenen. Teilt das Stück von Anneliese Reiter-Rath (▷ S. 272–280) in Szenen ein. Haltet euch dabei an die einzelnen Spielorte.*

2 *Um das Stück aufzuführen, müsst ihr einige technische Probleme lösen. Erstellt eine Liste und notiert euch Ideen zur Ausgestaltung.*

- Wie stellt man das viele Gold dar?
- Wie kann man zeigen, dass die Kammern voll Stroh und Gold immer größer werden?
- Wie kann das Rumpelstilzchen in zwei Teile zerrissen und falsch zusammengeklebt werden?

...

3 *Kulissen bauen – oder Kulissen spielen? Besprecht gemeinsam:*
a) Wie kann man pantomimisch einen Wald, ein Schloss oder knarzende Türen darstellen?
b) Wie lässt sich ein Feuer bauen?
c) Wie kann man den Kessel mit großem Rührstab für eine gemeinsame Bewegung der Zwerge nutzen?

4 *Stellt für jede Rolle fest, welche Requisiten und Kostüme ihr benötigt.*
a) Zwerge, Bäume, Diener – findet originelle Lösungen!
b) Hauptrollen können auch in jedem Akt neu besetzt werden. Wie bleiben die Rollen dennoch erkennbar?

5 *Ein besonderer Reiz dieses Stücks ist die sprachliche Gestaltung der Chöre. Experimentiert mit eurer Stimme!*

Text:	**Gestaltung:**
Chor der Bäume und Zwerge:	
In einem großen, grünen Wald stand ein Schloss, das war uralt. In dem Schloss, da war ein König, dem war stets sein Geld zu wenig.	*Leise, geheimnisvoll, Märchenton*
Auch eine Mühle, die stand dort, :/ die klapperte in einem fort. :/	*Neues Tempo, Stakkato! Zwei Chöre, die wie im Kanon gegeneinander sprechen. Schneller werden. Dabei typische Pose der Tochter pantomimisch zeigen.*
Der Müller wohnte ganz allein mit seinem schönen Töchterlein.	
Das Gold, das klingelt kling ling ling, die Mühle klappert klapp klapp klapp, die Bäume rauschen: schschsch ... schschsch ... schschsch im großen grünen Wald.	*Lautmalerisch!* *Starkes Ritardando.*
...	

Rumpelstilzchens magischer Tanz:	
Héute báck ich, mórgen bráu ich, übermorgen hól ich der Frau Kö́nigin ihr Kínd! ách, wie gút, dass niémand wéiß, dáss ich Rúmpelstílzchen héiß!	*Als Rap sprechen!* *Im Vierertakt bleiben.* *Chor spricht mit!*

Chor der trauernden Zwerge:	
Ach, oh weh, ojemine! Ach, oh weh, oh weh! Wie ist das so schnell passiert, unser Freund hat sich halbiert! Ach, oh weh, ojemine! Ach, oh weh, oh weh!	*Im Trauermarsch, langsam schreitend.*
...	

6 *Denkt daran, dass ein Publikum auf die Aufführung aufmerksam gemacht werden muss. Gestaltet Plakat, Elternbrief, Artikel in der Schülerzeitung, Hinweis auf der Schul-Website und einen Programmzettel.*

16.3 Auf der Bühne sprechen

Wenn ihr das Stück „Rumpelstilzchen und die sieben Zwerge" aufführen wollt, können euch einige Regeln und Übungen helfen. Ganz entscheidend für das Gelingen eurer Aufführung ist, wie ihr auf der Bühne sprecht! Es wäre schade, wenn ein Spieler zwar ein schönes Kostüm trägt, aber kaum jemand versteht, was er sagt.

TIPP

Richtiges Atmen

Das Wichtigste beim Sprechen auf der Bühne ist die **Atmung.** Richtiges Atmen lässt sich trainieren. Bei den folgenden Übungen solltet ihr fest auf beiden Beinen stehen, als hätten eure Fußsohlen Saugnäpfe, die sich am Boden festhalten. Eure Schultern hängen locker herunter, als seien eure Arme aus Blei. Ihr atmet ganz tief und ruhig, ohne die Schultern anzuheben.

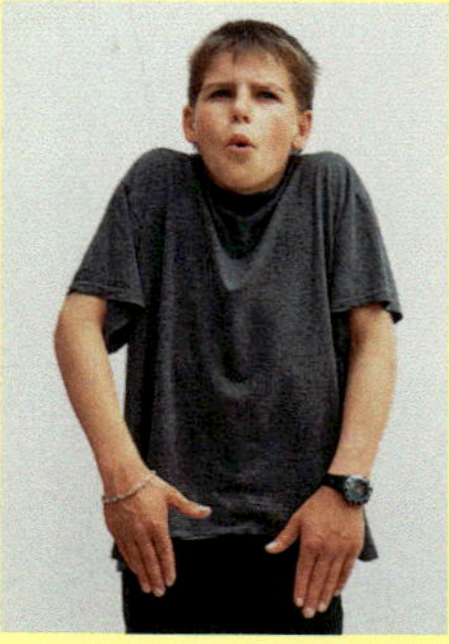

Falsches Atmen

1 ***Luftballon:*** *Stell dir vor, dein Bauch ist ein großer, aufgeblasener Luftballon. Langsam lässt du mit einem „Schsch..." die Luft heraus. Beim Einatmen: Die Hand unterhalb des Bauchnabels auf den Bauch legen und in die Hand hineinatmen. Mehrfach wiederholen!*

TIPP

Wie weit eine Stimme im Zuschauerraum trägt, hängt vom Stimmvolumen ab. Auch das Stimmvolumen lässt sich vergrößern. Wenn ihr die folgende Übung regelmäßig durchführt, werdet ihr nach einiger Zeit – wie von selbst – kräftiger sprechen.

2 ***„Tour de Trance":*** *Alle stehen im Kreis und hüpfen ganz sacht und ohne große Anstrengung auf den Zehenspitzen. Auf jedes zweite Wippen sprechen nun alle im Chor die nachfolgenden „Texte". Die letzte Textreihe wird gesteigert gesprochen, das heißt zum Ende hin lauter werdend, aber ohne zu schreien!*

- Mon-tag, Diens-tag ...
  (weiter bis) Sonn-tag
- Ja-nu-ar, Fe-bru-ar ...
  (weiter bis) De-zem-ber
- Eins, zwei, drei ... (weiter bis)
  neun-zehn, zwan-zig
- Zwan-zig, neun-zehn ...
  (weiter bis) zwei, eins

TIPP

Wenn wir lauter sprechen (oder gar schreien), klingt unsere Stimme schnell kreischend. Wir neigen dazu, mit der Tonlage nach oben zu gehen, weil wir unsere Stimmbänder zusammenziehen. Dagegen hilft die folgende Übung:

3 ***Treppensprechen:*** *Ihr beginnt die Wörter ganz leise zu sprechen und steigert dann die Lautstärke. Dabei geht die Stimme aber, wie auf einer Treppe, nach unten! Am besten steht ihr im Kreis und sprecht jedes Treppenwort gemeinsam. Versucht dabei, die Konsonanten besonders deutlich auszudrücken.*

je dreimal: fürchterlich, widerlich,
grauenhaft, entsetzlich,
kinderlieb, vorsichtig
im Wechsel
je zweimal: Verzeihung/Verneigung,
Regierung/Bedienung,
Erfahrung/Bezahlung

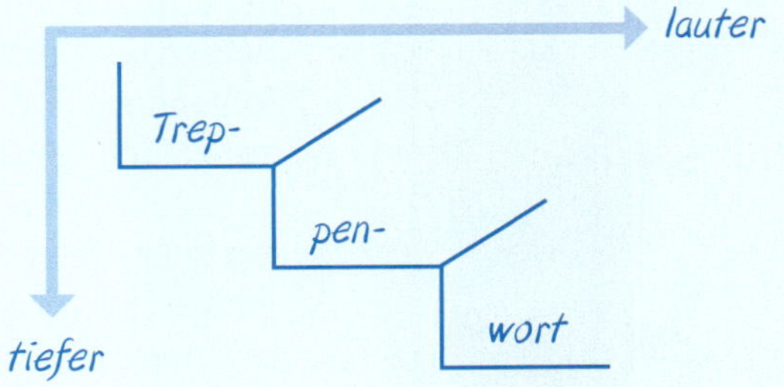

Wenn schon die ersten Rollen verteilt sind und die Szenen geprobt werden, ist folgende Übung hilfreich:

4 ***Teledialoge:*** *Die Beteiligten stehen möglichst weit auseinander im Raum und sprechen (oder flüstern) ihren Text so, dass die anderen ihn deutlich verstehen können. So gewöhnt ihr euch an das Sprechen im großen Raum.*

TIPP

Für das Bühnensprechen bei euren Proben und Aufführungen solltet ihr euch an die fünf goldenen Regeln halten:

Regel 1 Auf und hinter der Bühne wird nicht gegessen! (Keine Kaugummis!)
Regel 2 Nicht schreien! (Wer schreit, wird heiser!)
Regel 3 Endungen deutlich aussprechen! (Flüstern üben!)
Regel 4 Zum Publikum gewandt sprechen!
Regel 5 Für die letzte Reihe sprechen!

5 *a) Nennt Gründe für diese Regeln.*
b) Stellt aufgrund der Erfahrungen bei euren Proben weitere Regeln für das Bühnensprechen auf.

17 Informationen beschaffen und auswerten

17.1 Bücher in der Bibliothek suchen

1 *a) In einer Bibliothek könnt ihr euch über viele Themen informieren. Tauscht euch darüber aus, welche Informationsquellen ihr in einer Bibliothek am häufigsten nutzt.*
b) Tragt in Stichworten zusammen, was ihr alles in einer Bibliothek ausleihen könnt.

2 *Beschreibt den Fußweg von eurer Schule zur nächstgelegenen Bibliothek.*
a) Besorgt euch einen Stadtplan.
b) Kopiert den Kartenausschnitt, der eure Schule und den Weg zur Bibliothek enthält. Eventuell könnt ihr den Ausschnitt auch vergrößern.
c) Markiert den Weg mit einem farbigen Stift oder fertigt eine Skizze des Weges an.
d) Beschreibt nun den Weg ganz genau.

Gezielt nach Büchern und anderen Medien suchen

Wenn ihr in einer Bibliothek Bücher, Zeitschriften, Zeitungen oder andere Medien (z.B. Videos, DVDs, CDs, CD-ROMs oder Spiele) zum ersten Mal ausleihen wollt, müsst ihr euch anmelden. Dazu braucht ihr eine Einverständniserklärung eurer Eltern und einen Schülerausweis. Ihr bekommt dann einen Leseausweis, den ihr immer in die Bibliothek mitbringen müsst. Sicherlich gibt man euch bei eurem ersten Bibliotheksbesuch auch eine Broschüre mit den Ausleihbedingungen, den Öffnungszeiten und sonstigen wichtigen Informationen.

Das Ausleihen ist für Jugendliche unter 18 Jahren in der Regel kostenlos. Nur wenn ihr die Bücher, CDs, DVDs und Spiele zu spät zurückbringt oder beschädigt, müsst ihr etwas bezahlen.

In den meisten Stadtbüchereien könnt ihr an den Regalen entlanggehen und euch die Bücher, die ihr ausleihen möchtet, vorher anschauen. Manchmal müssen Bücher aus dem Magazin der Bibliothek bestellt werden, das nicht öffentlich zugänglich ist.

TIPP

In einer Bibliothek werden die Bücher nicht nach dem Alphabet aufgestellt, sondern nach Sachgebieten. Solche Sachgebiete sind z. B. „Sport", „Technik", „Jugendromane", „Fremde Länder", „Geschichte". Große Schilder an den Regalen weisen zumeist auf sie hin. Oft werden die Bücher für Kinder und Jugendliche mit bunten Aufklebern versehen. Bücher für Kinder können z. B. einen grünen Punkt, Bücher für Jugendliche einen roten Punkt haben.

1 *a) Schaut nach, welche Sachgebiete es in eurer Bücherei gibt und wie die Kinder- und Jugendbücher gekennzeichnet sind.*

b) Sucht jeweils ein Buch aus den folgenden Sachgebieten.

Ein Buch zum Thema „Sport"

Ein Buch in englischer Sprache

Eine Erzählung, die im Mittelalter spielt

Ein Buch von einem bayerischen Schriftsteller

Ein Buch, in dem ihr etwas über euren Lieblingsstar erfahren könnt

Eine Erzählung, die in Amerika zur Zeit des Wilden Westens spielt

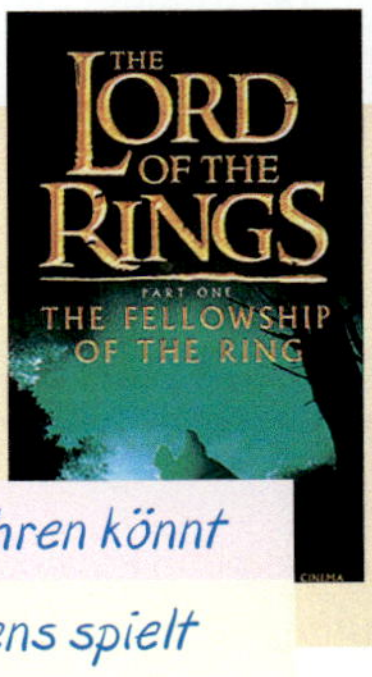

2 *Entleiht in eurer Bibliothek ein Buch, das ihr euren Mitschülerinnen und Mitschülern gern vorstellen möchtet.*

Mit dem Computer Bücher suchen

In Büchereien ist es oft gar nicht so einfach, bestimmte Bücher von einem Autor oder zu einem Sachgebiet zu finden. Deshalb gibt es in den Bibliotheken einen **Online-Katalog** (OPAC = Online Public Access Catalogue), der die Suche (Recherche) sehr erleichtert. Er gibt Auskunft über den gesamten Medienbestand (Bücher, Zeitschriften etc.) der betreffenden Bibliothek. Der Online-Katalog funktioniert ähnlich wie eine Suchmaschine im Internet. Auf einem Bildschirm erscheinen **Suchmasken,** die fast immer ähnlich aufgebaut sind. Hier könnt ihr verschiedene Suchbegriffe eingeben, z. B.:

- den Namen des Autors,
- den Namen des Titels oder
- ein bestimmtes Schlagwort/einen Sachbegriff.

Zusätzlich könnt ihr eure Suche verfeinern, indem ihr einen bestimmten Medientyp (z. B. Buch, CD-ROM etc.) auswählt.

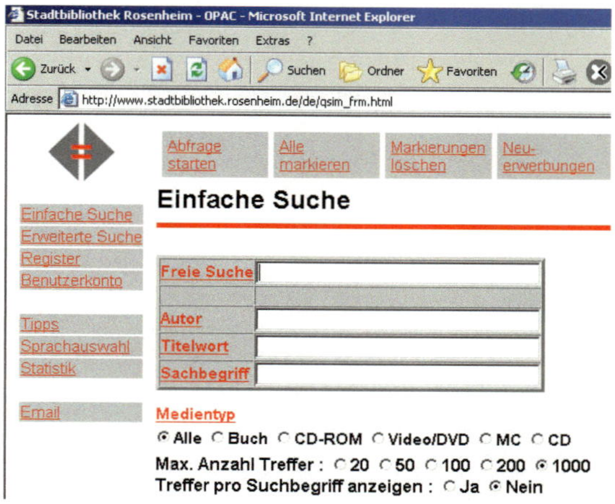

1 *Sucht das Buch „Harry Potter und der Feuerkelch" von Joanne K. Rowling mit Hilfe des Online-Katalogs eurer Bibliothek.*

a) Gebt im Suchfeld „Autor" den Namen der Autorin ein (Nachname, Vorname) und notiert eure Suchergebnisse.

b) Startet nun eine neue Suche, indem ihr den Titel des Buches in das entsprechende Suchfeld eingebt. Welche Suchergebnisse habt ihr nun vorliegen?

2 *Findet mit Hilfe des Online-Katalogs eurer Bibliothek heraus, von welchen Autorinnen oder Autoren die folgenden Bücher stammen. Ihr könnt auch eigene Titelvorschläge machen.*

Bibbi Bokkens magische Bibliothek

Taggespenster, Nachtgespenster

Timm Thaler oder Das verkaufte Lachen

Die glorreichen Dreihundert

Zwei Jahre Ferien

Der gelbe Vogel

Hexen in der Stadt

...

TIPP

Bücher finden, wenn man nur den Titel kennt

Ihr könnt ein Buch auch dann finden, wenn ihr nur den Titel kennt. Tragt in das entsprechende **Suchfeld** den exakten **Titel oder den Anfang des Titels** ein. Wenn ihr den genauen Titel nicht kennt, könnt ihr auch ausgewählte Wörter (Stichwörter) des Titels eingeben. Achtet darauf, dass ihr charakteristische Stichwörter verwendet, also keine Artikel oder Präpositionen. Geeignete Stichwörter sind z. B. „gelb Vogel" für „Der gelbe Vogel" oder „Hexen Stadt" für „Hexen in der Stadt".

3 *Mit Hilfe des Suchfeldes „Schlagwort" oder „Sachbegriff" könnt ihr Bücher zu einem bestimmten Thema finden. Sucht Bücher, in denen ihr euch über alles informieren könnt, was mit Fahrrädern zu tun hat, z. B.:*

- *das Reparieren von Fahrrädern,*
- *Gangschaltungen,*
- *Mountainbikes,*
- *die Geschichte der Tour de France.*

a) Wenn ihr mehrere Titel als Suchergebnis erhaltet, wählt einige Titel aus, klickt auf „Vollanzeige" und macht euch Stichworte zu den Büchern, die euch besonders interessieren.

b) Überprüft, ob eure Suchergebnisse genau waren, und startet gegebenenfalls einen zweiten Suchdurchgang.

c) Sprecht über eure Suchergebnisse.
Beschreibt dabei genau, wie ihr gesucht und was für Bücher ihr jeweils gefunden habt.

TIPP

Bücher zu einem bestimmten Thema finden

Wenn ihr Bücher zu einem bestimmten Thema, z. B. Giftschlangen, sucht, gibt es eine weitere Suchmöglichkeit: Gebt in das **Suchfeld** „Schlagwort" oder „Sachbegriff" ein bis zwei Begriffe zu eurem Thema ein, z. B.: „Giftschlangen". Falls ihr unter dem Schlagwort „Giftschlangen" nichts findet, startet eine neue Suchanfrage mit ähnlichen Begriffen, z. B. „Schlangen" oder „Reptilien".
Wenn ihr **mehrere Titel als Suchergebnis** erhaltet, wählt diejenigen Titel aus, die euch besonders interessieren, und klickt auf „Anzeigen", „Vollanzeige", „Volltitel" oder „Abfrage starten". Ihr erhaltet dann Angaben zum Verfasser, zum Titel, zum Verlag, zur Signatur/Standort, zum Jahr und zum Ausleihstatus (Ist das Buch verfügbar?) und die ISBN (International Standard Book Number). Häufig wird auch eine **Kurzbeschreibung** zum Inhalt des Buches angezeigt.

Einfache Suche
Erweiterte Suche
Register
Benutzerkonto

Tipps
Sprachauswahl
Statistik

Email

Volltitel Information Rosenheim

Zum Vormerken eines entliehenen Mediums bitte "Reservierung" auswählen und "Abfrage starten" anklicken.

Verfasser : Mattison, Chris

Titel	¬Die¬ Schlangen-Enzyklopädie : alle Arten der Welt ... / Chris Mattison. - München [u.a.] : BLV, 1999. - 192 S. : überw. Ill. (farb.), graph. Darst.; 29 cm. EST:Snake
Serie	(¬Ein¬ Dorling-Kindersley-Buch)
Bemerkung	Aus dem Engl. übers. Sachinformationen mit allgemeiner Einführung in die Biologie der Schlangen und Vorstellung von rund 60 Arten in Text und Bild samt einem systematischen Artenverzeichnis.
ISBN	3-405-15497-9 fest geb. : 68,00
Schlagwort	Schlangen
Standort	Uhn22
Bestände	Gesamt: 2, Ausgeliehen: 1 a 4164467201 Erwartet zum 21.04.2004 b 4239829201

Ende der Volltitelliste

4 *a) Erklärt, welche Informationen diese Volltitel-Anzeige enthält.*

b) Schaut nach, welche Informationen der Volltitel eures Lieblingsbuches enthält.

c) Manchmal überzeugen die Kurzbeschreibungen des Buches nicht. Schreibt selbst eine bessere Fassung.

TIPP

Fehler, die ihr unbedingt vermeiden solltet
Die Eingaben müssen nicht immer vollständig sein, sie dürfen aber keinen falschen Buchstaben enthalten. Beispiele: Schreibt ihr den Namen einer Autorin oder eines Autors nicht ganz exakt (z.B. Lindgren mit „t"), erkennt das System ihn nicht. Wenn ihr statt „Die Reise zum Mittelpunkt der Erde" (Titel eines Romans von Jules Verne) „Reisen" oder „Reis" eingebt, findet ihr nichts. Schreibt ihr „Mountainbike" falsch, so wird eure „Trefferliste" leer sein. Ihr seht also, dass ihr sorgfältig arbeiten müsst. Ist euch die Schreibweise eines Titels oder eines Schlagwortes nicht genau bekannt, so könnt ihr „trunktieren". Das bedeutet „abschneiden", „stutzen". Die häufigsten Trunktierungszeichen sind „?" oder „*". Gebt also „Reis*" oder „M*bike" ein und ihr werdet bei eurer Recherche erfolgreich sein.

Bücher aus der Bibliothek ausleihen

Andrea Draht

Das Geheimnis der Signatur

Wenn ihr im Katalog oder Online-Katalog ein Buch gefunden habt, das ihr ausleihen möchtet, müsst ihr euch die Signatur des Buches, eine Buchstaben-Ziffern-Kombination, aufschreiben. Sie zeigt euch den Standort des Buches in den Regalen an. Dort könnt ihr das Buch entnehmen, um es bei einem Bibliothekar oder einer Bibliothekarin auszuleihen. Manchmal ist es auch möglich, das Buch direkt vom Computer aus zu bestellen.
Welche Bedeutung haben aber diese mysteriösen Buchstaben-Ziffern-Kombinationen auf dem Buchrücken eines Bibliotheksbuches?
1956 haben Bibliothekare ein Buch mit dem Titel „Allgemeine Systematik für öffentliche Bibliotheken" veröffentlicht. Darin beschreiben sie ein System, das es den Bibliotheksbenutzern erleichtern soll, sich in der Bibliothek zurechtzufinden. Die Idee, die hinter der Systematik steht ist die: Alle Medien (Bücher, Zeitungen, Zeitschriften, DVDs, CD-ROMs etc.) zu einem Thema werden zu einer Sachgruppe zusammengefasst und an einem Ort in der Bibliothek aufgestellt. Diese Sachgruppe wird durch einen bestimmten Buchstaben, die Signatur, gekennzeichnet. Innerhalb dieser Sachgruppe werden Untergruppen gebildet, die ebenfalls eine Signatur erhalten. Die Sachgruppe Geografie ist zum Beispiel folgendermaßen gegliedert:

□ Geografie	C	□ Südeuropa	Cem
□ Allgemeines	Ca	□ Italien	Cem2
□ Europa	Ce	□ Rom	Cem23

Die Systematik gliedert immer feiner. Im Regal findet man also zuerst allgemeine Bücher zu einem Thema, nach und nach werden die Sachgruppen und damit die Bücher immer spezieller. Die Signatur beschreibt also den genauen Standort des Buches im Regal.

1 *a) Fasst den Text mit eigenen Worten zusammen.*
b) Legt zu dem Buch, das ihr zuletzt gelesen habt, selbst eine Signatur an.

17.2 Sachtexte lesen und verstehen

Reiner Korbmann

Zum Mond

Ein historischer Moment

Damals glaubte ich, dies sei die historische Stunde des Jahrtausends. In der Nacht vom 20. auf den **21. Juli 1969** wurde Menschheitsgeschichte geschrieben: Zum ersten Mal betrat der Mensch einen anderen Himmelskörper. Vergleichbar schien dieses Ereignis bestenfalls dem Moment, als ein Mensch zum ersten Mal bewusst Feuer zündete oder das Rad benutzte. Gültige Grenzen waren gesprengt, das Weltall stand offen. Die Besiedlung und Nutzung fremder Planeten schien nur eine Frage der Zeit. Und wir waren dabei.

Spannung vor dem Ereignis

Die ganze Welt fieberte. Schon Wochen vorher waren die Zeitungen gefüllt mit Reportagen vom Astronautentraining, durchleuchteten sie jedes Detail vom Raumanzug bis zu den Mahlzeiten, beschrieben Rätsel und Gefahren, die auf die Astronauten warteten. Die Fernsehanstalten richteten Fernsehstudios ein, die bis zu zehn Stunden am Tag auf Sendung blieben, mit Hunderten von Experten, mit Modellen von Raketen und Raumkapseln, teils in Originalgröße. Sie standen in ständiger Verbindung zu ihren Korrespondenten vor Ort in Amerika und zum Sprechfunkverkehr der **NASA** mit den Astronauten auf dem Weg zum Mond.

Bei der Mondlandung schwelgten alle in einer wahren Begeisterung. Hoffnungen wurden geboren und genährt, die sich hinterher fast alle als überhöht herausstellten. Es war die Zeit der „historischen" Worte. „Gebt mir ein Stück Mond, und ich erzähle euch die Geschichte des Sonnensystems", versprach ein amerikanischer Astronom, und **Neil Armstrong** verkündete in sein weltweit geschaltetes Mikrofon, als er als erster Mensch den Fuß auf die Mondoberfläche setzte:

„Dies ist ein kleiner Schritt für einen Menschen, aber ein gigantischer Sprung für die Menschheit."

Doch sowohl die grundlegenden Erkenntnisse blieben aus als auch die gigantischen Entwicklungssprünge für die Menschheit. Denn schon in den siebziger Jahren wurde deutlich, dass der Flug zum Mond keines der drängenden Probleme der Menschheit lösen könnte. Es bestand nicht die geringste Aussicht, die Bevölkerungsexplosion durch Auswanderung ins Sonnensystem zu lindern oder die Rohstoff- und Energieknappheit durch Mondbergbau in den Griff zu bekommen.

In der Nacht zum 21. Juli 1969 glaubten viele von uns, sie könnten miterleben, wie ein Traum Wirklichkeit wird. Die Eroberung ferner Welten war immer ein Traum der Menschheit. Der Flug in das Weltall wird auch weiter dazu gehören, auch wenn heute andere Aufgaben wegen ihrer Dringlichkeit Vorrang genießen.

Die junge Generation heute kann vielleicht die Begeisterung um die erste Mondlandung nicht mehr verstehen, aber die Bilder vom kleinen, blauen Planeten Erde inmitten des schwarzen, leblosen Weltalls sind auch bei ihr tief verwurzelt.

1 *Lest Reiner Korbmanns Text „Zum Mond“ (**▷ S. 290**) aufmerksam durch.*

2 *a) Schließt eure Bücher und erzählt eurem Nachbarn, was ihr gerade gelesen habt. Anschließend ergänzt und korrigiert der Nachbar, wenn ihr etwas vergessen oder ungenau dargestellt habt.*
b) Schreibt nun auf, was ihr vom Inhalt des Textes noch wisst. Achtet dabei darauf, dass ihr die Aussagen des Textes in einer sinnvollen Ordnung darstellt und dass ihr keine wichtigen Informationen vergesst. Denkt daran: Die Bücher bleiben geschlossen!
c) Tauscht eure Zusammenfassungen aus und vergleicht mit dem Text im Buch, was der Nachbar geschrieben hat. Sprecht miteinander über die Zusammenfassungen und beachtet dabei im Besonderen die folgenden Punkte:
- *Vollständigkeit der wichtigen Informationen,*
- *Ordnung im Aufbau des Texts,*
- *Angemessenheit des Sprachstils.*

TIPP

Die 5-Schritt-Lesemethode

1. Schritt: Erstes „Lesen“ – ohne Überblick kein Durchblick
Noch bevor ihr einen Text einmal wirklich genau gelesen habt, fallen euch bestimmte Einzelheiten an ihm schon auf. Er ist in Abschnitte eingeteilt, die Zwischenüberschriften haben können. Manchmal werden in einem Text Wörter oder auch längere Stellen hervorgehoben.
Schließlich findet ihr Abbildungen, Karikaturen, Tabellen oder Ähnliches. Alle diese Dinge wollen euch auf Hauptinhalte oder wichtige Aspekte hinweisen.

2. Schritt: Fragen kostet nichts
Formuliert Fragen und Vermutungen, die euch beim Lesen der Überschrift(en) und der hervorgehobenen Wörter sowie beim Betrachten der Abbildungen kommen. Dabei kann euch die Vorstellung helfen, dass ihr nicht einem Text gegenübersitzt, sondern einem Interviewpartner, der euch diese Fragen beantworten könnte.

3. Schritt: An die Arbeit: Gründliches Lesen – für den Durchblick
Lest Satz für Satz und mit dem Bleistift in der Hand. Macht euch dazu eine Kopie oder legt eine Folie über den Text.
- **Unterstreicht** Wichtiges und Unverständliches!
- Vereinbart **Randzeichen** für wichtige Textstellen, unverständliche Textstellen, wichtige Personen usw.
- Kennzeichnet Textstellen, die auf **W-Fragen** Auskunft geben.
  Schreibt dazu auf den Rand: Wo? Wann? Wer? Was? Wie? Warum? Welche Folgen?
- Markiert **Abschnitte** und findet **Überschriften** für sie. Denkt dabei an die herausgehobenen Begriffe. Sie helfen euch bei dieser Arbeit.

4. Schritt: Vom Lesen zum Selber-Schreiben – Zusammenfassung
Fasst schriftlich die wesentlichen Aussagen des Textes in wenigen Sätzen zusammen. Die W-Fragen können euch dabei helfen.

5. Schritt: Abschließendes Lesen – aller guten Dinge sind drei
Lest euch den gesamten Text noch einmal im Zusammenhang durch. Habt ihr alles verstanden und aufgenommen?

3 *Wendet die 5-Schritt-Lesemethode auf den Text „Zum Mond" (▷ S. 290) an. Die folgenden Ausschnitte zeigen euch, wie ihr beim 3. Schritt vorgehen könnt. Denkt daran, Zwischenüberschriften zu setzen.*

Reiner Korbmann

Zum Mond

Ein historischer Moment
Damals glaubte ich, dies sei die historische Stunde des Jahrtausends. In der Nacht vom 20. auf den **21. Juli 1969** wurde Menschheitsgeschichte geschrieben: Zum ersten Mal betrat der Mensch einen anderen Himmelskörper. *(Was? !)* Vergleichbar schien dieses Ereignis bestenfalls dem Moment, als ein Mensch zum ersten Mal bewusst Feuer zündete oder das Rad benutzte. Gültige Grenzen waren gesprengt, das Weltall stand offen. Die Besiedlung und Nutzung fremder Planeten schien nur eine Frage der Zeit. Und wir waren dabei.

Es war die Zeit der „historischen" Worte. „Gebt mir ein Stück Mond, und ich erzähle euch die Geschichte des Sonnenssystems", versprach ein amerikanischer Astronom, *(???)* und **Neil Armstrong** verkündete in sein weltweit geschaltetes Mikrofon, als er als erster Mensch den Fuß auf die Mondoberfläche setzte: *(P)* *(Wo?)*
„Dies ist ein kleiner Schritt für einen Menschen, aber ein gigantischer Sprung für die Menschheit." *(!!)*
Doch sowohl die grundlegenden Erkenntnisse blieben aus als auch die gigantischen Entwicklungssprünge für die Menschheit. *(Welche Folgen?)* Denn schon in den siebziger Jahren wurde deutlich, dass der Flug zum Mond keines der drängenden Probleme der Menschheit lösen könnte.

4 *Vergleicht in Partnerarbeit die Zusammenfassung, die ihr mit Hilfe der 5-Schritt-Lesemethode geschrieben habt, mit der aus Aufgabe 2 b (▷ S. 291).*

5 *a) Diskutiert in der Klasse über Sinn und Nutzen der Raumfahrt und über Probleme, die möglicherweise mit ihr verbunden sind.*
b) In den Jahren unmittelbar nach der ersten Mondlandung 1969 wurden noch einige weitere Mondflüge durchgeführt, danach aber bis heute kein einziger mehr. Versucht Erklärungen dafür zu finden.

17.3 Texte selber verfassen und überarbeiten

1 *Die folgende Geschichte hat Niels Quadflieg in der 6. Klasse geschrieben. Es gibt aber noch Stellen, die man besser ausdrücken könnte. Eignet euch den Inhalt der Geschichte mit Hilfe der 5-Schritt-Lesemethode an (**▷ S. 291–292**). Verwendet für den 3. Schritt eine Kopie des Textes.*

Niels Quadflieg

Zum Mars

Der Start

Die Vorbereitungen für den Start wurden getroffen. Während Helen, Stefan, Christian und ich im Simulator übten und alle denkbaren Pannen durchspielten, wurde die mächtige Saturn-V-Rakete auf die Startrampe 29a gefahren. Es war aber keine Rakete wie Apollo 8, sie sah zwar genauso aus, aber wenn man etwas Erfahrung hatte, merkte man doch, dass die Kapsel 1,5-mal so groß war. Jetzt wurden wir aus dem Simulator geholt und mussten sämtliche ärztlichen Untersuchungen über uns ergehen lassen. Ich war vollkommen aufgeregt, als ich als Erster an die Reihe kam. Aber ich bekam ein „Go". Helen kam an die Reihe und wurde etwas länger untersucht als ich. Ich bekam Angst, die Ärzte hätten an ihr etwas auszusetzen, aber als ich das „Go" hörte, fiel sie mir schon um den Hals. Zusammen warteten wir auf unsere Freunde.

Als alles überstanden war, wurden wir mit Luxusautos zur Startrampe gefahren. Christian sagte: „Unsere Saturn V sieht ja ganz lustig aus, wenn man sich vorstellt, dass wir bald in diesem Ding fliegen werden." Stefan ergänzte: „Und auf dem Mars landen werden." „Falls alles gut geht", wandte Helen ein. Dann fuhr sie fort: „Eines Tages werden ein oder zwei Astronauten nicht wieder zurückkehren." „Sterben gehört zu unserem Beruf", schaltete ich mich ein. Helen sah mich an und sagte: „Wir wissen um die Gefahr, aber wir nehmen sie auf uns." Ich war nicht verwundert über ihren Mut, aber ich kannte sie ja seit Jahren.

Wir kamen an die Startrampe und stiegen in den Aufzug. Oben angekommen winkten wir den 1 Million Zuschauern, die ins Cape-Kennedy-Space-Center nach Houston gekommen waren, zu. Christian stieg in die Kapsel, nachdem er sie mühsam geöffnet hatte. Stefan, Helen und ich folgten. Als alles getan war und wir in den Sitzen verstaut waren, funkte ich erst einmal

runter: „Houston, wir sind bereit. Uns geht es gut. Wir sind auf ‚Go'!" Aus der Zentrale klang es: „3 – 2 – 1 – go!!!" Unsere mächtige Saturn V setzte sich in Bewegung, nachdem ich, da ich am Steuerknüppel saß, die Antriebsdüse aktiviert hatte. Es ging zum Mars. Die große Reise hatte begonnen. Mir war klar, dass, wenn alles klappte, der Mond uninteressant werden würde, weil die Menschheit dann gezeigt hätte, dass sie in der Lage ist, Planeten von größerer Entfernung anzufliegen und Menschen auf ihnen zu landen. Stefan fragte mich: „Niels, wie fühlst du dich?" Ich entgegnete ihm: „Ausgezeichnet." Helen ergriff meine Hand: „Ach, Liebling, jetzt sind wir alle hier oben und nehmen Kurs auf den Mars." „Ja, Schatz, wir werden den Mars als die ersten Menschen betreten." Christian drehte sich um und meinte: „Gibt es etwas Schöneres, als die Erde von außen zu sehen?" „Frank Borman war fasziniert von unserer Erde, Chris", antwortete ich meinem Freund und Kameraden. Ich war selber fasziniert von unserer Heimat. Ich erkannte Europa, Deutschland, die Alpen. Was ich auch schön fand, waren die tropischen Regenwälder. Wüsten konnte man sehen, den Himalaja und viele andere Dinge der Erde. Allmählich löste sich unsere erste Anspannung. Wir rasten auf den Mars zu. Unsere Geschwindigkeit betrug 2096 km/sec. Vor zwei Stunden war ich ans Steuer gekommen, jetzt wurde ich von Helen abgelöst. Es war 10.00 Uhr, ich gab Helen einen Kuss und schwebte durch den Tunnel in die Schlafkojen. Stefan und Christian schliefen fest, und auch ich schlief bald ein.

Eine Panne

Stefan hatte die nächste Schicht und stand auf, um Helen abzulösen. In der Zwischenzeit stand ich auf, um eine Schlafpille zu nehmen. In dem Moment krachte es. Ein Teil des Schutzschildes verschwand im All. Ich eilte zur Kommandokapsel. Dort war im Moment Helen. Ich legte meinen Arm um sie und fragte: „Was war denn das eben für ein Knall?" „Eine Panne, mir ist etwas Adamantrium ausgelaufen und drang aus dem Raumschiff. Draußen hatte es sich entzündet und explodierte neben uns. Ein Teil, zwar klein, aber immerhin etwas vom Hitzeschild flog ab." „Können wir trotz der Panne in die Atmosphäre eindringen?" „Nein, wir würden verglühen." Mir fuhr der Schreck in die Glieder. Ich musste an Frank Bormans Worte denken: „Eines Tages werden ein oder zwei Astronauten nicht wieder zurückkehren." Sollten wir hier oben sterben? Jetzt wurde ich wieder wie immer kaltblütig. „Wo sind die anderen?" „Sie sind im Kommandoteil und versuchen, den Schaden zu beheben." Jetzt kam Christian angeschwebt. „Alles in Ordnung. Wir konnten den Schaden beheben." Nun meldete sich Houston: „Ihr seid spitze. Wir dachten schon, es würde schiefgehen."

Die Landung auf dem Mars

Die Nacht nach der Panne war sehr befreiend, ruhig und erholsam. Das war auch gut so, denn wir sollten schließlich auf dem Mars landen, dazu noch als die ersten Menschen. Laut Flugplan sollten drei Menschen den Mars betreten. Ich sollte der erste Mensch sein, dann meine Freundin Helen, was mir eine große Ehre war, und schließlich Stefan. Mir tat Christian leid, denn er durfte nicht mit auf den Mars. Er musste in der Kapsel bleiben, damit das Andockmanöver nach der Landung funktionierte. Na ja.

Noch war es nicht so weit. Wir nahmen ein Mahl aus Orangensaft, Eiern und Speck. Ich konnte kaum aufhören zu essen. Nach dem Essen gab es eine Verschnaufpause für uns. Christian saß im Moment am Steuerknüppel, während ich zu Helen und Stefan in den Mannschaftsteil schwebte. Stefan erzählte von einer seiner früheren Reisen im All, während ich mich daranmachte, meine Füße an der Decke zu befestigen und etwas zu lesen.

Zwei Stunden später bekamen wir von Houston gesagt, wir sollten uns auf unseren Spaziergang vorbereiten. Als wir dies getan hatten, waren wir mittlerweile 500 km über dem Mars. 300 km über dem Mars. 200 km, 100 km. Wir sprengten, nachdem wir in der Landefähre waren, Fähre und Schiff voneinander ab. Wir hatten alles geschafft. Helen, Christian und ich saßen in der Landefähre. Wir befanden uns 5 km über dem Mars. 15.40 Uhr, 40 Sekunden.

Die Fähre steht. Wir fielen uns alle um den Hals, denn nun hatte sich ein weiterer Traum der Menschheit erfüllt. Neil Armstrong betrat den Mond als erster Mensch, ich den Mars. Nach 10 Minuten gab Houston das „Go" für den Ausstieg. Ich öffnete die Luke und stieg aus. 15.55 Uhr war ich auf der letzten Sprosse der Landefähre.

15.55 Uhr, 5 Sekunden. Ich betrat den Mars, als erster Mensch, mit dem linken Fuß zuerst. Neil sagte bei der Mondlandung: „Ein kleiner Schritt für einen Mann, aber ein Riesensprung für die Menschheit." Ich sagte: „Ein kleiner Schritt für die NASA, aber ein Riesensprung für die Menschheit." Fünf Minuten nach mir kam Helen auf den Mars. „Fast schöner als die Erde", funkte sie nach Houston. Nach wiederum fünf Minuten folgte uns Stefan. Zusammen liefen wir über die Marsoberfläche. Mich überkam ein Gefühl, das ich gar nicht beschreiben kann. Es war einfach toll.

2 *a) Welcher Art von Erzähltexten ordnet ihr Niels' Geschichte zu? Begründet eure Meinung.*
b) Ihr habt euch bei der Vorbereitung der Schulaufgaben ausführlich damit beschäftigt, wie man eine spannende Geschichte verfasst. Untersucht den Aufbau von Niels' Geschichte. Geht er so vor, wie ihr es gelernt habt.
c) Macht Änderungsvorschläge für den Aufbau.

3 *Überarbeitet und verbessert die Mars-Geschichte mit Hilfe der folgenden Hinweise. Teilt euch dazu in Kleingruppen auf und bearbeitet in jeder Gruppe nur den ersten Abschnitt („Der Start", Z. 1–117) oder den letzten Abschnitt („Die Landung auf dem Mars", Z. 118–153).*

TIPP

Bei der **Überarbeitung** und **Verbesserung** einer Geschichte müsst ihr auf folgende Schwerpunkte achten.

- **Aufbau:** Ist die Geschichte richtig aufgebaut? Passt vielleicht ein ganzer Abschnitt nicht richtig in den Text? Bleiben Zusammenhänge unklar? Dann hilft alle Einzelarbeit nicht mehr: Teile des Textes müssen neu geschrieben werden.
- **Sprache:** Hier könnt ihr euch an die SAUER-Regel halten.
  - **S treichen**
    Streicht überflüssige Wörter und/oder Sätze.
  - **A ustauschen**
    Tauscht unpassende Formulierungen aus. Vermeidet insbesondere Wiederholungen.
  - **U mstellen**
    Stellt Wörter einzelner Sätze um, damit der Satzbau abwechslungsreicher wird.
  - **E rgänzen**
    Ergänzt einzelne Wörter und/oder Sätze, wenn Informationen fehlen.
  - **R echtschreiben**
    Überprüft Rechtschreibung und Zeichensetzung.
- **Grammatik**
  - Wählt die richtigen **Tempora** (Zeitformen).
  - Achtet auf **Satzbau** und **Kasusendungen**.

4 *Vergleicht die Überarbeitungen in euren Kleingruppen:*
a) Überlegt, warum eure Mitschüler Änderungen vorgenommen haben. Was hat ihnen an diesen Stellen offenbar missfallen?
b) Lest euch die Textstelle in der ursprünglichen Fassung und in der geänderten Form vor. Wird der Unterschied „hörbar"?
c) Seid ihr mit manchen Änderungen nicht einverstanden? Begründet eure Meinung.

5 *Bei der Untersuchung des Gesamtaufbaus der Geschichte werdet ihr bemerkt haben, dass sie aus mehreren Einzelepisoden besteht. Die folgende Aufgabe gibt euch genaue Hinweise zur Überarbeitung des Abschnitts „Eine Panne"* *(▷ S. 294–295).*
a) Überprüft, ob der Zusammenhang der Szene klar wird. Achtet dabei auch auf die Figur Christians.
b) Baut die Szene aus, wo von der Reparatur die Rede ist, sodass der kleine Abschnitt insgesamt spannender wird.
c) Untersucht den Abschnitt auf Kürzungsmöglichkeiten.
d) Korrigiert Wiederholungen.
e) Bei der Beschreibung des Unfalls durch Helen treten zahlreiche Tempusfehler auf. Korrigiert sie.

6 *Niels hat in seine Erzählung eine kleine Liebesgeschichte eingebaut.*
a) Sucht Stellen, an denen das deutlich wird.
b) Diskutiert die Frage, welche Auswirkungen das Einfügen der Liebesgeschichte auf die Gesamtgeschichte und ihre Qualität hat. Begründet eure Meinung.

7 *a) Sucht in der Klasse nach einem neuen Thema für eine Weltraumgeschichte und verfasst einen Aufsatz dazu.*
b) In der nächsten Stunde besprecht ihr einige Arbeiten. Die Banknachbarn tauschen dann ihre Geschichten untereinander aus. Jeder fertigt eine Überarbeitung der Geschichte des Nachbarn an und erklärt ihm anschließend, warum er Änderungen vorgenommen hat. – Ihr könnt wieder einige Überarbeitungen in der ganzen Klasse besprechen.

8 *a) Informiert euch in Fachbüchern, Lexika und im Internet über die in der Geschichte angesprochenen Fachbegriffe, Raumfahrtunternehmen und Astronauten. Stellt eure Ergebnisse vor.*
b) Besorgt euch Bilder und sonstiges Material zum Thema „Raumfahrt" und gestaltet eine kleine Ausstellung für die Pinnwand eures Klassenzimmers oder einen Schaukasten der Schule.

GRUNDWISSEN

1 Sprechen und Schreiben

1.1 Miteinander sprechen

Gesprächsregeln

▷ S. 23–36

Gespräche, in denen eine Entscheidung über verschiedene Meinungen herbeigeführt werden soll, sollten nach bestimmten Regeln ablaufen, damit die Verständigung erleichtert wird. Die wichtigsten **Regeln** sind:

- Jede/-r äußert sich nur zu dem Thema, um das es geht.
- Wir versuchen unsere Meinung sachlich zu begründen.
- Wir melden uns zu Wort und reden nicht einfach los.
- Wir hören den anderen Gesprächsteilnehmern aufmerksam zu.
- Wir gehen auf die Argumente der anderen Gesprächsteilnehmer ein.
- Wir befolgen die Hinweise des Gesprächsleiters oder der Gesprächsleiterin.

1.2 Berichten

Der Bericht

▷ S. 37–52

- Ein **Bericht** stellt den **Ablauf des Geschehens vollständig** und **genau** dar.
- Er beschränkt sich auf die **wesentlichen Informationen.**
- Im Bericht müssen **sechs W-Fragen** beantwortet werden:

Was ist geschehen? **Wer** war beteiligt? **Wo** geschah es? **Wann** geschah es?	Die **Einleitung** informiert möglichst in einem Satz, worum es geht.
Wie geschah es genau?	Der **Hauptteil** zeigt den Verlauf des Geschehens in Einzelheiten.
Welche Folgen hatte das Geschehen?	Der **Schluss** gibt Auskunft über die Auswirkungen des Geschehens.

- Die Sprache im Bericht ist **sachlich** und **nüchtern.** Die eigene Meinung, Gefühle und erzählende Ausschmückungen gehören nicht in den Bericht.
- Ein Bericht fasst ein Ereignis zusammen, das bereits stattgefunden hat, und wird deshalb im **Präteritum** geschrieben, z. B.: „Er *betrat* ...“
  Wenn man in einem Bericht ausdrücken will, dass ein Ereignis noch weiter in der Vergangenheit liegt (Vorzeitigkeit), gebraucht man das **Plusquamperfekt.** Das Plusquamperfekt wird gebildet aus der Personalform von *haben* oder *sein* im Präteritum und dem Partizip II des Vollverbs, z. B.: „Er *hatte ... betreten* ...“

1.3 Beschreiben

Die Wegbeschreibung

▷ S. 54

Eine **Wegbeschreibung** muss so **genau** und so **anschaulich** sein, dass auch diejenigen ans Ziel finden, die sich in der Gegend nicht auskennen. Einzelne **Teilstrecken** müssen in der **richtigen Reihenfolge** wiedergegeben werden. Dabei ist es hilfreich, wichtige Straßennamen und auffällige Gebäude zu nennen.

Die Vorgangsbeschreibung

▷ S. 56

In einer **Vorgangsbeschreibung** gibt man den Ablauf eines Vorgangs so genau wieder, dass ihn andere nachvollziehen und selbst ausführen können. Dabei kommt es besonders darauf an, dass die einzelnen **Verlaufsschritte vollständig** und in der **richtigen Reihenfolge** beschrieben werden.
Die Zeitform ist das **Präsens.**
Die Sprache ist sachlich, aber doch abwechslungsreich und flüssig. Meist wählt man den unpersönlichen „man-" oder „wir-Stil". Oft muss man angemessene Fachausdrücke verwenden.
Zu den Vorgangsbeschreibungen gehören unter anderem Kochrezepte, Gebrauchsanweisungen, Bastel- und Spielanleitungen.

Gliederung:

Einleitung: benötigtes Material

Hauptteil:
- Vorbereitungen
- Durchführung (genaue Beschreibung der Vorgangsschritte in der richtigen Reihenfolge, wichtige Details, z. B. Maße, Mengenangaben; Erklärung bei Zaubertricks; Ziel bei Spielen)

Schluss: Ergebnis des Vorgangs (Serviervorschläge bei Rezepten, Aufräumarbeiten bei Bastelanleitungen)

Die Gegenstandsbeschreibung

▷ S. 59

Das Ziel der **Gegenstandsbeschreibung** ist es, dass die Leserin oder der Leser sich den beschriebenen Gegenstand genau vorstellen kann.
Sie informiert **genau** und **sachlich** über den Gegenstand. Dazu verwendet man häufig **Fachausdrücke,** anschauliche **Adjektive** und **Vergleiche.** Die Zeitform ist das **Präsens.**

Eine Gegenstandsbeschreibung kann folgendermaßen aufgebaut werden:
- Genaue Benennung des Gegenstands und wichtige Informationen über die Gesamtgestalt (z. B. Größe, Form, Farbe, Material, Herstellerfirma)
- Detaillierte Beschreibung der Einzelheiten nach einer bestimmten Reihenfolge (z. B. von unten nach oben, von innen nach außen usw.)

1.4 Sachliche Briefe schreiben

▷ S. 73–82

Sachliche Briefe schreibt man aus ganz unterschiedlichen Gründen, z. B. bei Anfragen, Anträgen, Entschuldigungen, Beschwerden. Sie richten sich an Amtspersonen (z. B. den Schuldirektor, die Bürgermeisterin) oder an Leute, die man nicht kennt (z. B. den Gastwirt in einer anderen Stadt).
Deshalb hält man sich strenger als im persönlichen Brief an bestimmte Regeln.

- Man bringt sein Anliegen genau, aber **knapp** und **sachlich** vor.
- Man verwendet die **Anredepronomen** der Höflichkeitsform („Sie“, „Ihnen“ usw.). Sie werden **großgeschrieben.**
- Wenn man nicht weiß, wer den Brief bearbeitet, verwendet man die Anrede „Sehr geehrte Damen und Herren“.
- Das Schriftbild ist ordentlich, die Seitenaufteilung **übersichtlich.** Meistens werden sachliche Briefe mit dem PC oder der Schreibmaschine geschrieben.
- Der Brief wird handschriftlich unterschrieben.
- Für die äußere Form gibt es die nebenstehenden Vorgaben

Name des Absenders — Ort, Datum
Straße und Hausnummer
PLZ und Ort

Name des Empfängers
Straße und Hausnummer
PLZ und Ort

Betreff (in möglichst wenigen Stichworten, worum es geht)

Sehr geehrte Frau …, /
Sehr geehrter Herr …,

Text

Mit freundlichen Grüßen
Unterschrift

- Heutzutage schickt man statt eines Briefes auch E-Mails.
  Hier werden für die notwendigen Informationen, wie Adresse des Empfängers und den Betreff, Felder angezeigt, die man entsprechend ausfüllt.

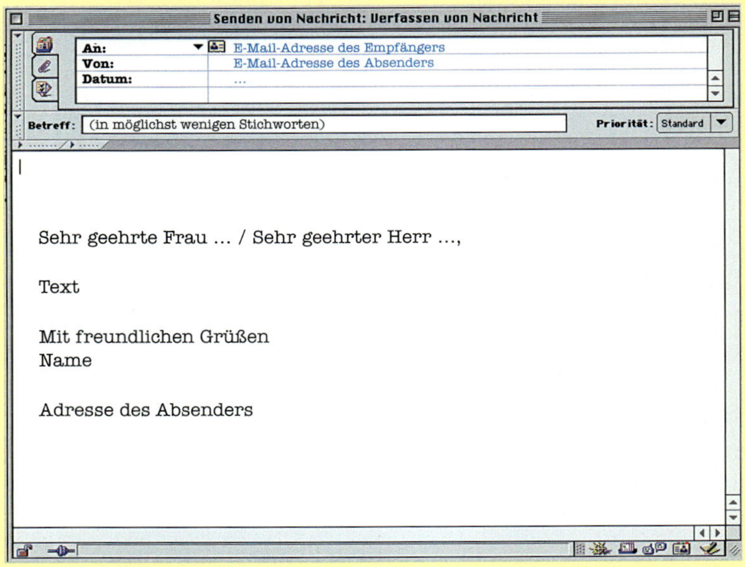

1.5 Erzählen

Die Erlebniserzählung

▷ S. 83–86

Beachte bei der **Erlebniserzählung** folgende Regeln:
- Erzähle nur **ein Erlebnis,** das zum Thema passt.
- Gliedere die Erzählung in **Einleitung, Hauptteil** und **Schluss.**
- Führe in einigen Erzählschritten zum **Höhepunkt** hin.
- Gestalte den Höhepunkt lebendig aus.
- Wähle als Zeitform das **Präteritum.**
- Erzähle die Geschichte sprachlich **anschaulich** und **abwechslungsreich.**
- Überlege dir eine **Überschrift,** die zu deiner Geschichte passt.

Zeichnet man den Aufbau der Geschichte nach, entsteht die so genannte **„Spannungsmaus“.**

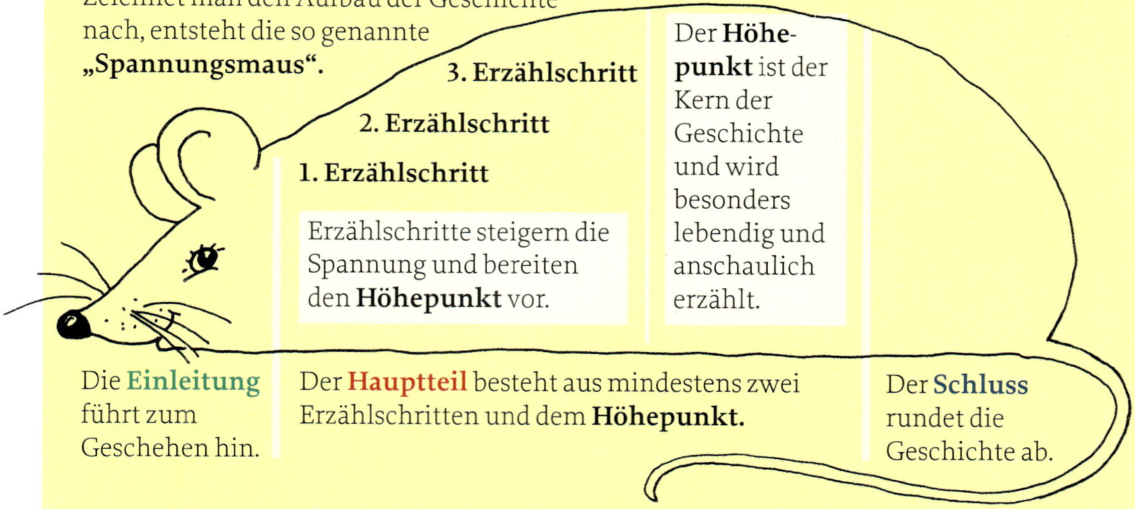

Innere Handlung

Eine Erzählung ist für den Leser besonders anschaulich und spannend, wenn nicht nur erzählt wird, was getan und gesagt wird (äußere Handlung), sondern auch erzählt wird, **was die Personen in einer Situation denken und fühlen** (innere Handlung). Unter innerer Handlung versteht man, was jemand in einer Situation hört, sieht, riecht, schmeckt, fühlt und denkt. Was in einer Person vorgeht, wird oft durch ihre Mimik, Gestik und Körperhaltung nach außen sichtbar.
Sprachlich drückt man eine innere Handlung aus durch:
- **treffende Verben,**
- **veranschaulichende Adjektive,**
- **bildhafte Ausdrucksweisen** wie Vergleiche und
- **wörtliche Rede** in **Selbstgesprächen.**

Szenisches Präsens

Der Wechsel des Erzähltempus (vom Präteritum ins Präsens) erzeugt Spannung und wird oft bei der Ausgestaltung des Höhepunktes verwendet. Man nennt dieses Präsens **szenisches Präsens,** weil es dem Leser das Geschehen unmittelbar vergegenwärtigt. Das szenische Präsens eignet sich auch bei der Ausgestaltung der inneren Handlung im Höhepunkt.

2 Nachdenken über Sprache

2.1 Wortarten

Wortarten im Überblick

▷ S. 99–122

Wortarten

flektierbar (durch Beugung veränderbar)

deklinierbar
- Nomen („Gabel", „Lamm")
- Artikel („eine", „das")
- Pronomen („ich", „unser")
- Adjektiv („schnell", „gut")
- Numerale („zwei", „vierter")

konjugierbar
- Verb („essen", „üben")

nicht flektierbar (unveränderbar)
- Adverb („morgen", „stets")
- Präposition („auf", „nach")
- Konjunktion („und", „weil")

Nomen

▷ S. 143–144

Die meisten Wörter in unserer Sprache sind **Nomen** (Substantive, Hauptwörter).
Sie bezeichnen
- Personen und Eigennamen, z. B.: „Mitschüler", „Lehrerin", „Jan",
- andere Lebewesen, z. B.: „Delfin", „Baum",
- Gegenstände, z. B.: „Schreibtisch", „Kassettenrekorder",
- gedachte oder vorgestellte Dinge, Begriffe, z. B.: „Traum", „Freundschaft", „Schönheit".

Nomen werden immer **großgeschrieben.**

Flexion der Nomen

- **Genus**
  Jedes Nomen hat ein Genus (grammatisches Geschlecht), das man an seinem Artikel (Begleiter) erkennen kann: Ein Nomen ist entweder
  - **Maskulinum** (männlich), z. B. „*der* Löffel", oder
  - **Femininum** (weiblich), z. B. „*die* Gabel", oder
  - **Neutrum** (sächlich), z. B. „*das* Messer".

  Das grammatische Geschlecht muss mit dem natürlichen Geschlecht nicht übereinstimmen; so kann „*das* Kind" sowohl einen Jungen als auch ein Mädchen bezeichnen.
- **Numerus**
  Nomen haben einen Numerus (Anzahl):
  - **Singular** (Einzahl), z. B. „*das* Kind",
  - **Plural** (Mehrzahl), z. B. „*die* Kinder".

Kasus

In Sätzen erscheinen Nomen immer in einem bestimmten Kasus (grammatischer Fall). Der Kasus ist meist am Artikel des Nomens zu erkennen und manchmal auch an der Endung des Nomens. Im Deutschen gibt es **vier Kasus.**
Man kann den Kasus eines Nomens und seines Begleiters durch Fragen ermitteln:

- Der **Nominativ** antwortet auf die Fragen **„Wer ...?" oder „Was ...?":**
  „*Wer* rettete den Jungen? – *Die Feuerwehrleute* retteten den Jungen." – „*Was* hat zuerst nicht funktioniert? – *Eine Drehleiter* ..."
- Nach dem **Genitiv** fragt man mit **„Wessen ...?":**
  „*Wessen* Drehleiter funktionierte nicht? – Die Drehleiter *der Feuerwehrleute* ..."
- Mit der Frage **„Wem ...?"** ermittelt man den **Dativ:**
  „*Wem* dankten die Eltern für die Rettung? – Die Eltern dankten *den Feuerwehrleuten* ..."
- Den **Akkusativ** erhält man auf die Fragen **„Wen ...?" oder „Was ...?":**
  „*Wen* haben die Anwohner benachrichtigt? – Die Anwohner haben *die Feuerwehrleute* ..." – „*Was* haben die Feuerwehrleute repariert? – Die Feuerwehrleute haben *die Drehleiter* ..."

Wenn man ein Nomen und seinen Artikel in einen Kasus setzt, nennt man das **deklinieren** (beugen).

Kasus	Singular	Plural
1. Fall **Nominativ** „Wer?" oder „Was?"	*der Löffel* *die Gabel* *das Messer*	*die Löffel* *die Gabeln* *die Messer*
2. Fall **Genitiv** „Wessen?"	*des Löffels* *der Gabel* *des Messers*	*der Löffel* *der Gabeln* *der Messer*
3. Fall **Dativ** „Wem?"	*dem Löffel* *der Gabel* *dem Messer*	*den Löffeln* *den Gabeln* *den Messern*
4. Fall **Akkusativ** „Wen?" oder „Was?"	*den Löffel* *die Gabel* *das Messer*	*die Löffel* *die Gabeln* *die Messer*

Artikel

▷ S. 143–146

Man unterscheidet den **bestimmten Artikel,** z. B. „*der* Mann", „*die* Frau", „*das* Kind", und den **unbestimmten Artikel,** z. B. „*ein* Freund", „*eine* Freundin". Artikel stehen in demselben Kasus wie die Nomen, die sie begleiten, z. B.: „*den* Kindern" (Dativ Plural).

Adjektive

▷ S. 118–119

Adjektive (Eigenschaftswörter) benennen die Merkmale von Personen, Gegenständen und Vorgängen.
Sie lassen sich wie Nomen **deklinieren** (beugen): „ein *neues* Bett“, „eine *neue* Lampe“.
Bis auf Ausnahmen wie „einzig“ und „tot“ kann man sie **steigern:** „Pferde sind *groß* (= Positiv), Elefanten sind *größer* (= Komparativ), Giraffen sind *am größten* (= Superlativ).“
Adjektive können im Satz als **Attribute** verwendet werden. Sie stimmen dann in Kasus, Numerus und Genus mit ihrem Bezugswort, meist einem Nomen, überein: „das *schnelle* Pferd“.
Als **adverbiale Bestimmungen** können Adjektive zwar gesteigert werden, bleiben ansonsten aber endungslos: „Das Pferd läuft *schnell*.“
Auch als **Prädikative** sind Adjektive steigerbar, aber ansonsten unveränderlich: „Das Pferd ist *schnell*.“

Numeralia

Numeralia (Singular: das Numerale) sind **Zahlwörter.** Sie gehören meist zu den Adjektiven. Man unterscheidet unter anderem:

- Kardinalzahlen legen eine Anzahl fest, z. B.: „eins“, „hundert“, „zwei Millionen“.
- Ordinalzahlen legen eine Reihenfolge fest, z. B.: „der/die/das Erste“, „der achte Tag“.

Pronomen

▷ S. 116

- **Personalpronomen** (persönliche Fürwörter) sind Stellvertreter von Personen und Gegenständen und ersetzen sie im Satz: „ich“, „du“, „er/sie/es“, „wir“, „ihr“, „sie“ ...
- **Possessivpronomen** (besitzanzeigende Fürwörter) drücken die Zugehörigkeit zu einer Person oder Sache aus. Sie begleiten Nomen: „*mein* Freund“, „*deine* Mutter“, „*sein* Fahrrad“, „*unsere* Lehrerin“, „*euer* Album“, „*ihr* Andenken“.
- **Reflexivpronomen** (rückbezügliche Fürwörter) beziehen sich meist auf das Subjekt des Satzes: „Sie beeilt *sich*.“
- **Demonstrativpronomen** (hinweisende Fürwörter) sind Pronomen, mit denen man auf etwas zeigen bzw. hinweisen kann: „dies“/„dieses“, „jene“, „der“/„die“/„das“ ...
- **Indefinitpronomen** (unbestimmte Fürwörter) drücken ungefähre Mengenangaben aus: „etwas“, „einige“, „manche“, „andere“, „kein“ ...
- **Interrogativpronomen** (Fragepronomen) leiten Frage- und Ausrufesätze ein: „wer“, „was“, „welche/-r“ ...
- **Relativpronomen** leiten Nebensätze (Relativsätze) ein und beziehen sich auf ein Nomen oder Pronomen zurück: „Das Haus, *das* am Kanal lag, wurde verkauft.“

Präpositionen

▷ S. 120

Wörter wie „in“, „auf“, „nach“, „vor“ nennt man **Präpositionen** (Verhältniswörter). Sie bezeichnen oft **räumliche Verhältnisse:** „*vor* der Kiste“. Präpositionen können aber auch **zeitliche Beziehungen** ausdrücken („*in* drei Stunden“), einen **Grund** angeben („*wegen* der vielen Hausaufgaben“) oder die **Art und Weise** bezeichnen („*mit* Tomatensoße“).

Präpositionen bestimmen den Kasus des nachfolgenden Worts oder der Wortgruppe: „in das Haus“, „neben dem Haus“, „wegen des Hauses“.

Adverbien

▷ S. 128

Wörter, die nähere Angaben zu einem Geschehen machen, bezeichnet man als **Adverbien** (Umstandswörter, Singular: das Adverb). Sie **erklären** genauer, **wo, wann, wie** oder **warum etwas geschieht,** und sind nicht flektierbar (veränderbar).
Wir unterscheiden:
- ☐ **Lokaladverbien** (Adverbien des Ortes), z. B.: „hier“, „dort“ ...
- ☐ **Temporaladverbien** (Adverbien der Zeit), z. B.: „heute“, „abends“, „erst“ ...
- ☐ **Modaladverbien** (Adverbien der Art und Weise), z. B.: „genauso“, „einigermaßen“ ...
- ☐ **Kausaladverbien** (Adverbien des Grundes), z. B.: „folglich“, „daher“, „deshalb“ ...

Adverbien werden im Satz oft als adverbiale Bestimmungen verwendet. Der Begriff „Adverb“ bezeichnet also eine Wortart, der Begriff „adverbiale Bestimmung“ ein Satzglied.

Verben

▷ S. 99–113, 117

Verben bezeichnen eine Tätigkeit („Mein Roboter *rechnet.*“); einen Zustand („Mein Roboter *funktioniert.*“); einen Vorgang („Mein Roboter *fällt aus.*“).
Verben werden **gebeugt** (konjugiert). Dabei bildet man aus der Grundform, dem **Infinitiv,** die **Personalform:** „Du *rechnest* schnell. Ich *rechne* schnell. Ein Roboter *rechnet* schneller. Zwei Roboter *rechnen* am schnellsten.“
Ungebeugte Formen des Verbs sind der **Infinitiv,** z. B. „gehen“, das **Partizip I,** z. B. „gehend“, und das **Partizip II,** z. B. „gegangen“.
Die Befehlsform des Verbs ist der **Imperativ**. Er kann an Einzelne oder an mehrere Personen gerichtet sein: „Geh(e)!“ – „Geht!“
Achte auf den richtigen Imperativ: „geben → gib“, „sehen → sieh“, „essen → iss“

Die Tempora

Verben lassen sich in verschiedene **Tempora** (Zeitformen) setzen. Sie sagen uns, wann das im Satz Mitgeteilte passiert.
- ☐ **Präsens** ist das Tempus der Gegenwart und allgemein gültiger Aussagen: „Ich *lese* gerade.“ „Wer *wagt, gewinnt.*“
  Bildung des Präsens: Verbstamm + Personalendung, z. B.: „Ich *les-e* gerade.“

- **Perfekt** drückt in mündlichen Erzählungen Vergangenes aus: „Ich *habe* ihn *gesehen.*" Bildung des Perfekts: Personalform von „haben" oder „sein" im Präsens + Partizip II des Verbs, z. B.: „Ich *habe* mir die Schürze *umgebunden.*"
- **Präteritum** wird bei schriftlichen Erzählungen und Berichten für die Wiedergabe von Vergangenem genutzt: „ich *ging*", „ich *sah*".
  Bildung des Präteritums:
  - Bei schwachen Verben ändert sich der Stammvokal nicht. Sie werden durch die Endung **-te** konjugiert, z. B.: „*wandern* → *wanderte*", „*reden* → *rede**te***", „*spielen* → *spiel**te***".
  - Bei starken Verben ändert sich der Stammvokal beim Konjugieren, z. B.: „*h**e**lfen* → *h**a**lf*", „*b**i**nden* → *b**a**nd*", „*r**ei**ten* → *r**i**tt*".
  - Bei unregelmäßigen Verben ändert sich nicht nur der Stammvokal, sondern sie weisen auch die **te**-Endung der schwachen Verben auf, z. B.: „*br**i**ngen* → *br**a**ch**te***", „*d**e**nken* → *d**a**ch**te***", „*m**ö**gen* → *m**o**ch**te***".
- **Plusquamperfekt** verwendet man für den Ausdruck der Vorzeitigkeit: „Nachdem ich alles *erledigt hatte*, ging ich los."
  Bildung des Plusquamperfekts: Personalform von „haben" oder „sein" im Präteritum + Partizip II des Verbs, z. B.: „Davor *hatte* Jesper Zeitungen *ausgetragen.*"
- Das **Futur** dient der Wiedergabe von zukünftigem Geschehen: „Ich *werde* ans Meer *fahren.*" Bildung des Futurs: Personalform von „werden" im Präsens + Infinitiv des Verbs, z. B.: „Nach dem Sprung *wird* er auf einem Luftkissen *landen.*"

Die Handlungsrichtungen: Aktiv und Passiv

Aktiv und Passiv sind zwei Verbformen, die man bei der Darstellung von Handlungen und Vorgängen unterscheidet.

- Sätze, in denen die Handlungsträger als Subjekt erscheinen, stehen in der Verbform **Aktiv,** z. B.: „*Sonja **sucht*** das Heft." Handlungsträger müssen nicht immer Personen, es können auch Gegenstände oder andere Erscheinungen sein, z. B.: „*Der Ventilator* bewegt den Vorhang." „*Der Wind* erfrischt das Publikum."
- Sätze, in denen mit dem Subjekt des Satzes etwas geschieht, stehen in der Verbform **Passiv,** z. B.: „*Das Heft* (von Sonja) ***wird gesucht.***" In Passiv-Sätzen kann der Handlungsträger mit „von" oder „durch" genannt werden.

	Aktiv Handlungsverb („suchen") in der entsprechenden Tempusform	**Passiv** „werden" in der entsprechenden Tempusform + Partizip II des Handlungsverbs („suchen")
Präsens	„Sonja *sucht* das Heft."	„Das Heft *wird* (von Sonja) *gesucht.*"
Perfekt	„Sonja *hat* das Heft *gesucht.*"	„Das Heft *ist* (von Sonja) *gesucht worden.*"
Präteritum	„Sonja *suchte* das Heft."	„Das Heft *wurde* (von Sonja) *gesucht.*"
Funktion	Das Subjekt des Satzes handelt. Der Sprecher richtet den Blick auf den Handlungsträger.	Das Subjekt des Satzes verhält sich passiv. Der Blick wird auf die Handlung gerichtet.

Konjunktionen

▷ S. 121

Konjunktionen (Bindewörter) wie „und“, „aber“, „oder“, „weil“, „sondern“ verbinden Wörter, Satzglieder und ganze Sätze miteinander. Konjunktionen sind nicht flektierbar (durch Beugung nicht veränderbar). Man unterscheidet:

- **nebenordnende Konjunktionen,** z. B.: „und“, „aber“, „oder“, „denn“.
  Sie verbinden Wörter, Wortgruppen und Sätze, die grammatisch gleichrangig nebeneinanderstehen, z. B.: „Man kann Etuis *und* auch Rucksäcke damit verzieren.“
- **unterordnende Konjunktionen,** z. B.: „weil“, „da“, „obwohl“, „wenn“, „als“, „nachdem“, „dass“. Sie leiten Nebensätze ein und binden diese Nebensätze an einen übergeordneten Hauptsatz, z. B.: „*Weil* die Bändchen etwas sehr Persönliches sind, bieten sie sich gut als Geschenke an.“

Konjunktionen sind „Kommawörter“: Ihnen geht fast immer ein **Komma** voraus. Vor einigen wenigen Konjunktionen wie „und“, „oder“, „sowie“ steht in der Regel kein Komma, z. B. in Aufzählungen: „Mein Freundschaftsbändchen besteht aus roten, gelben und blauen Bändern.“

2.2 Wort und Bedeutung

Wortfamilien

▷ S. 165

Wörter mit dem gleichen Stamm sind sprachlich verwandt und werden deshalb **Wortfamilie** genannt. Die Wörter einer Wortfamilie können gebildet werden durch

- Ableitungen mit Präfix: *finden – **er**finden – **be**finden;*
- Ableitungen mit Suffix: *brauchen – brauch**bar** – Brauch**tum**;*
- Zusammensetzungen: *bilden – Bild**hauer** – **Spiegel**bild.*

Wortfeld

Eine Gruppe von sinnverwandten Wörtern bildet ein **Wortfeld.** Wörter mit fast gleicher Bedeutung heißen **Synonyme,** z. B.: „trödeln – bummeln“. Wer die verschiedenen Wörter eines Wortfelds kennt und richtig einsetzt, kann beim Sprechen oder Schreiben unterschiedliche Wirkungen erzielen und vor allem sehr genau beschreiben.

Mehrdeutige Wörter

Gleich lautende Wörter, die zwei oder mehr Bedeutungen haben, nennt man **Homonyme.** Welche Bedeutung gemeint ist, wird nur im Sinnzusammenhang klar: „Der *Hahn* tropft. – Der *Hahn* kräht. – Der *Hahn* wird gespannt.“

Umgang mit Begriffen

▷ S. 68–69

Wörter für zusammengehörende Begriffe nennen wir **Oberbegriffe.** Sie können uns beim Beschreiben und Erklären helfen, weil sie Merkmale und Eigenschaften zusammenfassen, z. B.: „Werkzeug“ oder „Tier“.
Unterbegriffe verhalten sich zu ihnen wie konkrete Beispiele, z. B.: „Hammer“, „Zange“ oder „Hund“, „Katze“.
Um einen Begriff knapp und genau zu erklären, suchen wir einen passenden Oberbegriff und ergänzen ihn durch **unterscheidende Merkmale.**

Beispiele:
- „Ein Fahrrad (Unterbegriff) ist ein Fahrzeug (Oberbegriff) mit zwei Rädern, das durch Treten der Pedale fortbewegt wird (unterscheidende Merkmale).“
- „Ein Intercity (Unterbegriff) ist ein Zug (Oberbegriff), der nur in großen Städten hält (unterscheidendes Merkmal).“

2.3 Satzglieder

Satzglieder im Überblick

▷ S. 123–131

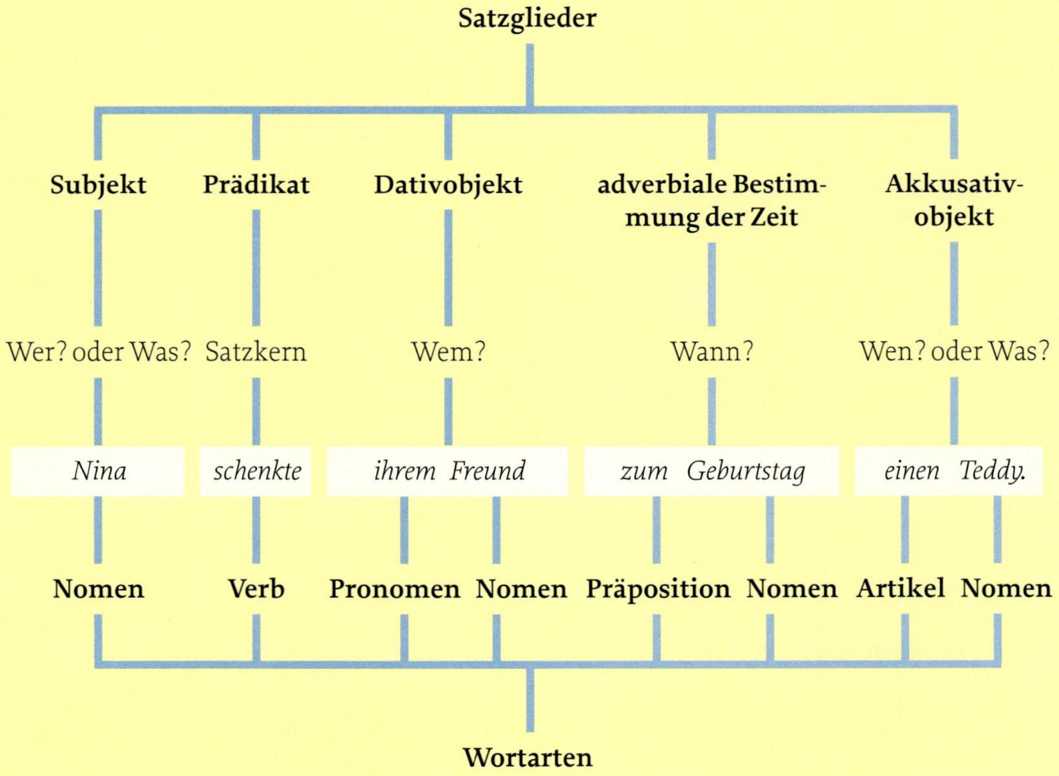

Satzglieder: Umstellprobe – Satzgliedfrage

▷ S. 123–124

Ein Satz setzt sich aus verschiedenen **Satzgliedern** zusammen. Ob ein einzelnes Wort oder eine Wortgruppe ein Satzglied bildet, erkennt man durch die **Umstellprobe:** Satzglieder lassen sich umstellen, ohne dass sich der Sinn des Satzes ändert. Zu den Satzgliedern gehören:

- Das **Prädikat;** es stellt den Kern des Satzes dar. Prädikate werden durch Verben gebildet. Es gibt einteilige Prädikate (z. B. „Sie *baut* einen Drachen.") und mehrteilige Prädikate (z. B. „Sie *hat* einen Drachen *gebaut.*"). Die Personalform des Verbs („*hat*") steht im Aussagesatz immer nach dem ersten Satzglied an zweiter Stelle.
  Mehrteilige Prädikate bilden im Aussagesatz eine Prädikatsklammer:
  „Sie *hat* einen Drachen *gebaut.*"

  Um die weiteren Satzglieder zu bestimmen, stellen wir vom Prädikat ausgehend Fragen.
- Das **Subjekt;** es ist die wichtigste Ergänzung zum Prädikat. Es steht im Nominativ. Wir ermitteln es durch die Frage **„Wer ...?" oder „Was ...?":** „*Wer* hat einen Drachen gebaut? – *Sie* hat ihn gebaut."
- Das **Akkusativobjekt;** wir erfragen es mit **„Wen ...?" oder „Was ...?":** „*Was* hat sie gebaut? – Sie hat *einen Drachen* gebaut."
- Das **Dativobjekt;** wir erfragen es mit **„Wem ...?":** „*Wem* hat sie den Drachen geschenkt? – Sie hat ihn *ihrem Vater* geschenkt."
- Das **Präpositionalobjekt;** wir erfragen es mit **„Worüber ...?", „Worauf ...?", „Wovon ...?"** usw.: „*Worüber* hat er sich gefreut? – Er hat sich *über den Drachen* gefreut."
- Das **Genitivobjekt;** es wird nur noch selten gebraucht. Wir erfragen es mit **„Wessen ...?":** „*Wessen* erinnert er sich gern? – Er erinnert sich gern *des Geschenks.*"
- Das **Prädikativ;** es kommt nur bei wenigen Verben vor, insbesondere bei „sein".
  Das Prädikativ wird mit dem Subjekt gleichgesetzt: „Er ist *ein Drachenbauer.*"
  „Der Drachen ist *schön.*"

Adverbiale Bestimmungen

▷ S. 125–128

Adverbiale Bestimmungen (Umstandsbestimmungen) sind Satzglieder, die man mit den Fragen **„Wann ...?", „Wo ...?", „Warum ...?", „Wie ...?"** ermittelt. Sie geben die näheren Umstände eines Geschehens oder einer Handlung an. Man unterscheidet:

- **adverbiale Bestimmungen der Zeit:** „Wann treffen wir uns? – Wir treffen uns *am Montag.*"
- **adverbiale Bestimmungen des Ortes:** „Wo ...? – Wir sehen uns *in der Schule.*"
- **adverbiale Bestimmungen des Grundes:** „Warum ...? – *Wegen des Regens* kamen wir nicht nach Hause."
- **adverbiale Bestimmungen der Art und Weise:** „Wie ...? – Er folgte uns *neugierig.*"

Attribute

▷ S. 129–131

Attribute geben nähere Angaben über ihr **Bezugswort** (z. B. Nomen). Ein Attribut kann vor oder nach seinem Bezugswort stehen.

„spannende	Bücher	mit Gespenstergeschichten“
Attribut	**Bezugswort**	**Attribut**

Das Attribut ist nur **Teil eines Satzglieds** und bleibt bei der Umstellprobe mit seinem Bezugswort verbunden:
„Die Klasse 6 b verkauft *spannende Bücher mit Gespenstergeschichten.*“
„*Spannende Bücher mit Gespenstergeschichten* verkauft die Klasse 6 b.“

Bis auf das Prädikat kann jedes Satzglied durch ein Attribut erweitert werden.
Es gibt verschiedene **Formen des Attributs,** z. B.:
- Adjektive: „*spannende* Bücher“, „*große* Freude“
- Nomen im Genitiv (Genitivattribut): „die Abfahrt *des Zuges*“
- Nomen mit Präposition (Präpositionalattribut): „das Spiel *ohne Grenzen*“
- Adverb: „das Mädchen *dort*“, „der Tag *danach*“
- Pronomen: „*unsere* Schule“, „*dein* Geburtstag“
- Zahlwörter: „*drei* Äpfel“, „*viele* Menschen“

2.4 Der zusammengesetzte Satz

Satzreihe

▷ S. 132–135

Ein zusammengesetzter Satz, der aus zwei oder mehr Hauptsätzen besteht, wird **Satzreihe** genannt. Die selbstständigen Teilsätze werden durch **Komma** voneinander abgegrenzt, z. B.: „Die Zeitungen unterlagen der Zensur, sie mussten von den Fürsten genehmigt werden.“
Das **Komma kann entfallen,** wenn die Hauptsätze durch nebenordnende Konjunktionen miteinander verbunden sind, z. B.: „Die Zeitungen unterlagen der Zensur *und* sie mussten von den Fürsten genehmigt werden.“

Satzgefüge

▷ S. 132–135

Sätze, die aus Haupt- und Nebensatz bestehen, nennt man **Satzgefüge.** Nebensätze können nicht ohne Hauptsätze stehen. Sie werden meist durch Relativpronomen oder unterordnende Konjunktionen eingeleitet, die Personalform des Verbs steht am Ende. Haupt- und Nebensätze werden durch **Kommas** voneinander getrennt.

Nebensätze, die mit Relativpronomen eingeleitet werden, heißen **Relativsätze:**
„Es durften nur Zeitungen erscheinen, ***die** von den Fürsten genehmigt worden waren*.“

Gliedsätze – die Satzgliedfunktion der Nebensätze

▷ S. 132–142

Nebensätze mit unterordnenden Konjunktionen nehmen oft die Stelle eines Satzglieds ein; man nennt sie dann **Gliedsätze.** Gliedsätze können **an Stelle eines Subjekts,** eines **Objekts** oder einer **adverbialen Bestimmung** stehen. Man kann sie mit den Satzgliedfragen ermitteln. Beispiele:

- „*Dass Zeitungen öffentlich Kritik üben konnten*, war eine Gefahr für die Fürsten."
  „*Wer* oder *was* war eine Gefahr für die Fürsten?" → **Subjektsatz**
- „Ich glaubte, *dass es bald regnen würde.*"
  „*Wen* oder *was* glaubte ich?" → **Objektsatz**
- „Experimente begeistern mich, *seit ich ein Sachbuch darüber geschenkt bekommen habe.*"
  „*Seit wann* begeistern mich Experimente?" → **Adverbialsatz zur Zeit (Temporalsatz)**
- „Thomas sucht sich einen Platz, *wo er experimentieren kann.*"
  „*Wo* sucht sich Thomas einen Platz?" → **Adverbialsatz des Ortes (Lokalsatz)**
- „Er schließt die Fenster, *damit kein Luftzug die Flamme stört.*"
  „*Wozu* schließt er die Fenster?" → **Adverbialsatz des Zwecks (Finalsatz)**
- „Die Hitze erwärmt die Luft, *sodass sie entweicht.*"
  „*Mit welcher Folge* erwärmt ...?" → **Adverbialsatz der Folge (Konsekutivsatz)**
- „Die Kerze verbraucht Sauerstoff, *wenn sie brennt.*"
  „*Unter welcher Bedingung* verbraucht die Kerze Sauerstoff?" → **Adverbialsatz der Bedingung (Konditionalsatz)**
- „Thomas löscht die Kerze, *indem er die Luftzufuhr unterbindet.*"
  „*Wie* löscht er die Kerze?" → **Adverbialsatz der Art und Weise (Modalsatz)**
- „Im Glas entsteht Unterdruck, *weil die Gase abkühlen.*"
  „*Warum* entsteht Unterdruck im Glas?" → **Adverbialsatz des Grundes (Kausalsatz)**
- „Das Experiment gelang, *obwohl ich wenig Zeit hatte.*"
  „*Trotz welcher Gegengründe* gelang ...?" → **Adverbialsatz der Einräumung (Konzessivsatz)**

2.5 Zeichensetzung

Kommaregeln im Überblick

▷ S. 151–158

Satzreihe
Eine Satzreihe besteht aus aneinandergereihten Hauptsätzen. Sie werden durch ein **Komma** voneinander getrennt. Beispiel: „Es regnete, ich zog die Mütze über."
Das **Komma kann entfallen,** wenn die Hauptsätze durch Konjunktionen wie „und", „oder", „entweder ... oder" oder „weder ... noch" verbunden sind. Beispiel: „Veronika sah einen Krimi *und* er gefiel ihr ausgezeichnet."

Satzgefüge
Satzgefüge sind Sätze, die aus mindestens einem Hauptsatz und einem Nebensatz zusammengesetzt sind. Der Nebensatz ist dem Hauptsatz untergeordnet und wird durch **Komma** vom Hauptsatz abgetrennt. Nebensätze werden oft mit einer unterordnenden Konjunktion wie „dass", „weil", „wenn", „als", „bevor" eingeleitet. Beispiel: „Ich kam zu spät, *weil* ich verschlafen hatte."

Infinitivsätze

Infinitivsätze bestehen aus einem Infinitiv mit „zu“ und mindestens einem weiteren Wort, z. B.:
„Der Schreiber versprach, *eine Abschrift des Buches anzufertigen.*“
Infinitivsätze müssen in vielen Fällen durch ein Komma abgetrennt werden.
Man kann deshalb Fehler vermeiden, wenn man bei einem Infinitivsatz immer ein **Komma** setzt, z. B.:
„Man musste in ein Kloster eintreten, *um Latein zu lernen.*“
„Die Schreibstuben waren dazu bestimmt, *den Mönchen ihre Arbeit zu erleichtern.*“

Aufzählungen

Aufzählungen können aus Wörtern oder aus Wortgruppen bestehen. Sie werden durch ein **Komma** getrennt. Beispiel: „Sie wollte um sechs Uhr nach Hause kommen, Aufgaben machen, dann schwimmen gehen.“
Wenn die Wörter oder Wortgruppen in Aufzählungen durch nebenordnende Konjunktionen wie „und“, „oder“, „entweder ... oder“, „sowohl ... als auch“ oder „weder ... noch“ verbunden sind, entfällt das Komma. Beispiel: „Wir fahren bei sonnigem *oder* trüben Wetter los.“

Wörtliche Rede

Die wörtliche Rede steht in **Anführungszeichen.** Der Redebegleitsatz kann der wörtlichen Rede vorangestellt, nachgestellt oder in die wörtliche Rede eingeschoben sein.
Nach einem **vorangestellten Redebegleitsatz** weist ein **Doppelpunkt** auf die folgende wörtliche Rede hin. Beispiel:
Sie sagte: „Ich besuche dich bald.“
Der **nachgestellte Redebegleitsatz** wird durch **ein Komma** von der wörtlichen Rede abgetrennt. Beispiel:
„Halt! Stehen bleiben!“, *riefen die Polizisten.*
Der **eingeschobene Redebegleitsatz** wird durch **zwei Kommas** von der wörtlichen Rede abgetrennt. Beispiel:
„Ich suche das Buch“, *sagte sie,* „weißt du, wo es sein könnte?“

2.6 Rechtschreiben

Tipps zum Rechtschreiben

▷ S. 159–174

Die Rechtschreibkartei

Eine Rechtschreibkartei ist eine Wörtersammlung, die du auf **Karteikarten** führen kannst. Dabei musst du sorgfältig und fehlerfrei schreiben, damit du dir nichts Falsches einprägst.
In die Kartei nimmst du alle Wörter auf, bei denen du Fehler machst.

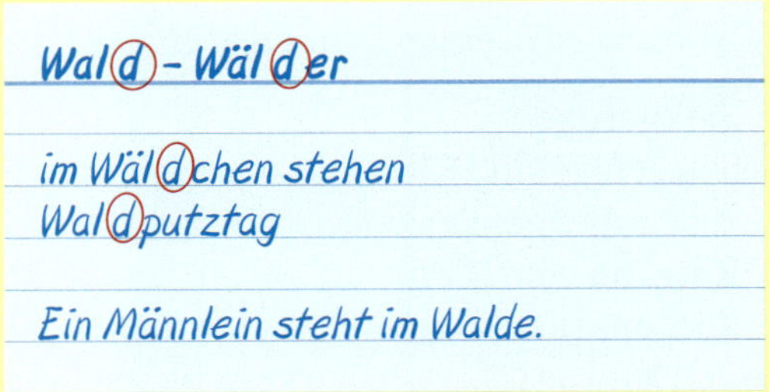

Das Wörterbuch – dein starker Helfer

Du kannst Fehler vermeiden, wenn du bei Zweifeln über die richtige Schreibweise im Rechtschreibwörterbuch nachsiehst. Beachte dabei:

- Verben sind im Wörterbuch unter der **Grundform** (Infinitiv) verzeichnet.
- Bei zusammengesetzten Nomen muss man manchmal mehrmals nachschlagen, z. B. „Vanillepudding" unter „Vanille" und „Pudding".

Schreibweisen ausprobieren

Um zu entscheiden, wie Wörter geschrieben werden, kannst du verschiedene Proben anwenden:

- **Verlängerungsprobe:** Verlängere das Wort und sprich es dir deutlich vor. Du hörst dann, wie das Wort geschrieben werden muss. Beispiele:
  Bilde zu den Nomen die Pluralform: *der Sta**b** – die Stä**b**e*
  Bilde zu den Verbformen den Infinitiv: *sie schwe**b**t – schwe**b**en*
- **Verwandte Wörter suchen:** Der Wortstamm wird in allen verwandten Wörtern gleich oder ähnlich geschrieben. Bilde zu dem Wort ein verwandtes Wort und sprich es dir deutlich vor oder schreibe es auf. Entscheide dann, wie das Wort geschrieben wird. Beispiele:
  *stau**b** – stau**b**ig – abstau**b**en*
  *Verstan**d** – verstän**d**igen – Verstän**d**igung*
  *Kin**d** – kin**d**isch – kin**d**erlieb*
- ein zusammengesetztes Wort in seine **Bestandteile zerlegen,** z. B.:
  Sperrmüllplatz – Sperr + müll + platz

Silbentrennung

Grundregel: Mehrsilbige Wörter trennt man nach **Sprechsilben,** die man bei langsamem, betontem Sprechen hören kann, z. B.: „Spa-zier-gang", „Rei-he", „heu-te". Ein einzelner Vokalbuchstabe am Wortanfang oder -ende wird nicht abgetrennt, z. B.: „Igel", „Kleie". Von mehreren Konsonanten trennt man nur den letzten ab, z. B.: „Damp-fer", „Kat-ze", „Schüs-sel", „schmat-zen", „Fin-ger".

Achtung: Die Buchstabenverbindung „ck" steht für einen Laut und wird nicht getrennt, z. B.: „ba-cken", „De-ckel", „Zu-cker".

Fremdwörter

Fremdwörter sind aus fremden Sprachen übernommene Wörter. In ihrer Aussprache und Schreibung richten sie sich meist nach den Regeln ihrer Herkunftssprache, z. B.: *Saison, Teenager.*

Viele Fremdwörter kann man an ihren **Suffixen** (Endungen) erkennen, z. B.: *konstru**ieren**, Faszina**tion**, Reali**tät**.*

Adjektive haben oft die Suffixe **-iv** oder **-(i)ell**, z. B.: *finanz**iell**, aktu**ell**, intens**iv**, effekt**iv**.*

Doppelkonsonanten

▷ S. 163–165

Nach betontem kurzem Vokal stehen meist **zwei Konsonanten;** entweder zwei gleiche Konsonanten (Konsonantenverdoppelung) oder zwei verschiedene Konsonanten (Konsonantenhäufung).

- In den meisten Fällen kann man die zwei verschiedenen Konsonanten beim Hören gut voneinander unterscheiden, z. B.: *Hund, Topf, Karte, denken.*
- Hörst du beim Sprechen nur einen Konsonanten, so wird er verdoppelt, z. B.: *knabbern, Pudding, Koffer, Bagger, schwimmen, Brunnen, Suppe, irren, vergessen, schütteln.*

Achtung:
Statt verdoppeltem **k** schreibt man **ck**, z. B.: *Glück, Hecke, wackeln, zwicken, Acker, hocken.*
Statt verdoppeltem **z** schreibt man **tz**, z. B.: *Katze, Schutz, Hitze, ätzend, trotz, plötzlich, nützlich, Matratze.*

Ausnahme:
Bei manchen Fremdwörtern folgt nach einem kurzen Vokal nur ein Konsonant, z. B.: *April, Praxis.*
Bei vielen Fremdwörtern schreibt man nach kurzem Vokal nur ein einfaches **k**, manchmal auch **kk**, z. B.: *Anorak, Lyrik, direkt, hektisch, Akkusativ, Akkordeon, Mokka.*

Dehnungszeichen

▷ S. 165–167

Lang gesprochene Vokale **a, e, i, o ,u** oder Umlaute **ä, ö, ü** können mit einfachem Buchstaben geschrieben werden wie in *Spur, wär, Tor.* Oder sie werden mit einem **Dehnungs-h** verbunden wie in *Sahne, fehlen* oder *bohren.*
Folgende Tipps können euch helfen, Wörter mit langen Vokalen richtig zu schreiben.

- **Verwandte Wörter bilden**
  Wenn du dir bei der Schreibung eines Wortes unsicher bist, ob es mit oder ohne Dehnungs-h geschrieben wird, kann dir die Schreibung eines verwandten Wortes aus der Wortfamilie helfen. Das Dehnungs-h im Wortstamm bleibt erhalten.
  wohnen: die Wohnung, wohnlich, bewohnen, Wohnungsbau, Mietwohnung, Einwohner
- **Vor l, m, n, r** steht oft ein **Dehnungs-h,** z. B. bei *Kohl, Rahm, Sahne* oder *Fahrt.* Es gibt aber auch Ausnahmen wie *Gram, Plan* oder *Qual.* Wenn du unsicher bist, schlage im Wörterbuch nach.
- Den lang gesprochenen Vokal **u** im Präfix **ur-** und das lang gesprochene **a** und **u** in den Suffixen **-bar, -sal, -sam, -tum** schreibt man ohne Dehnungs-h, z. B.: *Urtier, sonderbar, Rinnsal, grausam, Brauchtum.*
- Nur wenige Wörter werden mit **Doppelvokal** geschrieben, z. B.: *Haar, Paar, Saal, Beere, Beet, Fee, Tee, Kaffee, Meer, Boot, Zoo, doof.*
  - Wenn sich von diesen Wörtern Ableitungen mit Umlaut bilden lassen, entstehen **einfache Umlaute,** z. B.: *Paar – Pärchen; Saal – Säle; Boot – Bötchen; Haar – Härchen.*

Für das **lang gesprochene i** gilt:
- Die meisten Wörter mit lang gesprochenem **i** werden mit **ie** geschrieben, z. B.: *Kies, Wiese, kriechen, Tier, lieb, hier, viel, vielleicht, ziemlich*.
- Nur in den Pronomen **ihm/ihn/ihr** wird das lang gesprochene **i** als **ih** geschrieben, z. B.: *Wir schenken **ihm** ein Buch und **ihr** eine CD.*
- Sehr selten sind Wörter mit **ieh,** z. B.: *ziehen, fliehen, geliehen, Vieh.*
- In **Fremdwörtern** wird das lang gesprochene „i" oft mit einfachem **i** geschrieben, z. B.: *Maschine, Bleistiftmine, Apfelsine, Ski, Rosine, Klima, Motiv, Stil.*

Schreibung der s-Laute

▷ S. 168–171

Der s-Laut im Wortinneren
- Der **stimmhafte s-Laut** wird im Wortinneren immer mit einfachem **s** geschrieben, z. B.: *Rasen, leise, losen.*
- Beim **stimmlosen s-Laut** musst du auf den vorangehenden Vokal achten.
  Nach kurzem Vokal schreibt man **ss**, z. B.: *er hasst, Wasser, er frisst.*
  Nach langem Vokal oder **Diphthong** schreibt man **ß**, z. B.: *Klöße, spaßen, draußen.*

Der s-Laut am Wortende
Die Schreibung des s-Lautes am Wortende richtet sich danach, ob dem s-Laut ein kurzer Vokal oder ein langer Vokal oder ein Diphthong vorangeht.
Nach kurzem Vokal steht fast immer **ss**, z. B.: *der Biss – die Bisse.*
Nach einem langen Vokal oder **Diphthong** stehen die Buchstaben **s** oder **ß**.
Die Verlängerungsprobe hilft dir bei der Schreibung:
Wenn der **s-Laut** in der Wortverlängerung **stimmlos** ist, schreibst du **ß**, z. B.: *sie heißt – heißen, der Spaß – die Späße.*
Wenn der **s-Laut** in der Wortverlängerung **stimmhaft** ist, schreibst du **s**, z. B.: *das Haus – die Häuser, er niest – niesen.*

Wechsel von ss und ß
Manche Verben haben in ihren Verbformen einen Wechsel von **ss** und **ß**, z. B.: *lassen – sie ließ – sie hat gelassen.*
Auch bei verwandten Wörtern können **ss** und **ß** wechseln, z. B.: *Fluss – fließen.*
Auch hier gilt: Nach kurzem Vokal schreibt man **ss**. Nach einem langen Vokal oder Diphthong schreibt man **ß**.

Die Vorsilbe „Miss-"/„miss-" und die Nachsilbe „-nis"

Die Vorsilbe **„Miss-"/„miss-"** wird stets mit **ss** geschrieben (*Missgeschick, missmutig*).
Die Nachsilbe **„-nis"** wird mit **s** geschrieben (*Ereignis*).
Vorsicht: Im Genitiv (*des Ereignisses*) und im Plural (*die Ereignisse*) wird daraus **ss!**

„dass“ oder „das“?

„das“ wird mit **s** geschrieben, wenn es sich
- um den **bestimmten Artikel** „das“ handelt, z. B.: *„das* Äffchen“.
- um das **Demonstrativpronomen** „das“ handelt, z. B.: *„Das* ist das Äffchen von vorhin.“ Das Demonstrativpronomen „das“ kann durch „dieses“ ersetzt werden.
- um das **Relativpronomen** „das“ handelt, z. B.: „Das Äffchen, *das* ich vorhin gesehen habe, klammert sich gerade am Gitter fest.“ Das Relativpronomen „das“ kann durch „welches“ ersetzt werden.

„dass“ wird mit **ss** geschrieben, wenn es sich
- um die **Konjunktion** „dass“ handelt. Durch „dass“ wird immer ein Nebensatz eingeleitet, z. B.: „Ich glaube, *dass* ich jetzt im Zoo genug erlebt habe.“

Groß- und Kleinschreibung

▷ S. 143–150

Nomen
Wörter, die auf **-heit, -keit, -nis, -ung, -tum, -schaft, -in** enden, sind **Nomen** und werden **großgeschrieben.**

Die Nominalisierung von Verben und Adjektiven
Auch Verben und Adjektive können als Nomen gebraucht werden. Man schreibt sie dann groß. Ihr könnt solche nominalisierten Verben und Adjektive häufig an denselben **Signalwörtern** erkennen wie Nomen, z. B.:

- an einem vorausgehenden **Artikel:**
  „gehen“, „gähnen“, „13-jährig“ – *„das* Gehen“, *„ein* Gähnen“, *„die* 13-Jährige“
- an einer vorausgehenden **Präposition** (die auch mit einem Artikel verschmolzen sein kann):
  „gut“, „böse“ – *„im* (in dem) Guten“, *„im* (in dem) Bösen“
- an einem vorangestellten **Pronomen:**
  „lachen“, „arbeiten“, „jammern“ – *„mein* Lachen“, *„sein* Arbeiten“, *„kein* Jammern“
  „schön“, „neu“, „alt“ – *„viel* Schönes“, *„wenig* Neues“, *„nichts* Altes“
  - In Verbindung mit den **Indefinitpronomen** „etwas“, „alles“, „nichts“, „einige“, „kein“, „viel“, „wenig“, „allerlei“, „ein paar“, „genug“, „manches“ werden Verben und Adjektive großgeschrieben. Weil solche Wortgruppen häufig vorkommen, ist es am einfachsten, du lernst diese Pronomen als Signalwörter auswendig.

Nicht immer wird ein nominalisiertes Verb oder Adjektiv durch ein Signalwort angekündigt. Mache die Probe: Wenn du ein Signalwort ergänzen könntest, schreibst du groß, z. B.: „Wenn man *(das)* Gelb mit *(einem)* Blau mischt, entsteht *(ein)* Grün.“

Achtung:
Nominalisierungen, die aus zwei Wörtern zusammengesetzt sind, schreibt man zusammen, z. B.: „das Radfahren“, „das Schlangestehen“.

3 Umgehen mit Texten und Medien

3.1 Erzählende Literatur

Die **Epik** (erzählende Literatur) gehört neben der Lyrik und der Dramatik zu den drei literarischen Großgattungen und umfasst alle Formen des Erzählens. Meist unterscheidet man zwischen **Großformen** (z. B. Roman, Epos) und **Kurzformen** (z. B. Erzählung, Märchen, Fabel, Legende, Kurzgeschichte).
Kennzeichnend für epische Texte ist, dass ein vom Autor erfundener **Erzähler** über ein bereits vergangenes Geschehen berichtet. Dieser Erzähler, der nicht mit dem Autor oder der Autorin verwechselt werden darf, kann ein „Ich-Erzähler" oder ein „Er-/Sie-Erzähler" sein. Der „Ich-Erzähler" ist selbst in das Geschehen verwickelt und erzählt nur aus seiner Perspektive. Was andere Figuren denken oder fühlen (innere Handlung), kann er nur vermuten. Der „Er-/Sie-Erzähler" scheint alles zu wissen. Er/Sie beobachtet die Personen von außen, kann sich aber auch jederzeit in ihr Inneres versetzen und ihre Gedanken und Gefühle schildern.

Das Märchen

▷ S. 186–190

Volksmärchen folgen im Allgemeinen einem festen **Schema:**
- Die Begegnung mit dem Wunderbaren gilt als selbstverständlich und natürlich.
- Ort und Zeitpunkt der Handlung sind nicht festgelegt.
- Oft enthalten sie feste **sprachliche Formeln,** z. B. „Es war einmal ...", „Und wenn sie nicht gestorben sind ...".
- **Gut und Böse** treffen aufeinander. Am Ende siegt das Gute und das Böse wird bestraft. Dieser Gegensatz wird auch als arm – reich, schön – hässlich u. Ä. dargestellt.
- Es treten **typische Personen** auf, z. B. König und Königin, Prinz und Prinzessin, Handwerker und Gesellen, die böse Stiefmutter, aber auch **fantastische Figuren** wie sprechende Tiere, Feen, Hexen, Riesen, Zwerge, Zauberer.
- Häufig muss der Held Prüfungen bestehen und dabei kommt es zu wunderbaren Begebenheiten. Alltägliche Gegenstände können Zauberkraft haben.
- Oft spielen **magische Zahlen** eine Rolle: drei (Wünsche, Aufgaben), sieben (Zwerge, Geißlein).

Die Fabel

▷ S. 175–190

Fabel (von lateinisch „fabula" = Rede oder Erzählung) bezeichnet eine **Form der lehrhaften Dichtung.** Die Fabel ist zumeist die Darstellung eines allgemeinen moralischen **Lehrsatzes in Form einer Tiergeschichte.** In dieser zeigen die handelnden Tiere menschliche Eigenschaften: Der Fuchs wird zum Beispiel als schlau, der Wolf als gierig, der Bär als stark, aber dumm geschildert. Fabeln werden in allen Kulturen der Erde seit Jahrtausenden erzählt. Meist wird die Lehre der Fabel vorab oder am Ende der Geschichte als „Moral" eigens formuliert.

Die Sage

▷ S. 190

Ursprünglich mündlich überlieferte kurze Erzählungen unbekannter Verfasser nennt man **Sagen,** wenn sie folgende Merkmale aufweisen:

- Die Begegnung mit dem Übersinnlichen wird als unheimlich und schrecklich empfunden.
- Sagen sind an einen Ort und eine bestimmte Zeit gebunden.
- Sie knüpfen an einen äußeren Anlass wie Unwetter, Feuersbrunst oder die Taten außergewöhnlicher Menschen an und sind als wahre Berichte gemeint.
- Sie möchten die Leserinnen und Leser über bestimmte Sachverhalte informieren, ihnen oft auch Verhaltensregeln nahebringen.
- Die Ereignisse werden auf wunderbare, übersinnliche und fantastische Art ausgestaltet.

Die Legende

▷ S. 186–190

„Legende" stammt von dem lateinischen Wort „legendum", das so viel wie „das zu Lesende" heißt und eine **Geschichte über das Leben und Wirken von Heiligen** erzählt.
In den mittelalterlichen Klöstern wurden die Lebensbeschreibungen von Heiligen an deren Namenstag während der gemeinsamen Mahlzeiten der Mönche vorgelesen.
Leben und Taten der Heiligen sollten den Mönchen als Vorbild dienen. Wichtiger Bestandteil der Legende waren der tugendhafte Lebenswandel und die Wunder, die der Heilige vollbrachte. Unerheblich für die Legende ist, ob die Person wirklich gelebt hat. Je nach der Hauptfigur der Legende kann man **Christus-, Marien**- und **Heiligenlegenden** unterscheiden.

Das Epos

▷ S. 207–217

Das Epos (griech. epos = Wort, Erzählung, Lied, Gedicht) gehört zu den **Großformen der erzählenden Literatur (Epik).** Im Unterschied zum Roman, der ebenfalls eine Großform der erzählenden Literatur darstellt, ist das Epos erheblich älter.
Die „Ilias" und die „Odyssee" von Homer sind vermutlich im 8. Jahrhundert v. Chr. entstanden und greifen auf noch ältere, mündlich überlieferte Mythen und Sagen zurück.
Den „großen" Erzählungen von den Helden und Göttern entspricht der **feierliche Ton** der Sprache, denn Epen sind im Unterschied zu Romanen in **Versform** verfasst.
Die „Ilias" von Homer umfasst z. B. 15 000 Verse. Das Metrum (Versmaß) der homerischen Epen ist der **Hexameter** (griech. hex = sechs, metron = Maß): ein „sechsfüßiger" Vers, der in der Regel aus Daktylen besteht: –◡◡–◡◡–◡◡–◡◡–◡◡–◡
In der deutschen Übersetzung werden die langen Silben durch betonte Silben, die kurzen Silben durch unbetonte wiedergegeben.
Weitere Kennzeichen des Epos sind der **allwissende Erzähler** (auktorialer Erzähler) und die **epische Breite:** Aus einer übergeordneten, „allwissenden" Perspektive gibt der Erzähler die äußere und innere Handlung in breit ausmalenden Schilderungen wieder und leitet den Leser durch Kommentare, Beschreibungen, Rückgriffe und Vorausdeutungen.

3.2 Gedichte

Merkmale von Gedichten

▷ S. 225–240

Die Länge der Zeilen ist im Gedicht nicht wie bei einem Prosatext von den Zufälligkeiten des Papierformats und der Schriftgröße abhängig, sondern vom Autor bewusst bestimmt.

- **Vers:** Der Fachbegriff für eine **Gedichtzeile** ist Vers. Häufig – besonders bei älteren Gedichten – haben alle Verse eines Gedichts annähernd die gleiche Anzahl von Silben.

- **Strophe:** Den Fachbegriff für eine **Gruppe von Versen,** die durch eine Leerzeile von den folgenden, ähnlich angeordneten Versen getrennt ist, kennt man schon aus der Musik: die Strophe. Häufig bestehen Gedichte aus mehreren gleich langen Strophen.

- **Reim:** Oft verbinden Reime die Gedichtzeilen. Zwei Wörter reimen sich, wenn sie vom letzten betonten Vokal an gleich klingen: „Haus – Maus“; „singen – entspringen“.
  - **Paarreim:** Wenn sich zwei Verse reimen, die aufeinanderfolgen, sprechen wir von einem Paarreim. Man kann die Verse, die sich reimen, mit den gleichen Kleinbuchstaben bezeichnen, dann ergibt sich die Reimanordnung „aabb“.
  - **umarmender Reim:** Wird ein Paarreim von zwei Versen umschlossen, die sich ebenfalls reimen, spricht man von einem umarmenden Reim. Die Reimanordnung ist „abba“.
  - **Kreuzreim:** Beim Kreuzreim reimen sich der 1. und 3. sowie der 2. und 4. Vers: „abab“.

- **Metrum:** Von einem Metrum (Versmaß) spricht man, wenn die Abfolge der betonten und unbetonten Silben einem bestimmten Schema folgt. Wechseln betonte und unbetonte Silben unmittelbar einander ab, spricht man von einem **alternierenden Metrum,** z. B.:

  x́ x x́ x x́ x x́ x
  Um den Kopf weht eine Brise
  x́ x x́ x x́ x x́ x
  Von besonnter Luft und Wiese

- **Rhythmus:** Das Metrum stellt ein Gerüst dar, das beim Vortragen des Gedichts durch den Sprecher oder die Sprecherin frei ausgestaltet wird. Wenn ihr das Gedicht vortragt, wählt ihr die Betonungen, die Sprechpausen und das Sprechtempo so, wie ihr es für angemessen haltet. Diese freie Ausgestaltung des vorgegebenen Versmaßes bezeichnet man als Rhythmus.

- **Metaphern:** Metapern (sprachliche Bilder) sind Wörter mit einer übertragenen Bedeutung, z. B.
  „Feuerwoge“ für „sonnenbeschienener Hügel“. Die übertragene Bedeutung wird aber nicht durch ein Vergleichswort (z. B. „wie“) deutlich gemacht.

- **Personifikation:** In Naturgedichten findet sich häufig eine besondere Form bildhaften Sprechens, die Personifikation; das heißt: Pflanzen, Tieren oder Jahreszeiten werden menschliche Verhaltensweisen und Eigenschaften zugesprochen, zum Beispiel: „*Schreiend* kocht die Weizensaat“, „Blumen *rennen*“.

3.3 Sachtexte

▷ S. 199–206, 218–221

Ein **Sachtext** will informieren und beschränkt sich deshalb auf das Wesentliche. Er enthält wichtige Tatsachen und Fakten. Oft werden bestimmte Sachverhalte mit Fremd- oder Fachwörtern treffend benannt. Sachtexte findet ihr z. B. in Zeitungen, Nachschlagewerken und Sachbüchern.

3.4 Theater

▷ S. 272–284

- **Konflikt:** Auseinandersetzung oder Streit, der den Kern einer Handlung auf der Bühne bildet.
- **Pantomime:** Theater ohne Worte. Die Darstellung von Gefühlen und Situationen auf der Bühne geschieht allein durch die **Körpersprache,** also durch **Gestik** und **Mimik** (Gesichtsausdruck).
- **Rolle:** Gestalt oder Figur, die ein Schauspieler auf der Bühne verkörpert.
- **Dialog:** Gespräch zwischen den Personen auf der Bühne. Ein Selbstgespräch auf der Bühne nennt man **Monolog.**
- **Szene:** Kurzer abgeschlossener Teil eines Theaterstücks. Eine Szene endet, wenn Schauspieler auf- oder abtreten oder wenn das Licht ausgeht.
- **Regieanweisung:** Anweisung an Regisseure und Schauspieler, wie eine bestimmte Szene gespielt werden soll. Regieanweisungen helfen außerdem dem Leser sich die Personen und das Geschehen vorzustellen.

3.5 Film/Fernsehen

▷ S. 256–260

Kameraperspektive
Bei der Kameraperspektive unterscheidet man zwischen „Aufsicht“ (auch „Vogelperspektive“ genannt), „Untersicht“ („Froschperspektive“) oder „Normalsicht“ (in Augenhöhe).

Kameraeinstellung
Die Kameraeinstellung legt die **Größe des Bildausschnitts** fest. Die verschiedenen Größen der Bildausschnitte nennt man im Film (von ganz weit bis ganz nah): „Panorama“, „Totale“, „Halbtotale“, „Halbnah“, „Nah“, „Groß“, „Detail“.

3.6 Hörspiel

▷ S. 247–251

Das **Hörspiel** ist eine Sonderform des Dramas, die durch die Erfindung des Rundfunks entstanden ist. Das Hörspiel ist einerseits beschränkter als das Bühnenspiel, weil es allein auf akustische Mittel angewiesen ist. Andererseits kann man im Hörspiel verschiedene technische Möglichkeiten nutzen wie z. B. Ein-, Aus-, Überblenden, Montage, Klangeffekte usw.

4 Arbeitstechniken und Methoden

4.1 Die 5-Schritt-Lesemethode

▷ S. 290–293

1. Schritt: Erstes „Lesen" – ohne Überblick kein Durchblick
Noch bevor ihr einen Text einmal wirklich genau gelesen habt, fallen euch bestimmte Einzelheiten an ihm schon auf. Er ist in Abschnitte eingeteilt, die Zwischenüberschriften haben können. Manchmal werden in einem Text Wörter oder auch längere Stellen hervorgehoben.
Schließlich findet ihr Abbildungen, Karikaturen, Tabellen oder Ähnliches. Alle diese Dinge wollen euch auf Hauptinhalte oder wichtige Aspekte hinweisen.

2. Schritt: Fragen kostet nichts
Formuliert Fragen und Vermutungen, die euch beim Lesen der Überschrift(en) und der hervorgehobenen Wörter sowie beim Betrachten der Abbildungen kommen.
Dabei kann euch die Vorstellung helfen, dass ihr nicht einem Text gegenübersitzt, sondern einem Interviewpartner, der euch diese Fragen beantworten könnte.

3. Schritt: An die Arbeit: Gründliches Lesen – für den Durchblick
Lest Satz für Satz und mit dem Bleistift in der Hand. Macht euch dazu eine Kopie oder legt eine Folie über den Text.

- **Unterstreicht** Wichtiges und Unverständliches!
- Vereinbart **Randzeichen** für wichtige Textstellen, unverständliche Textstellen, wichtige Personen.
- Kennzeichnet Textstellen, die auf **W-Fragen** Auskunft geben.
  Schreibt dazu auf den Rand: Wo? Wann? Wer? Was? Wie? Warum? Welche Folgen?
- Markiert **Abschnitte** und findet **Überschriften** für sie. Denkt dabei an die herausgehobenen Begriffe. Sie helfen euch bei dieser Arbeit.

4. Schritt: Vom Lesen zum Selber-Schreiben – Zusammenfassung
Fasst schriftlich die wesentlichen Aussagen des Textes in wenigen Sätzen zusammen.
Die W-Fragen können euch dabei helfen.

5. Schritt: Abschließendes Lesen – aller guten Dinge sind drei
Lest euch den gesamten Text noch einmal im Zusammenhang durch.

4.2 Tipps zum Überarbeiten von Texten

▷ S. 96–98, 296

- **Gliedere** deinen Text übersichtlich, z. B. nach Einleitung, Hauptteil und Schluss.
- Achte auf das passende **Tempus** und überprüfe die **Personalform der Verben.**
- Überlege, welche Sätze du gedanklich durch **treffende Konjunktionen** verbinden kannst.
- Überprüfe, ob deine Wortwahl **genau und anschaulich** ist.
- Vermeide unnötige Wortwiederholungen und Füllwörter.
- Verwende **abwechslungsreiche Satzanfänge.**
- Überprüfe die **Rechtschreibung** und **Zeichensetzung.**

4.3 Texte am PC überarbeiten

▷ S. 271

- Die meisten Textverarbeitungsprogramme zeigen **Rechtschreibfehler** an, z. B. durch rote Unterschlängelung. Aber Vorsicht: Diese Prüfung ist nicht zuverlässig! Es werden auch richtig geschriebene Wörter markiert, wenn sie nicht im Rechtschreibprogramm gespeichert sind, und viele Fehler erkennt der Computer nicht, z. B. „das/dass"-Fehler, falsche Wortendungen („einen" statt „einem"), falsche Groß- oder Kleinschreibungen usw. Schaut euch also jedes markierte Wort genau an und schlagt im **Wörterbuch** nach, wenn ihr unsicher seid. Dann müsst ihr den Text noch einmal unabhängig von eurem PC-Programm selbst prüfen. Druckt ihn dazu aus.
- Lest den Ausdruck zunächst im Ganzen durch und korrigiert **Aufbau** und **Inhalt.**
- Achtet in einem zweiten Durchgang auf die Verwendung **treffender Wörter** und **abwechslungsreicher Formulierungen.**
- Lest den Text ein drittes Mal durch und achtet dabei nur noch auf **Rechtschreibung** und **Zeichensetzung.** Für die Zeichensetzung gibt es keine PC-Korrekturprogramme.
- Gebt abschließend alle Änderungen in den PC ein und speichert euren Text ab.

BILDQUELLENVERZEICHNIS

S. 9, 20, 49, 53, 68, 96, 112, 251, 272, 275, 276, 279, 280, 281, 283, 284, 285: Thomas Schulz, Hohen Neuendorf
S. 15, 44: dpa, Frankfurt/M.
S. 18: Ute Karen Seggelke
S. 32: Cover von Renate Welsh, Drachenflügel. 1992 Deutscher Taschenbuch Verlag, München. Umschlagbild: Charlotte Panowsky
S. 47: Bildagentur laif, Köln
S. 58: Cover von Bunter Partyspaß: Schminken · Verkleiden · Dekorieren. Ravensburger Buchverlag Otto Maier, Ravensburg 2002; Umschlagfoto: © Uselmann/f1 online; Umschlaggestaltung: Schmieder & Sieblitz
S. 58: Cover von Isabelle Bochot, Halloween und andere Gruselpartys. Fleurus Verlag, Saarbrücken 1998
S. 58: Cover von Isabelle Bochot, Das große Party-ABC. Fleurus Verlag GmbH, Köln 2002. Umschlaggestaltung: Catherine Foucard
S. 58: Cover von Kindergeburtstag feiern. Ravensburger Buchverlag, Ravensburg 2001; Foto: Johannes Volz
S. 58: Cover zu Kirstin Jansen, Komm zu meiner Party!. Frech Verlag, Stuttgart 1999
S. 59, 75 unten, 83 unten links und unten rechts, 97 rechts, 113, 205 oben, 290: Fotos: Corel Library
S. 75 oben: Jörg Carstensen / dpa, Berlin
S. 79: Prospekt Nürnberg & Fürth. Congress- und Tourismuszentrale Nürnberg. Gestaltung: Bienert Design Nürnberg
S. 79: Prospekt Jugendgruppen-Reisen. DB Reise&Touristik AG, Karlsruhe
S. 80: Dr. Wieland Zirbs, Passau
S. 83 oben rechts: dpa/©dpa-Sportreport
S. 83 oben links: Fotoagentur Ostkreuz, Berlin
S. 87: Klaus Franke / dpa, Berlin
S. 97 links: Bildagentur Mehrl, Frankfurt/M.
S. 108: Elisabeth Zwölfer, Freiburg
S. 109 oben: Deutsches Museum, München
S. 109: KNA, Bonn
S. 111: Fotoagentur laif, Köln
S. 118: Joachim Holland, Heidelberg
S. 119: Reinhard-Tierfoto, Heiligenkreuzsteinach (1, 3, 4)
S. 119: Lindenburger / Silvestris, Kastl (2)
S. 120: Susanne Gasse, Soest
S. 121/122: aus: Marina Schories, Freundschaftsbänder – Neue Knüpfideen. Augustus Verlag, Augsburg. © 1995 Weltbild Ratgeber Verlage GmbH & CoB. KG
S. 125: Oskar Schwalge, Köln
S. 145: Mario Kamps, Essen
S. 151: Rheinisches Landesmuseum, Trier
S. 175 oben links, 177: aus: Luthers Fabeln und Sprichwörter. Insel Verlag, Frankfurt/M. 1989
S. 175 oben rechts: Grandville, Heinrich-Heine-Institut, Düsseldorf
S. 175 unten links: Rolf Köhler, aus: La Fontaine, Die schönsten Fabeln. Insel Verlag, Frankfurt/M. 1990
S. 176, 178, 228: AKG, Berlin
S. 181: Alexa Gelberg, Weinheim
S. 183, 184: Wilhelm Busch, aus: Gesammelte Werke in sechs Bänden. Fackel Verlag, Herschingen o. J.
S. 199: © Fred Bavendam/BIOS/OKAPIA
S. 200: oben links u. rechts: BBC Natural History Unit Picture Library
S. 200: unten rechts: Oxford Scientific Films
S. 200 unten links: Zeichnung: Martin Camm, aus: Wale und Delfine, Entdecken – Beobachten – Verstehen. Bibliographisches Institut & F. A. Brockhaus, Mannheim 2000
S. 202: Illustrationen: Marie-Christine Lemayeur, Bernard Alunni, aus: Das Meer. Ein faszinierendes Universum. Fleurus Verlag, Saarbrücken
S. 203: aus: Kinder entdecken ... Das Leben im Wasser. Time Life Kinderbibliothek. Time-Life Books, Amsterdam 1988
S. 204: Cover von Meereskunde. Was ist Was, Band 32. © 1993, Tessloff Verlag, Nürnberg
S. 204: Cover von Farbige Welt. © 1997, 2001 Ravensburger Buchverlag Otto Maier GmbH. Umschlaggestaltung: Dirk Lieb
S. 204: Cover von Meyers Buch der Wale und Delfine. Von Bernhard Stonehouse mit Illustrationen von Martin Camm. © für die deutsche Ausgabe: Bibliographisches Institut & F.A. Brockhaus AG, Mannheim 2000
S. 204: Cover von Kinder entdecken ... Das Leben im Wasser © 1988 Time-Life Books B.V., Amsterdam
S. 204: Cover von Das Meer. © Fleurus Verlag GmbH, Saarbrücken 1996
S. 205 Mitte: Cyril Ruoso/Bios, Okapia
S. 205 unten: G. May
S. 206: Cover von: Ein Welpe kommt ins Haus. ©1995, 2002, Franckh-Kosmos Verlags-GmbH & Co., Stuttgart. Umschlag von eStudio calamar
S. 206: Cover von Hunde. Was ist Was, Band 11. © 1994, Tessloff Verlag, Nürnberg
S. 213: bpk, Berlin
S. 229, 236: Artothek, Weilheim
S. 241, 252, 255: Deutsches Institut für Filmkunde, Frankfurt/M.
S. 285 Mitte: © ullstein-ddp Nachrichtenagentur
S. 286: Peter Wirtz, Dormagen
S. 286: Cover von J. R. R. Tolkien, The lord of the rings. Part one: The fellowship of the ring. HarperCollinsPublishers, London. © The Trustees of the J. R. R. Tolkien
S. 286: Cover zu Robbie Williams, Angel & Demons. Rockbuch-Verlag, Schlüchtern 2003; Foto: Topham/PA, Paolfoto

ARNTZEN, HELMUT (*1928)
179 Grille und Ameise
aus: Kurzer Prozess. Aphorismen und Fabeln. Nymphenburger Verlag, München 1966

ÄSOP (6. JH. V. CHR.)
177 Die Ameise und die Grille
aus: Aesopische Fabeln. Hg. und übersetzt von A. Hausrath. Heimeran, München 1940, S. 57

AUSLÄNDER, ROSE (1901–1988)
163 April
aus: Im Atemhaus wohnen. Gedichte. Fischer, Frankfurt/Main 1981/1992

BAUER, WALTER
92 Felix stiehlt eine Uhr
aus: W. Bauer: Lichtstrahl. Deutsche Verlags-Anstalt, Stuttgart 1936

BORN, GEORG (*1928)
179 Sie tanzte nur einen Winter
aus: Fabeln. Arbeitstexte für den Unterricht. Hg. von Theres Poser. Philipp Reclam Verlag, Stuttgart

BRAMBACH, RAINER (1917–1983)
229 Das blaue Band
aus: Wirf eine Münze auf. Diogenes Verlag, Zürich 1977

BRITTING, GEORG (1891–1964)
234 Feuerwoge jeder Hügel
aus: Gesamtausgabe. Heyne List Verlag, München 1989, Bd. 2, S. 58

BRÖGER, ACHIM (*1944)
18 Ihr dürft mir nichts tun
aus: Frieden ist mehr als ein Wort. Hg. von H. Wohlgemuth. Rowohlt, Reinbek 1981

BÜRGER, GOTTFRIED AUGUST (1747–1794)
115 Die Schatzgräber
aus: Sämtliche Werke. Hg. von G. u. H. Häntzschel. Hanser, München 1987

BUSCH, WILHELM (1832–1908)
183 Das Rabennest (1)
184 Der fliegende Frosch (2)
aus: Gesammelte Werke in sechs Bänden. Hg. von H. Werner. Fackel Verlag, Herrsching o. J., Bd. 6, S. 11–13 (1), Bd. 2, S. 77–80 (2)

DODERER, HEIMITO VON (1896–1966)
193 Erlebnisse eines Pintschers
aus: Puntschie kommt auf den Hund. Erlebnisse eines Pintschers. Erzählungen. Hg. von Wendelin Schmidt-Dengler. Biederstein Verlag, München 1976, S. 239–243

EICHENDORFF, JOSEPH VON (1788–1857)
225 Wünschelrute
aus: Werke in einem Band. Hanser, München 1951, S. 171

FARADAY, MICHAEL (1791–1867)
138 Werdegang einer Kerze
nach: Naturgeschichte einer Kerze. Reihe reprinta historica didacta. Bd. 3. Franzbecker, Salzdefurth 1979, S. 35 ff.

FONTANE, THEODOR (1819–1898)
237 Herr von Ribbeck auf Ribbeck im Havelland
aus: Sämtliche Werke. Hg. von W. Keitel. Hanser, München 1964, Bd. 6

FRIED, ERICH (1921–1988)
180 Der Mausefall
aus: Gesammelte Werke. Hg. von V. Kaukoreit und K. Wagenbach. Verlag Klaus Wagenbach, Berlin 1993, Bd. 2, S. 333

FÜHMANN, FRANZ (1922–1984)
238 Lob des Ungehorsams
aus: Die dampfenden Hälse der Pferde im Turm von Babel. Der Kinderbuch-Verlag, Berlin 1978, S. 63

GLEITZMAN, MORRIS
29 Quasselstrippe
aus: Quasselstrippe, Beltz und Gelberg, Weinheim1992, S. 80 ff.

GOETHE, JOHANN WOLFGANG (1749–1832)
186 Die Frösche (1)
229 Frühling übers Jahr (2)
aus: Sämtliche Werke in 18 Bänden. Artemis/dtv, München 1977, Bd. 1, S. 572–573 (1), Goethes Werke. Hg. v. E. Trunz. Hamburger Ausgabe in 14 Bänden. Beck, München 1981, Bd. I (2)

GRIMM, JACOB (1785–1863) UND GRIMM, WILHELM (1786–1859)
187 Der Froschkönig oder Der Eiserne Heinrich
aus: Das große deutsche Märchenbuch. Hg. von H. Brackert. Athenäum, Königsstein/Ts. 1979

GUGGENMOS, JOSEF (1922–2003)
228 Ich male mir den Winter
aus: Ich will dir was verraten. Beltz und Gelberg, Weinheim/ Basel

HACKS, PETER (1928–2003)
226 Der Herbst steht auf der Leiter
aus: Der Flohmarkt. Benziger Verlag, Zürich/Köln 1973

HANISCH, HANNA (1920–1989)
34 Die Sache mit dem Parka
aus: Vorlesebuch Religion 3. Hg. von D. Steinwede und S. Ruprecht. Gemeinschaftsverlag Ernst Kaufmann, Lahr und Vandenhoeck & Ruprecht, Göttingen/ Zürich/ Köln 1976

HESSE, HERMANN (1877–1962)
226 September
aus: Gesammelte Werke. Suhrkamp, Frankfurt/Main 1970, Bd. 1, S. 95

HOMER (CA. 8. JH. V. CHR.)
213 Ilias
aus: Ilias. Übertragen von Hans Rupé. Ernst Heimeran Verlag, Freising 1970

KÄSTNER, ERICH (1899–1974)
95 Die vierte Nachdenkerei handelt: Vom Mut (1)
232 Im Auto über Land (2)
aus: Kästner für Kinder. Atrium Verlag, Zürich 1985, Bd. 2, S 151 (1), Dr. Kästners Lyrische Hausapotheke. Atrium, Zürich 1936 (2)

KASCHNITZ, MARIE LUISE (1901–1974)
231 Juni
aus: Gesammelte Werke. Hg. v. C. Büttrich u. N. Miller. Insel, Frankfurt/Main 1985, Bd. 5

KLEBERGER, ILSE (*1921)
230 Sommer
aus: Die Stadt der Kinder. Hg. von H.-J. Gelberg. Bitter, Recklinghausen 1969

KLEE, ERNST (*1942)
27 Der Zappler findet eine Freundin
aus: Der Zappler. Schwann-Verlag, Düsseldorf 1974

KORBMANN, REINER
290 Zum Mond
aus: Bild der Wissenschaft. DVA, Stuttgart, 7/1994, S. 17–21

KUHN, WOLFGANG
60 Mit Jeans in die Steinzeit
aus: Mit Jeans in die Steinzeit. Ein Ferienabenteuer in Südfrankreich, dtv junior, München 1999

KYBER, MANFRED
191 Peter Plüsch
aus: Gesammelte Tiergeschichten. Verlag Grethlein u. Co, Leipzig/ Zürich 1922.

LA FONTAINE, JEAN DE (1621–1695)
178 Die Grille und die Ameise
189 Der Frosch, der dem Stier an Größe gleichen wollte
aus: Jean de La Fontaine. Die Fabeln. Übersetzt von E. Dohm. Emil Vollmer Verlag, Wiesbaden o. J.

LECHNER, AUGUSTE
208 Ilias (1)
215 Ilias (2)
aus: Ilias. Arena Verlag, Würzburg 1994, S. 7–16 (1), S. 160–165 (2)

LIENAU, MARIANNE
48 Der Kinderbürgermeister von Aulla (Italien)
aus: Themen des Tages, NDR 4, 4. 5. 1994

LILIENCRON, DETLEV VON (1844–1909)
239 Die Musik kommt
aus: Gesammelte Werke. Schuster und Loeffler, Berlin 1921, Bd. 2

LINDQUIST, SVEN
47 Jugendgericht in Cuszo (Peru)
aus: Südamerika – der geplünderte Kontinent. Übersetzt von U. Fröhlich. Marion von Schröder Verlag, Düsseldorf 1972

LUTHER, MARTIN (1483–1546)
176 Vom Raben und Fuchs
aus: Fabeln aus drei Jahrtausenden. Hg. von R. Dithmar. Manesse, Zürich 1992

MASCHE, URSULA
40 Herr Wichtig auf dem Polizeirevier
aus: Praxis Deutsch 28/78, S. 51

MÖRIKE, EDUARD (1804–1875)
229 Er ist's
226 Septembermorgen
aus: Sämtliche Werke. Hg. von H. G. Göpfert. Hanser, München 1964

MORGENSTERN, CHRISTIAN (1887–1914)
240 Die unmögliche Tatsache
aus: Alle Galgenlieder. Diogenes, Zürich 1981

PHÄDRUS (UM 15 V. CHR.–55 N. CHR.)
182 Der Hund und der Wolf
aus: Phädrus' Äsopische Fabeln. Übersetzt von J. Siebelis. Berlin o. J., S. 30

PLUDRA, BENNO (*1925)
90 Die Schwäne auf dem Wasser
aus: Ein Mädchen fand einen Stein. Die Schwäne auf dem Wasser. Es waren einmal ein Paar Schuh. Der Kinderbuchverlag, Berlin o. J.

PYLE, HOWARD (1853–1911)
ARTL, INGE M.
241 Im Sherwoodwald bei Nottingham
244 Robin Hood kämpft mit Little John
aus: Die Abenteuer des Robin Hood. Arena, Würzburg 1993, S. 7–10, 12 f.

RÖHRIG, TILMAN (*1945)
244 Robin Hood kämpft mit Little John
aus: Robin Hood. Lizenzausgabe Büchergilde Gutenberg. Cecilie Dressler Verlag, Hamburg 1994, S. 47

ROSEGGER, PETER (1843–1918)
63 Der erste Christbaum in der Waldheimat
aus: Waldheimat. Erzählungen aus der Jugendzeit. L. Staackmann-Verlag KG München o. J.

RUCK-PAUQUÈT, GINA (*1931)
12 Der Freund
aus: Die schönsten Freundschaftsgeschichten. Hg. von H. Westhoff. Otto Maier, Ravensburg 1987, S. 61–67

SCHAMI, RAFIK (*1946)
181 Das letzte Wort der Wanderratte
aus: Das letzte Wort der Wanderratte. Märchen, Fabeln und fantastische Geschichten. dtv, München 1994, © Neuer Molik, S. 35

SCHNURRE, WOLFDIETRICH (1920–1989)
15 Jenö war mein Freund
65 Veitel und seine Gäste
aus: Als Vaters Bart noch rot war. Arche, Zürich 1958

STERN, HORST
196 Jagdnovelle
aus: Jagdnovelle. Kindler Verlag, München 1989.

TWAIN, MARK (1835–1910)
246 Tom Sawyer spielt Robin Hood
aus: Die Abenteuer des Tom Sawyer. Übersetzt von U. Johannsen. Droemersche Verlagsanstalt Th. Knaur, München/ Zürich o. J., © Atrium, S. 76

WINTERFELD, HENRY
152 Caius, der Lausbub aus dem alten Rom
aus: Caius, der Lausbub aus dem alten Rom. Büchergilde Gutenberg, Frankfurt/Main 1979, S. 26

WÖLFEL, URSULA (*1922)
150 Die Geschichte vom grünen Fahrrad
aus: Achtundzwanzig Lachgeschichten. Hoch-Verlag, Düsseldorf 1962

Unbekannte/ungenannte Autorinnen und Autoren

207 Achillisferse Wärmedämmung
nach: http://www.ratgeberzentrale.de/ratgeber/artikel/ratgeber1_rgz_16432.html

218 An den Waschplätzen der Trojanerinnen
aus: http://www.lateinforum.de/arch3htm

190 Ausgehackte Frösche
aus: Alexander Schöppner: Bayrische Sagen. München o. J., Bd. 1, S. 220

173 Coole Kiste
aus: WAZ vom 21. 9. 1996

118 Das Connemara-Pony
aus: Birgit Neuhaus: Der Freizeitpartner Pferd. München 1998

167 Das Rind
aus: Treff Nr. 9/September 1989

102 Der befreite Ring
aus: Ravensburger Zauberspaß. Beiheft. Ravensburger Spieleverlag 1993, S. 17

190 Der heilige Pirmin
aus: Melchers, Erna und Hans (bearb. v. Carlo Melchers): Das große Buch der Heiligen. Geschichte und Legende im Jahreslauf. Südwest Verlag, München 1985

99 Die Blitzverknotung
aus: Ravensberger Zauberspaß. Beiheft. Ravensburger Spieleverlag 1993, S. 16

144 Die Geschichte von Mabsut
aus: Mau Mao Miau. Die Katze durch die Jahrtausende. Hg. und übersetzt von M. Damjan, R. Schilling. Nord-Süd Verlag, Mönchaltorf 1969

118 Die Pferderassen
aus: Mary Gordon Watson: Reiten lernen. Bielefeld 1995

56 Doppelte festliche Serviette
aus: M.v. Bornstedt/U. Prytz: Serviettenfalten. Don Bosco Verlag, München 1983

122 Ein Freundschaftsband
aus: Marina Schöries: Freundschaftsbänder – Neue Knüpfideen. Augustus Verlag, Augsburg 1995

103 Fesseln fallen
aus: Eltern zaubern mit ihren Kindern. MosaikVerlag, München 1980, S. 50

32 Ich sehe so, wie du nicht siehst
aus: Hermann van Dyck: Nicht so, sondern so. Kleiner Ratgeber für einen guten Umgang mit Blinden. Hg. vom Deutschen Blinden- und Sehbehindertenverband e. V. 2001

44 Kinder in Bombay
aus: terre des hommes 2/89

45 Lima (Peru)
aus: Zum Beispiel Kinderarbeit. Hg. von U. Pollmann. Lamuv Verlag, Göttingen 1991, S. 57–58

45 Mirzapur (Indien)
aus: Zum Beispiel Kinderarbeit. Hg. von U. Pollmann. Lamuv Verlag, Göttingen 1991, S. 56–57

38 PKW prallt gegen Baum
von Hans-Wilhelm Reiners, in: Rheinische Post, Ausgabe Mönchengladbach vom 19. 9. 1995

199 Riesenkrake im Mittelmeer gefangen
aus: SZ vom 27. 6. 2001

73 Sachliche Briefe
aus: Emil und Margit Waas (Hg.): Es fängt damit an, dass am Ende der Punkt fehlt. Stilblüten aus privaten Schreiben. München 1977

202 Schön, aber gefährlich
aus: Das Meer. Ein faszinierendes Universum, Fleurus Verlag o. J., S. 89

71 Tischball
72 Topfschlagen
aus: Düsseldorfer, Emmanuela (Hg.): Das große Buch der Kinderspiele. Bassermannsche Verlagsbuchhandlung, Niedernhausen 1994/96, S. 107

220 Troja
aus: Die visuelle Weltgeschichte der alten Kulturen, Gerstenberg Verlag, Hildesheim 1997, S. 262–263

TEXTARTENVERZEICHNIS

SACHREGISTER

Zu diesem Buch gibt es ein passendes Arbeitsheft (ISBN 978-3-464-60358-1, mit Übungs-CD: ISBN 978-3-464-60415-1), einen Schulaufgabentrainer (ISBN 978-3-464-60387-1), das Grundwissen zum Nachschlagen (ISBN 978-3-464-60376-5), eine begleitende Lernsoftware (Home-Einzel-Lizenz: ISBN 978-3-464-60767-1) sowie ein Hörbuch (ISBN 978-3-464-60377-2).

Die Grundlage für dieses Werk wurde erarbeitet von Heinrich Biermann, Gerd Brenner, Ulrich Campe, Wolfgang Dengler, Günther Einecke, Dietrich Erlach, Josi Ferrante-Heidl, Karlheinz Fingerhut, Margret Fingerhut, Susanne Gasse, Andrea Gefeke, Cordula Grunow, Rolf Kauffeld, Marlene Koppers, Markus Langner, Monika Lenkaitis, Norbert Pabelick, Bernd Schurf, Claus Siefer und Andrea Wagener

Redaktion: Matthias Grupp, Kirsten Krause

Illustrationen: Thomas Binder, Klaus Ensikat, Wolfgang Mond, Klaus Müller, Barbara Schumann
Umschlaggestaltung: Katharina Wolff (Foto: Thomas Schulz, Illustration: Klaus Müller)
Layout: Katharina Wolff
Technische Umsetzung: werkstatt für gebrauchsgrafik, Berlin

www.cornelsen.de

2. Auflage, 8. Druck 2016

Alle Drucke dieser Auflage sind inhaltlich unverändert und können im Unterricht nebeneinander verwendet werden.

Druck: Mohn Media Mohndruck, Gütersloh

ISBN 978-3-464-60352-9